再造大唐

郭子儀與安史之亂後的帝國重生

穆渭生 著

以百戰換安寧，以忠勇築大唐，

從安史之亂到嘉山之戰，

郭子儀如何扭轉乾坤，拯救帝國命運

從少年俊秀到「尚父」封王，一位傳奇名將

以不屈的信念書寫忠臣典範，力挽大唐危局

他的百戰功勳與坦蕩胸襟足以照耀千秋

走進郭子儀波瀾壯闊的一生，重現盛唐將相之魂

目錄

郭子儀像

（選自南薰殿〈歷代名臣像〉，宋代人繪，佚名）

序

郭子儀是唐代中期舉足輕重的人物。他一生歷仕玄宗、肅宗、代宗、德宗四朝，出將入相，官至太尉兼中書令，封汾陽郡王，並被尊為「尚父」。

我之所以對郭子儀感興趣，首先是因為他在平息安史之亂的過程中立下了大功。安史之亂是安祿山和史思明為推翻唐王朝而發動的一場有組織、有預謀的叛亂。在叛亂發生後，郭子儀率先樹起了平叛的大旗。天寶十五載（西元 756 年）二月，與所薦河東節度使李光弼攻克井陘關，拔常山郡，斬偽太守郭獻璆，獲兵仗數萬。六月，大破叛軍大將史思明、蔡希德、尹子奇於嘉山，斬殺四萬，俘獲五千，官軍聲勢大振，形成逼敵巢穴之勢，同時隔斷叛軍前後方的聯繫，在一定程度上動搖了叛軍的士氣。

京師淪陷後，玄宗奔蜀，肅宗在靈武即位，郭子儀與李光弼即率步騎五萬晝夜兼程，前往靈武，成為唐肅宗「興復」的「根本」。至德二載（西元 757 年）二月，唐肅宗組織大舉收復兩京的軍事行動。郭子儀率軍進入關中東部。三月，大敗叛軍名將崔乾祐，一舉收復潼關及陝郡永豐倉。五月，奉命進逼京師。九月，佐廣平王進攻長安。二十七日，與叛軍大將安守忠、李歸仁戰於香積寺，經半天血戰，殺敵六萬餘人，俘二萬餘人。次日，收復長安，民心大振。十月，郭子儀又與廣平王率軍同叛軍在陝郡一帶展開激戰。新店之役，斬敵十萬餘人，橫屍三十里。安慶緒及其黨羽逃奔河北相州。十八日，官軍收復東都洛陽。從而為掃滅叛軍奠定了堅實的基礎。後來，他還參加了策略反攻，雖受挫失去兵權，仍然起了一定的作用。雖然最後消滅安史餘部的不是郭子儀，但是不能因此抹殺郭子儀在平息安史之亂過程中的功績。道理很簡單，如果沒有郭子儀與叛軍的殊死博鬥，後果是不堪設想的。郭子儀「自受恩塞下，制敵行間，東西十年，前後百戰」。可以說他對安史之亂的平定起了十分重要的作用。

郭子儀不僅在平定安史之亂的過程中立有大功，而且對穩定中唐政局產生過積極的影響。安史之亂剛剛平息，又發生了梁崇義和僕固懷恩反叛的事。僕固懷恩勾結回紇、吐蕃侵擾河西。廣德元年（西元 763 年）十月，攻陷涇州，鈔掠奉天、武功、周至，進逼京師，使唐王朝出現了新的危機。一時間朝野震動，「君上計無所出，遽詔子儀為關內副元帥，出鎮咸陽」。這對郭子儀來說是一場嚴峻的考驗。子儀自失權，部曲離散，手下無兵，接到命令時，部下只有二十騎而已。但是他還是義無反顧地前往咸陽，與數千倍於己的敵軍對抗。針對代宗幸陝、敵強我弱的實際情況，郭子儀回師向東，在長安截獲叛將王獻忠所挾宗室十王，收合散卒，屯於商州。十月九日，吐蕃入京師。郭子儀遣張知節、烏崇福、長孫全緒等率萬人營於韓公堆，盛張旗幟。鼓譟吶喊，造成大軍圍城的聲勢。又使禁軍舊將王甫潛入京師，暗結豪俠以為內應。二十一日，吐蕃惶駭引去，郭子儀再次收復長安，接著挫敗程元振遷都洛陽的計畫，使唐王朝又一次轉危為安。代宗回京，賜郭子儀鐵券，令圖形於凌煙閣，以表彰他所做出的傑出貢獻。

廣德二年（西元 764 年）正月，僕固懷恩縱兵鈔掠并州汾州屬縣，晉中告急。代宗令郭子儀充河東副元帥、河中等處觀察使，兼雲州大都督、單于鎮北大都護，出鎮河中。子儀至河中，立即對叛軍造成威懾，叛軍張惟岳在榆次殺僕固懷恩之子，以其眾歸降。代宗為報答郭子儀的大功，特令子儀進拜尚書令。郭子儀三次上表，堅決推辭，表現出推功於君的政治風度。

永泰元年（西元 765 年）八月，僕固懷恩聯合吐蕃、回紇、党項、羌、渾、奴刺等三十萬，掠涇、邠，躪鳳翔，入禮泉、奉天，京師大震。郭子儀接詔火速率所部萬人赴敵，面對比自己人數多數十倍的回紇軍隊，郭子儀大義凜然，表現出泰山壓頂而色不變的英雄氣概。一方面布署兵力，使李國臣、高昇、魏楚玉、陳回光、朱元琮各當一面，另一方面採取靈活機動的策略戰術，單騎進入敵營，曉以利害，說服回紇酋長，與回紇重結舊好。吐蕃得知後連夜撤退。郭子儀立即與回紇追擊吐蕃，戰於靈臺西原，殺敵五萬，俘獲萬人，奪回了被吐蕃搶掠的士女和財物。在抵禦吐蕃的同時，郭子儀還曾多次威懾藩鎮。此外，郭子儀在主觀上也非常注意政局的安定。他對唐王朝鞠躬盡瘁，一切從全域性出發，不以個人的私利損害朝廷大事。這些做法，對穩定政局也有著正向的作用。

作為唐代中期的大將，郭子儀為將數十年，忠於朝廷，任勞任怨，嚴於律己，寬以待人，勝不居功，敗不諉過，衝鋒陷陣，臨危不懼，頗有大將風範。由於他精通兵法，智勇雙全，因而具有較高的軍事指揮藝術，常能運籌於帷幄之中，決勝於千里之外，建立令人讚嘆的大功。郭子儀在軍事指揮方面主要有以下幾個特點：其一，明察善斷，料敵若神。其二，持重用兵，以逸待勞。其三，重視韜略，善用伏兵。其四，隨機應變，以巧致勝。這些特點表明，郭子儀具有相當高超的軍事才能，不愧為中國歷史上的一代名將。由於郭子儀功績卓著，因此曾受到世人的高度評價。《舊唐書》的作者說：「天寶之季，盜起幽陵，萬乘播遷，兩都覆沒。天祚土德，實生汾陽。自河朔班師，關西殄寇，身扞豺虎，手披荊榛。七八年間，其勤至矣，再造王室，勳高一代。及國威不振，群小肆讒，位重懇辭，失寵無怨。不幸危而邀君父，不挾憾以報仇讎，晏然效忠，有死無二，誠大雅君子，社稷純臣。自秦、漢已還，勳力之盛，無與倫比。」《新唐書》的作者也有類似的說法。這些評價雖略有溢美之處，但是大致反映了郭子儀的實際狀況。

顯然，郭子儀的一生是有價值的一生。他在漫長的政治生涯中以身許國，南征北戰，屢建奇功，對唐王朝的發展立下了不朽的功績。穆渭生教授是著名的唐史研究專家，長期致力於郭子儀研究。現在展現在大家面前的，就是穆教授研究郭子儀的最新成果。我讀了此書，覺得很有價值。無論是專家學者還是普通讀者，都可從中受到啟發。因此，我願意把這部著作推薦給大家。

王双怀

增訂序言

拙著《郭子儀評傳》(三秦出版社《隋唐歷史人物》叢書之一)於2000年出版之後,又收入該社的《陝西歷史文化百部叢書》。[001] 此次修訂,內容有所修正、字數有所增加,可稱為「增訂本」。

以下就「增訂」的內容,先向諸位讀者作簡要說明。

一、考補郭子儀家族世系

古代社會特別重視家庭和家族(宗族),世代官宦之家尤甚。郭子儀家族世系,在兩《唐書》本傳、《新唐書·宰相世系表四上·華陰郭氏》中有記載,但是存在個別歧誤。此次增訂,據〈郭氏家廟碑〉、近年來陸續出土的郭子儀家族墓誌(當時人所撰,為第一手史料),進行辨證補充,對郭子儀七代先祖、子孫三代的考訂,可大致「到位」。

隨著更多的郭子儀家族墓誌「重見天日」,還會有新的補充。

二、考補郭子儀仕宦履歷

郭子儀在安史之亂(西元755年至西元763年)以前的仕宦生涯,長達40個年頭(西元716年至西元755年),但是兩《唐書·郭子儀傳》的記

[001] 穆渭生《再造大唐郭子儀》,三秦出版社(陳忠實主編《陝西歷史文化百部叢書》),2009年。按照叢書編委會的統一要求,此版的分量有較大幅度縮減(11萬字。初版19.5萬字)。可稱之為「簡本」。

載卻極為簡略，也有個別錯誤。幸虧有〈郭氏家廟碑〉碑陰子孫題名，詳細列舉了唐代宗廣德二年（西元 764 年）時，郭子儀的任職履歷，連續完整。尤其是在安祿山叛亂爆發之前的任職情況，可以彌補史傳之闕略，尤為珍貴。[002]

在〈郭氏家廟碑〉中，有一連串官職，有專門的「官制用語」：授、改、知、遷、充、除、轉、兼、同、加、拜、判 —— 牽涉唐代職官制度的複雜內容。以下稍事申述，以便讀者朋友更好地認識和理解「古今異同」。

1. 官員職稱等級

唐代從中央朝廷到地方州縣的文武官員，其官職與級別，有一套完整的制度，頗為複雜。先說其「職稱」，包括品、階、勳、爵等。

(1) 品（品級），凡正式官員分為「九品」，每品分正、從；自四品以下，正、從再分上、下階，總計有 30 個等級。總稱「流內官」。[003]

(2) 階（階官、散官、散階），表示官員資歷的稱號。唐承隋制，凡文、武散官皆分為 29 階（自從一品至從九品下），謂之「散位」。凡九品以上職事官皆帶散位，稱為「本品」；凡無職事官者所帶散位，謂之「散品」。即以散官為虛號，僅為加官而已。在唐前期，官員的散官品階決定了其主要的經濟待遇高低、服飾（官服）顏色等。凡有官稱而無實際職事，代表官員個人的級別高低，直至退休之後，其散階繼續保留。

(3) 勳（勳官），授予有軍功勤勞者的官稱，有品級而無職掌。唐代勳官分十二轉（一轉至十二轉，自視從七品至視正二品）。

---

[002] 在拙著初版中，雖然也引用了這件史料，但是並未作詳細的解讀和還原。

[003] 按：凡未入「流內」的胥吏（京城、地方官署的吏員），稱「流外官」，名稱繁雜，人數龐大。流外官亦分品級，經過考核選拔後，可遞升流內，稱「入流」。

(4) 爵（爵位、封爵），分為九等（正一品至從五品，自親王至開國縣男），各有相應的食邑封戶和階品；封爵可世襲（承襲者一般要降一等）。唐初「非李氏（皇族）不王」，但是從武則天封其「娘家」諸武為王，異姓封「郡王」者逐漸增加，唯有「親王」只封授皇子。

每個官員，以「職事官」表示其實際職位權責，以「散官」表示其資歷，以「勳官」表示其功勞，以「封爵」表示其血統。

2.「職事官」與「差遣官」

所謂「職事官」（執事官），指有正式編制職位和實際執掌的官員，與無具體職掌的「散官」相區別。其具體任用有如下幾種類別。

(1) 正員官。即正式任命的各級政府部門的編制官員，皆有具體工作職位和職責，是國家行政權力運轉的主幹體系。

(2) 檢校官。有兩種情況，一是暫時「以本官檢校」某官。如唐太宗貞觀六年（西元 632 年），以魏徵為「檢校侍中」，次年乃「正拜侍中」。二是臨時差遣性的「使職」（如節度使、觀察使、鹽鐵使等）所帶之中央部門官銜，但是並不在該部門「上班辦公」。因「使職」本身沒有品階級別，其受差遣期間的地位高低，以所兼檢校官的品階來表示。如此一來，其「職事官」反而成了虛銜，也就逐漸變成了階官，僅表示其遷轉資歷了。[004]

而且，隨著「使職」權力地位的逐漸上升，以至形成「為使則重，為官則輕」的局面，最典型的就是宰相也常兼領「使職」。[005] 在唐朝前期，中央行政機構的部分重要職權，逐漸被「使職」侵奪、架空以至取代，形

[004] 從唐初開始，就有臨時差遣性的「使職」，去執行某些緊急複雜的任務，一般由皇帝或宰相直接任命，因事而設，事畢即罷，具有較高的辦事效率。其後（特別是安史之亂以後），「使職」差遣迅速發展，到唐末時，其名稱竟多達 350 餘個，涉及王朝財政、軍事、行政監察、宮廷服務、禮法以及雜類等諸多系統；更有若干「使職」演變成為常設、固定而系統化的格局（如邊疆「節度使」）。

[005] 參看寧志新《隋唐使職制度研究（農牧工商編）》第四章，中華書局，2005 年。

成新的權力架構和運作系統。

(3) 試官。有兩種，一是試任某職，屬於實任而非虛銜，但是「未為正命」，不屬於「真拜」。一個官員，可先「試」某官，然後「真拜」。其制度始於武則天時為了收攬人心而廣開入仕之門，到唐中期繼續沿用。二是虛銜試官，多為對地方官員授予的名義職銜，並無實際的職權。

(4) 員外官。即正式編制之外增加的官員，屬濫設濫置。發生在武則天執政時期和唐中宗朝。到唐玄宗時，革除前朝弊政，對員外官嚴加限制。但是尚書省六部諸司「員外郎」屬於正式編制序列，為「正員官」。

3. 官制用語釋義

需要指出的是，唐代官員的職事官品與散官品，並非始終一致。凡注官，階卑(低)而擬高則曰「守」，階高而擬卑則曰「行」。[006] 若其散官品低而任高級職事官，稱「守」某某官，待遇按其散官級別。若其散官品高而任低階職事官，稱「行」某某官，待遇仍按其散官級別。

(1) 授，授予，委任，任命。授官，授予官職。

(2) 除、拜、除拜，指任命，授予官職。除身，指授官委任狀。

(3) 遷，向上移，升遷，指晉升或調動官職。而左遷、左除、左降，則指降職，貶官流放(到京城以外去任職)。

(4) 轉，轉變，轉移；調動。指同級、平行關係上的官職調動。

(5) 改，變更，改變。改官，指改任官職。

(6) 同，相同，一樣，共同。

(7) 加，增加，官職升遷。加官，在原有官職之外加領其他官銜。

(8) 充，充任，充當。凡「差遣官」，皆云「充某某使(副使)。」

[006] 〔唐〕李林甫等撰《唐六典》卷 2〈尚書省吏部〉，中華書局(陳仲夫點校)，1992 年，第 28 頁。

(9) 知，主持。權知，即暫時代理，屬於「差遣」的一種形式。

(10) 兼，同時具有或兼及幾種職務。兼任，兼職。

(11) 判，凡以他官兼代某官，以高位兼任低職、以京官出任地方州縣官員，稱「判」。但判官是地方長官的僚佐，非正官，輔助長官處理事務。

凡朝廷特派的「使職」，皆可自選中級官員、奏請充任判官，為其僚佐。唐中期以後，節度使、觀察使等皆有判官，亦由本使選擇充任。

三、充實「時代背景及其演變」內容

眾所周知，唐朝（西元 618 年至西元 907 年）是中國帝制時代的強盛時期，疆域遼闊，人口眾多，經濟發達，制度文明，領先世界，聲威遠播。但因遭受「安史之亂」（西元 755 年至西元 763 年）摧殘破壞，其綜合國力開始由盛轉衰，訖至滅亡，雄強氣象不復重振。而郭子儀（西元 697 年至西元 781 年）就生活在這一重大歷史轉折時期，其仕宦功名與朝廷盛衰相伴隨，歷經起伏而忠心不改。

所以，對郭子儀「中興名臣」美譽的認識和評價，必須透過這一時期國內外的時代背景（國際地緣政治格局演變、國內中樞政局演變諸方面）——「廣闊而複雜的歷史舞臺」的鋪敘，方能達成。

引子　橫刀立馬赴國難

天寶十四載（西元 755 年）十月四日，長安（今西安市）興慶宮，玄宗皇帝[007]鑾駕出京，東幸驪山華清宮（今陝西臨潼區南）。

年屆古稀的唐玄宗（李隆基）龍顏喜悅，與他同輦而行的楊貴妃（楊玉環）[008]，雍容華貴，儀態超群，寵冠六宮。每年冬春天寒時節，唐玄宗與楊貴妃照例要駕幸驪山華清宮「避寒」，洗浴溫泉，歌舞宴樂。

貴胄王公、朝廷顯要隨駕前往。內外命婦，錦衣彩繡，簪花飾鈿，豔麗妖嬈。車騎儀衛，官吏僕從，浩浩蕩蕩，填塞道路。

驪山腳下的華清行宮（原名溫泉宮），外築羅城，氣勢宏偉。羅城之內，殿閣樓臺依據山勢，錯落分布；湯池分等列置，迴廊曲折相連；朱漆門戶，畫梁粉壁，松柏蒼翠，掩映樓閣。使人宛若身臨仙境。

這一處皇家行宮，正是四十年太平皇帝、人世間風流天子李隆基縱情享樂的美妙勝境。老皇帝企慕長生，佞道學仙；豔貴妃承歡侍宴，獨占恩澤。李隆基多才多藝，精通音律；楊玉環天生麗質，能歌善舞。

中唐大詩人白居易（西元 772 年至西元 846 年）的〈長恨歌〉詠云：

驪宮高處入青雲，仙樂風飄處處聞。

緩歌慢舞凝絲竹，盡日君王看不足。[009]

十一月十日清晨。河北道薊縣（今北京市西南）城南。身兼范陽（今

[007] 唐玄宗李隆基（西元 685 年至西元 762 年，西元 712 年至西元 756 年在位），廟號「玄宗」。因諡號為「至道大聖大明孝皇帝」，故又稱唐明皇。

[008] 楊貴妃（西元 719 年至西元 756 年），小名玉環；曾出家為女道士，道號「太真」。

[009] 〔清〕曹寅、彭定求《全唐詩》卷 435，中華書局，1999 年，第 4,826 至 4,830 頁。

北京市）、平盧（今遼寧朝陽市）、河東（今山西太原市）三鎮節度使，久蓄異志的蕃將安祿山，以其統領的 15 萬諸蕃和漢族軍隊，舉旗叛國。安祿山檢閱了調集的軍隊，宣稱：「奉皇帝密詔，入朝討伐奸相楊國忠！」並張榜於軍中：「膽敢有異議擾亂軍心者，滅其三族！」

誓師之後，安祿山乘坐鐵甲兵車，率領精銳的騎兵部隊，向南進發。叛軍號稱 20 萬，戰鼓聲聲，震天動地，車馬奔馳，煙塵沖天……

漁陽鼙鼓動地來，驚破〈霓裳羽衣曲〉。「范陽兵變！雜胡造反！」這消息猶如晴天霹靂，打破了蕭索仲冬的安寧。由於唐朝內地久無戰事，郡（州）縣官府武庫裡的兵仗鎧甲已經生鏽腐朽。猝聞范陽兵變，州縣官員魂飛魄散，或棄官逃匿，或開城投降。河北道本屬安祿山統轄，叛軍所過，州縣無不望風瓦解。鄉野村落的黎民百姓，人人驚駭膽顫，惶恐不安，不知何去何從。

十一月十五日，安祿山公開反叛的警報，傳到了驪山華清宮。面對急報，陶醉於「歌舞昇平」之中的唐玄宗毫無預料，將信將疑；文武大臣聞警失色，相顧無言。唯有當朝宰相楊國忠洋洋自得，大言誇口道：「啟稟陛下，真正反叛的，只有安祿山一個人。他部下的將士們並不想反叛，過不了十天，就會割下安祿山的人頭，送到這裡來。」

唐玄宗心懷僥倖，竟信以為然，只是派遣特進（文散官正二品）畢思琛前往東京洛陽，金吾將軍程千里前往河東（今山西永濟市），招募丁壯，就地進行軍事訓練，準備抵抗叛軍。

十六日，安西（今新疆庫車縣）節度使封常清入朝奏事，來到華清宮，聞知范陽兵變，慷慨請纓。玄宗大喜，立即任命其為范陽、平盧節度使。封常清臨危受命，飛馬奔赴洛陽，招募兵員，部署防禦事宜。

二十一日，玄宗起駕返回京城，再次調兵遣將，全面部署防禦陣線，阻擋叛軍攻勢。其邊疆大將職務任免之一是：徵調朔方（今寧夏吳忠市）節度使安思順（其叔父為安祿山的繼父）入朝，改任戶部尚書（即解除其兵權）；擢升朔方右廂兵馬使、豐州（今內蒙古五原縣西南）都督郭子儀為朔方節度使，立即率領本鎮兵馬，東進討賊。

是年，郭子儀（西元 697 年至西元 781 年）59 歲，從戎宿衛，戍守邊塞已近四十個春秋。自古以來，君上蒙塵，忠臣效命勤王；朝廷危難，大將橫刀立刻。郭子儀臨危受命，率師東進，討伐叛國逆賊，開始了他「一身繫天下安危」的輝煌功業。

第一章

郭子儀家族世系

西元 697 年中秋節（八月十五），郭子儀出生於華州鄭縣。郭姓淵源於姬周天潢，世代為太原著姓。唐代華州鄭縣的郭氏家族，早在西漢時就遷來關中；自北魏末年以降，名登仕版者，代不乏人。郭子儀之父郭敬之，才兼文武，居官曆四州刺史。

一、陝西華縣的「駙馬村」

從西安市東行，過臨潼、渭南，大約 170 里路程，就到了華縣（唐代華州治所鄭縣）。其南部橫亙著峭拔綿延的秦嶺山脈，巍峨的少華山聳立在縣城東南，東鄰的華陰縣境內，坐落著壁立千仞、雄奇險峻的西嶽華山，北界隔著渭河與大荔縣（唐代同州治所）相望。

在華縣縣城東北 10 里許，有一條季節性小河，叫羅紋河，發源於少華山，向北流入渭河。在羅紋河東岸不遠處，有一個叫做「西馬村」的村子——陝西歷史名人、唐朝「中興名將」郭子儀的故里。[010] 據鄉老傳說，「西馬村」是由「駙馬村」傳演而來，更早的村名已無從知道了。

而「駙馬村」的「駙馬」，指的是郭子儀的第六個兒子郭曖，娶了唐代宗（李豫）的女兒昇平公主。按照唐朝的職官制度慣例，凡是娶皇家公主者，就有了「駙馬都尉」（從五品下階）的官銜，算是「高級官員」了。郭曖的墳墓在縣城西南面 10 里的五龍山弔紙坪。如此說來，現今西馬村的郭姓人家，大多就是郭曖這一支的後裔了。

在西馬村南面 2 里許，原本有郭子儀的「招魂塚」，據說埋葬著郭子儀的一雙戰靴。但是在 20 世紀中期被平掉了，墓園裡僅剩下一塊明朝刻立

[010] 在西馬村南面的公路旁，有一塊高約 4 尺的石碑，上面刻著「唐汾陽王故里」。是華縣政府於 1994 年秋天仿刻的。原來的真碑，是在明朝嘉靖三十八年（西元 1559 年），由華州知州朱茹主持刻立的，今保存在華縣文物管理委員會。參看華縣郭子儀研究會編《郭子儀與陝西華縣》，西北大學出版社，1994 年。

的「汾陽王之墓」石碑。而郭子儀的真墳，是陪葬在唐肅宗（李亨）的建陵（今陝西禮泉縣境內）。

在華縣縣城東關，有郭子儀祠。在清朝末年重修的郭子儀祠東側，曾經建有一座四柱三間的木結構郭子儀牌樓，上面的橫額分別題寫著「功蓋天下」與「再造唐室」。各級官員經過這裡，「文官下轎，武官下馬」，致敬行禮。然而，同樣可惜的是，這座牌樓也在 1966 年遭遇厄運，被拆毀了。

在明清時期，西馬村與所在的鄉，享有「將相里」、「將相鄉」和「令公鄉」的美稱；郭子儀故宅的水井，被稱為「汾陽王井」。

二、鄭縣郭氏之「家譜」

1. 郭敬之又添男丁

武周[011]女皇（武則天）神功元年（西元 697 年），中秋節。關中平原正當秋收時節，農戶家中供奉果品食物，拜祭土地神和農神后稷。由於春季天旱少雨，夏田的麥子明顯減產，農家更賴秋谷度日。

這一日，在華州鄭縣「西馬村」（唐代村名不詳）的朝廷官員郭敬之家院裡，傳出新生嬰兒的啼哭聲——郭子儀的出生月日，史書無明確記載，據其故里後裔傳說，是生於中秋節。

中秋佳節之際，又添「弄璋之喜」。這個嬰兒就是郭敬之的次子，取名「郭子儀」。郭敬之的夫人、郭子儀的母親，按照唐人的稱呼慣例為郭向氏——娘家姓「向」，是河內郡（今河南沁陽市）人氏。[012]但是，對於

[011] 西元 690 年至西元 704 年，武則天（太后）「革命」稱帝，改唐為周，史稱「武周」。神龍元年（西元 705 年），其子中宗（李顯）復位，恢復李「唐」國號。

[012] 〔清〕董誥、徐松等編《全唐文》卷 353 苗晉卿〈壽州刺史郭公神道碑〉，上海古籍出版社，1990 年，第 1,583 至 1,584 頁。

「郭向氏」的生平事蹟，史書記載極為簡略，不知詳情。

鄭縣郭氏家族，世代官宦，遠近聞名。郭敬之生於唐高宗（李治）乾封二年（西元 667 年），此時正當而立之年（30 歲）。據史書記載，郭敬之身材魁偉，聲若洪鐘，目光如電，兩腮虬鬚（絡腮鬍子）。這樣一個外貌威武的美男子，性情卻是溫良恭儉，待人接物親和友善，言談舉止優雅得體，與其接觸交往，感覺如同神仙下凡。[013]

在郭子儀出生時，郭敬之的官位還未達到「高官」的級別。但是從他這一代往上追溯，鄭縣郭氏的先祖中，不乏做過高官的人物。

2. 祖根鄭縣郭氏

唐代宗（李豫）廣德二年（西元 764 年）十一月，郭子儀 68 歲，位居宰輔，功蓋朝野，在京城的舊宅為先父修建家廟、刻立石碑。代宗皇帝賜題碑額，用隸體字書寫：「大唐贈太保祁國貞懿公廟碑」，以示恩寵。[014]

〈郭氏家廟碑〉序文部分，首先追述天下郭氏的源頭：出自西周天子的姬姓，世代為太原郡（今山西太原市西南）大姓。[015]

---

[013]　郭敬之進入仕途之後，先後擔任過涪州（今重慶市涪陵區）錄事參軍、瓜州（今甘肅安西縣）司倉、雍北府果毅都尉加遊擊將軍、申王（唐玄宗的二哥李成義）府典軍、金穀府折衝都尉兼左衛長史、原州（今寧夏固原市）別駕、左威衛左郎將兼監牧南使、渭州（今甘肅隴西縣）和吉州（今江西吉安市）刺史。唐玄宗天寶三載（西元 744 年）正月十日病逝，享年 78 歲。事見於〈郭氏家廟碑〉、〈壽州刺史郭公神道碑〉。

[014]　(1) 碑文題目：〈有唐故中大夫、使持節壽州諸軍事、壽州刺史、上柱國、贈太保郭公廟碑銘並序〉。當時，郭子儀恭請同朝為官的大書法家顏真卿，為自己的先嚴大人撰寫碑文。顏真卿欣然答應，撰作碑文並書寫了文字。(2) 顏真卿（西元 709 年至西元 785 年）與郭子儀同朝為官，時任檢校刑部尚書（代理司法部長，主持工作）。其「顏體」書法備受當時、後世人們稱道，奉為楷模。

[015]　據《新唐書》卷 74 上〈宰相世系表四上〉，第 3,115 頁。(1) 郭氏出自姬姓。周武王封自己的叔父、文王之弟虢叔于「西虢」（應為「東虢」。見《左傳》隱公元年［西元前 722 年］），封虢仲於「東虢」（應為「西虢」）。「東虢」之地在虞、鄭之間（今河南滎陽市東北），周平王東遷，奪取虢叔之地，給與鄭武公；楚莊（武）王起陸渾之師伐周，責問平王為何滅虢，於是，平王找到虢叔的裔孫序，封于陽曲（今山西太原市北面陽曲縣），號曰「郭公」。「虢」也謂之「郭」，是語音的變轉，遂以「郭」為氏。(2) 在今太原市北面的陽曲縣，至今還流傳「天下郭氏出太原，郭氏根祖在陽曲」的老話。

華州鄭縣郭氏家族世系的基礎線索：華陰郡郭氏亦出自太原。漢有郭亭，亭曾孫光祿大夫廣意，廣智（應為廣意）生馮翊太守孟儒，子孫自太原徙馮翊。後魏（北魏）有同州司馬徽，徽弟進。

(1) 秦朝末年，天下大亂。太原人郭亭追隨漢王劉邦來到漢中（今陝南），還定三秦，打擊項羽，建立功勳。西漢建立後，高祖（劉邦）六年（西元前 201 年）七月，郭亭以功受封為「阿陵頃侯」。[016]

(2) 郭亭的曾孫，名叫郭廣智（應作「廣意」），在漢武帝時，擔任光祿大夫，是皇帝身邊的侍從官員，負責顧問應對事宜。

(3) 郭廣意的兒子郭孟儒，官位比父親更高，擔任過左馮翊（相當於郡太守）[017]。郭孟儒可謂具有「策略眼光」—— 舉家遷到關中定居。從此，鄭縣郭氏家族瓜瓞綿延，有了英雄後代郭子儀。

但是，鄭縣郭氏的家譜，從西漢後期直到北魏末年，出現了中斷失續，時間長達 600 餘年 —— 或是戰亂流離，致使譜牒損缺；或是遭遇禍難，致使家族淪落……其中的具體原因和詳情，今已無從知曉了。

3. 郭子儀的七代祖先 [018]

(1) 郭子儀的七世祖，名叫郭文智，在北魏（西元386年至西元534年）末年，擔任過中山郡（今河北定縣）太守，是地方行政上的最高長官。

(2) 郭子儀的六世祖，名叫郭徽，在西魏文帝大統（西元 535 年至西

[016] 據《史記》卷 18〈高祖功臣侯者年表第六〉，第 1,085 至 1,086 頁；《漢書》卷 16〈高惠高後文功臣表第四〉，第 567 至 568 頁。

[017] 西漢時的「左馮翊」，既是政區名稱，屬京畿三輔（京兆尹、左馮翊、右扶風），又是官職名稱，相當於郡太守（俸祿二千石）。左馮翊的治所最初在長安，東漢時移治高陵（今陝西高陵縣）；三國時改為馮翊郡，移治臨晉（今陝西大荔縣）。

[018] 據〔唐〕林寶《元和姓纂（附四校記）》卷 10，中華書局（岑仲勉校記，鬱賢皓、陶敏整理，孫望審訂），1994 年，第 1,552 至 1,553 頁；李子春《隋郭榮碑考釋》∥西安碑林博物館編《陝西碑石墓誌資料彙編》，西北大學出版社，1995 年，第 380 至 383 頁；《新唐書》卷 74 上〈宰相世系表四上〉；〈郭氏家廟碑〉等。

元 551 年）末年，擔任過同州（今陝西大荔縣）司馬、洵州（今陝西旬陽縣）刺史，封爵安城縣公。[019] 要特別強調的是，郭徽在同州任職時，他的頂頭上司、州刺史楊忠，就是隋文帝（楊堅）的父親。

古代把皇帝登基之前待過的地方，叫做「潛龍之地」；相處過的朋友、同事等，叫做「龍潛舊交」。如此說來，郭徽與未來的皇帝（楊堅）成了無血緣的「叔姪」輩分 —— 可遇不可求的「人脈關係」。

楊堅取代北周（宇文氏）、建立隋朝之後，郭徽官拜太僕卿（九卿之一，負責皇帝出行的車馬、朝廷畜牧事務），數年後去世。

(3) 郭徽的長子郭榮，字長榮，即郭子儀的五世伯祖。郭榮年少時跟隨父親在同州，與楊堅關係親狎，為「龍潛之舊」。到了隋朝，郭榮官運亨通，擔任過通州（今四川達縣）刺史、右侯衛大將軍，封爵蒲城郡公，死後追贈兵部尚書，賜諡號曰「恭」（屬「美諡」）。[020]

郭子儀的五世祖郭弘道，字大寶，是郭徽的次子，在隋煬帝時期，擔任殿內省尚食局奉御（正五品），負責皇帝的日常膳食。[021] 殿內省的「一把手」為殿內監（從三品）；「二把手」為殿內少監（從四品），設置兩個職位，其中之一就坐著李淵 —— 幾年之後的唐朝開國皇帝。

老郭家的兩代三個人，都撞上了「龍潛舊交」的好運氣！

李淵年輕時就練成一身好武藝，拉弓射箭無虛發。但因腦門上皺紋比較多，曾被隋煬帝（是李淵的姨表弟）戲稱為「阿婆面」（滿臉褶子，像個老娘們），搞得李淵心情很不爽，生了好一陣子悶氣。[022]

---

[019]《隋書》卷 50〈郭榮傳〉，第 1,319 頁。

[020]《隋書》卷 50〈郭榮傳〉，第 1,319 至 1,321 頁。

[021] 郭弘道的事蹟與官職爵位，據《唐會要》卷 45〈功臣〉，上海古籍出版社，1991 年，第 936 頁；〔宋〕王欽若等編《冊府元龜》卷 172〈帝王部・求舊第二〉，鳳凰（江蘇古籍）出版社（周勳初等校訂本），2006 年，第 1,912 頁；〔宋〕李昉等編《太平御覽》卷 731〈方術部十二・相下〉，中華書局，1960 年，第 3,241 頁。

[022]《舊唐書》卷 51〈后妃傳上・高祖太穆皇后竇氏〉，第 2,163 頁；〔宋〕王讜撰、周勳初校證《唐

郭弘道性情寬厚，外貌愚鈍而內心聰敏，胸有城府，尤擅「相面」之術，但輕易不露。有一日，辦公廳堂只有郭弘道與李淵兩個人。郭弘道閉上房門，看著李淵的臉面，意味深長地說道：「您天中伏犀，下接於眉。這可不是人臣之相啊！請李公深切自愛。」翻譯為白話：李頭，您的額骨隆起，鼻高如山，上下連線，是真正的大貴（帝王）之相！

但是在當時，這種話是「妄談天命」，絕不敢明說。

李淵聽了，心裡又驚又喜，未置可否。沉默了一會，隨手拿起郭弘道的銀飯盆，放到牆角，說：「如果你的話日後能應驗，今天當一發射中。」遂引弓而射，應弦中盆 —— 李淵是神射手，近距離豈能射不準！

郭弘道點點頭：「在下今日所言，日後若能應驗，您得賠我一個金飯盆。」其實，郭弘道早就看出李淵懷有「不臣之志」（奪取天下當皇帝），於是，就找了個合適機會，點破「天機」，說中李淵心懷。

及至隋朝末年，天下大亂，群雄並起，逐鹿中原 —— 隋煬帝遠在江都（今江蘇揚州市），已成「孤家寡人」之勢。這時，李淵擔任太原留守，審時度勢，帶領三個兒子（建成、世民、元吉），誓師起兵，然後乘虛直取關中，攻克長安城，擁立隋恭帝（楊侑）。義寧二年（西元 618 年）五月，李淵取代楊隋，建立李唐新朝，改年號為「武德」。[023]

而郭弘道，此時卻身在東都洛陽。李淵坐上龍椅後，感念舊交，不斷派人打聽其下落。直到武德三年（西元 620 年）三月，郭弘道才脫身離開洛陽，西奔關中。李淵聞報，立即派出使者，於中途迎接慰勞。

郭弘道回到長安，在使者的引導下，進入皇宮拜見李淵。昔日的上下

語林校證》卷 4〈賢媛〉，中華書局，1987 年，第 403 頁。史載：李淵（及其子孫）的母系祖先有「胡種」（鮮卑族）血統。陳寅恪先生指出：以「女系母統言之，唐代創業及初期君主，如高祖之母為獨孤氏，太宗之母為竇氏，即紇豆陵氏，高宗之母為長孫氏，皆是胡種，而非漢族。」見其著《唐代政治史述論稿》，三聯店，1957 年，第 1、13 頁。

[023]《舊唐書》卷 1〈高祖本紀〉，第 2 至 6 頁。

級，今日的君與臣，久別重逢，格外親熱。郭弘道熱淚盈眶道：「臣識龍顏，在天下人之先。但是，直到今日才得以拜見闕庭，落在了眾人之後。這是臣的罪過啊！」李淵拉住他的手，引入內殿，傳命御膳房擺上美酒好菜，君臣二人邊吃邊聊，回憶舊事，直到深夜還未盡興。

李淵對郭弘道賞賜萬計；先任命其為同州（今大荔縣）刺史（正四品），後又召回長安擔任「衛尉卿」（從三品），封爵部國公。郭弘道每次進見奏事，李淵都特別下令，讓他登上殿堂，享受「親近龍顏」的優待。

(4) 郭弘道的長子，名廣敬，即郭子儀的高伯祖父。在唐太宗時，官至左衛將軍（從三品）兼太子左衛率、策勛上柱國（視正二品），繼承父親的爵位部國公。貞觀二十一年（西元 647 年）十一月，曾奉命出使漠北，徵召突厥車鼻可汗入朝。[024] 可見郭廣敬具有軍事、外交才能。

郭弘道的次子，名叫履球，是郭子儀的高祖父。他在隋朝時，曾擔任過金州（今陝西安康市）司倉參軍（正八品）。

(5) 郭子儀的曾祖父，名叫郭昶，曾經擔任過涼州（今甘肅武威市）司法參軍（正八品）。

(6) 郭子儀的祖父郭通，擔任過美原縣（今陝西富平縣東北）主簿（正九品）。郭通其人，天性聰慧，博覽群書，識見精明。但令人惋惜的是，進入仕途不久，便英年早逝。到唐肅宗乾元元年（西元 758 年）二月，「祖沾孫光」，被追贈兵部尚書（正三品）。[025]

(7) 郭子儀的父親郭敬之，前文已述，本節不贅。

綜上所述，從北魏（西元 386 年至西元 534 年）末年到唐朝建立（西元 618 年）以後，華州鄭縣郭氏可謂「世代簪纓」、「書香之家」—— 子孫後代能受到良好教育，有更多機會進入仕途。

---

[024] 《舊唐書》卷 194 上〈突厥傳上〉，第 5,165 頁。

[025] 據〈郭氏家廟碑〉，兩《唐書．郭子儀傳》。

三、俊秀少年郭子儀

1. 華州人傑地靈

在唐代，華州與同州、岐州、蒲州為「四輔州」。所謂「輔」，本指京城附近之地 —— 以京城附近之州為輔州，顯然是提高其政治、軍事地位，非一般之州可比。華州州境：東西一百六十四里，南北一百四十里。「前據華嶽，後臨涇、渭，左（東）控桃林之塞（潼關），右（西）阻藍田之關，自昔為關中喉舌，用兵致勝者必出之地也。」[026]

唐代華州（華陰郡）下領三縣：鄭縣（州治所）、華陰（今華陰市）、下邽（今渭南市渭河北岸下邽鎮東南）。

(1) 華州治所鄭縣

「鄭縣，望。郭下（州治所）。本秦舊縣，漢屬京兆。後魏置東雍州，其縣移在州西七里。隋大業二年（西元 606 年），州廢移入州城……至三年（西元 607 年），以州城屋宇壯麗，置太華宮，縣［衙］即權移城東。四年（西元 608 年）宮廢，又移入城。古鄭城在縣理（治所）西北三里。」[027]

(2) 華山神與西嶽廟

「華陰縣（今華陰市），望。西至州［城］六十里。……太華山，在縣南八里。……有嶽祠（西嶽廟）。」今華陰市南面有西嶽華山（海拔 1,997 公尺），市東北的岳廟鎮之東有歷代祭祀華山神的西嶽廟。

在唐代，祭祀西嶽華山神，為國家級祭祀（中祀），地位崇高。[028] 唐

---

[026] 〔清〕顧祖禹《讀史方輿紀要》卷 54〈陝西三．西安府下．華州〉，中華書局（賀次君、施和金點校），2005 年。

[027] 〔唐〕李吉甫《元和郡縣圖志》卷 2〈關內道二．華州．鄭縣〉，中華書局，1983 年，第 34 頁。

[028] 據《唐六典》卷 4〈禮部．祠部司〉：大祀，祭天地神明、宗廟；中祀，祭日月星辰、社稷、五嶽四瀆等；小祀，祭風師、雨師、眾星、山林川澤、州縣社稷等。

玄宗於先天二年（西元 713 年）七月全面掌權，八月二十日，封華嶽神為金天王。立秋之日，祭西嶽華山於華州，祭祀官以當界都督、刺史充。[029]

唐玄宗時，甚至有大臣多次上奏請求在華山舉行「封禪」（祭祀天地的「大祀」典禮）。天寶九載（西元 750 年），正式決定在華山舉行「封禪」，但是卻因為西嶽廟發生了火災，又加上關內久旱無雨，只好暫時作罷。[030]

由此推測，在唐代，每年的立秋之日（農曆七月初），華陰縣西嶽廟的祭祀典禮 —— 華州刺史率領大小官員獻祭供品、唸誦祭文，酌酒奠獻，跪拜致禮；還有音樂演奏和祝頌歌唱（祭祀雅樂），莊嚴而隆重。不言而喻，在官府隆重祭祀西嶽（金天王）的這一天，華州遠近的百姓會前來觀看、參拜，並由此形成盛大的「廟會」（祭拜神靈、商貿交流、文化娛樂等），演為傳統。[031]

（3）天險潼關與永豐倉

華陰縣，有潼關，有渭津關（渭河渡口）。有漕渠，又有永豐倉，有臨渭倉。[032] 潼關位於今陝晉豫三省交界，臨河阻山，自古為水陸交通咽喉，風陵渡溝通黃河南北，隋唐潼關城坐落在黃河南岸的黃土原上，控扼長安與洛陽之間的「函谷道 —— 潼關道」。

「潼關，在［華陰］縣東北三十九里，古桃林塞也。……關西一里有潼水，因以名關。……至後漢獻帝初平二年（西元 191 年），董卓脅帝西幸長安，出函谷關，自此以前，其關並在新安（新函谷關。在今河南新安縣東）。其後二十年，至建安十六年（西元 211 年），曹公（曹操）破馬超於潼

[029] 《舊唐書》卷 23〈禮儀志三〉，第 904 頁；《唐會要》卷 47〈封諸嶽瀆〉，上海古籍出版社，1991 年，第 976 頁；《唐六典》卷 4〈禮部・祠部司〉，第 123 頁。

[030] 參看賈二強《唐宋民間信仰》，科學出版社，2020 年，第 31 至 41 頁。

[031] 參看李蓬勃、張始峰《西嶽廟會由來及嬗變》，《蘭台世界》2012 年第 33 期。

[032] 《新唐書》卷 37〈地理一・關內道・華州華陰郡〉，第 964 頁。河阻山，自古為水陸交通咽喉，風陵渡溝通黃河南北，隋唐潼關城坐落在黃河南岸的黃土原上，控扼長安與洛陽之間的「函穀道 —— 潼關道」。

關，則是中間徙於今所。今歷二處而至河潼，上躋高隅，俯視洪流，盤紆峻極，實謂天險。河之北岸則風陵津，北至蒲［津］關（今山西永濟市蒲州鎮西南）六十餘里。河山之險，邐迤相接，自此西望，川途曠然，蓋神明之奧區，帝宅之戶牖，百二之固，信非虛言也。」[033]

永豐倉，在華陰縣東北三十里渭河口，隋文帝開皇三年（西元583年）設置，原名「廣通倉」；隋煬帝（楊廣）時改名永豐倉（避諱「廣」字）。唐朝繼續使用（遺址在今潼關縣港口鎮之西的吳村原畔[034]）。在倉下的渭河上有渡口，名「渭津關」（屬中關），備有渡船。[035]北岸為同州朝邑縣境地。

不言而喻，郭子儀在青少年時代，聽說過發生在潼關的戰爭故事、讀過相關的兵書，並曾實地遊覽觀察。他進入仕途之後，在京城北衙軍服役期間，曾數次扈從唐玄宗車駕東幸洛陽、西返長安，走過潼關道。在平定「安史之亂」（西元755年至西元763年）中，又曾指揮朔方軍，與安祿山叛軍在潼關周圍進行過激烈戰鬥（詳見第五章第二節）。

2. 教育養成的背景

華州鄭縣郭氏傳衍到郭敬之這一代，生有九子。可謂人丁興旺。

少年時代的郭子儀，美貌俊秀，天性純樸。成人後體格魁偉，身高六尺有餘；其長相儀表，性情神采，酷肖父親，是個美少年。

鄭縣郭氏的家風，是書香與修武兼備。郭子儀從小到大，父母的撫育教導，塾師的啟蒙傳授，州縣官校的讀書學習，灌輸的必然是正統的儒

[033]《元和郡縣圖志》卷2〈關內道二．華州．華陰縣〉，第35至36頁。

[034] 艾沖《隋唐永豐倉考論》，《陝西師範大學學報》，1997年第2期。永豐倉為關中最大的轉運糧倉。從關東、江淮地區溯黃河「漕運」的租賦，轉運至永豐倉，再改換小型船隻溯渭河（或漕渠）、或以大車運輸到高陵縣東渭橋倉（東渭橋遺址在今高陵縣耿鎮鄉白家嘴村西南）、長安太倉，以供京城皇室、百司糧料與百官俸祿（祿米）。

[035]《唐六典》卷7〈工部．水部司〉，第226至227頁。

家倫理道德、人生志向——「修身、齊家、治國、平天下」與「立德、立功、立言」，等等。在郭氏先祖中，不乏赳赳孔武的將軍，郭敬之更以文武雙全立朝為官。少年郭子儀在這樣的大家庭裡，從小耳濡目染，學拳習武，閱讀兵書。長到 20 歲時（要舉行成人「加冠禮」），已是武藝超群、騎射出眾、胸懷韜略、抱負宏遠的青年才俊。

史書上對青年郭子儀品德修養的讚譽是：「秉承父教家風，孝敬師長，友愛兄弟，寬厚仁善，重情尚義，為鄉里所稱道。」用一句俗話概括：「好得不能再好了。」很顯然，這些都是溢美之詞（有言過其實之嫌）。

接下來，簡要介紹郭子儀「登臺亮相」的歷史背景。

郭子儀出生時，正當李唐王朝歷史上的一段特殊時期——皇太后武則天稱帝。[036] 但是武則天與兩個兒子中宗、睿宗，以及孫子玄宗（李隆基），畢竟是天然血緣，上下相承，她臨終時又明確吩咐「去周復唐」，對上沒有拋棄李唐的祖宗，對下沒有斷絕李唐的後嗣。所以，駕崩後與高宗（李治）合葬在乾陵（今陝西乾縣境內），並留下了一塊「無字碑」，讓後世的人們絞盡腦汁去猜謎。

郭子儀從小習武，耍槍弄棒，騎馬射箭，一是天性喜愛使然；二是其父郭敬之（才兼文武）的言傳身教；三是當時朝廷軍事局勢大背景的直接影響——邊疆多有戰事，朝廷極為重視武備。[037]

---

[036]　西元 690 年春天，武太后將親兒子、當朝皇帝（睿宗李旦）降級為皇嗣，自加尊號為「聖神皇帝」，改唐為「周」，改年號為「天授」，正式登上皇帝寶座。直到臨終時臥病在床，這位「千古一帝」的女皇帝又被親兒子（中宗李顯）取代。不論好賴，武則天算是過了把「皇帝癮」。女人登基稱帝，這可是破天荒的大事情。不過，在武則天稱帝時期（西元 690 年至西元 705 年），基本上遵循著唐太宗（李世民）貞觀年間的制度成規，朝廷的政局還算是穩定；朝野上下雖然有「反對派」勢力，但是都遭到嚴厲而殘酷的鎮壓。要說武則天雙手沾滿「反對黨」的鮮血，一點也不誇張。

[037]　在武則天執政期間（西元684年至西元705年），邊疆軍事形勢全面惡化——東北「兩蕃」（奚、契丹），時叛時服，反復無常，侵擾河北道州縣；北方（漠北）有後突厥汗國（降附的東突厥汗國貴族叛唐復興）頻繁南下侵擾；西南雪域高原上崛起的吐蕃王國，侵擾隴右道邊州，搶掠人畜。特別是唐軍在東北、西南戰線上接連吃了幾個大敗仗，邊疆軍事局勢頗為緊張（詳見第四

在唐前期的府兵制下，地方州縣大多設有折衝軍府——京畿地區諸州（郡）的軍府分布尤為密集。如華州設有軍府20個。

以下將唐朝前期折衝軍府的大致情況列為簡表，方便觀覽。

唐朝前期折衝軍府（府兵制度）簡表[038]

等級／兵額	都尉	左、右果毅	別將	長史
上／1,200人	正四品上	從五品下	正七品下	正七品下
中／1,000人	從四品下	正六品上	從七品上	從七品上
下／800人	正五品下	從六品下	從七品下	從七品下
編制單位	凡200人為團，設校尉；100人為旅，設旅帥；50人為隊，設隊正、副隊正；10人為火，設火長。			

其軍府皆以所在地來命名。如華州鄭縣西北三里有古鄭城，所設軍府曰鄭邑府；在華陰縣東十里有定城，所設軍府曰定城府。[039]

府兵平時不脫離生產，冬季進行教閱。「番上」服役時才集中於軍府、京城或出征作戰地區。俗謂「養兵千日，用兵一時」。冬季訓練提高士兵的單兵戰鬥力，養成集體的步調一致（令行禁止）。凡新兵入伍，都要進行「教旗」訓練，熟悉各種旗鼓訊號。據《新唐書》卷50〈兵志〉載：

每歲季冬，折衝都尉率五校兵馬之在府者，置左右二校尉，位相距百步。每校為步隊十（每隊50人，共500人），騎隊一（50人），皆卷矟幡，展刃旗，散立以俟。角手吹大角（預備號令）一通，諸校皆斂人騎為隊；

篇第一節述論）。

[038] 據《唐六典》卷25〈諸衛府〉，第644至645頁；《新唐書》卷50〈兵志〉，第1,325至1,326頁。唐太宗時，在全國各地設置的「折衝軍府」有600餘個。「凡民年二十為兵（開始服役），六十而免（退役）。其能騎而射者為越騎，其餘為步兵、武騎、排手、步射。……」府兵的軍事任務，一是「番上」服役，即輪班到京城宿衛，每番一個月，不包括路途往返時間；二是征戍，即奉調參加出征作戰或邊防鎮守。

[039]〔宋〕樂史《太平寰宇記》卷29〈關西道五．華州華陰縣〉，中華書局（王文楚等點校），2007年，第622頁；〔清〕顧祖禹《讀史方輿紀要》卷54〈陝西三．西安府下．華州華陰縣〉，中華書局（賀次君、施和金點校），2005年，第2,587頁。

二通，偃旗矟，解幡；三通，旗矟舉。左右校擊鼓（前進號令），二校之人合噪而進。右校擊鉦（形似鈴而狹長有柄，擊之為進退號令），〔其〕隊少卻，左校進逐至右校立所；左校擊鉦，〔其隊〕少卻，右校進逐至左校立所；右校復擊鉦，隊還，左校復薄戰（近戰搏擊）；皆擊鉦，隊各還。大角復鳴一通，皆卷幡、攝矢、弛弓、匣刃；二通，旗矟舉，隊皆進；三通，左右校皆引還。是日也，因縱獵，獲（獵獲物）各入其人。

距離郭子儀家村子不遠，就有軍府駐地（軍營）—— 每年冬天，在各地州縣的折衝軍府進行教旗演練時，其駐地附近的百姓會來圍觀；男孩子們尤為興高采烈，躍躍欲試。

郭子儀從小受到的軍事文化薰陶，有每年冬季軍府的操練情景，還有朝廷施行的武舉考試與「教民習武」。在武則天稱帝期間（西元 690 年至西元 705 年），執行的施政措施之一，就是延續唐朝開國以來的科舉選官制度，並有所發展 —— 創設了武舉考試。

〔武周〕長安二年（西元 702 年）正月十七日敕：「天下諸州，宜教武藝，每年準明經、進士貢舉例送〔兵部〕。」……其後每歲如明經、進士之法（考試），行鄉飲酒禮，送於兵部。……不拘色役，〔武舉考試〕高第者授以官，其次以類升。又製為土木馬於里閭間，教人習騎。……始置武舉。其制，有長垛、馬射、步射、平射、筒射，又有馬槍、翹關、負重、身材之選。……亦以鄉飲酒禮送兵部。[040]

郭子儀的青少年時代，正趕上了朝廷邊疆軍事形勢惡化和朝廷「教民習武」的社會情勢 —— 他從小就練習騎射武藝，心中憧憬著戎裝戍邊，馳騁疆場，建立功名，光宗耀祖，報效朝廷，青史留名……

郭子儀進入仕途，正是從武舉平台開始嶄露頭角的。

[040]　《唐會要》卷 59〈兵部侍郎〉，上海古籍出版社，1991 年，第 1,210 頁；《通典》卷 15〈選舉三〉，第 354 至 355 頁；《新唐書》卷 44〈選舉志上〉，第 1,170 頁。

第二章

京城禁軍宿衛官

少年郭子儀，美貌俊秀，成人後身材魁偉，姿性淳厚，學武習射，秉承父教家風，為鄉里所稱讚。武則天創設武舉考試，選拔將帥人才。郭子儀 20 歲應考，以優等及第，得授左衛長上，[041] 步入仕途。起初十餘年，郭子儀先後在地方軍府任職、在京城擔任宿衛軍官。

一、武舉及第，步入仕途

在唐代，從中央政府到地方州縣，皆無專門的「武學」(學校)，所以，參加武舉考試者只有「鄉貢」—— 地方官府選送，包括平民、勳官 (作戰有功獲得功勳稱號者) 和品子 (一至九品官員的子弟)。[042]

地方官府負責武舉的初選和推薦。初選主要測試謀略和武藝，凡合格者才有資格參加鄉飲酒禮，被舉送到京城參加正式考試。

這鄉飲酒禮，是地方官府每年舉行的重要典禮活動 —— 禮敬鄉賢、尊崇人才，宣揚忠孝之本，教化鄉里風俗，由地方長官州刺史主持 (為主人)。其整個儀式過程有十多項，比較繁瑣，基礎流程是，主人先召鄉致仕 (退休官員) 有德者謀之，以賢者為賓 (尊敬的客人)，其次為介，又其次為眾賓；主人在州學校廳堂設宴席備酒食，賓主相互揖讓，即席就位，依主次順序相互敬酒，主人向賓介 (致仕而德高望重者) 表示敬意，賓介

[041]　按：「補授」，即補充空缺的官位。(1) 據兩《唐書．郭子儀傳》：以武舉及第「補左衛長史」(從六品上)。顯然不符合選官制度的實際情況。(2) 據〈郭氏家廟碑〉碑陰子孫題名，作「授左衛長上」(從九品下)。由此碑陰題刻的郭子儀歷任官職 (仕途履歷) 來看，應以「左衛長上」為是。

[042]　每年十月，「凡應舉之人，有謀略 [謂嫻兵法]、才藝 [謂有勇技]、平射 [謂善能令矢發平直。十發五中，五居其次為上第；三中，七居其次為下第]、筒射 [謂善及遠而中。十發四中，六居其次為上第；三中，七居其次為下第；不及此者為不第]，皆待命以舉，非有常也。若州、府歲貢，皆孟冬隨朝集使以至省，勘責文狀 (應舉者的籍貫、父祖官名、內外姻親、年齡形貌、道德優劣等) 而引試焉」；據〔唐〕李林甫等撰《唐六典》卷 5〈尚書兵部〉，中華書局 (陳仲夫點校)，1992 年，第 160 頁。

還禮答謝；宴飲時要演奏禮儀性的樂歌（雅樂）。[043] 由此可見，有資格參加鄉飲酒禮是一種政治榮耀和體面。

再說京城的武舉考試，由中央政府的尚書省兵部侍郎（正四品下）主持，在每年孟春（正月）舉行。其考試有二科：一曰平射，試射長堆，三十發不出第三院為及第。二曰武舉，考試內容有：射長堆、騎射、馬槍、步射、才貌、言語、舉重（翹關、負重）。[044]

(1)「射長堆」（遠距離射箭）。箭堆（靶）以木框架製成，蒙以布帛，上畫大小五規（圓環），「內規廣六尺（約合 1.8 公尺），橛（即木框架）廣六尺；餘四規，每規內兩邊各廣三尺。懸高以三十尺（三丈）為限」；射擊距離為 105 步（約合 155 公尺）。凡應考者使用一石（120 斤）之弓，箭鏃重六錢，試射 30 枝箭，成績按「入院」（射中環數）分為三等：入中院（內規，即靶心）為上等，入次院（餘四規）為次上等，入外院（五規以外。即靶子邊緣）為次等。[045] 不中者（脫靶）為不及格（落第）。

此項考試距離比較遠，但是箭堆（靶）也比較大，主要考臂力強弱。

(2)「騎射」（騎馬射箭），在靶場四周的矮牆上放置兩隻小鹿（用皮子縫製），皆長五寸，高三寸。應考者使用七斗之弓，馳馬而射，連發連中為上等，或中或不中為次上等，總不中者為次等。

(3)「馬槍」，考槍法。在靶場四周矮牆上放置 4 個木人，頭頂各戴一塊三寸五分的方板。應考者使用八斤重的丈八長槍，馳馬運槍，左右刺擊

[043] 據《通典》卷 130〈開元禮纂類二十五．嘉禮九．鄉飲酒〉，第 3,341 至 3,346 頁。參看游自勇《唐代鄉飲酒禮與地方社會》，《首都師範大學學報》2015 年第 2 期。

[044] 以下據《唐六典》卷 5〈兵部〉，第 160 頁；《通典卷》15〈選舉三〉，第 354 至 355 頁；《新唐書》卷 44〈選舉志〉，第 1,170 頁。參看徐友根《武舉制度史略》，蘇州大學出版社，1997 年，第 12 至 16 頁。

[045] 唐玄宗天寶元年（西元 742 年）十月十三日敕：「自今以後。應試選舉人，長垛宜以十支箭為限，併入第一院（環），與兩單上；八支入第一院，兩支入第二院，與一單上次上；十支不出第三院，與單上；十支不出第四院，與次上。餘依常式（常規制度）。」據《唐會要》卷 59〈兵部侍郎〉，上海古籍出版社，1991 年，第 1,210 頁。

方板，必須做到方板落地而木人不倒，刺中三板、四板為上等，二板為次上等，一板及不中為次等。

(4)「步射」，為射草人。中者為次上，雖中而不法（不合規範）、雖法而不中者為次。

(5)「才貌」，量身高。以身長六尺（1.80 公尺）以上，儀容俊偉，神採煥然堪為統帥者為上等；有神采而堪統領者為次上等；無者為次等。

(6)「言語」，考問言辭。凡應答條理詳明，即為中第。

(7)「舉重」，考臂力。也稱「翹關」，是將長一丈七尺、直徑三寸五分的大門閂，連舉 5 次以上（一說為「凡十舉」[046]），即為中第。又有「負重」，考體力，負米 5 斛（十斗為一斛）行 20 步，即為中第。

應考者「通得五上者為［及］第」[047]，成績優秀者可直接授官。[048]

兵部每年舉行的武選，有五項內容（「以五等閱其人」）：長堆、騎射、馬槍、步射、應對，互有優長，即可取之；又「以三奇拔其選」，有三項內容：一是武藝高強驍勇能戰；二是應對詳明富有材藝；三是軀幹雄偉可為統帥。凡考選成績優異者登而用之，量授官職。

凡參加武選者，透過「五等」與「三奇」而成績優秀者，得令宿衛（在宮禁值宿警衛、在京城值勤巡邏）；凡充任宿衛者皆帶「本官」（原任官職）。文、武官員的銓選，經過「三銓三注」審查之後，由中書省起草「告身」（任命狀），再由吏部加蓋「尚書吏部告身之印」、兵部加蓋「尚書兵部

[046] 據《新唐書》卷 44〈選舉志上〉，第 1,170 頁。

[047] 據《通典》卷 15〈選舉三〉（第 355 頁）：以「通得五上者為第（及第）」。但是相關史料中的成績等次只有三個「上」。故疑諸史記載或有文字脫漏，待考。

[048] 凡參加科舉考試者皆為「白身」（無官資），一旦及第，便具備了「出身」，即取得了做官的資格，然後才能參加每年吏部、兵部主持的「銓選」—— 量材授官，吏部稱「文選」，兵部稱「武選」。選試合格者才能授予官職，從此便脫去粗布衣（平民之衣）換上官服，故而也稱為「釋褐試」（褐衣，粗布衣服）。

告身之印」，[049] 凡是接受「告身」者，要親上殿廷面謝皇帝聖恩，皇帝通常要賞賜一些禮物，並於朝堂賜宴，招待這些新官員。

不言而喻，武舉考試旨在選拔軍事人才，尤其是能夠擔任將帥的優秀人才。當然，將帥還要透過實戰鍛鍊考驗，逐步提升。

唐玄宗開元四年（西元 716 年）春天，郭子儀正值弱冠之齡（20 歲），「[身] 長六尺餘，體貌秀傑」，儀表偉岸，雄武赳赳，騎射技藝，無人能比，受本州舉薦（鄉貢），到京城參加考試，「以武舉高等（成績優異）」，一舉及第，補授「左衛長上」（從九品下）。

在唐代人眼中，透過科舉考試做官是正途，為官場榮耀。

青年郭子儀，才華初露，便躋身仕途。可謂春風得意，家門榮耀。

開元七年（西元 719 年），青年軍官郭子儀（23 歲）與 15 歲的京兆王氏女結為伉儷。王氏女也是生於官宦之家。[050] 郭、王兩家聯姻，門當戶對。

二、「左衛長上」的解讀

郭子儀武舉及第所授「左衛長上」（從九品下），是何官職？

其「左衛」（左、右衛），屬唐朝最高軍政指揮機構十六衛系統；而「長上」，既是官職名稱，也是兵、民服役形式之一。在唐前期，軍府兵士服

[049] 《唐六典》卷 5〈兵部〉，第 151 頁；《通典》卷 15〈選舉三〉，第 360 頁。

[050] 據《全唐文》卷 331 楊綰〈汾陽王妻霍國夫人王氏神道碑〉：王氏的高祖王長諧，是追隨唐高祖（李淵）的開國功臣，官至左武衛大將軍（正三品）、秦州（今甘肅天水市）都督，封爵平原郡公，死後追贈荊州大都督，陪葬於唐高祖獻陵（今陝西三原縣境內）；曾祖王德元為銀青光祿大夫（文散官從三品），曾任唐州（今河南泌陽縣）刺史；祖父王士會，曾任河南府陸渾（今河南嵩縣）縣令（正六品上）；生父王守一，曾任寧王（唐玄宗長兄李成器）府掾（正六品上），死後追贈兗州大都督。「[王氏] 夫人即兗州府君之長女……年既及笄（15 歲），禮從納幣，言告師氏，歸於汾陽（郭子儀）。……」上海古籍出版社，1990 年，第 1,485 頁。

役，分為「長上」（不分番）與「分番」（輪流服役）兩種形式。

唐代的中央禁衛軍分為南衙、北衙。[051] 其北衙兵在唐前期有四軍：左右羽林軍、左右龍武軍。[052] 到唐後期更發展為「北衙十軍」。

左、右衛屬南衙兵，是十六衛的核心機構，其大將軍、將軍「掌宮掖禁衛，督攝隊伍」。職能有：(1) 統領宮廷警衛法令、諸曹職務，監督其屬之儀仗隊。依據府衛兵士名簿，將「番上」（服役）士兵分配到各衛，執行宿衛任務。(2) 在舉行朝會時，擔負警衛儀仗隊。在平時「常朝」時，左、右衛士兵在內廊閤門外分為「五仗」（供奉仗、親仗、勳仗、翊仗、散手仗），坐於東、西廊下。若皇帝御正殿，以黃旗隊為標誌，列隊仗於左右兩階；在正門內，則以挾門隊坐於東西兩廂。(3) 在元正（正月一日）、冬至日舉行「大朝會」時，以黃色旗幟、甲冑和兵器等為儀仗隊，分列於左、右廂。(4) 皇駕出行時的儀仗隊行列之一。

由此可知，郭子儀進入仕途之後，最初幾年是在京城南衙軍中服役，執行宿衛任務。京城禁軍中的諸色長上如下表。

諸色長上	官職、品級	「番上」時間
禁軍諸衛諸色長上	司階、中候、司戈、執戟正六品至正九品	五日上，十日下
長人長上	從九品	每日上，隨仗下

[051] (1) 據《新唐書》卷 50〈兵志〉：「夫所謂天子禁軍者，南、北衙兵也。南衙（宰相系統），諸衛（十六衛）兵是也；北衙（宦官系統）者，禁軍也。」(2) 十六衛：左右衛、左右驍衛、左右武衛、左右威衛、左右領軍衛、左右金吾衛、左右監門衛、左右千牛衛。十六衛各設大將軍一人，正三品；將軍二人，從三品。十六衛擔負宮禁和京城的宿衛任務，其機構駐在宮城南面的皇城內，故稱「南衙兵」。據《唐六典》卷 24〈諸衛〉、卷 25〈諸衛府〉；《新唐書》卷 49 上〈百官志四上．十六衛〉。

[052] 北衙四軍職責：(1) 左、右羽林軍衛，掌統領北衙禁軍之法令，而督左右廂飛騎之儀仗，以統諸曹之職。凡大朝會，則周衛階陛；凡大駕巡幸，則夾馳道為內仗。(2) 左、右龍武軍，主要職掌同左、右羽林軍衛。據《唐六典》卷 25〈諸衛府．左右羽林軍衛〉；《舊唐書》卷 44〈職官志三．武官．左右羽林軍、左右龍武軍〉。

在禁軍的基層軍官中有諸色長上。如左、右監保全，長人長上二十人，立（直）長長上各二十人。左、右羽林軍，長上各十人；諸衛、羽林長上，從九品下階。長人（身材高者）長上，每日上，隨護衛儀仗隊下。長人取身高六尺六寸以上厚闊者四十人，分左、右監保全。備四考（每年小考，四年大考），依出身（官資）例授武散官，依舊長上。[053]

三、軍府官「知」宿衛履歷

郭子儀在唐玄宗天寶八載（西元 749 年）之前的生平事蹟，兩《唐書》本傳記載簡略。慶幸的是在〈郭氏家廟碑〉碑陰刻有郭敬之子孫題名錄，其中具列郭子儀的官職和爵位，彌足珍貴。摘錄如下：

> 武舉及第授左衛長上（從九品下），改河南府（今河南洛陽市）城皋府別將（從七品下），又改同州（今陝西大荔縣）興德府右果毅（正六品上）左金吾衛知隊仗長上，又改汝州（今河南汝州市）魯陽府折衝（正五品下）知左羽林軍長上，又遷桂州（今廣西桂林市）都督府長史（正五品上）充當管經略副使……[054]

由此可知郭子儀進入仕途之後 20 年間的任職履歷。大約在開元二十年（西元 732 年）前後，郭子儀離開京城，開始了漫長的戍邊旅程。

1. 河南府城皋府別將

按照唐代官員一任四考（每年小考，四年大考）的慣例，郭子儀大約

---

[053] 凡應宿衛官各從番第（「番上」次第），諸衛禁軍、中郎將、郎將及諸衛率、副率、千牛備身、備身左右、太子千牛並長上折衝．果毅應宿衛者，並一日上，兩日下；諸色長上，若司階、中候、司戈、執戟，並五日上，十日下。據《新唐書》卷 49 上〈百官志四上．左、右衛〉，第 1,281 頁。

[054] 〔清〕王昶《金石萃編》（二編）卷 92，北京圖書館出版社，2003 年。

在開元八年（西元 720 年），奔赴河南府汜水縣上任城皋府別將。[055]

軍府長官折衝、果毅、別將的具體職責，諸史記載大同小異。

諸府折衝都尉之職，掌領五校之屬，以備宿衛，以從師役，總其戎具、資糧、差點、教習之法令。……凡兵馬在府，每歲季冬，折衝都尉率五校之屬，以教其軍陣戰鬥之法。……左、右果毅都尉掌貳（輔佐）都尉。別將一人，長史一人，兵曹參軍事一人。……長史掌判兵事、倉儲、車馬、介（甲）冑之事，及其簿書、會要之法。兵曹掌兵吏糧倉、公廨財物、田園課稅之事，與其出入勾檢之法。每月，簿（登記清查）番上衛士之數以上衛（上報本衛）。……[056]

別將一人，不判府事。若無兵曹以上，即知府事。……[057]

〔玄宗〕開元（西元 713 年至西元 741 年）初，衛士為武士，諸衛折衝、果毅、別將，擇有行（德行）者為展仗押官（押領儀仗佇列）。右羽林軍十五人，左羽林軍二十五人，衣服同色。[058]

「凡〔徵〕發府兵（宿衛、出征），〔兵部〕皆下符契（調兵憑證），州刺史與折衝〔都尉〕勘契（驗對符契）乃發，若全府〔徵〕發，則折衝都尉以下皆行；不盡，則果毅〔都尉〕行；少（徵發人數少）則別將行。」[059]

郭子儀在城皋府別將（從七品上）任期內，協助軍府正、副長官折衝、果毅，訓練府兵、押領上番等，將兵書上的理論知識付諸實踐。在這

[055] 城皋軍府，因「城（成）皋關」（舊稱虎牢關）而得名，在河南府汜水縣之西，北臨黃河（有板渚津渡），高岸峻絕，險固天成，自古為黃河南岸東西交通孔道，也是軍事戍守要地。據《舊唐書》卷 38〈地理志一．河南道孟州〉，第 1,426 頁；〔唐〕李吉甫《元和郡縣圖志》卷 5〈河南道一．河南府汜水縣〉，中華書局（賀次君點校），1983 年，第 146 至 147 頁。按：古代洛陽位於「四關之內」，左（東）成皋關，西函谷關，南伊闕關，北軹關。在「安史之亂」中，虎牢關為重要戰場之一（詳見第四章）。

[056] 《唐六典》卷 25〈諸衛府〉，第 644 至 645 頁。

[057] 《通典》卷 29〈職官十一．武官下．折衝府〉，第 810 頁。

[058] 《新唐書》卷 49 上〈百官志四上．諸衛折衝府〉，第 1,289 頁。

[059] 《新唐書》卷 50〈兵志〉，第 1,326 頁。

個職位任期內的歷練，是他成長為名將的最初基石之一。

2. 同州興德府右果毅

郭子儀的第三任官職「同州興德府右果毅左金吾衛知隊仗長上」，包含三點內容：(1)「同州（今大荔縣）興德府」，是軍府名稱和地點。凡軍府多因其地，各自為名。[060] (2)「右果毅（正六品上）」，是郭子儀當時的「本官」(表示官員品級、俸祿高低)。(3)「左金吾衛知隊仗長上」，才是他擔任的實際職務（職事官）。其中的「知」（負責、主管）即以某官暫時主持某項工作，具有臨時「差遣」性質。[061]

由此可知，郭子儀實際的「職責職位」並不是在同州，其「職事官」為「左金吾衛知隊仗長上」—— 充任「皇駕出入，前驅後殿」的扈從儀仗隊。[062] 其任務重要而榮耀。

(1) 皇帝「朝會」儀仗隊

在皇帝上殿聽政、車駕出入時，皆有「儀仗隊」—— 扈從衛隊。

唐制，天子居（上朝）曰「衙」，行曰「駕」，皆有衛（扈從衛隊）有嚴（戒嚴）。……衙。凡朝會之仗，三衛（親衛、勳衛、翊衛）番上，分為五仗，號衙內五衛。一曰供奉仗，以左、右衛為之。二曰親仗，以親衛為之。三曰勳仗，以勳衛為之。四曰翊仗，以翊衛為之。……五曰散手仗，以親、勳、翊衛為之……皆帶刀捉仗，列坐於東西廊下。[063]

---

[060] 據《通典》卷 29〈職官十一・武官下・折衝府〉，第 810 頁。(1) 興德軍府，因「興德宮」而得名。興德宮，在同州治所馮翊縣（今大荔縣）南面的沙苑中，西魏時為忠武寺。(2) 隋朝末年，李淵父子從河東太原起兵反隋，爭奪天下，其「義軍」西渡黃河進入關中，李淵曾在忠武寺（園）駐紮。唐朝建立（西元 618 年）後，改名為興德宮。《元和郡縣圖志》卷 2〈關內道二・同州馮翊縣〉，中華書局，1983 年，第 37 頁。

[061] 參看張國剛《唐代官制》第七章第三節，三秦出版社，1987 年；賴瑞和《唐代高層文官》第一章第一節〈唐代的「官」與「職」〉，中華書局，2017 年，第 18 至 21 頁。

[062] 《通典》卷 28〈職官十・左右金吾衛〉，第 788 至 789 頁。

[063] 《新唐書》卷 23 上〈儀衛志上〉，第 481 至 482 頁。

朝會之日，皇帝升殿而坐；文、武官員分列於殿庭左右，各就其班（班位次序）。在舉行「群臣朝賀皇帝」大典之日，諸衛禁軍儀仗隊填街屯門，陳於殿庭，各色旗幟若彩雲，傘蓋兵仗如密林；文武百官依次就位，分班序立。群官、蕃使拜見皇帝，舞蹈慶賀，三呼「萬歲」——顯示「天子之貴，萬乘之尊」與儀衛「尊君肅臣」的性質意義。

(2) 皇駕出行儀仗隊

皇帝出行時的各種車輛（皇帝乘車、指南車、記里鼓車等）、御馬隊、傘蓋、旗幟（如青龍旗、白虎旗），前呼後擁的扈從官員、禁軍方隊（如清遊隊、朱雀隊、玄武隊、諸衛馬隊）和鼓吹樂隊（分前、後部）等，稱「大駕鹵簿」。有 20 多個方隊、一萬數千人，非常龐大。[064]

不言而喻，如此龐大的隊伍、豪華排場，最能夠顯示天子的無上尊貴和威儀。但是，「大駕鹵簿」一次出行的花費也很巨大，故雖有其制而無常用。實際使用的，則是規模比較小的「法駕」和「小駕」。[065]

(3)「左金吾衛知隊仗長上」

依據以上史料，皇帝朝會、出行時的儀仗隊伍，各有其規格。與郭子儀所任「左金吾衛知隊仗長上」（職事官）相關者如下：

〔衙〕每月以四十六人立內廊（側門）外，號曰「內仗」。以左右金吾將軍當上，中郎將一人押之，有押官，有知隊官。／〔大駕鹵簿〕金吾果毅二人，領虞候佽飛四十八騎，……／副竿二，分左右，又金吾果毅二人騎領也。／次大角（號角）百二十具，金吾果毅一人領……／諸衛馬隊。左右廂各二十四隊。……每隊皆折衝果毅一人檢校。

南衙諸衛、北衙禁軍的儀仗隊，皆有押官、知隊官、主帥等。而郭子

[064]《新唐書》卷 23 上〈儀衛志上〉，第 489 至 496 頁。

[065] 據《唐六典》卷 14〈太常寺．鼓吹署〉：凡大駕鹵簿鼓吹 1,838 人，分為 24 隊，列為 214 行；小駕鹵簿鼓吹 1,500 人，分為 24 隊，列為 120 行。

儀當時擔任的實際職務正是「知隊官」—— 在京城禁軍系統中服役，可謂「見過大場面的人」。

3. 汝州魯陽府折衝都尉

郭子儀的第四任職務為「汝州魯陽府折衝知左羽林軍長上」。[066] 這時，他的官職（本官）已升為軍府「一把手」，職事官為「知左羽林軍長上」，屬於「北衙四軍」序列 —— 其本人仍在京城服役。

在「北衙四軍」（左、右羽林軍與左、右龍武軍[067]）中，左、右羽林衛有「長上各十人」。開元（西元713年至西元741年）初，衛士為武士，諸衛折衝、果毅、別將，擇有行者為展仗押官。右羽林軍十五人，左羽林軍二十五人，衣服同色。開元十三年（西元725年）四月二十一日敕：四軍槍稍，左飛騎用綠紛，右飛騎緋紛，左萬騎紅紛，右萬騎碧紛。[068]

南、北衙兵皆為京城宿衛軍，但是地位不同 —— 最初的「飛騎」為太極宮玄武門左、右屯營，「百騎」為皇帝出行的「親兵」，皇駕行幸以羽林軍夾馳道為「內仗」，皆說明北衙軍的地位在南衙軍之上。

郭子儀身長六尺有餘（1.8公尺多），騎射絕倫，符合「長人長上」的

[066] 河南道汝州（今河南汝州市）魯陽軍府，在魯山縣（河南今縣）西南。魯山縣，因境內的魯山而得名；魯陽軍府，因「魯陽關」而得名。此關位於汝州與鄧州（今河南鄧州市）接境之地，為都畿道與山南道之間的險要途徑（有詩云「朝登魯陽關，狹路峭且深。」）。據《元和郡縣圖志》卷21〈山南道二．鄧州向城縣〉，第534頁。參看張沛《唐折衝府匯考》，三秦出版社，2003年，第129頁。

[067] (1) 左、右羽林軍。唐太宗時，在太極宮（西內）北門玄武門設置左、右屯營。唐高宗龍朔二年（西元662年），改左、右屯營為左、右羽林軍。凡大朝會，執兵仗以護衛階陛（宮殿臺階）；皇駕出行，皆夾道為扈衛「內仗」。(2) 左、右龍武軍。唐太宗貞觀十二年（西元638年），挑選「馬射」為「百騎」，作為巡幸畋獵時的翊衛兵。武則天（太后）執政的永昌元年（西元689年），擴充為「千騎」。唐中宗景龍元年（西元707年），又擴充為「萬騎」，分為左、右營。唐玄宗開元二十六年（西元738年），將左、右「萬騎營」獨立出來，正式設置為左、右龍武軍。據《唐六典》卷25〈諸衛府〉，第642至643頁；《通典》卷20〈職官十．左右羽林軍、左右龍武軍〉，第791至792頁；《唐會要》卷72〈京城諸軍〉，第1,529至1,532頁；《新唐書》卷50〈兵志〉，第1,330至1,331頁。

[068] 《新唐書》卷49上〈百官志四上．十六衛、諸衛折衝都尉府〉，第1,281、1,289頁；《唐會要》卷72〈軍雜錄〉，上海古籍出版社，1991年，第1,539頁。

標準 —— 以身體條件合格、軍事素質過硬，被選入皇帝的「近衛兵」行列，與御座之前的「千牛」（帶刀侍衛）僅差一步。

由此可知，郭子儀當時的「門資」尚非最高等級。[069]

四、官貴子弟內府兵

在唐代，「若以門資入仕，則先授親、勳、翊衛，六番隨文、武簡入選例。」[070] 京城南衙諸衛禁軍「內府」衛士，凡以「門資入仕」者：(1) 皆為五品以上高官子孫。(2)「番上」（服役）或納資（代役）若干年後，隨文、武散官參加本部的簡試，凡合格者再作為門蔭入仕的有「出身」人，參加吏部的文選、兵部的武選，量才授官。[071]

在唐前期，府兵的來源和編制有內府、外府之分。[072] 在十六衛系統中，領有內、外府兵的有十二衛：左右衛、左右驍衛、左右武衛、左右威衛、左右領軍衛、左右金吾衛。其三衛五府衛士的「門資」：(1) 親衛，三品以上子、二品以上孫。(2) 勳衛府、率府之親衛，四品子、三品孫、二品以上之曾孫。(3) 翊衛府、率府之勳衛，四品孫、職事官五品子孫、三

[069] 在唐代（乃至古代歷朝），凡是官貴之家的子孫，可以憑藉其父、祖輩的官爵功勳而得到一定的官爵地位（直接做官），叫作「門蔭」（門第、門資、資蔭）—— 進入仕途之捷徑，屬於王朝的政治特權制度。按：唐代的「門蔭」，可分為三類：(1) 皇親國戚，親王子孫、公主、郡主之子；皇帝后妃的近親親屬。(2) 五品以上高官的子孫。(3) 六品以下中低級官員和勳官的子孫。凡門蔭入仕者，要在一定期限內輪番擔任某些雜役，或交納一定數量的錢財。而通過任役、納資所獲的官階（散官），無俸祿，也無職掌，還要再通過吏部、兵部的銓選，才能授予官職。據《唐六典》卷 2〈吏部〉，第 31 至 32 頁。

[070] 《舊唐書》卷 4〈職官志一〉，第 1,804 頁。

[071] 張國剛《唐代官制》，三秦出版社，1987 年，第 142 頁。

[072] (1) 內府，即在京師的「三衛五府」，由貴族、高官子孫組成。有一個親衛府（親府），兩個勳衛府（勳一府、二府），兩個翊衛府（翊一府、二府）。五府皆設中郎將一人，正四品下；左、右郎將各一人，正五品下。中郎將職掌宿衛宮殿、城門；在大朝會、皇駕巡幸時，執行護衛儀仗任務。(2) 外府，即分佈在地方諸州的軍府，其府兵來自編戶農民（平民），20 歲開始服役，60 歲退役。在數量上，外府兵占絕大多數。

品曾孫、若勳官三品有封者及國公之子。(4) 諸衛及率府之翊衛，五品以上並柱國若有封爵兼帶職事官子孫。(5) 王府執仗、執乘，散官五品以上子孫。凡三衛五府衛士皆選 21 歲以上者充任，總計 4,963 人。[073]

不領外府兵的有左右金吾衛、左右監保全、左右千牛衛，各有千牛備身 12 人，備身左右 12 人，備身 100 人，主仗 150 人。「凡受朝之日，[大將軍、將軍] 則領備身左右升殿，而侍列於御座之左右。……凡千牛備身、備身左右以御刀仗升殿供奉者，皆大將軍、將軍率而領之，而中郎將佐其職。……」[074] 其職責最為重要，對「門資」要求最高。

凡千牛備身、備身左右及太子千牛皆取三品職事官子孫、四品清官子，儀容端正，武藝可稱者充；五考，本司隨文、武簡試聽選。〔加階應入武品，折其一考。四品謂諸司侍郎、左右庶子。〕[075]

左、右監保全職掌宮禁諸門警衛、檢查官員出入之「門籍」，各設監門校尉 320 人，直長 680 人，長人長上 20 人，直長長上 20 人。[076] 皆為有「門資」的官貴子弟，透過充任宿衛，取得入官的資歷。

凡千牛備身、備身左右執弓箭以宿衛……考課、賜會及祿秩之升降，同京職事官之制。凡親、勳、翊衛，皆有考第。考第之中，略有三等。衛主帥，如三衛之考。……凡殿中省進馬取左、右衛三衛高蔭，簡儀容可觀者補充，分為三番上下，考第、簡試同〔左右〕千牛例；〔太子〕僕寺進馬亦如之。[077]

[073] 《新唐書》卷 49 上〈百官志上 · 十六衛〉，第 1,281 頁。

[074] 《唐六典》卷 25〈諸衛府 · 左右千牛衛〉，第 641 頁。

[075] 《唐六典》卷 5〈兵部〉，第 154 頁。

[076] 《舊唐書》卷 44〈職官志三 · 武官 · 左右監門衛〉，第 1,902 頁；《新唐書》卷 49 上〈百官志四上 · 十六衛 · 左右監門衛〉，第 1,286 頁。

[077] 《唐六典》卷 5〈兵部〉，第 154 頁、卷 25〈諸衛府 · 左右千牛衛〉，第 641 頁；《舊唐書》卷 43〈職官志二 · 吏部考功司〉，第 1,824 頁、卷 44〈職官志三 · 殿中省 · 尚乘局〉，第 1,865 頁；《唐會要》卷 65〈殿中省〉，上海古籍出版社，1991 年，第 1,333 頁；《新唐書》卷 49 上〈百官志四上 · 東宮官 · 僕寺〉，第 1,299 頁。

在京城禁軍「內府」衛士中，對「資蔭」要求最高者，一是皇帝坐朝時侍從的「帶刀侍衛」—— 左右千牛衛、千牛備身、備身左右；二是皇太子左右內率府千牛、備身，[078] 皆取三品職事官子孫、四品清官之子，年二十一已上，儀容端正，武藝可稱者充。

左右千牛備身各十二人，掌執御刀宿衛侍從。皆以高蔭子弟年少姿容美麗者補之，花鈿繡服，衣綠執象，為貴胄起家（入仕「出身」）之良選。備身左右各十二人，執御刀弓箭宿衛侍省。備身各一百人，掌宿衛侍從。[079]

郭子儀 20 歲以武舉高等「釋褐」為官，屬科舉出身者。若論其個人條件，完全符合「千牛」的標準。但是他並未進入「千牛」行列，說明他的「資蔭不達標」。當時，其父郭敬之的官職級別是在四品清官（謂諸司侍郎、左右庶子）之下。由此可見，官貴子弟的「門資」高低，決定著其入仕起點之高低 —— 此乃先天條件，無法強求。

但是，進入仕途之後的升遷，則需要加倍努力。

從平定「安史之亂」的諸多功臣的個人履歷來看，其中大多數人在亂前都有或長或短的戍邊經歷 —— 以郭子儀、李光弼等人最為著名。

盛唐著名邊塞詩人岑參（約西元 715 年至西元 770 年）有詩云：「丈夫三十未富貴，安能終日守筆硯」[080]、「功名只向馬上取，真是英雄一丈夫」。[081]

---

[078] 據《唐六典》卷 28〈太子左右衛及諸率府〉（第 720 頁）：「太子左、右內率府……以千牛執細刀、弓箭，以備身宿衛、侍從……」

[079] 《唐六典》卷 5〈兵部〉，第 154 頁；《通典》卷 28〈職官十 · 武官上〉，第 790 頁。按：(1) 千牛，刀名，本為君主防身兵器。其義乃取自《莊子 · 庖丁解牛》之典故。北魏有「千牛備身」，掌職禦刀，因以為官職之名。(2) 衣綠執象：衣綠，六、七品官員之服為綠色。執象，執法。象，法也。

[080] 《全唐詩》卷 199 岑參〈銀山磧西館〉，中華書局，1999 年，第 2,062 頁。

[081] 《全唐詩》卷 199 岑參〈送李副使赴磧西官軍〉，中華書局，1999 年，第 2,061 頁。

然而，到邊疆地區任職，不僅自然環境和生活條件相對艱苦，而且經常會身臨凶險境地和突發事態（動亂、戰爭），傷殘犧牲在所難免——只有無所畏懼的勇士才勇於面對前行。

郭子儀就是這樣的一位忠君報國的「勇士」。

第三章

邊疆歷練宿將之路

唐玄宗開元十九年（西元 731 年）以後，郭子儀踏上了漫長的戍邊征程。在「安史之亂」（西元 755 年至西元 763 年）前，他先後任職的桂州、安西、朔方、單於府、豐州等境地，皆屬唐帝國的邊州。郭子儀在駐屯戍防和邊疆戰事中，鍛鍊指揮才能，累積吏干經驗，成為邊務練達的高級將領。20 餘年間，「三為將軍，兩守大郡，休績聞於朝廷」。

大約在開元十九年（西元 731 年）以後，郭子儀離開京城長安，踏上了漫長的戍邊旅程。其戍邊生涯的「第一站」，是唐朝南疆的嶺南道桂州（今廣西桂林市），距京城長安 3,705 里路程（唐里。下同）。[082]

一、戍邊之路第一站

1. 充桂管經略副使

郭子儀奔赴嶺南時，其官職為「桂州都督府長史（正五品上，本官）充當管經略副使」（職事官）。桂州都督府的等級為「中」，其都督（正三品）兼任治所州（桂州）刺史；以別駕（正四品下）、長史、司馬（正五品下）為上佐。又以都督充任桂管經略使，亦充經略軍使（經略使所統即曰經略軍），「總軍旅，專誅殺」，其軍事性質不言而喻。[083]

(1) 嶺南桂州都督府

嶺南道桂州（始安郡）「為桂管經略使理所。管州十二：桂州、梧州、賀州、昭州、象州、柳州、嚴州、融州、龔州、富州、蒙州、思唐州。

[082]　唐太宗貞觀元年（西元 627 年）三月，「並省州縣，始因關河近便（山河形勢和交通利便），分［全國］為十道」。其「嶺南道，……凡七十餘州焉。東、南際海，西極群蠻，北據五嶺。……其遠夷則控百越及林邑（今越南中南部）、扶南（今柬埔寨境地）之貢獻焉」。據《唐會要》卷 70《州縣分望道》，上海古籍出版社，1991 年，第 1,458 頁；《唐六典》卷 3〈戶部〉，第 71 至 72 頁。

[083]　《舊唐書》卷 41〈地理志四．桂州〉，第 1,725 頁。參看唐長孺《唐書兵志箋正》，中華書局，2011 年，第 81 頁。

縣四十七」。[084] 桂州「地連五嶺，川束三江，直千里之奧區，雜夷風之皁壤，靜則可理，動則難安。思得長才，以綏裔俗」。[085]

從唐初開始，對嶺南（與劍南、江南）地區實行州縣制和「羈縻制」並行的統治方式。[086] 即通過招撫和征討，將地方豪族大姓（馮、寧、韋、黃、李、儂等）控制的領地納入唐朝版圖和行政管轄，其州、縣長官多由當地豪強大族擔任。但是其軍政局勢常有變亂 —— 雖名列唐朝版圖，實為豪強大族的世襲領地。其州、縣大多無城郭（機構不健全、官吏不正規），以豪族酋帥的第宅塢堡為治所（大多修築在山水明秀或嶺洞險要之地）。這些地方豪強皆聚族而居，屯糧養兵（私兵），據險而守。相互之間多以聯姻方式結盟，但也會因爭奪地盤而恃強凌弱，相互攻擊。

(2) 桂州管內經略使

唐玄宗開元初年，設置「桂州管內經略使」，統領十四個羈縻州。桂州都督兼充本管經略使，統領戍兵 1,000 人，「綏靖夷獠」；以本管內諸州課稅供給戍兵衣糧。[087] 為了簡明省文，將唐朝前期桂州都督府／經略使所統領的羈縻州，列為簡表，以便觀覽。[088]

---

[084] 《元和郡縣圖志》卷 37〈嶺南道四・桂州〉，第 917 頁。

[085] 〔清〕董誥、徐松等編《全唐文》卷 726 崔嘏〈授鄭亞桂府觀察使制〉，上海古籍出版社，1990 年，第 3,315 頁。

[086] 在唐初十餘年間，因「天下未定，凡邊要之州，皆置總管府，以統數州之兵」。其「總管」一般兼任駐在州刺史。武德七年（西元 624 年）二月，改為都督府，「掌所管都督諸州城隍（城牆和護城河）、兵馬、甲仗、食糧、鎮戍等」。即統籌若干州的軍事鎮防，並監督諸州刺史。因其職權涉及州縣一部分民政，故可視為臨時性的非正規軍政合一機構。據《通典》卷 32〈職官典十四・州郡上・都督〉，第 894 頁；《唐會要》卷 68〈都督府〉，上海古籍出版社，1991 年，第 1,411 頁。

[087] 《舊唐書》卷 41〈地理志四・桂州〉，第 1,725 頁。

[088] 據《元和郡縣圖志》卷 37〈嶺南道四・桂州〉，第 917 頁。參看郭聲波《中國行政區劃通史・唐代卷》（下編）第五章第一節，復旦大學出版社，2012 年。按：自唐太宗時起，在嶺南道桂州、邕州（今廣西南寧市）都督府下陸續設置的羈縻州，主要分佈在今廣西柳州以西金龍江、紅水河之間的山區與南寧以西邕江上游的丘陵地帶。其交通極為不便，土地開墾程度低，水旱災害頻繁，農業生產落後。種落部族各據一方，酋首族長皆世代承襲，中央朝廷難以進行直接統治，故採用「懷柔」策略，招撫安輯，因其風土習俗，設置羈縻州縣。

羈縻州／今地	羈縻州／今地
鈞州／湖南通道縣城雙江鎮	思順州／廣西柳江縣三都鎮
紆州／廣西忻城縣新圩鄉	歸化州／廣西柳江縣洛滿鎮古洲村
歸恩州／廣西忻城縣安東鄉拉共村	述昆州／廣西都安縣加貴鄉加參底村
溫泉州／廣西忻城縣歐洞鄉	金城州／廣西都安縣三隻羊鄉巴故村
蕃州／廣西宜州市北牙鄉老村	智州／廣西都安縣隆福鄉
文州／廣西巴馬縣城盤陽村	蘭州／廣西鳳山縣袍里鄉
廖州／廣西馬山縣城白山鎮	思唐州／廣西平南縣馬練鄉

「經略使」與「經略軍」。唐玄宗開元中，於邊疆地區設置節度使、經略使。在廣州（今廣東廣州市）置嶺南五府（指都督府）經略使，「以綏靖（安撫、平定）夷獠」，以廣州刺史充任經略使。

凡節度使、副大使兼充經略使，則有副使、判官各一人。

嶺南五府經略使所管兵力分布如下表（單位：人）。[089] 從唐初開始，邊疆軍隊（鎮、戍為基層單位）在駐防的同時，還要兼事屯田。

統轄／治所（今地）	管兵	設府時間／管州數	
經略軍／廣州（廣東廣州市）	5,400	廣府／高祖時	22
清海軍／恩州（廣東恩平縣）	2,000	／？	／
桂管經略使／桂州（廣西桂林市）	1,000	桂府／高祖時	12
容管經略使／容州（廣西北流縣）	1,100	榮府／太宗時	11
交州都督府／交州（越南國河內）	4,200	交府／高祖時	13
邕管經略使／邕州（廣西南寧市）	1,700	邕府／高宗時	8

[089]《唐六典》卷 30〈三府都護州縣官吏〉，第 755 至 756 頁；《新唐書》卷 49 下〈百官志四下・外官〉，第 1,319 至 1,320 頁；《通典》卷 172〈州郡二・序目下・大唐〉，第 4,483 頁；《舊唐書》卷 38〈地理志一〉、卷 41〈地理志四〉，第 1,389、1,712 頁。

鎮／人數	鎮將	鎮副	戍／人數	戍主	戍副
上鎮／500	正六品下	正七品下	上戍／50	正八品下	從八品下
中鎮／300	正七品上	從七品上	中戍／30	從八品下	／
下鎮／300 以下	正七品下	從七品下	下戍／30 以下	正九品下	／

不言而喻，「經略」（治理、控制）邊疆地區的諸多羈縻府州——宣諭朝廷詔敕、法令，貫徹落實王朝國家的「懷柔安輯」政策，必須熟悉當地的自然地理環境、交通路線與軍事攻守利便，通曉當地土著部落的民情風俗，需要經常巡察訪問，及時掌握本管內政情的動態變化。

如上所述，桂州都督府管轄 12 個州，47 個縣；經略使所領羈縻州有 14 個。而桂管經略軍統領的戍兵才 1,000 人，只能勉強維持軍政局勢安定時期的駐守值勤。如果遭遇大規模的戰事（外寇入侵、內部叛亂），顯然是力不從心的——需要中央政府臨時徵調兵力。

郭子儀以桂州都督府長史充當管經略副使，亦充經略軍副使，輔佐正使履行職責——「經略使以計度（謀畫）為上考，集事（成事，成功）為中考，修造為下考。」[090] 但是他在這個職位上的履歷情況，直接史料極為簡略，故只能透過解讀相關的間接史載來窺其概略。

因而，有必要了解嶺南的自然環境與當時的軍政局勢。

2. 遠惡之地嶺南道

在隋唐時代，嶺南道屬「遠惡之州，蠻荒之地」，為蠻、獠等族聚居的經濟文化落後地區。有唐一代，嶺南道一直是貶謫官員、流放罪犯的首選之地，其中又以桂管轄區（嶺西）最為集中。[091]

[090] 《新唐書》卷 49 下〈百官四下〉，第 1,309 至 1,310 頁。

[091] 參看古永繼《唐代嶺南地區的貶流之人》，《學術研究》1998 年第 8 期；王雪玲《兩〈唐書〉所見流人的地域分佈及其特徵》，《中國歷史地理論叢》2002 年第 4 期。

流刑三，自流二千里、二千五百里、三千里，三流皆〔服〕役一年，然後編所在〔地〕為戶。……凡反逆相坐（株連），沒其家為官奴婢。男年十四以下者，配司農〔寺〕，十五以上者，以其年長，命遠京邑，配嶺南〔道〕為城奴（服苦役）。[092]

故北方人士大多視南下任職為畏途，即使清要官（地位清顯、職司重要而政務不繁的官職）出為嶺南五管的州刺史，也被視為貶謫。凡被貶流者，上自宰相（如褚遂良、張九齡）、大將軍（如薛仁貴、張直方），下至各類刑事罪犯及其家屬，數以百千計。

(1) 兩首「詩證」之解讀

唐代文士筆下的嶺南自然、人文景觀，可作為「史詩互證」材料。唐後期著名詩人李商隱的〈昭州〉（今廣西平樂縣）詠云：

桂水春猶早，昭州日正西。

虎當官路鬥，猿上驛樓啼。

繩爛金沙井，松乾乳洞梯。

鄉音殊可駭，仍有醉如泥。[093]

春天的黃昏時分，詩人行走在鄉野官道上，看見老虎在路上戲鬥，「目中無人」；猿猴攀上驛站樓頂，長聲啼叫。在這荒僻的南方驛站，竟然聽到了熟悉的鄉音，著實嚇人一跳，驚喜之餘，豈能不同飲同醉——今俗謂「老鄉見老鄉，兩眼淚汪汪」。

另一位詩人張籍（約西元 767 年至約西元 830 年）的〈巒州〉詠云：

[092] 《唐六典》卷 6〈刑部〉，第 185 至 186、193 頁。

[093] 《全唐詩》卷 540，中華書局，1999 年，第 6,264 頁。按：李商隱（約西元 813 年至西元 858 年），為懷州河內（今河南沁陽市）人，唐文宗開成年間（西元 836 年至西元 840 年）進士及第，曾以檢校水部員外郎（從六品上）充任幕府判官，跟隨桂管觀察使鄭亞至桂州，後又隨鄭亞至循州（今廣東惠州市東），凡在嶺南地區輾轉數載，於唐宣宗大中三年（西元 849 年）回朝（長安）。據《舊唐書》卷 190 下〈文苑傳下．李商隱〉，第 5,077 至 5,078 頁；《新唐書》卷 203〈文藝傳下．李商隱〉，第 5,792 至 5,793 頁。

瘴水蠻中入洞流，人家多住竹棚頭。

青山海上無城郭，唯見松牌記象州。[094]

在南方蠻獠之地，瘴水（有毒）流入山洞，居民之家多為高高的竹樓。官府所在的青山上、湖池畔，無城郭（圍牆）建築，看到「松牌」（路標）指示，才知道象州（今廣西象州縣西北）官衙所在之處。

〈昭州〉與〈蠻州〉可謂桂管境地「工作生活環境」的生動反映。

(2) 唐朝的「羈縻制度」[095]

唐代邊疆地區的「羈縻府州」，是將「降附諸蕃」納入唐朝版圖，設置州縣，任命其首領為朝廷官吏（皆可世襲），按照「全其部落，順其土俗」（不改變其社會組織、生產方式和風土習俗）的原則來管理，其「貢賦版籍，多不上於戶部」，實行自治，具有很大的相對獨立性。但是在政治隸屬上，必須「奉唐正朔（唐朝統一曆法）」，稱臣納貢。

在羈縻府、州官員（都督、刺史）任命上，中央政府要授予他們正式的官印、符信、告身（任命狀）、笏板和官服等；他們要定期入朝覲見，貢獻方物（當地特產）。在軍事上，他們要保境守土，捍禦外寇；並要服從中央朝廷的軍事徵調（派兵參戰）。

唐朝對羈縻府州的監督約束方式，一是中央遣使巡行，傳宣詔敕，視察實情；二是都督府定期（或不定期）召集羈縻府州首領至府，賞賜撫慰等，還要指導幫助羈縻州、縣發展經濟（如推廣中原的生產技術、興修水利等），在文化上傳播孔孟儒教，推行漢化政策，改易舊俗（如畫面、紋身）等，也是邊州都督府的工作職責。[096]

[094] 《全唐詩》卷 386（一作杜牧詩，題〈蠻中醉〉），中華書局，1999 年，第 4,361 頁。

[095] 參看劉統《唐代羈縻府州研究》第三、四章，西北大學出版社，1998 年；郭聲波《中國行政區劃通史．唐代卷》下編：羈縻地區「緒言」，復旦大學出版社，2012 年。

[096] 唐曉、謝振治《唐代桂管貶官作用詳論》，《玉林師範學院學報》，2002 年第 4 期。

3. 開元時期嶺南局勢

唐初以來，在嶺南道（以及江南、劍南、黔中道）設置的羈縻府州，地域範圍很廣大。中央政府推行「懷之以德」的統治策略，對土著豪族大姓恩威並用，以維持當地局勢穩定。雖然時有酋帥起事稱亂，但是均遭殘酷鎮壓。而羈縻府州發生動亂的重要原因之一，就是唐朝廷的殘暴不仁、地方長官的胡作非為。如唐中宗神龍二年（西元 706 年）五月事：

初（武太后光宅元年〔西元 684 年〕），韋玄貞（中宗韋皇后之父）流欽州（今廣西欽州市東北）而卒，蠻酋寧承基兄弟逼取其女，〔玄貞〕妻崔氏不與，承基等殺之，及其四男洵、浩、洞、泚。上（中宗）命廣州都督周仁軌使將兵二萬討之。承基等亡入海，仁軌追斬之，以其首祭崔氏墓，殺掠其部眾殆盡。上（中宗）喜，加仁軌鎮國大將軍，充五府大使，賜爵汝南郡公。韋〔皇〕后隔簾拜仁軌，以父事之。[097]

周仁軌者，京兆萬年人，〔韋〕后母族也。……殘酷嗜殺戮。[098]

唐中宗和韋皇后為報仇洩憤，濫行殺掠，殘暴至極。

唐玄宗開元中，宦官楊思勗為內常侍、右監保全將軍。其人殘忍好殺，曾多次奉命出使嶺南，殘酷鎮壓當地的土著首領「反叛」。[099]

---

[097]　《資治通鑑》卷 208，第 6,720 至 6,720 頁。

[098]　《新唐書》卷 206〈外戚傳・韋溫〉，第 5,845 頁。

[099]　(1) 開元初，安南首領梅玄成反叛，自稱「黑帝」，與林邑、真臘通謀，陷安南府（今越南河內市）。楊思勗奉命討伐，至嶺表，鳩募當地首領子弟兵馬 10 萬眾，取伏波故道進兵，出其不意。梅玄成被官軍擒獲，臨陣斬之，其黨徒全部被屠殺，積屍為「京觀」（將敵軍屍體堆起來封土築成高墳塚，以炫耀武功）。(2) 十二年（西元 724 年），五溪（今湘西及黔、渝、鄂交界地區沅水上游）首領覃行璋作亂，楊思勗複奉詔討伐，生擒覃行璋，斬殺 3 萬餘人。(3) 十四年（西元 726 年），邕州（今廣西南寧市）賊帥梁大海擁賓（今廣西賓陽縣東南古城）、橫（今廣西橫縣南江南）等數州反叛，思勗又統兵討伐，生擒梁大海等 3,000 餘人，斬其餘黨 2 萬餘人，複積屍為「京觀」。(4) 十六年（西元 728 年），瀧州（今廣州羅定市東南）首領陳行范、何游魯、馮璘等聚徒作亂，陷四十餘城。……割據嶺表。詔楊思勗率永（今湖南永州市）、連（今廣東連縣）、道（今湖南道縣西）等兵及淮南弩手 10 萬人進討。……臨陣擒游魯、馮璘，斬之。……生擒行範，斬之，斬其黨徒 6 萬人，獲（戰利品）口馬金玉巨萬計。……據《舊唐書》卷 184〈宦官傳・楊思勗〉，第 4,755 至 4,756 頁。

由此可知，郭子儀赴桂州之前，嶺南局勢並不太平。其桂、邕、容管和安南（交州）經略使，負責本管內羈縻州、縣、洞的安輯鎮撫。在地理空間上，邕、容管與安南府是更為荒僻遠惡之地。

桂州都督府管轄 12 州，治所桂州（今桂林市）是嶺南道西部（嶺西）的軍政策略重地 —— 自然地理條件比較好（如河谷比較寬闊，可耕地多，有利於鎮戍屯田），經濟開發相對比較早，教育程度也比較高。

郭子儀在桂州任職期間，嶺南的軍政局勢相對比較穩定（史冊中未見有動亂發生）。作為經略副使，他的重要任務是輔佐正使統領管內的經略軍 —— 總其戎具、資糧、教習（訓練）之法令，[100] 以及軍事設施修造、鎮戍士兵屯田（以屯田收穫補充兵糧馬料）等事宜。再聯繫郭子儀在「安史之亂」後、坐鎮河東道河中府時，「親耕百畝」，為將士表率，可見其深諳為將之道，特別體恤士兵的日常生活（足食）。

郭子儀在桂州任上「又改北庭副都護（從四品上）充四鎮經略副使」—— 官品級別連升兩階，說明他的政績考核是優良的。

二、經略安西歲月

大約在開元二十三年（西元 735 年），郭子儀從嶺南道桂州（氣候溼熱、山地丘陵、草木蔥蘢）調往隴右道西域地區（今新疆天山南北、蔥嶺東西，氣候乾燥、降雨稀少、沙漠浩瀚）。兩地的自然環境差異鮮明。

隴右道統轄 21 州，東接秦州（今甘肅天水市），西逾流沙（今新疆東部的沙漠），南連蜀及吐蕃，北界朔漠。遠夷則控西域胡、戎之貢獻焉。其秦、涼、鄯、洮、北庭、安西、甘、岷州皆轄有羈縻府、州。[101]

[100] 《唐六典》卷 25〈諸衛府．諸府折衝都尉〉，第 644 頁。

[101] 據《唐六典》卷 3〈戶部〉，第 68 至 69 頁。

郭子儀的新職務（官職）：又改北庭副都護（從四品上，本官）充［安西］四鎮經略副使（職事官），又除左威衛中郎將（正四品下，本官）轉右司御率（正四品上，本官）兼安西副都護（職事官）。

1. 唐朝西域軍政機構

唐朝前期，在西域地區的軍政機構，是以伊、西、庭三州為核心，以安西都護府為保障，以羈縻州為依託的多層次統治機構。

伊、西、庭三州（天山山脈東部）是唐朝經營西域的策略基地。

伊州（今新疆哈密市）東至長安 4,430 里。唐太宗貞觀四年（西元 630 年），其群胡等「慕化內附」，置伊州，管三縣：伊吾、柔遠、納職。

西州（今新疆吐魯番市東南）東至長安 5,030 里。貞觀十四年（西元 640 年），唐軍攻滅高昌王國，置西昌州（後改為西州），管五縣：前庭、柳中、交河、天山、蒲昌。同時，設置安西都護府為西域地區最高軍政機構。

庭州（今新疆吉木薩爾縣東北北庭故城）距離京城 5,270 里。[102]

(1) 安西都護府、節度使 [103]

安西都護府統轄的地區，大致以蔥嶺（帕米爾高原）為界限，歷經擴張與退縮，最廣闊時西至今中亞鹹海，東接阿爾泰山，南抵崑崙山和阿爾金山，北至巴爾喀什湖、額爾齊斯河上游。[104]

開元後期，安西（磧西）節度使統領安西、疏勒、于闐、焉耆，為四

[102]　據《元和郡縣圖志》卷 40〈隴右道下・伊州、西州〉，第 1,028 至 1,031 頁。

[103]　唐太宗貞觀二十二年（西元 648 年），置龜茲、疏勒、於闐、焉耆為安西四鎮，負責軍事鎮防、徵收商稅等事宜。唐玄宗開元六年（西元 718 年），設安西四鎮節度使兼經略使。其後名稱屢有改變。開元二十一年（西元 733 年），稱安西鎮節度使，「撫寧西域」。

[104]　唐高宗龍朔元年（西元 661 年），在蔥嶺（帕米爾高原）以西吐火羅、嚈噠、罽賓、波斯等十六國設置都督府八，其下分置羈縻州 76，縣 110，軍府 126。據《唐會要》卷 73〈安西都護府〉，上海古籍出版社，1991 年，第 1,568 至 1,571 頁。

鎮經略使，又有伊吾、瀚海二軍，西州鎮守使屬焉。以下將開元、天寶年間，安西節度使統領的鎮防兵力情況，列為簡表。[105]

<table>
<tr><th colspan="2">軍政機構</th><th>治所／今地</th><th>設置時間</th><th>兵員／戰馬</th></tr>
<tr><td rowspan="5">四鎮經略使</td><td>龜茲</td><td>龜茲／庫車</td><td rowspan="4">貞觀二十二年
（西元 648 年）</td><td>6,000 人／ 900 匹</td></tr>
<tr><td>疏勒</td><td>疏勒／喀什</td><td>6,000 人／ 600 匹</td></tr>
<tr><td>于闐</td><td>于闐／和田</td><td>6,000 人／ 600 匹</td></tr>
<tr><td>焉耆</td><td>焉耆／焉耆</td><td>6,000 人／ 600 匹</td></tr>
<tr><td>（碎葉）</td><td>（今吉爾吉斯國境內）</td><td>唐高宗調露元年
（西元 679 年）</td><td>（代焉耆）</td></tr>
<tr><td colspan="2">安西節度使</td><td>龜茲／庫車</td><td>開元二十一年
（西元 733 年）</td><td>2.4 萬人／ 2,700 匹</td></tr>
</table>

(3) 北庭都護府、節度使[106]

唐太宗貞觀十四年（西元 640 年），唐軍攻滅高昌王國，西突厥葉護以可汗浮圖城（今新疆吉木薩爾縣境內）來降。二十二年（西元 648 年），以其地置庭州，管後庭、蒲類、輪臺三縣[107]，隸屬於安西都護府。

唐高宗龍朔二年（西元 662 年），於庭州置金山都護府，統領天山北麓東段的軍政事務。武周長安二年（西元 702 年），於庭州設北庭都護府，

[105] 《唐六典》卷 5〈兵部〉，第 158 頁；《資治通鑑》卷 215，唐玄宗天寶元年（西元 742 年）正月，第 6,966 至 6,967、6,970 頁。

[106] 據《唐會要》卷 73〈安西都護府〉，上海古籍出版社，1991 年，第 1,567 頁；《元和郡縣圖志》卷 40〈隴右道下·西州、庭州〉，中華書局，1983 年，第 1,031、1,033 頁；《舊唐書》卷 40〈地理三·安西〉，第 1,648 頁。參看薛宗正《絲綢之路北庭研究》，新疆人民出版社，2008 年，第 239 至 254 頁。

[107] 庭州「所管諸蕃（遊牧部族、部落），奉敕皆為置州府，以其大首領為都督、刺史、司馬，又置參將一人知表疏等事。其俗帳居，隨逐水草。……其漢戶，皆龍朔（西元 661 年至西元 663 年）已後流移人也。［武周］長安二年（西元 702 年），改置北庭都護府，按三十六蕃，［玄宗］開元二十一年（西元 733 年），改置北庭節度使，以防制［西突厥］突騎施、堅昆（今俄國葉尼塞河上游）、斬啜（漠北後突厥汗國）。……」據《元和郡縣圖志》卷 40〈隴右道下·庭州〉，第 1,033 頁。

屬涼州都督府（今甘肅武威市）遙領；唐中宗景龍三年（西元 709 年），升為大都護府 —— 形成與安西大都護府分治天山南北的軍政格局。兩都護府東西相距 2,000 里。

唐玄宗先天元年（西元 712 年），設伊西節度使兼瀚海軍使，為伊州、西州和北庭地區最高軍事長官；開元二十一年（西元 733 年）置北庭節度使，主要防禦來自北面的侵寇 —— 與安西節度使分治天山東段、西段。

以下將盛唐時期，北庭節度使統領的鎮防兵力情況，也列為簡表。[108]

<table>
<tr><th colspan="2">軍政機構</th><th>治所／今地</th><th>設置時間</th><th>兵員／戰馬</th></tr>
<tr><td rowspan="4">四鎮經略使</td><td>瀚海軍（燭龍軍）</td><td>庭州／吉木薩爾縣東北</td><td>長安二年（西元 702 年）</td><td>1.2 萬人／ 4,200 匹</td></tr>
<tr><td>天山軍</td><td>西州城／吐魯番市東</td><td>開元二年（西元 714 年）</td><td>5,000 人／ 500 匹</td></tr>
<tr><td rowspan="2">伊吾軍（甘露鎮）</td><td rowspan="2">伊州／哈密市（後移州西北三百里甘露川）</td><td>景龍四年（西元 710 年）</td><td rowspan="2">3,000 人／ 300 匹（1,040 匹）</td></tr>
<tr><td>開元二年（西元 714 年）</td></tr>
<tr><td colspan="2">北庭節度使</td><td>庭州府城</td><td>開元二十一年（西元 733 年）</td><td>2 萬人／ 5,000 匹</td></tr>
</table>

(4) 西域地緣政治地位

隋末唐初，西域諸部（邦國、部族）處於西突厥汗國的控制之下。自唐太宗時開始經營西域，歷經曲折起伏。唐高宗中期，西部邊境越過蔥嶺（今帕米爾高原）而遠達今中亞地區的鹹海。唐玄宗天寶年間（西元 742 年至西元 756 年），自京城長安開遠門（外郭城西牆北門）西盡唐境一萬二千

[108] 《唐六典》卷 5〈兵部〉，第 158 頁；《資治通鑑》卷 215，唐玄宗天寶元年（西元 742 年）正月，第 6,967、6,970 頁。

里，蔥嶺守捉（在今新疆塔什庫爾干塔吉克自治縣）為安西極邊之戍。[109]

在唐前期，西域地區的控制權與西北絲路外貿的通與塞，密切相關。唐太宗時攻滅高昌 —— 西北絲路策略門戶，取高昌則河西安，河西安則關中安。唐朝控制河西走廊和西域地區，就能隔斷吐蕃王國與突厥汗國的南北政治地緣聯繫，確保邊疆安全和絲路暢通。[110]

唐德宗時，左散騎常侍李泌指出：「安西、北庭，人性驍悍，控制西域五十七國及十姓突厥，又分吐蕃之勢，使不能並兵東侵（侵寇關中地區和京城長安），奈何拱手與之！」[111]

從唐太宗貞觀二十二年（西元 648 年）到唐德宗貞元年間（西元 785 年至西元 804 年）的一個半世紀裡，唐朝、西突厥汗國、吐蕃王國以及大食（阿拉伯帝國）四大政治勢力在西域地區反覆爭奪，唐朝安西四鎮經歷了五次置廢反覆。[112] 對唐朝而言，西域地區的統治權具有政治、軍事（國防）、經濟（如控制貿易、徵收商稅等）和文化交流等多重性質意義。

而唐朝控制西域諸蕃，防禦突厥與吐蕃的國防陣線，從北方、西北到西南，地域廣闊達數萬里。分布在隴右道境地的河西、隴右、安西、北庭節度使，至開元中期已相繼設立，總計有鎮兵 19.2 萬人，戰馬 3.5 萬匹。在地理空間與策略方向上，河西、安西與北庭為一個西向的三角單元，安

---

[109] 《資治通鑑》卷 216，第 7,038 頁；《新唐書》卷 43 下〈地理七下〉，第 1,150 頁。

[110] 按：在地理空間距離與國際政治地緣聯繫上，吐蕃王國與東、西突厥汗國在南北兩面，直接威脅著唐朝隴右道地區，「虎視眈眈，其欲逐逐」，是唐朝前期的兩大強勁對手 —— 尤其是吐蕃王國的強勢崛起與向外擴張，對唐朝的國防安全造成了嚴重威脅和巨大影響。在盛唐時期的邊疆十大節度使中，就有七個擔負著針對吐蕃和突厥的防禦任務（詳見第四章第一節）。

[111] 《資治通鑑》卷 231，第 7,562 至 7,563 頁。

[112] 唐太宗貞觀二十二年（西元 648 年）初置「安西四鎮」，至高宗永徽（西元 650 年至西元 655 年）初年廢棄；顯慶三年（西元 658 年）後復置，咸亨元年（西元 670 年）複棄；咸亨四年（西元 673 年）三置，儀鳳三年（西元 678 年）三棄；永隆二年（西元 681 年）四置，武后垂拱（西元 685 年至西元 688 年）中四棄；長壽元年（西元 692 年）五置。最後放棄四鎮的時間，約在德宗貞元七年（西元 791 年）。參看李必忠《安西四鎮考辨》，《唐史研究會論文集》，陝西人民出版社，1983 年；王小甫《唐、吐蕃、大食政治關係史》，北京大學出版社，1992 年，第 261 頁。

西、北庭為前沿南北兩翼，河西為總部（亦為西北軍事財賦供給與轉輸基地）。[113] 河西、隴右與安西則構成一個南向的三角單元，河西為隴右之後援，隴右與劍南構成南向的犄角之勢。

郭子儀在安西任職的具體事蹟，無直接史料，只能藉助間接材料窺其概略 —— 膾炙人口的邊塞詩，可為其「詩史互證」材料。

2. 邊關及絲路貿易

安西都護府與安西四鎮、北庭都護府，皆擔負著安輯本統轄地區內部的諸蕃，徵收商稅與查禁外貿走私等多重任務。唐玄宗開元七年（西元719年），詔令安西四鎮徵稅於西域商胡以供軍用，凡往來於天山北道者納賦輪臺（今新疆昌吉市城區東北角古城[114]）。[115] 安西四鎮、輪臺縣皆在絲綢之路幹道上，是行旅往來必經之路，故成為唐朝的外貿口岸與海關。[116] 其稅收主要用於諸軍鎮的開支。

(1) 唐朝「口岸」鐵門關[117]

鐵門關（中關，關令正九品下；丞從九品下）地處邊陲，「禁末遊，伺奸慝。據過所（通行證）」勘驗往來的行人車馬。[118]

---

[113] 參看王永興《唐代前期軍事史略論稿》，昆侖出版社，2003年，第169至171頁。

[114] 薛宗正《絲綢之路北庭研究》，新疆人民出版社，2008年，第354至355、361頁。

[115] 《新唐書》卷221下〈西域傳下〉，第6,230、6,264至6,265頁。

[116] (1) 在地理空間上，安西四鎮（都督府）統轄的「蕃州」（羈縻府、州），絕大多數分佈在南疆（天山之南）大沙漠（圖倫磧）邊緣的「綠洲交通線」上。(2) 在安西四鎮境地有鐵門關（今焉耆縣西南）、柘厥關（今庫車縣西）、葦關（今和田縣西）等。據《新唐書》卷43下《地理志七下》，第1,149至1,151頁。

[117] (1) 鐵門關遺址，位於孔雀河古河道上（今庫爾勒市北面霍拉山與庫魯克山夾峙的溝穀中），是古代進出塔里木盆地、南北疆之間的交通孔道，兩側高崖峭壁，地理形勢險要。其遺址倚靠山勢（主要為鎮戍兵的房屋基址），從山坡至山頂呈階梯狀分佈。參看張平《龜茲文明 —— 龜茲史地考古研究》，中國人民大學出版社，2010年，第269頁。(2) 柘厥關（即都勒都爾·阿護爾遺址，今名玉其吐爾）在白馬河畔，處於龜茲通往中亞的大道上，是安西都護府（今庫車縣東）的安全鎖鑰 —— 從柘厥關到安西府城之間約50里，其間為平川地形，無險要可守。

[118] 《唐六典》卷30〈三府督護州縣官吏〉，第757頁。

在唐代，凡邊疆鎮、戍屬都督府、都護府、節度使統領——安西都護府轄區內的關卡，「稅西域商胡」，作為安西四鎮的軍費開支（占總支用的一部分）。盛唐著名邊塞詩人岑參的〈題鐵門關樓〉詠曰：

鐵關天西涯，極目少行客。關門一小吏，終日對石壁。

橋跨千仞危，路盤兩崖窄。試登西望樓，一望頭欲白。[119]

鐵門關遺址

鐵門關正對著山崖石壁，地形險要，峽谷之中一條路，傍臨懸崖，過往行客必須接受檢查——邊疆軍事防禦藉助險要地形，具有「事半功倍」之成效。岑參的〈銀山磧西館〉、〈過磧〉（銀山磧）詠曰：

銀山磧口風似箭，鐵門關西月如練。

雙雙愁淚沾馬毛，颯颯胡沙迸人面。

丈夫三十未富貴，安能終日守筆硯。[120]

黃沙磧裡客行迷，四望雲天直下低。

為言地盡天還盡，行到安西更向西。[121]

[119] 《全唐詩》卷 198，中華書局，1999 年，第 2,052 頁。按：岑參（約西元 715 年至 770 年），為天寶三載（西元 744 年）進士，曾作為高仙芝（安西節度使）、封常清（北庭都護、伊西節度使）的幕僚，宦遊安西、北庭——踏著郭子儀的足跡，走過天山南北、安西鐵門關等地，寫下了七十多首氣勢豪邁，激情而悲壯的邊塞詩。

[120] 《全唐詩》卷 199，中華書局，1999 年，第 2,062 頁。

[121] 《全唐詩》卷 201，中華書局，1999 年，第 2,109 頁。

(2) 唐朝「絲路外貿」法規

唐初法律規定：在西北「絲綢之路」上，凡是中、外私家商人與普通百姓攜帶絲綢類物品偷渡關塞，或至邊州「興易」(做買賣)，都屬於違法行為(「走私」)。唐玄宗開元二年(西元714年)閏三月頒布的敕令中，重申《唐律》條文精神，嚴禁私家向西北販銷絲綢，「與諸蕃互市，及將(攜帶)入蕃」。[122] 到天寶二年(西元743年)十月，又頒布敕令：

如聞關(指鐵門關)已西諸國，興販往來不絕，雖託以求利，終交通外蕃，因循頗久，殊非穩便。自今已後，一切禁斷，仍委〔安西〕四鎮節度使，及路次所由郡縣，嚴加捉搦，不得更有往來。[123]

凡西北「絲路」沿途的州縣官府、安西四鎮轄區內的關卡，皆負有執法查驗往來行旅的職責，對於中、外私營商人走私者，「一切禁斷，嚴加捉搦」。據開元〈關市令〉:「諸禁物不得將(攜帶)出關。若蕃客入朝別敕賜者，連寫正敕，牒關勘過。」凡四方諸蕃的「朝貢」使團，透過「朝貢貿易」輸入的商品種類(即「貢品」)，在進入中國邊境之後，由邊州官府負責進行嚴格清點、登記並上報中央鴻臚寺；這些官方「蕃客」返回時所攜帶的「賜物」等，皆要造冊登記，發給文牒(過所)，以便路途查驗。[124] 現將隋唐時代(西元581年至西元907年)往來西北絲路的各類「馱隊」的身分和經濟性質列為簡表，以便觀覽比較。

---

[122] 《唐會要》卷86〈市〉，上海古籍出版社，1991年，第1,874頁。

[123] 《唐會要》卷86〈關市〉，上海古籍出版社，1991年，第1,871至1,872頁。

[124] 據《唐六典》卷18〈鴻臚寺〉，第506至507頁；《新唐書》卷38〈鴻臚寺〉，第1,257至1,258頁。按：所謂「朝貢」，即諸蕃(邦國、部族)使臣(或國君)來朝，覲見中國皇帝，並貢獻方物(名貴特產品)，中國朝廷隆禮接待、回贈優厚的賞賜。雙方的「貢」與「賜」(物資交換)屬於朝廷外交禮儀範疇，具有鮮明的政治性質——「朝貢貿易」(貢賜貿易)是特殊形式的官方「互市」。參看劉玉峰《唐代工商業形態研究》第五篇，山東大學出版社，2012年。

隋唐時代西北「絲路馱隊」（運輸隊）簡表

<table>
<tr><th>「馱隊」</th><th>人員構成</th><th colspan="2">身分／經濟性質</th><th>運輸工具</th></tr>
<tr><td rowspan="2">唐朝官方運輸隊</td><td rowspan="2">押運官吏、民夫、士兵</td><td>邊州「互市」</td><td>商貿</td><td rowspan="6">車輛（以牛車為多）、馱運牲畜（毛驢最多，另有馬匹、騾子、駱駝）；人員騎乘，以馬匹為主。</td></tr>
<tr><td>轉運官方物資</td><td rowspan="2">非商貿</td></tr>
<tr><td>唐朝外交使節團隊</td><td>朝廷使臣、隨從等</td><td>外交活動</td></tr>
<tr><td>諸蕃「朝貢」使節團隊</td><td>使者、隨從、隨行商人</td><td>「朝貢貿易」（官方「互市」）</td><td rowspan="3">商貿</td></tr>
<tr><td>唐朝「行客」</td><td>商人、隨從</td><td>「私家」商人</td></tr>
<tr><td>諸蕃「商胡」</td><td>商胡、隨從</td><td>私營商人</td></tr>
</table>

在各類「絲路馱隊」中，唐朝官方邊州互市、諸蕃「朝貢貿易」（政治外交性質），皆數量巨大，為絲路外貿的主流管道。因為中國絲綢具有經濟策略性質和價值，屬於嚴格管控的禁物——唐朝先後與突厥、吐谷渾、高昌、吐蕃、大食等政權發生過戰爭，故對於絹帛、馬匹與武器等物資嚴加管控。凡普通百姓、商人等遠行，須持官府簽發的「過所」（通行證）[125]，在透過關防、津渡時接受查驗，才能放行。

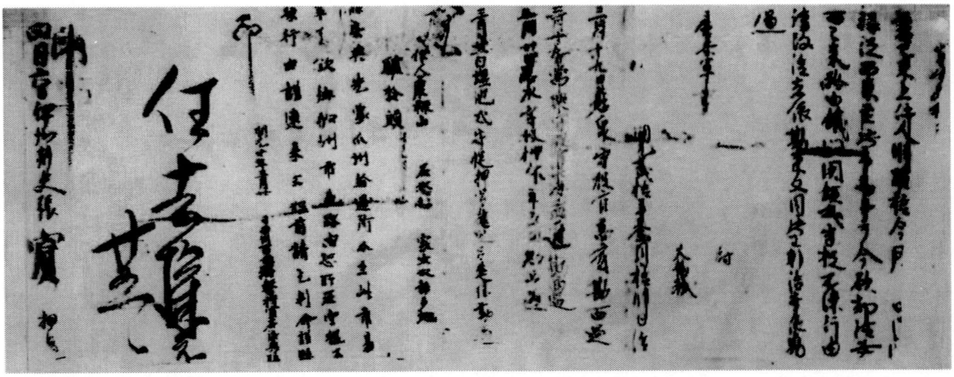

唐代「過所」圖片

[125] 參看程喜霖《唐代過所研究》，中華書局，2000 年，第 57 頁。

3. 開元後期西域局勢

武則天長安三年（西元 703 年），原屬西突厥汗國的突騎施部攻占了中西交通（絲綢之路）要衝 —— 碎葉城，成為天山以北最強大的政治勢力。唐朝政府採取與其聯合共同控制天山北路的策略，唐玄宗開元七年（西元 719 年），冊立其蘇祿可汗（西元？年至西元 738 年）為「忠順可汗」。[126]

在邊疆地區局勢相對緩和時期，游牧族類政權（或部族）對於來唐朝進行「絹馬互市」尤為重視。開元十四年（西元 726 年）十二月：

杜暹為安西都護，突騎施交河公主遣牙官以馬千匹詣安西互市。使者宣公主教，暹怒曰：「阿史那女，何得宣教於我！」杖其使者，留不遣；馬經雪死盡（凍死）。突騎施可汗蘇祿大怒，發兵寇四鎮。……四鎮人畜儲積，皆為蘇祿所掠，安西〔城〕僅存。

既而蘇祿聞〔杜〕暹入相（入朝為相），稍引退。尋遣使入貢。[127]

這起惡性事件因唐朝官員的態度傲慢而起。正可見安西（與北庭）都護府職責之重大，其軍政長官必須隨時保持清醒的「政治頭腦」。

開元十八年（西元 730 年）十一月，突騎施汗國遣使入貢。至開元二十二年（西元 734 年）初，雙方關係雖有波折，但基本上還是保持和睦。在此時期，突騎施西抗大食（阿拉伯帝國）向東擴張，承擔著捍衛唐朝西陲的重大任務。

但是，好景不長。由於北庭都護劉渙失察偏信，擅殺前來進行「絹馬互市」的突騎施使者，導致了雙方悲劇性的武裝衝突。[128]

---

[126] 《舊唐書》卷 194 下〈突厥傳下〉，第 5,191 頁。

[127] 《資治通鑑》卷 213，第 6,894 至 6,895 頁。

[128] (1) 據《舊唐書》卷 8〈玄宗本紀上〉：「開元二十二年（西元 734 年）四月，北庭都護劉渙謀反，伏誅。」參看［法］張日銘《唐代中國與大食穆斯林》，寧夏人民出版社（姚繼德、沙德珍譯），2002 年，第 34 頁。(2) 開元二十三年（西元 735 年）十月，突騎施侵寇北庭都護府、安西撥換城（今新疆阿克蘇市。地當「絲路」中道）。唐朝從河西（今甘肅武威市）和內地調集大軍，在

開元後期，正值西域局勢動盪不安，郭子儀奔赴安西任職。其崗位職責涉及政治（以及外交）、軍事鎮防與經濟貿易等諸多方面。但是他的具體「行跡」，亦無直接史料可稽 —— 可藉助他當時的上司任職情況，獲得間接了解。開元二十一年（西元 733 年）十二月至二十八年（西元 740 年），安西副大都護、四鎮節度使為王斛斯。[129]

〔開元二十三年（西元 735 年）〕敕護密國王真檀，〔叛臣〕發匐積惡，自取滅亡……卿比者雖受冊立，緣此未得還蕃……突騎施凶悖，恣其抄掠，卿宜善計，勿令不覺其來。已西商胡比遭發匐劫掠，道路遂斷，遠近籲嗟，卿宜還國，必須防禁。蕃中事宜，遠路難聞，可量彼權宜，便與王斛斯計會（商議）。[130]

……蘇祿忘我大惠，敢作寇讎，屢犯邊城……朕已敕河西節度使牛仙客，令河西於諸軍州及在近諸軍，簡練驍健五千人，並十八年應替兵募五千四百八十人，即相續發遣。卿（王斛斯）可與蓋嘉運（北庭節度使）計會，取彼道便隨事進討……[131]

〔二十四年（西元 736 年）〕安西都護王斛斯……間歲以來，頻有騷

北庭節度使蓋嘉運、安西四鎮節度使王斛斯指揮下，兩路夾擊，大破突騎施。二十六年（西元 738 年），蘇祿可汗死於內亂。至二十七年（西元 739 年）八月，蓋嘉運揮師攻破碎葉，進兵怛羅斯（今哈薩克斯坦國江布林），生擒突騎施新可汗吐火仙，凱旋而歸。唐軍征戰三年，取得了威震西陲的軍事勝利，但是也自毀「藩屏」，與方事東擴的大食帝國直接為鄰，埋下了新的邊疆危機。參見薛宗正《突厥史》第九章第五節，中國社會科學出版社，1992 年。

[129] 《唐會要》卷 78〈安西四鎮節度使〉，上海古籍出版社，1991 年，第 1,690 頁。

[130] 《全唐文》卷 287〈敕護密國王書〉，上海古籍出版社，1990 年，第 1286 頁。(1) 據《新唐書》卷 221 下〈西域傳下．識匿〉附護密傳：其地「橫千六百里，縱狹才四五里。[唐] 高宗顯慶（西元 656 年至西元 660 年）時以地為鳥飛州……地當 [安西] 四鎮入吐火羅（今阿富汗北部）道」。(2) 護密國，在今阿富汗東北部瓦罕走廊，為蔥嶺（帕米爾高原）上的一條狹長地帶，東西長約 300 公里。護密西通吐火羅，東北通安西四鎮，東南通小勃律。也是吐蕃越蔥嶺進入西域的道路之一（大勃律至揭師至護密道）。參看王小甫《唐、吐蕃、大食政治關係史》，北京大學出版社，1992 年，第 119 至 126 頁。

[131] 《全唐文》卷 286〈敕四鎮節度王斛斯書〉，上海古籍出版社，1990 年，第 1,281 頁。《敕河西節度副大使牛仙客書》見同書卷 287，第 1,286 頁。

警，能清寇虐，不頓甲兵……[132]

〔二十五年（西元 737 年）〕卿（王斛斯）在西鎮，軍務煩勞，皆能用心，處置不失，頃與突騎施攻戰，歷涉三年，降虜生俘，所獲過當，懸軍能爾，朕甚嘉之。……[133]

〔二十七年（西元 739 年）〕大中大夫、守太僕卿員外接同正員、上柱國、賜紫金魚袋王斛斯……頃膺朝寄，作扞邊陲，惠威有孚，羌戎即序。念其勤苦，既返旆於西域；任以腹心，宜典兵於北禁，可宣威將軍（武散官從四品上）守右羽林軍將軍（從三品），勳賜如故。[134]

郭子儀在西域期間的職事官為安西四鎮經略副使、安西副都護，作為最高長官的主要助手之一，要輔佐王斛斯計會邊防策略和具體措置，撫輯諸蕃，征討叛離，訓練士卒，督理屯田 —— 累積安輯「諸蕃」之經驗，鍛煉疆埸軍事指揮才能，成為一名練達邊務的高級將領。

三、不教胡馬度陰山

大約在天寶元年（西元 742 年）前後，郭子儀又奉調來到關內道朔方節度使治所靈州（今寧夏吳忠市）—— 防禦漠北後突厥汗國的陰山防線。其新任命為：右威衛將軍（從三品，本官）同朔方節度副使（職事官）。

1. 盛唐的陰山防線

唐朝以長安（今西安市）為都城、關中平原為京畿 —— 屬於貞觀十

[132] 《全唐文》卷 309 孫逖撰〈授王斛斯太僕卿仍兼安西都護制〉，上海古籍出版社，1990 年，第 1,385 頁。

[133] 《全唐文》卷 286〈敕安西節度王斛斯書〉，上海古籍出版社，1990 年，第 1,281 頁。

[134] 《全唐文》卷 309 孫逖撰〈授王斛斯宣威將軍守羽林軍將軍制〉，上海古籍出版社，1990 年，第 1,385 頁。

道之關內道、開元十五道之京畿道地域範圍。「關內道……凡二十有二州焉。東距［黃］河，西抵隴坂（隴山與六盤山），南據終南之山，北邊沙漠。……遠夷則控北蕃、突厥之貢獻焉。」[135]

(1)「陰山防線」[136]

陰山山脈與賀蘭山之外，地域極為遼闊，因為深處內陸，氣候乾燥寒冷，沙漠戈壁廣布。在古代經濟社會，是游牧族類的生息之地。陰山之南的河套平原與鄂爾多斯高原——中原地區、北方草原地區與西北沙漠地區的結合部，是農、牧族類政權（部族）相互交往的門戶通道。

古代中原王朝防禦北方游牧族類南下的軍事工程，以萬里長城為顯著代表——人文的「農牧分界線」。在地理空間上，長城南北向推移的空間（農耕區與半農半牧區）比較廣大，南至黃河與黃土高原，北到陰山山脈以外。在今陝北、寧夏境地，有戰國至明代的數道長城遺跡。[137]

(2) 安北、單于都護府

安北都護府。唐太宗貞觀二十一年（西元 647 年），因漠北鐵勒、回紇諸部內附，開置瀚海等六都督府、皋蘭等七州，設燕然都護府以統之（治所故單于臺。今內蒙古烏拉特中旗溫根鎮阿拉騰呼舒）。唐高宗龍朔三年（西元 663 年），移治所於回紇境地（今蒙古國和林西北），更名為瀚海都

[135]《唐六典》卷 3〈戶部〉，第 64 至 65 頁。

[136] (1) 中國古代中原王朝保衛京畿的「地緣戰略」可概括為：憑藉「山河形便」以為防禦屏障，控制重要的水陸交通線，據有戰略要地，構建起多層防線。防禦層次越多，則外來侵寇的消耗和犧牲就越大。所謂「強弩之極，矢不能穿魯縞」。參看穆渭生《唐代關內道軍事地理研究》，陝西人民出版社，2008 年，第 117 至 118 頁。(2) 關內道「山河形便」的軍事戰略價值——構建多層軍防陣線的地形依託：北面的陰山、西面的賀蘭山、六盤山和黃河，用以阻遏異族侵寇；東面的黃河與潼關，南面的秦嶺山地用以防備內部的動亂。

[137] 按：古代中原王朝修築的北方長城，是一道漫長的軍事防禦線、一條政治地理分界線。如秦、漢長城沿著陰山修築，北面為沙漠草原，南面為農耕地區；明代長城的走向基本上與 400 公厘年等降水線重合。長城沿線既是農牧交錯地帶，也是一條寬闊的邊疆。參看盧連成《草原絲綢之路——中國同域外青銅文化的交流》，《史念海先生八十壽辰學術文集》，陝西師範大學出版社，1996 年。

護府。總章二年（西元 669 年），再更名為安北都護府。自調露元年（西元 679 年）冬天以後，因東突厥貴族反叛復國（後突厥汗國），頻繁侵擾，其地盡失，遂廢之。

到垂拱元年（西元 685 年），因漠北回紇、契骨、思結等部落不斷南移到河西甘州（今甘肅張掖市）、涼州（今甘肅武威市）之間，乃置安北都護府於居延海西的同城（今內蒙古額濟納旗東南）。此後又屢經遷移，名稱亦多次改易。到唐肅宗至德二載（西元 757 年），易名為鎮北都護府。[138]

單于都護府。初設於唐高宗永徽元年（西元 650 年），名瀚海都護府，治所雲中府城（今內蒙古和林格爾縣西北土城子）。龍朔三年（西元 663 年），移治雲中城（今內蒙古托克托縣古城鄉），更名為雲中都護府。與磧北瀚海都護府以沙漠為界，分統南、北。麟德元年（西元 664 年）改為單于大都護府。

調露元年（西元 679 年），漠南突厥 24 個羈縻州暴動復國（後突厥汗國），重返漠北並頻繁南侵，陰山內外形勢全面惡化。垂拱二年（西元 686 年），改單于都護府為鎮守使。至唐玄宗開元二年（西元 714 年）閏五月，復置單于都護府。

(3) 朔方、河東節度使

關內朔方節度使，唐玄宗開元九年（西元 721 年）設立，治所靈州（今寧夏吳忠市），管兵 6.47 萬人，戰馬 1.43 萬匹，以「捍禦北狄（後突厥）」。[139] 靈州城控制著黃河渡口，是唐前期北部邊疆第一軍事重鎮。

現將盛唐時期朔方節度使所轄諸軍城列為簡表。[140]

---

[138] 《唐會要》卷 73〈安北都護府〉，上海古籍出版社，1991 年，第 1,554 至 1,559 頁。

[139] 《唐六典》卷 5〈兵部〉，第 157 頁。

[140] 據《唐六典》卷 5〈兵部〉、《通典》卷 172〈州郡二．序目下．大唐〉等。參看穆渭生《唐代關內道軍事地理研究》第五章第四節，陝西人民出版社，2008 年。

盛唐時期朔方節度使所轄軍、城（黃河內外）簡表

軍、城	兵員／馬匹／設置時間		空間位置／今地
唐高宗至唐玄宗開元年間設置			
新堡[141]	2,500／?	武則天時	河外／寧夏銀川新市區北
豐安軍	8,000／1,300		河外／寧夏中寧縣石空堡附近
定遠城	7,000／3,000	中宗	河外／寧夏平羅縣南姚伏鎮附近
西受降城	7,000／1,700		河外／內蒙古五原縣西北烏加河外
中受降城	6,000／2,000		河外／內蒙古包頭市西南
東受降城	7,000／1,700		河外／內蒙古托克托縣南
經略軍	2.07 萬／3,000	玄宗	河內／靈州城／寧夏吳忠市
振武軍	9,000／1,600		河外／內蒙古和林格爾縣西北
唐玄宗天寶年間（西元 742 年至西元 756 年）設置			
榆多勒城[142]	?	天寶年間	河內／內蒙古鄂托克旗東北
橫塞軍	?		河外／內蒙古烏拉特中旗境地
天安軍	?		河外／內蒙古烏拉特前旗北
天柱軍	?		河內／陝西靖邊縣北部統萬古城

唐朝在邊疆地區的軍事鎮防工程設施，主要是築置軍城（軍、守捉、城等）── 或承自前代，或擇地新築，皆控制交通衝要。如「陰山防線」諸軍城皆與穿越陰山的南北溝谷（交通隘口）相對應。同時，也利用前代遺留的長城（唐代無大規模的長城工役）。

河東節度使，設於唐玄宗開元十八年（西元 730 年），治所太原府（今山西太原市），管兵 5.5 萬人，戰馬 1.4 萬匹。與朔方節度使共同向北形成

[141] 據《元和郡縣圖志》卷 4〈關內道四．靈州懷遠縣〉：「新堡，在懷遠縣（今寧夏銀川市）西北四十裡，永昌元年（西元 689 年）置。……舊名千金堡，今名新堡。」

[142] 據《元和郡縣圖志》卷 4〈關內道四．靈州懷遠縣〉：「經略軍，在夏州（今陝西靖邊縣北統萬古城）西北三百里。天寶中（西元 742 年至西元 756 年）王忠嗣（朔方節度使）奏于榆多勒城（今內蒙古鄂托克旗東北巴音淖爾鄉後哈達圖村西南水泉子古城）置軍。」

犄角之勢，防禦後突厥、回紇汗國南下侵擾。[143]

從交通路線（具有政治、經濟、文化交流等多重功能）來考察，在隋唐時代，由京城長安通往陰山及其以北大漠地區的交通大道，西為慶州 —— 靈州道（今甘肅隴東馬蓮河谷地、寧夏黃河沿岸），中為延州 —— 夏州（今陝西延安市、靖邊縣統萬古城與鄂爾多斯高原）—— 中受降城道，東為蒲津關（橋）—— 河東太原 —— 雲州道。[144]

以上述論，旨在說明唐代「陰山防線」的軍事地理形勢和國防戰略地位，為郭子儀的任職履歷預作鋪陳。

[143] 河東道管轄 19 州，東起恒山（在太原府以東），西據黃河，南抵首陽（在蒲州之南）、太行山，北邊匈奴（即東突厥汗國）。據《唐六典》卷 3〈戶部〉，第 66 頁。按：河東道的地理範圍，約當今山西省全境，河北省西北部內外長城間以及內蒙古集寧市以南地區。其東部的太行山脈上有「太行八陘」，是連接河北道的交通要道。

[144] 從古代軍事地理著眼，水、陸交通線可區分為：(1)「控制性道路」，嚴格受制於自然地理條件，穩定性甚強，對人文地理佈局起著控制性作用。如漢、唐長安東西的函穀 —— 潼關道和渭北道。(2)「隨機性道路」，受自然地理條件限制較小，隨著政治、軍事、文化等人文因素變化而變化 —— 軍事防禦的難度、人力和財力的耗費皆比較大。參看辛德勇《古代交通與地理文獻研究》，中華書局，1996 年，第 178 頁。

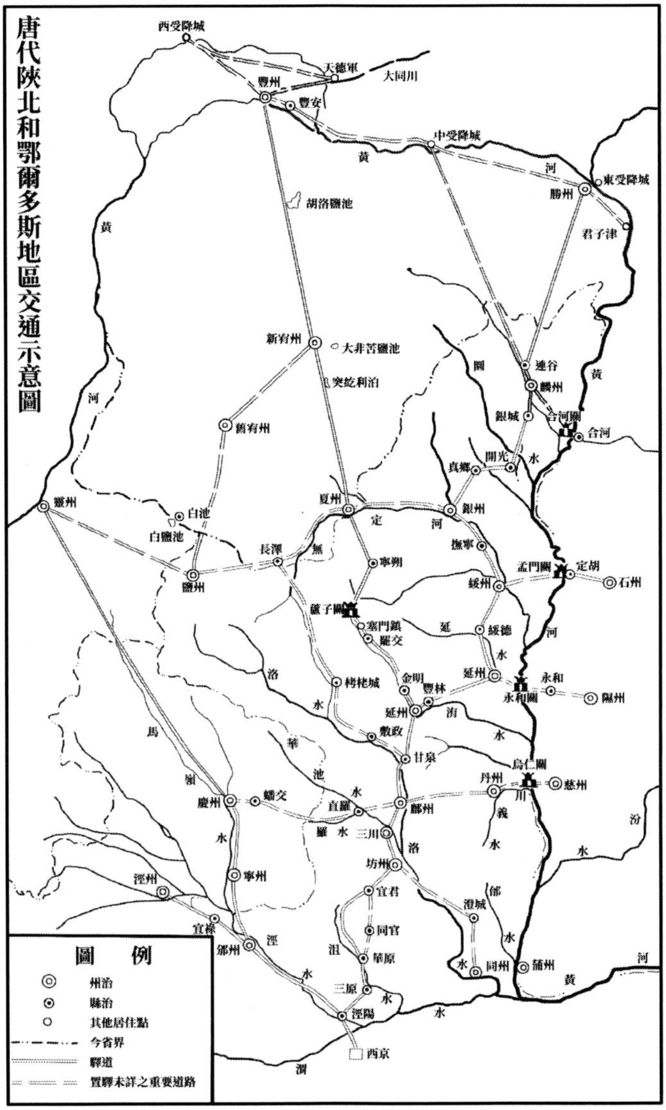

李輔斌〈唐代陝北和鄂爾多斯地區的交通示意圖〉，

史念海主編《中國歷史地理論叢》，1990 年第一輯

2. 宿將休績聞朝廷

盛唐時期的邊疆諸道節度使、經略使責權重大，「專方面之寄」，併兼任諸多「使職」，如經濟、監牧、運輸、羈縻府州等先前專設的「使職」，逐漸改為由節度使兼任並各置僚佐。

開元末年至天寶年間，歷任朔方節度使的名單如下。[145]

1	牛仙客	開元二十四年至二十八年（西元 736 年至西元 740 年）遙領
2	韋光乘	開元二十八年至二十九年（西元 74 年至西元 741 年）間
3	王忠嗣	開元二十九年至天寶五載（西元 741 年至西元 746 年）
4	張齊丘	天寶六載至九載（西元 747 年至西元 750 年）
5	安思順	九載（西元 750 年）八月，以河西節帥安思順權知朔方節度
6	李林甫	十載（西元 751 年）正月，以宰相李林甫遙領安北副大都護、朔方節度使，以戶部侍郎李暐知留後事
7	安思順	十一載（西元 752 年）三月，以安思順代李林甫
8	郭子儀	十四載（西元 755 年）十一月，安祿山起兵反叛，以朔方右廂兵馬使郭子儀充節度使（代安思順）

郭子儀在朔方軍鎮任職期間，其工作職位調動比較頻繁。先將他在天寶年間（西元 742 年至西元 756 年）的任職履歷列為簡表。

	本官／職事官	任職時間
1	改右威衛將軍（從三品）／同朔方節度副使	天寶元年（西元 742 年）
2	（右威衛將軍）／改定遠城使本軍營田使	?
3	加單于副大都護／東受降城使左廂兵馬使	?
4	拜右金吾衛將軍／兼判單于副都護	?

[145] 據《唐會要》卷 78〈節度使〉，上海古籍出版社，1991 年，第 1,686 頁。參看吳廷燮《唐方鎮年表》卷 1〈朔方〉，中華書局，1980 年，第 132 至 134 頁。

	本官／職事官	任職時間
5	拜左武衛大將軍（正三品）／兼安北副都護、橫塞軍使本軍營田使。十二載，移置橫塞軍於陰山之南大同川安置，改稱天安軍。	八載至十二載（西元 749 年至西元 753 年）
6	兼任豐州都督西受降城使朔方右廂兵馬使	十三載（西元 754 年）
7	十一月初，擢升朔方節度使，率軍東討叛逆	十四載（西元 755 年）

(1) 右威衛將軍同朔方節度副使

在邊疆諸道節度使幕府（指揮機構）中，節度副使為首席僚佐，職高權重——節度使大多是由副使擢升的。在平時，節度副使要協理使府的日常戎務；遇到戰事，要親冒矢石，臨陣指揮。

靈州綰轂南北交通，當華夷走集要衝，軍事策略地位特為突出。黃河水運具有交通、經濟和軍事多重性質和功效，由朔方節度使加兼「水陸轉運使」（六城轉運使），以理其事。如郭子儀、魏少遊、僕固懷恩、楊行審等人，或以節帥兼領，或以上佐充任。[146]

(2) 定遠城使本軍營田使

唐玄宗天寶元年（西元 742 年），郭子儀被派往定遠城（今寧夏平羅縣南姚伏鎮附近。在靈州東北 200 餘里的黃河西岸），主持駐防和營田事務。

唐玄宗先天二年（西元 713 年），郭元振（朔方軍大總管）以西［受降］城（今內蒙古五原縣西北烏加河北岸，狼山口南）遠闊，豐安［軍］（今寧夏中寧縣西北黃河北岸石空堡附近）勢孤，中間千里無城，烽堠杳渺，故置此城，募有健兵五千五百人以鎮之。其後，信安王褘（信安郡王李褘）

[146] (1) 黃河在銀川平原上水勢平緩，水利資源豐富，既可澆灌兩岸的平地，又可發展航運。由靈州至河東道北部的黃河水運，長 2,000 餘里，在唐代以前早已有之。時至今日，古老的「羊皮筏子」仍在黃河上載渡。(2) 大規模的官辦黃河水運，創於北魏太武帝（拓跋燾）太平真君七年（西元 446 年）、薄骨律鎮（唐靈州）守將刁雍。據《魏書》卷 38〈刁雍傳〉；《元和郡縣圖志》卷 4〈關內道四．靈州〉，第 93 至 94 頁。

更築羊馬城，幅員十四里。[147]

唐承隋制，凡邊疆駐軍之地，有條件的皆置屯田，耕種墾殖，充實兵糧馬料，節省漕轉費用。[148] 唐玄宗開元二年（西元 714 年）二月五日，以王晙為朔方道行軍大總管，其制書曰：「……其安北都護府移於中受降城安置。兵須足食，理籍加屯，今正農時，務及耕種。」[149]

「一代詩史」杜甫所作〈兵車行〉將戍邊與營田相提並列：

或從十五北防河，便至四十西營田。

去時裡正與裹頭，歸來頭白還戍邊。[150]

凡邊州沃衍有屯田，置營田使；凡邊防駐軍萬人以上，增置營田副使一人。[151] 凡官府興置屯田、營田，其基礎特徵是土地連片，實行軍事化（或準軍事化）管理。至開元十五年（西元 727 年），朔方軍所領五城（豐安、定遠、三受降城）各置田曹參軍一人，品同諸軍判（曹）司，專蒞營田。[152]

在朔方軍防區內的設屯情況與「屯田」數量如下。[153]

---

[147] ①《元和郡縣圖志》卷 4〈關內道四．靈州溫池縣〉，第 96 頁。按：(1) 郭元振奏置定遠城，作為「行軍」（野戰）計集之所。其後，駐兵增至 7,000 人，有戰馬 2,000 匹。定遠城當南北交通大道，西面不到百里便是賀蘭山。又據《元和郡縣圖志》卷 4〈關內道四．靈州保靜縣〉：「［賀蘭］山之東，河之西，有平田數千頃，可引水灌溉，如盡收地利，足以贍給軍儲也。」(2) 李禕任朔方節度使，在開元十五年至二十四年（西元 727 年至西元 736 年）。據《通典》卷 152〈兵典五．守拒法〉：「城外四面壕內，去城十步，更立小隔城，厚六尺，高五尺，仍立女牆。謂之羊馬城。」

[148] 《唐會要》卷 78〈節度使〉，上海古籍出版社，1991 年，1,686 頁。

[149] 〔宋〕宋敏求《唐大詔令集》卷 59〈王晙朔方道行軍總管制〉，中華書局，2008 年，第 315 頁。

[150] 《全唐詩》卷 216，中華書局，1999 年，第 2,255 頁。

[151] 《唐六典》卷 5〈兵部．兵部司〉，第 158 頁。

[152] 《新唐書》卷 49 下〈百官志四下〉，第 1,320 頁。

[153] 《唐六典》卷 7〈工部．屯田司〉，第 223 頁；卷 2〈吏部．考功司〉，第 43 頁。按：唐玄宗開元年間，「凡天下諸軍、州管屯［田］，總九百九十有二」。

豐安軍／27 屯	定遠城／40 屯	經略軍／?
西受降城／25 屯	中受降城／41 屯	東受降城／45 屯
單于府／31 屯	勝州／14 屯	夏州／2 屯
夏州監牧／?	鹽州監牧／4 屯	鹽池縣／7 屯
每屯大者 50 頃，小者 20 頃；凡屯皆設屯官、屯副，以領其事，按時耕耨。因其地各有良薄，歲有豐儉，其收穫成績各定為三等，進行考核。其種植作物，皆因地制宜，有谷物、蔬菜、苜蓿（牲畜青飼料）、藍（植物染料）等。		

天寶元年（西元742年）時，郭子儀46歲，戍邊十餘年，軍務練達——全面負責定遠城的駐防與屯田事務，是最為合適的人選。

天寶三載（西元 744 年）正月，郭子儀的父親郭敬之病逝於京城長安，享年 78 歲。遵照傳統的「喪禮」制度（禮制），郭子儀必須離官歸家，「服喪」（丁憂）守孝三年（實際為 27 個月）。

(3) 黃河北岸左、右廂（翼）

天寶五載（西元 746 年）四月，張齊丘接替王忠嗣為朔方節度使。王忠嗣曾兼充朔方、河東、河西、隴右四鎮節度使。「自朔方至雲中（今山西大同市），緣邊數千里，當要害地開拓舊城，或自創制，斥地各數百里。」[154]

是年秋天，郭子儀服喪結束，恢復官職：加單于副大都護（從三品，本官）東受降城使左廂兵馬使（職事官）、拜右金吾衛將軍（從三品，本官）兼判單于副都護（職事官），來到朔方軍防區的最前沿——黃河之北、陰山之下。直到「安史之亂」爆發（西元755年），郭子儀充朔方左廂兵馬使，

[154]《舊唐書》卷 103〈王忠嗣傳〉，第 3,199 頁。

其「職級」與朔方軍副使（職事官）相當，為領兵大將。[155]

所謂「左、右廂」，各以「兵馬使」為長官，是朔方軍（與諸道節度使）的編制番號。也指代朔方軍整體防禦部署的左、右兩翼：以中受降城居中，連線中城、東城與單于都護府城為左廂（左翼），中城東距東城 300 里，東城東距單于府城 120 里；以西城、豐州和定遠城（黃河西岸）為右廂（右翼），西城東南至豐州 80 里、東至中城 380 里、南距定遠城 700 里。在地理空間上，此左、右廂（翼）呈曲尺形（Γ），長約 1,500 里；黃河北岸三受降城與單于府城的地理空間，東西寬 800 里，呈「一字長蛇陣」向北防禦態勢，阻河而守，左右鉤帶，相互應援。

黃河北岸的諸軍城，控制著陰山南北的交通線。[156]

(4) 橫塞軍（天德軍）軍使

天寶八載（西元 749 年）三月，朔方節度使張齊丘於中受降城（今包頭市西南）西北 500 里外木剌山的故可敦城築置橫塞軍，將安北都護府從中城移治於此。木剌山在今內蒙古烏拉特中旗（治所海流圖鎮）境地西北——橫塞軍城位於陰山北麓、西受降城之北，處於「陰山防線」最前沿。

是年，郭子儀官拜左武衛大將軍（正三品，本官）兼安北副都護橫塞軍使本軍營田使（職事官）。他在此職位上的事蹟有案可稽。

天寶九載（西元 750 年）八月，朔方節度使張齊丘給糧失宜（發放軍糧失時或不公平），軍士怒，毆其判官（具體負責發放軍糧者為「倉曹」）；兵馬使郭子儀以身捍（護）齊丘，乃得免。……齊丘左遷（降職調離）濟陰

[155] 兵馬使，為「節鎮（節度使）衙前軍職也，總領兵權，職責甚重。[肅宗] 至德（西元 756 年至西元 757 年）以後，都知兵馬使率為藩鎮儲帥」。據《資治通鑑》卷 215 玄宗天寶六載（西元 747 年）十月己酉條「胡三省注」，第 6,997 頁。參看張國剛《唐代藩鎮研究》（增訂版），中國人民大學出版社，2010 年，第 94 至 97 頁。

[156] 按：從今內蒙古後套地區北越狼山的山口，自西向東有杭錦後旗北面的達拉蓋山口，烏拉特中旗石蘭計鄉之北的石蘭計山口（狼山口），五原縣東北的烏不浪山口。

（今山東曹縣西北）太守，以河西節度使安思順權知朔方節度事。〔胡三省注曰：世皆知郭子儀得眾，然後能捍免張齊丘，而不知當此之時，唐之軍政果安在也。〕[157]

這是一場惡性風波。幸虧有經驗老到的郭子儀在場，挺身保護，才使張齊丘免遭毆辱。風波之後，張齊丘被降職調離。

十載（西元 751 年）正月，以宰相李林甫遙領安北副大都護和朔方節度使，以戶部侍郎（正四品下）李暐擔任節度留後，坐鎮理事。[158]

次年（西元 752 年）三月，范陽節度使安祿山調集 20 萬大軍，準備討伐契丹；同時奏請調朔方節度副使阿布思率其同羅騎兵一起出征。而阿布思與安祿山素來不和，擔心其藉機陷害，便請節度留後李暐上奏朝廷，不與安祿山同行。但是被李暐拒絕。阿布思進退兩難，心生怨怒，率其部眾大肆搶掠糧倉和軍械庫，叛逃漠北。[159] 安祿山進攻契丹的計畫只好暫停。

九月，阿布思率其部眾南下陰山侵擾搶掠，並圍攻永清柵（中受降城西 200 里大同川），被守將張元軌率軍擊敗，又竄歸漠北。[160]

阿布思叛逃，遙領節度使的李林甫臉上無光，遂於四月下旬自請解職，舉薦河西節帥安思順接任。安思順到任後，對陰山防線進行調整，於當年奏請，調河西節度副使李光弼充任單于府副大都護——李光弼為王忠嗣部下，剛毅善戰，治軍威肅，安思順對其很器重。

十二載（西元 753 年）冬，因橫塞軍「苦寒難耕」，安思順奏請廢之，

[157] 《資治通鑑》卷 216，第 7,018 頁。俗謂「當兵吃糧」，而士兵竟然因此群起毆打長官，說明軍隊將領欺壓士兵的問題「積重難返」；由此也可見戍邊生活艱苦之一斑。

[158] 《舊唐書》卷 9〈玄宗本紀下〉第 224 頁；《資治通鑑》卷 216，第 7,021 頁。

[159] 按：阿布思原為東突厥汗國西葉護，天寶二年（西元 743 年）率眾降附，玄宗賜名李獻忠；後累積戰功，官至朔方節度副使。阿布思有才略，不願奉承安祿山，由是兩人有隙。十一載（西元 752 年），阿布思叛歸漠北；十二載（西元 753 年），阿布思逃至西域葛邏祿，被其葉護規毗執送唐北庭都護府。據〔唐〕姚汝能《安祿山事蹟》卷上，中華書局（曾貽芬點校），2006 年，第 84 至 85 頁。

[160] 《舊唐書》卷 9〈玄宗本紀下〉第 225 頁；《資治通鑑》卷 216，第 7,029、7,031 頁。

另於大同川（今烏拉特前旗明安川）之西築城，至十四載（西元 755 年）畢功，「周迴一十二里，［城牆］高四丈，下闊一丈七尺」。玄宗賜名曰「天安軍」（今烏拉特前旗額爾登布拉格蘇木三里城。肅宗時改名「天德軍」）。[161] 軍城居大同川中，當北戎大路，南接牟那山鉗耳觜（今烏拉山西端）；軍城之北 60 里有沃野故城，即「北魏六鎮」從西第一鎮也。

天安軍西北至橫塞軍 300 里 —— 先後控制著同一條道路。

早在唐中宗景龍二年（西元 708 年）時，朔方道行軍大總管張仁愿主持修築黃河北岸三受降城，「拓地三百餘里。於牛頭朝那山北置烽堠千八百所，以左玉鈐衛將軍論弓仁為朔方軍前鋒遊奕使（領精騎兵巡邏），戍諾真水為邏衛，自是突厥不敢度山畋牧，朔方無復寇掠，減鎮兵數萬人。」[162]

而天安軍城正位於「陰山防線」的策略中心地位。

天寶中，安思順、郭子儀等本築此城（天德軍），擬為朔方根本，其意以中城、東城連振武（即單于都護府城）為左翼，又以西城、豐州連定遠〔城〕為右臂，南制党項，北制匈奴（即後突厥），左右鈎帶，居中處要，誠長久之規也。[163]

天寶十三載（西元 754 年），郭子儀兼任豐州（今內蒙古烏拉特前旗西小召鄉古城村）都督（從三品）西受降城使朔方右廂兵馬使（職事官）。

西受降城在豐州西北 80 里的黃河（今烏加河）外，地「當磧口，據虜［往來］要衝，美水草，北去磧口三百里」。[164] 再向西北 1,500 里達於回鶻

[161] 《元和郡縣圖志》卷 4〈關內道四．天德軍〉，第 113 至 115 頁。

[162] 《資治通鑑》卷 209，第 6,738 頁。

[163] 《元和郡縣圖志》卷 4〈關內道四．天德軍〉，第 114 頁。按：天德軍城故址，今已淹沒在烏梁素海東南瀕岸水下。參看張郁《唐王逆修墓誌銘考釋》，《內蒙古文物與考古》1981 年創刊號。

[164] 《舊唐書》卷 195〈回紇傳〉，第 5,198 頁；《資治通鑑》卷 239，唐憲宗元和八年（西元 813 年）七月條，第 7,822 至 7,823 頁。按：西受降城遺址有兩處。(1) 張仁願所築舊城（今烏拉特中旗烏加河鎮西南庫倫補隆村東古城遺址），在開元初年被河水沖壞。(2) 十年（西元 722 年），

汗國衙帳（今蒙古國烏蘭巴托市西北方鄂爾渾河上）。[165]

在唐朝前期，西受降城又是與漠北「諸蕃」（游牧部落）進行「絹馬互市」的場所 —— 唐玄宗開元十五年（西元 727 年），詔許後突厥汗國到西受降城進行「互市」。開元末至天寶初，名將王忠嗣任朔方節度使期間，「每至互市時，即高估馬價以誘之，諸蕃聞之，競來求市，來輒買之。故蕃馬益少，而漢軍益壯。……」[166]、「其後突厥款塞，玄宗厚撫之，歲許朔方軍西受降城為互市，以金帛市馬，於河東、朔方、隴右牧之。既雜胡種，馬乃益壯。天寶後，諸軍戰馬動以萬計。……議謂秦、漢以來，唐馬最盛，天子又銳志武事，遂弱西北蕃。……」[167]

由此可見，西受降城具有軍事鎮防、互市貿易等性質地位。而西受降城「北去磧口 300 里」與三受降城「向北拓地 300 餘里」，說明朔方軍掌握了陰山之北、大漠之南的軍事控制權。

郭子儀先後充任朔方軍左、右廂兵馬使，即先後負責「陰山防線」東西兩翼（「前套」與「後套」）的駐屯任務，可謂「擔當重任」矣。

然時間不長。天寶十三載（西元 754 年）四月，郭子儀的母親向氏去世，遵照「喪服」制度，他又須離官歸家守孝三年。但是到次年（西元 755 年）十一月初，范陽節度使安祿山起兵反叛，郭子儀被「奪情起復」（官員守孝喪期未滿，朝廷強令出仕），擢升為朔方節度使，率軍東征，討伐叛逆。

天寶年間（西元 742 年至西元 756 年），郭子儀一直在「陰山防線」履職。作為邊防軍事長官，必須熟悉轄區內外的地理形勢，對山川險易、行

朔方軍總管張說於舊城之東別築新城（今烏加河鎮奮鬥村古城）。西城「正東微南至天德軍 180 里」。據《元和郡縣圖志》卷 4〈關內道四．西受降城〉，第 116 頁。

[165] 《元和郡縣圖志》卷 4〈關內道四．西受降城〉，第 116 頁。

[166] 《舊唐書》卷 103〈王忠嗣傳〉，第 3,201 頁。

[167] 《新唐書》卷 50〈兵志〉，第 1,338 頁。

軍道里、井泉水泊等，都要實地踏勘，瞭然於心；對轄區內的烽堠瞭望、邏衛偵察、軍營操練校閱、屯墾耕種、營壘修繕和器械保養等，必須勤加督查。

郭子儀戍守邊疆，也與「軍屯」結緣。在朔方軍任職期間，先後兼充定遠城、橫塞軍與天德軍「本軍營田使」—— 順應農時節氣，操持農器，躬身壟畝，耕種收藏，與士卒同甘共苦。[168] 自古良將愛兵，視同手足。郭子儀天性淳厚，仁愛為懷，處事寬厚，深得部下擁戴。而唐代的邊防將領中，虐待士兵、克扣軍餉等貪婪腐敗者，並不鮮見。

郭子儀長期鎮撫邊疆，對游牧族類剽勇善戰、狂放不羈之風習，敬重恩義、喜結盟誓之純樸，親身感受，認識深切。因而善於安撫籠絡，結其誠信。在後來平叛戰爭中湧現出來的蕃族名將，如僕固酋長懷恩、渾部酋長渾釋之和渾瑊父子、突厥人白元光等，都出自朔方軍。

正是在長期的邊防軍旅歲月中，郭子儀歷經艱苦磨礪，養成了善用騎兵、長於野戰的軍事指揮才能，鑄就了寬厚持重的大將風度。

膾炙人口的北朝（北齊）民歌〈敕勒歌〉詠曰：

敕勒川，陰山下，天似穹廬，籠蓋四野。

天蒼蒼，野茫茫，風吹草低見牛羊。[169]

天寶年間，在「陰山防線」發生的軍事行動，與隴右地區那種狼煙烽

---

[168] 按：(1) 自唐高宗中葉以後，邊疆軍事形勢趨於惡化，邊防駐軍不斷增加，更因召募丁壯充任長駐邊兵，軍需供應成為朝廷財政一大負擔。為了減輕供軍轉輸之費，凡邊防鎮守軍、州，都設置屯田（以及營田），種植禾豆稻麻，增加軍隊糧食儲備。(2) 唐玄宗開元以前，每年供給邊兵的衣糧之費，不超過 200 萬貫。自天寶以後，邊將奏請增兵，每年支用衣料達 1,200 萬匹（絹布），軍糧 190 萬斛，公私勞累，百姓困苦。據《資治通鑑》卷 215，唐玄宗天寶元年（西元 742 年）正月條，第 6,970 頁。

[169] 〔宋〕郭茂倩《樂府詩集》卷 86，中華書局，1979 年，第 1,213 頁。按：此歌本為鮮卑族語，翻譯為漢語則長短不齊，但是不失其藝術魅力 —— 語言質樸，情感濃郁，謳歌漠南陰山之下草原遼闊壯麗的自然風光，展現了古代敕勒族遊牧生活的情景。

火、胡騎憑陵的大規模邊警，自是不可同日而語。但是，戍邊將士壯懷激烈，忠君報國的一腔熱忱，都是同樣值得稱頌的。

四、蕃漢勁卒朔方軍

1. 行軍到長住邊軍

自唐高宗後期以降，因緣東突厥諸部貴族（羈縻府、州長官）反叛復國（後突厥汗國），關內道北部的單于、安北都護府癱瘓，都護府鎮撫「諸蕃」之邊防體制瓦解。唐朝多次派遣「行軍」（出征野戰）討伐，但是後突厥屢敗而復起，異常頑強，戰事遷延，北疆擾攘 —— 唐朝被迫改變臨時性「行軍」為駐軍分守衝要，形成固定的長期性防禦陣線。

武則天長壽三年（西元 694 年）三月，以其「面首」薛懷義為朔方道行軍大總管，征討後突厥。此後，至唐玄宗開元八年（西元 720 年），先後有契苾明、王孝傑、魏元忠、宗楚客、姚崇、裴思說、沙吒忠義、張仁願、唐休璟、解琬、郭元振、趙彥昭、王晙、薛訥、韋抗等十八人（次）充任朔方道（靈武道）行軍大總管，討伐（備禦）後突厥。[170]

開元九年（西元 721 年）十月六日，「置朔方節度使」。十四年（西元 726 年），朔方節度使領關內支度、營田使；[171] 十五年（西元 727 年），兼

[170] 據《新唐書》卷 64〈方鎮表一 · 朔方〉，第 1,760 至 1,766 頁。參看李鴻賓《唐朝朔方軍研究 —— 兼論唐廷與西北諸族的關係及其演變》第二、三章，吉林人民出版社，2000 年；吳廷燮《唐方鎮年表》卷 1〈朔方〉，中華書局，1980 年，第 126 至 128 頁。

[171] (1) 史載：「凡天下邊軍，皆有度支之使，以計軍資、糧仗之用，每歲所費，皆申 [戶部] 度支而會計之，以〈長行旨〉為準。支度使及軍州每年終各具破用（開支）、見在數申金部、度支、倉部勘會。」據《唐六典》卷 3〈戶部 · 度支司〉，第 81 頁。(2) 又據《通典》卷 6〈食貨六 · 賦稅下 · 大唐〉：「自開元中及于天寶（西元 713 年至西元 756 年），開拓邊境，多立功勳，每歲軍用日增。其費 [和] 糴米粟則三百六十萬匹段（絹布），朔方 [軍] 八十萬……給衣則五百二十萬，朔方 [軍] 百二十萬……」

關內鹽池使，即以鹽產利潤供給軍費開支；開元十六年（西元 728 年），兼充檢校鐵勒族渾部落使；二十年（西元 732 年），又增領押諸蕃部落使及閑廄、宮苑、監牧使。

凡邊疆「諸道軍城，例管夷落」。[172] 由節度使管理諸蕃部落，可直接徵調其部落兵參與軍事行動。而閑廄、宮苑、監牧使與軍馬養殖（馬政）直接相關，也與「絹馬互市」（在西受降城）管理權直接相關。

開元二十二年（西元 734 年）二月，初置十道採訪處置使（負責考課所屬州縣官吏）。[173] 朔方節度使兼關內道採訪處置使；開元二十九年（西元 741 年），朔方節度使兼六城水運使。至此，朔方節度使的職權包括軍事權、財權、檢察權、押領諸蕃權等，權力極大——防禦空間範圍（關內道）輻射漠北，其國防策略地位特別突出和重要。郭子儀曾上奏曰：

> 朔方，國之北門，西御犬戎（吐蕃），北虞獫狁（後突厥），五城相去三千餘里。開元、天寶中，戰士十萬，戰馬三萬……[174]

而朔方軍能夠成為平定「安史之亂」的主力軍，郭子儀能夠成為唐朝的「中興名臣」，與其軍中有大量的「諸蕃」部落騎兵直接相關。以下僅對朔方軍中的「諸蕃」部落兵（城傍制）稍作述論。

2. 諸蕃部落兵（城傍制）

所謂「城傍」，為「兵牧合一」的部落兵制，存在於唐前期的北方地區，唐朝保持內附諸蕃部落組織（設置「羈縻府州」），對其輕稅銀、羊等物，戰時則令其自備弓馬從征——構成「羈縻制度」的重要內涵。

---

[172] 〔宋〕王欽若等編《冊府元龜》卷 992〈外臣部・備禦五〉，鳳凰出版社（闕勳吾等點校本），2006 年，第 11,489 頁。

[173] 《舊唐書》卷 8〈玄宗本紀上〉，第 200 頁；《唐會要》卷 78〈諸使中・採訪處置使〉，上海古籍出版社，1991 年，第 1,680 頁。

[174] 《舊唐書》卷 120〈郭子儀傳〉，第 3,464 頁。

基於游牧經濟和「長於騎射」風習的「城傍兵」驍勇善戰，對於唐朝的定額邊兵而言，是重要的補充。諸蕃部落兵為世襲制，父死子繼，亦可謂「常任兵」，不僅是唐朝前期赫赫武功的重要創造者，而且對唐後期的軍事和歷史有較大影響。

唐朝對諸蕃羈縻府州徵收賦稅、軍事徵發等，是「天可汗」的政治權利；而接受唐朝的軍事徵發，是「諸蕃酋首」的義務。[175]「諸州城傍子弟亦常令教習，每年秋集本軍，春則放散。」[176]

唐高宗「顯慶四年（西元 659 年）正月，西蕃部落所置府州，各給印契，以為徵發符信」。[177] 唐朝徵發諸蕃部落兵（邊疆都督府、都護府直接控制下的羈縻部落）參戰，其實質為「以夷制夷」；更進一步，就是將內附的「諸蕃」部落兵編入正規軍隊（從參加「行軍」作戰到固定駐守）。

朔方軍「捍禦［後］突厥……［駐］屯靈、夏、豐三州之境」。[178] 在朔方軍防區內，先後內屬的「諸蕃」有十餘部（僕固、渾、阿跌、多濫葛、契苾、斛薛、回紇、拔野古、同羅、結骨、掘羅勿、霫部），其部落兵被編入朔方軍，成為唐朝武裝力量的精銳騎兵。

諸蕃入唐「蕃將」原為其部落酋長（貴族），擁有崇高威望和社會地位；在「內附」唐朝時，往往帶領其部落數千上萬帳部眾（或數十萬戶）。[179] 如安西四鎮經略使周以悌，曾對突騎施將領阿史那忠節說：「朝

---

[175] 劉統《唐代羈縻府州研究》，西北大學出版社，1998 年，第 38、56 至 59 頁。

[176] 例如：在隴右道，「秦、成、岷、渭、河、蘭六州（在今甘肅隴中地區）有高麗、羌（党項）兵。皆令當州上佐一人專知統押，每年兩度教練，使知部伍（軍隊編制），如有警急，即令赴援。」據《唐六典》卷 5〈兵部〉，第 157 頁。

[177] 《唐會要》卷 73〈安西都護府〉，上海古籍出版社，1991 年，第 1,568 頁。又據《舊唐書》卷 3〈太宗本紀下〉與《唐太宗與李衛公問對》卷上：貞觀二十年（西元 646 年）冬十月，李靖對唐太宗曰：「……臣愚以謂漢戍（漢兵戍守），宜自為一法；蕃落，宜自為一法，教習各異，勿使混同，或遇寇至，則密敕主將，臨時變號易服（讓諸蕃部落兵換上唐軍旗號服裝），出奇擊之。」參看徐子宏等編《中國兵書十種》，湖南出版社，1993 年，第 184 頁。

[178] 《資治通鑑》卷 215，第 6,967 頁。

[179] 參看馬馳《唐代蕃將》，三秦出版社，2011 年，第 21 至 31 頁。

廷（唐）不愛高官顯爵以待君者，以君有部落之眾故也。……」[180]

唐玄宗天寶元年（西元 742 年），凡邊疆諸道節度使所統之「鎮兵四十九萬人，馬八萬餘匹」（其中就包括大量的「諸蕃」部落兵），再加上地方的「團結兵」等，總數約有 58 萬。[181] 雖然，對諸蕃部落兵數量難以作出精確量化統計，但無疑是遠多於漢兵的，因其「全牧為兵」故也。

從唐玄宗到唐德宗時期，在朔方軍歷任節度使（大總管）中，出身蕃將者有契苾明、沙吒忠義、安思順、李光弼、僕固懷恩、李懷光、渾瑊等人。在平定安史之亂中，朔方軍中功績突出的「蕃族」有李光弼（契丹族）、僕固懷恩父子（鐵勒族）、渾瑊（鐵勒族）、李光進（部落稽阿跌之族）等（詳見後文所述）。

3. 騎戰與自然地形

弗里德里希・恩格斯（Friedrich Engels，西元 1820 年至西元 1895 年）曾經指出：「騎兵在整個中世紀一直是各國軍隊中的主要兵種……任何軍隊如果沒有一支能騎善戰的騎兵，就不能指望作戰勝利。」[182] 不言而喻，裝備騎兵部隊，首先需要優良而充足的馬匹。古代中原王朝皆很重視「馬政」，在「宜牧之地」（草原）設置國營養馬場（牧監），繁殖馬匹 —— 甲兵之本，國之大用。

而游牧族類為「馬背上的民族」，在出征作戰時，常「人兼數馬」，輪

[180]《資治通鑑》卷 209 唐中宗景龍二年（西元 708 年）十一月條，第 6,743 頁。

[181]《資治通鑑》卷 215，第 6,970 頁。

[182]［德］恩格斯《騎兵》//《馬恩全集》第 14 卷，人民出版社，1964 年，第 305 至 326 頁。參看陳寅恪《金明館叢稿初編・論唐代之蕃將與府兵》，上海古籍出版社，1980 年，第 268 至 269 頁；［日］江上波夫《騎馬民族國家》，光明日報出版社，1988 年，第 9 至 13 頁。唐朝開國皇帝高祖李淵曾經議論突厥騎兵曰：「突厥所長，惟恃騎射。見利即前，知難便走，風馳電卷，不恒其陳。以弓矢為爪牙，以甲冑為常服。隊不列行，營無定所。逐水草為居室，以羊馬為軍糧，勝止求財，敗無慚色。無警夜巡晝之勞，無構壘饋糧之費。中國兵行，皆反於是，與之角戰，罕能立功。今若同其所為，習其所好，彼知無利，自然不來。」據〔唐〕溫大雅《大唐創業起居注》卷 1，上海古籍出版社，1983 年。

流騎乘，行軍快速。在隋唐時期，從東北邊疆、大漠南北，一直到西域地區，游牧部落（部族）數以百計，出產的馬匹各有特點。[183]

在隋唐時代，北方地區的作戰兵種為步兵、騎兵。在唐前期，凡大將奉命「行軍」（出征）的編制（統兵 2 萬）如下表。[184]

唐代「行軍」（野戰）戰鬥編成簡表（單位：人）

七軍 兵種	中軍	左、右虞候各一軍	左、右廂各二軍	合計／隊	全軍比／%	戰兵比／%
弩手	400	300×2	250×4	2,000 ／ 40	10	14.3
弓手	400	300×2	300×4	2,200 ／ 44	11	15.7
馬軍	1,000	500×2	500×4	4,000 ／ 80	20	28.6
跳蕩兵	500	400×2	400×2	2,900 ／ 58	14.5	20.7
奇兵	500	400×2	400×4	2,900 ／ 58	14.5	20.7
輜重兵	1,200	900×2	750×4	6,000 ／ 120	30	／
合計	4,000	2,800×2 5,600	2,600×2 1.04 萬	2 萬／ 400	100	／
說明	「戰兵」50 人為一隊。府兵編制 10 人為「火」，50 人為一隊。					

由上表可知，在「行軍」（出征野戰）編制中，是以步兵居多數；但是從戰鬥（戰術）兵種比例來看，是以馬軍（騎兵）居多數。

[183] 例如：(1) 骨利干駿馬骨大叢粗，鬣高意闊，眼如懸鏡，頭若側磚，腿像鹿而差圓，頸比鳳而增細；鼻大喘疏，腹平膁小；後橋之下，促骨起而成峰；側轥之間，長筋密而如瓣。(2) 康國馬，是大宛馬種，形容極大。(3) 突厥馬技藝絕倫，筋骨合度，其能致遠，田獵之用無比。(4) 契丹馬，其馬極曲，形小於突厥馬，能馳走林木間。(5) 奚馬，好筋節，勝契丹馬，餘並與契丹（馬）同。據《唐會要》卷 72〈馬〉、〈諸蕃馬印〉，第 1,542、1,546 至 1,549 頁。

[184] 據《唐六典》卷 5〈兵部〉，第 158 至 159 頁；《通典》卷 148〈兵典一・立軍〉，第 3,792 至 3,794 頁。按：據《通典》所引〈李靖兵法〉：在唐朝前期，凡「行軍」（出征作戰）的基礎編制分為步兵、馬軍與輜重兵。其戰鬥編成（戰兵）又分為弩手、弓手、馬軍、跳蕩兵（突擊隊）、奇兵（機動隊）；在對陣野戰時，又有長矟（長矛、長槍）隊、陌刀（長刀）隊和長斧隊的戰鬥編成；還有戰隊（戰鋒隊）、駐隊的區分。

從單兵戰鬥力上比較，游牧騎兵注重個人勇敢和弓馬嫺熟，作戰時不甚講求隊形（陣法），多採用集團奔衝。而中原農耕王朝的正規騎兵，嚴格挑選，[185] 編制嚴密，訓練有素，作戰注重隊形和協同作戰，發揮集團戰鬥力，完全能夠擊敗游牧族類的非正規騎兵。這就是西漢騎兵團能戰勝匈奴騎兵、唐代輕騎兵揚威朔漠的重要原因之一。

騎兵的優勢在於「快」，馳驟衝陣，出奇制勝，皆以快速機動為先決條件。在與步兵對陣時，騎卒揮動砍刀，乘高擊下，再加上馬匹奔馳的衝擊力量 —— 高度加速度，勢如狂飆，銳不可當。

騎兵尤為適宜長途奔襲、取「別徑奇道」的突襲戰。其軍事優勢之發揮，以戰場地形易於通行為前提。而抗擊騎兵奔衝，首先在於遲滯、殺傷其馬匹 ——「射人先射馬」，集中強弓勁弩，以密集射擊直接殺傷之。再從戰場地形來看，居高臨下，就能充分發揮兵器（主要是弩弓）的殺傷力。若在平陸通衢地形上，則連結輜重車輛為車營以自固；若時間從容則興築垣壘，設置各種障礙（如壕塹、陷坑、拒馬、鹿砦，布撒鐵蒺藜等），阻遏敵騎奔馳，減刹其衝擊力量，削弱其戰鬥優勢的發揮。

騎兵的突出弱點是無摧堅之具，拙於攻城。而中原王朝抵禦北方游牧族類侵寇，以修築城堡鎮寨（包括邊境地區州、縣城邑）和長城，構成為防禦陣線 —— 憑據山川險要，控制交通要衝，若一城受困，則鄰近諸城或直接救援、或阻敵退路，具有「禦敵於國門之外」的策略價值。

唐朝雖未大興長城工役，卻一再修築邊州軍城，作為防禦據點 —— 發揮「華人步卒利險阻」，弩弓精勁的戰術優勢，以己之長克敵之短。

朔方軍節度使張仁願主持修築的黃河北岸三受降城，在牛頭朝那山之

---

[185] 據《六韜 · 犬韜 · 武騎士》：「選武騎士之法，取年（歲）四十已下，［身］長七尺五寸以上，壯健捷疾，超絕倫等，能馳騎彀射，前後左右周旋進退，越溝塹，登丘陵，冒險阻，絕大澤，馳強敵，亂大眾者，名曰武騎士，不可不厚也。」

北設置的 1,800 座烽堠（哨所）與精騎兵機動巡邏，在奠定「陰山防線」的基礎建設和空間格局上，可謂其「里程碑」（已見前文所述）。[186]

[186] 參看程存潔《唐王朝北邊邊城的修築與邊防政策》//《唐研究》第三卷，北京大學出版社，1997年。按：直到世界近代以來的火兵器戰爭中，修築城堡、要塞，以火炮殺傷威力和騎兵機動兵力控制水陸交通衝要，仍具有突出的戰略意義。

第四章

漁陽鼙鼓動地來

唐玄宗時期，綜合國力最為強盛，然邊疆軍事形勢卻已經危機潛伏。自唐高宗時起，雪域高原崛起的吐蕃王國，與唐朝反覆爭奪西域、河隴控制權；東北「兩蕃」（奚、契丹）、漠北後突厥、西域西突厥諸部，叛服無常，邊疆擾攘不斷，形成多面防禦態勢。而邊疆重兵駐防，鎮守大將——諸道節度使軍權日重，尾大不掉，埋下了「盛世動亂」之隱患。

唐玄宗天寶末年爆發的安史之亂（西元 755 年至西元 763 年），是邊疆節度使、蕃將安祿山和史思明發動的旨在推翻李唐王朝的大規模武裝叛亂，是導致唐朝由盛轉衰的重大歷史事件，影響極為巨大而深遠。

那麼，在唐朝的盛世時期，叛亂又是如何發生的？

一、盛唐邊疆危機

1. 邊防體制的演變

唐帝國的疆域版圖和控制範圍，隨著國勢盛衰，邊疆游牧族類政權勢力起伏消長，以及與鄰國的爭戰攻奪，時有盈縮變化。[187] 自唐高宗季年以降，東突厥貴族叛唐復興（後突厥汗國），陰山以北、賀蘭山以西逐漸失去控制——漠北之地盡失，陰山南北狼煙烽火不斷。到唐玄宗開元二十九年（西元 741 年）時，長安城距離賀蘭山下的靈州（今寧夏吳忠市）、陰山之南的中受降城（今內蒙古包頭市西南）的路程，分別為 1,250 里、1,860 里（唐里），[188] 是輕騎兵 5 至 7 天的路程。

[187] 唐朝的綜合國力以玄宗朝最為強盛，而疆域版圖以高宗（李治）中期最為遼闊。總章二年（西元 669 年），唐境東盡大海（今日本海）、西至雷翥海（今鹹海）、南抵驩州（今越南國榮市）、北越小海（今俄國貝加爾湖）。西京長安與西方、北方邊境的直線距離，分別超過了 5,000 公里和 2,500 公里，實際道路距離則更遠。自太宗和高宗時期擊滅東突厥、薛延陀，開拓經營西域以降，京畿的空間位置，已是深處內地，烽警稀見。

[188] 《元和郡縣圖志》卷 4〈關內道四．靈州、中受降城〉，第 93、115 頁。

在隴右道地區，也與方事擴張的吐蕃王國形成軍事對峙局勢。

在唐朝前期，邊疆地區軍事防禦體制的演變，大體經歷了四種形態：(1) 邊州都督府統領鎮、戍體制，(2)「行軍」大總管征討體制，(3) 邊疆大都護府羈縻體制，(4) 節度使鎮撫體制。[189]

(1) 邊疆都護府體制

邊疆都護府制度，始於唐太宗貞觀十四年（西元 640 年）平高昌，置安西都護府；到武則天執政（武周）時期，共設有九個都護府；至唐玄宗天寶年間，減少為六大都護府。都護府的全面建立並駐軍鎮守，是唐朝邊防體制第一次大調整的代表，其時間長達半個多世紀（西元 640 年至西元 702 年）。

唐前期邊疆都護府設置簡表

都護府	設置時間	治所／今地	統領、轄境、廢止
安東府	唐高宗總章元年（西元 668 年）	平壤城／北韓平壤市	自咸亨（西元 670 年後）以後，治所屢次內遷。肅宗時廢。
單于府	唐高宗永徽元年（西元 650 年）	雲中城／內蒙古和林格爾西北	初名瀚海府，後改雲中、單於府。統領漠南突厥諸部。
安北府	唐高宗總章二年（西元 669 年）	回紇／蒙古國哈爾和林西北	統領漠北突厥諸部。垂拱以後，治所屢遷。德宗時廢。
安西府	唐太宗貞觀十四年（西元 640 年）	西州／新疆吐魯番市東南	後遷龜茲（今庫車縣）。統領「安西四鎮」。德宗時廢。
北庭府	武周長安二年（西元 702 年）	庭州／新疆吉木薩爾縣東北	統領西突厥十姓、突騎施、葛邏祿諸部。德宗時廢。

[189] 按：這四種體制的設置施行，在時間、空間上呈現為疊加、蛻變與「後來居上」狀態。從相對固定的鎮防區域來看，實為三種體制：都督府、都護府、節度使府。其「行軍」為臨時性出征野戰，有事命將出征，事解輒罷，時間、空間不固定，可視為靈活的動態體制。

都護府	設置時間	治所／今地	統領、轄境、廢止
安南府	唐高宗調露元年（西元 679 年）	交州／越南河內市	統州 12，羈縻州 58 ／ 41。北至今雲南、廣西境界，南抵越南河靜、廣平省界。

(2)「行軍道」演變趨勢

唐代的「行軍」為出征野戰。具體的「行軍道」名稱，大體按行軍路線方向、作戰地區來命名，其統帥稱「某某道行軍大總管」，屬臨時性質。「若四方有事，則命將以出，事解輒罷，兵散於府，將歸於朝。」[190]

在唐高宗和武則天執政時期，邊疆地區軍事形勢不斷惡化，戰事曠日持久，臨時性的「行軍」征伐已經難以應付。而唐初以來的邊州都督府、邊疆都護府所統兵力單薄分散，皆不足以抗禦游牧強敵的重兵侵寇。於是，為了減少遠道徵調兵力的遲慢和虛耗；為了使邊防禦敵的具體責任更為明確，在較大的地區內有統一的軍事指揮權，有效地紓解邊警，臨時「行軍」逐漸向常設、固定的「鎮守之軍」轉變。[191] 如高宗儀鳳二年（西元 677 年）八月，吐蕃侵寇，命尚書左僕射同中書門下三品劉仁軌為「洮河道行軍鎮守大使」。[192]

杜佑指出，節度使源於唐初的行軍大總管，「大唐本制，大總管乃前代專征之任，……自後改為節度大使」。[193]《新唐書．兵志》云：「夫所謂方鎮者，節度使之兵也。原其始，起於邊將之屯防者。」

其邊防策略和體制轉變的有形「腳步」之一，就是邊防軍、城、鎮、守捉的陸續設置、修築，最後形成新的軍事區劃形式 ——「節度使」取代

[190] 《新唐書》卷 50〈兵志〉，第 1,328 頁。

[191] 參看唐長孺《魏晉南北朝隋唐史三論》，武漢大學出版社，1993 年，第 414 至 416、428 至 432 頁。

[192] 據《舊唐書》卷 84〈劉仁軌傳〉，《玉海》卷 138「兵制」引《鄴侯家傳》。

[193] 《通典》卷 32〈職官十四〉，第 895 頁。

「行軍大總管」，「節度使道」成為固定常設的邊防軍鎮。

(3) 邊疆節度使的驅動因素

府兵制的弛廢。[194] 在唐前期，府兵的首要任務是宿衛京師，在出征作戰中並不占重要地位。其制度敗壞的根本原因，在於「受田地著」從而顧戀家室的府兵戰鬥力低下。自唐高宗以後，戰事頻繁，邊防駐軍日增，徵發益廣且久戍不歸。於是，兵士逃亡，丁壯避役，軍隊素質與鬥志低下，屢遭喪師之敗，邊防局勢起伏陵替 —— 府兵與徵發（兵募）難以勝任長征久鎮之役。是故必須改弦更張，以振軍聲國威。

邊疆戰事頻仍導致募兵制盛行。自唐高宗、武后時起，就陷入東西兩面作戰，疲於應付。盛唐時期，西南雪域高原的吐蕃、東北邊疆的「兩蕃」（奚、契丹）也處於強盛時期。在戰事頻繁，戰線漫長的形勢下，設置諸道節度使，以專方面之寄，乃形勢使然。唐玄宗即位後，銳意武事，「將欲蕩滅奚、契丹，翦除蠻、吐蕃」。於是，劃置諸道節度使，召募脫離農耕的「健兒長任邊軍」，這是邊疆防禦體制的重大調整。邊疆十道節度使完成於開元二十一年（西元 733 年）；由徵兵制轉向募兵制的象徵，是開元二十五年（西元 737 年）五月的「召募健兒長任邊軍」詔書。[195]

調整邊防軍事指揮系統以適應戰爭需要。軍情似火，兵貴神速。大將受命臨敵指揮，得專兵機，才能不誤軍情。邊疆軍鎮之兵既為常備，節度使之職亦成常設 ——「節帥」專責軍事，統一指揮本鎮兵力。

唐玄宗在邊疆節度使的任用上，有三點重大調整。一是長任不調，如朔方節帥王晙、隴右節帥郭知運、幽州節帥張廷珪皆居鎮 8 年，安祿山任平盧節帥 14 年。二是邊帥兼統，如蓋嘉運、哥舒翰曾兼任河西、隴右兩

[194] 參看唐長孺《魏晉南北朝隋唐史三論》，武漢大學出版社，1993 年，第 413 至 414 頁；黃永年《文史探微．對府兵制所以敗壞的再認識》，中華書局，2000 年。

[195] 《唐六典》卷 5〈兵部〉，第 156 至 157 頁；《冊府元龜》卷 124〈帝王部．修武備〉，鳳凰出版社（點校本），2006 年，第 1,358 頁。

鎮（兵力 14.8 萬人），牛仙客曾兼朔方、河東兩鎮（兵力 11.9 萬人），安祿山曾兼范陽、平盧、河東 3 鎮（兵力 18.39 萬人），王忠嗣曾兼河西、隴右、朔方、河東 4 鎮（兵力 26.7 萬人）。三是重用蕃族將領，如高仙芝（高麗人）、哥舒翰（突騎施人）、安思順（安國人）、安祿山（康國人）等。所謂「唯邊州置重兵，中原乃包其戈甲，示不復用，人至老不聞戰聲」，[196] 正是盛唐時期新的邊防體制克奏功效之寫照。

而安祿山，就是在這種新的邊防體制下發跡的。

2.「雜胡」安祿山崛起 [197]

安祿山與史思明為入唐蕃將，皆出自社會底層，並非「諸蕃」部落酋首。時值東北「兩蕃」（奚、契丹）叛服無常，戰事持續，局勢動蕩，安祿山風雲際會，嶄露頭角，青雲直上，一身兼領三軍鎮（節度使）兵馬，權勢坐大進而野心膨脹，遂起兵反叛爭奪「天下」。其政治野心伴隨軍事等權力逐漸增大而不斷膨脹，有一個「由量變到質變」的發展過程。

中唐宰相（政治家、理財家、史學家）杜佑議論曰：

玄宗御極（西元 712 年至西元 756 年在位），承平歲久，天下乂安，財殷力盛。開元二十年（西元 732 年）以後，邀功之將，務恢封略，以甘上（玄宗）心，將欲蕩滅奚、契丹，翦除蠻、吐蕃，喪師者失萬而言一，勝敵者獲一而言萬，寵錫雲極，驕矜遂增。哥舒翰統西方二師，安祿山統東北三師，踐更之卒，俱授官名；郡縣之積，罄為祿秩。於是驍將銳士、善馬精金，空於京師，萃於二統。邊陲勢強既如此，朝庭勢弱又如彼，奸人乘便，樂禍覬欲，脅之以害，誘之以利。祿山稱兵內侮，未必素蓄凶謀，

[196]　《唐會要》卷 72〈軍雜錄〉，上海古籍出版社，1991 年，第 1,539 頁。

[197]　本節主要據〔唐〕姚汝能《安祿山事蹟》、兩《唐書．安祿山傳》。參看牛致功《安祿山史思明評傳》，三秦出版社，2000 年；馬馳《唐代蕃將》，三秦出版社，2011 年，第 4 至 5 頁；榮新江《安祿山的種族、宗教信仰及其叛亂基礎》//《中古中國與粟特文明》，生活．讀書．新知三聯書店，2015 年。

是故地逼則勢疑，力侔則亂起，事理不得不然也。[198]

杜佑（西元 735 年至西元 812 年）親歷「盛世動亂」，其「二統」之說，多少揭示了事態的真相。[199] 唐玄宗時，邊疆「置十節度、經略使以備邊」。凡鎮兵 49 萬人，戰馬 8 萬餘匹。[200] 以下將「二統」之兵力列為簡表。

盛唐時期邊疆「二統」兵力簡表

<table>
<tr><th colspan="2">二統／軍鎮</th><th>兵員／馬匹</th><th colspan="2">合計／占邊兵比例</th></tr>
<tr><td rowspan="2">哥舒翰
西方二師</td><td>河西軍</td><td>7.3 萬／1.73 萬</td><td rowspan="2">兵 14.8 萬
馬 2.73 萬</td><td rowspan="2">兵 30.2%
馬 34.1%</td></tr>
<tr><td>隴右軍</td><td>7.5 萬／1 萬</td></tr>
<tr><td rowspan="3">安祿山
東北三師</td><td>平盧軍</td><td>3.75 萬／0.55 萬</td><td rowspan="3">兵 18.3 萬
馬 2.68 萬</td><td rowspan="3">兵 37.5%
馬 33.5%</td></tr>
<tr><td>范陽軍</td><td>9.14 萬／0.65 萬</td></tr>
<tr><td>河東軍</td><td>5.5 萬／1.48 萬</td></tr>
</table>

（1）入唐蕃將「雜種胡」

安祿山（西元 703 年至西元 757 年）乳名「軋犖山」，為河北道營州柳城（今遼寧朝陽市）一帶的「雜胡」（混血兒）。[201] 其生父身分不詳，一說為康姓胡人（粟特人）。其生母阿史德氏為突厥族部落女巫，以占卜為生。她生育比較晚，曾向軋犖山神（突厥族類的「光明神」或「戰鬥神」）祈禱求子，竟然靈驗而懷孕（實即「未婚母親」）。傳說她臨盆生產時，「是夜赤光傍照，群獸四鳴，望氣者見妖星芒熾落其穹廬。怪兆奇異不可悉

[198] 《通典》卷 148〈兵典一．兵序〉，第 3,780 頁。

[199] 參看黃永年《〈通典〉論安史之亂的「二統」說證釋》∥《文史探微》，中華書局，2000 年，第 292 頁。

[200] 《資治通鑑》卷 215，第 6,966、6,970 頁。

[201] 在隋唐時期，河北道營州地區有許多來自西域的粟特商人。唐玄宗初年，曾向這一帶遷入民戶，開置屯田，「並招輯商胡，為立店肆，數年間，營州倉廩頗實，居人（民）漸殷。」據《舊唐書》卷 185 下〈宋慶禮傳〉，第 4,814 頁。

數，其母以為神，遂命名軋犖山焉」。

這種「神話」，顯然是後來刻意編造的 —— 為安祿山「造反稱帝」製造輿論。其「創意」應出自他的女巫母親。

軋犖山少孤（私生子），其母后來嫁給胡人安延偃，乃冒姓安氏，改名為「安祿山」。安延偃之兄安波注為「胡將軍」（入唐為將的胡人）。大約在唐玄宗即位（西元 712 年）之初，安延偃的族落破敗，人口流散。當時，其同族人安道買已入唐多年，任平狄軍（今山西朔縣東北）副使。[202] 安延偃帶領安祿山母子、安道買的長子孝節和次子貞節、安波注的兒子思順和文貞等，一起前往投奔。安祿山當時十歲多，與孝節兄弟、思順兄弟成為「患難兄弟」。此後不久，安思順應募從軍去了隴右道邊防前線，並很快在與吐蕃軍作戰中嶄露頭角，後來逐漸升遷至節度使。

再說「牧羊小兒」安祿山長大成人，身高體胖，形貌剽悍。由於從小生活在邊疆多民族（漢、奚、契丹、突厥與粟特人等）雜居地區，安祿山竟能通曉六蕃（一說九蕃）語言。在開元二十年（西元 732 年）前後，30 歲的安祿山輾轉來到幽州（今北京市西南），以通曉多種民族語言，當上了諸蕃「互市牙郎」（經紀人兼翻譯）。因從小就經歷輾轉流動生活，安祿山養成了善於察言觀色、精於算計的能力，聰明狡黠，手段殘忍、恃勇鬥狠的痞子習氣，偷雞摸狗的無賴行徑和貪婪奸詐的市儈品性。

安祿山擔任「互市牙郎」，經常藉機偷羊，最終被官府抓捕歸案，判處死刑 —— 新任范陽節度使張守珪欲將其「棒殺之」。安祿山臨刑大呼曰：「大夫不欲滅奚、契丹兩蕃耶？而殺壯士！」張守珪奇其言貌，乃釋其

[202]　(1) 據《資治通鑑》卷 206：武則天神功元年（西元 697 年）二月，後突厥默啜可汗寇擾勝州（今內蒙古準格爾旗東北十二連城），被唐朝平狄軍（今山西朔州市東北馬邑鎮）副使安道買擊破之。(2) 據《新唐書》卷〈地理志三〉：代州雁門郡（今山西朔州市），其北有大同軍，本大武軍，高宗調露二年（西元 680 年）曰神武軍，武周天授二年（西元 691 年）曰平狄軍，大足元年（西元 701 年）複更名大同軍。

罪，留在軍前驅使，遂與史思明同為「捉生將」。

史思明原名史窣干，與安祿山「同鄉」、同歲，也通曉諸蕃語言，充當「互市牙郎」。入唐為將後，曾入朝奏事，唐玄宗賜其名「思明」。

(2) 一身兼領三軍鎮

安祿山為「捉生將」，因熟悉當地山川井泉、大道小徑，曾多次帶領三五名騎兵生擒契丹數十人。令節度使張守珪一再感到驚奇，刮目相待，先提升其為偏將，並收為「養子」；又以軍功加員外左騎衛將軍，充衙前討擊使。據《安祿山事跡》卷上：「［開元］二十四年（西元 736 年），祿山為平盧將軍，討奚、契丹失利（恃勇輕進招致失敗），守珪奏請斬之。［張］九齡批曰：『穰苴出軍，必誅莊賈；孫武令行，亦斬宮嬪。守珪軍令若行，祿山不宜免死。』玄宗惜其勇銳，但令免官，白衣展效（戴罪立功）。九齡又執奏，請誅之。玄宗曰：『卿豈以王夷甫識石勒，便臆斷祿山難制耶？』竟不誅之。」

張守珪愛惜安祿山驍勇，不欲置之死地，乃上奏朝廷處置。而玄宗重用「蕃將」守禦邊疆，遂下詔予以特赦，令其戴罪立功。

開元二十八年（西元 740 年），安祿山升任平盧軍兵馬使。二十九年（西元 741 年）七月，授幽州節度副使營州刺史（從三品），充平盧軍（駐今遼寧朝陽市）節度副使、知右廂兵馬使、支度、營田、水利、陸運副使，押兩蕃（奚、契丹）、渤海、黑水四府經略使、順化州刺史。

天寶元載（西元 742 年）正月，分平盧別為節度，以安祿山為左羽林大將軍（正三品），員外接同正員兼柳城郡（營州）太守，持節充平盧軍兼御史大夫，管內採訪處置等使。二載（西元 743 年），安祿山入朝，奏對稱旨，進階驃騎大將軍（武散官從一品）。三載（西元 744 年），授安祿山范陽長史、充范陽節度、河北採訪使，兼平盧節度使，其餘職務如故。至此，安祿山成為河北道最高軍政長官（掌握軍事、行政監察等權力）。

七載（西元 748 年）六月，賜范陽節度使安祿山實封（實有封戶）300 戶及鐵券（頒賜功臣，世代據此享受某些特權），封柳城郡開國公。九載（西元 750 年）五月，安祿山進封東平郡王（從一品）。節度使封王，自此始也。[203]

十載（西元 751 年）二月，加安祿山雲中郡（雲州，今山西大同市）太守兼充河東節度、採訪使（駐今山西太原市），餘職如故。至此，安祿山一身兼領三鎮節度使，成為唐朝軍事權力最大的「蕃將節度使」。

3. 唐玄宗養虎貽患

安祿山可謂「政治暴發戶」。其人寡廉鮮恥，唯利是圖。對上司巴結逢迎，賄賂買好求讚譽；對下級恩威並施，結其忠心為己用。在皇帝面前，卻是「外若痴直，內實狡黠」。揣摩聖意，投其所好。

安祿山先後五次入朝長安。天寶二年（西元 743 年）正月，初次入朝，唐玄宗「寵待甚厚，謁見無時」。安祿山面對玄宗，應對機敏，雜以詼諧。其身體肥胖，腹垂過膝，自稱重三百斤。玄宗指其大肚子開玩笑：「此胡腹中何所有，竟然這麼大？」安祿山應聲回答：「只有對陛下的赤膽忠心爾。」

安祿山善於「裝傻賣乖」。他初次見到皇太子（即後來的肅宗），竟然（故意）不行拜禮。左右催促曰：「為何不拜？」祿山拱立曰：「臣蕃人，不識朝禮，不知太子是何官？」玄宗介紹曰：「他就是皇位繼承人，朕百歲之後，就傳位於太子。」安祿山遂佯裝恍然大悟：「賤臣生性愚鈍，以前只知道有陛下一人，不知道還有太子，臣罪該萬死。」這才恭敬地向太子行拜見禮。而玄宗竟認為安祿山單純真誠，對其更加喜歡。

[203] 《舊唐書》卷 9〈玄宗本紀下〉，第 224 頁。

唐玄宗信重「蕃將」(長於騎射，勇於戰鬥)，託付以邊防大計。天寶六載(西元747年)，安祿山借內宴承歡之機，賣乖獻媚曰:「臣蕃戎賤臣，受人主寵榮過甚，臣無異材為陛下用，願以此身為陛下死。」

安祿山派其將領劉駱谷常住京師，探聽朝廷消息，蒐集軍國情報，隨時向范陽報告；凡例行箋表，也由其代作上奏。又每年向朝廷獻俘虜、雜畜、珍玩、奇禽異獸等，不絕於路，沿途所過郡縣疲於支應遞運。

唐玄宗籠絡駕馭安祿山，一是加官晉爵，委以重任。二是頻繁賞賜，收買其心。如賜其豪華宅第、[204]全套家具、金銀廚具、錦繡被褥和帷帳、精美的錦緞服裝、雜彩綾羅等生活什物，其製作工藝精湛考究，甚至超過了宮中服御之物;還有歌舞樂伎、奴婢、名馬、珍寶等;其入朝進京期間，賞賜御廚佳餚美食，更是絡繹不絕。

唐玄宗稱讚安祿山為朝廷「萬里長城，鎮清邊裔」。其「一人得寵，全家霑恩」，母親、妻子康氏與段氏並封為國夫人；十一個兒子皆玄宗賜名。長子慶宗任衛尉寺少卿(從四品上)，尚皇室郡主，又改太僕寺卿(從三品)；次子慶緒為鴻臚寺少卿(從四品上)兼范陽郡太守。

唐玄宗天賦聰明，多才多藝，從小酷愛音樂歌舞，有「音樂皇帝」之譽。天寶年間(西元742年至西元756年)，楊貴妃以能歌善舞「寵冠六宮」，禮遇比於皇后。安祿山入朝進京，對楊貴妃畢恭畢敬，並挖空心思巴結討好。如進獻珠寶珍玩、精美樂器(如白玉簫管)等。

安祿山在興慶宮進見時，玄宗與貴妃並坐，他先拜貴妃，再拜玄宗。玄宗怪而問其故，安祿山答曰:「臣是蕃人，蕃人先母而後父。」[205]玄宗

---

[204] 在京城的道政坊(位於興慶宮之南)、親仁坊(位於東市西南隅)、驪山華清宮側近，皆有賞賜安祿山的上等宅第，由宮廷宦官監督修造，其台觀池沼，壯觀華麗，不限財力。玄宗特別告誡曰:「好好部置，安祿山眼睛大，別讓他笑話朕小氣。」據〔唐〕姚汝能《安祿山事蹟》卷上，中華書局(曾貽芬點校)，2006年;《新唐書》卷225上〈安祿山傳〉，第6,413頁。

[205] 《舊唐書》卷200上〈安祿山傳〉，第5,368頁。

聞言大悅，遂令楊貴妃的哥哥楊銛和三個姐姐，與安祿山「並約為兄弟姊妹」。這是玄宗駕馭安祿山的感情籠絡之策。

天寶九載（西元 750 年）秋天，安祿山入朝後，誠懇奏請：願為楊貴妃的「養兒」。安祿山（西元 703 年至西元 757 年）比楊貴妃（西元 719 年至西元 756 年）大 16 歲，卻要認其為「乾娘」—— 這也是「胡俗」。玄宗欣然恩許，君臣關係再加上「父子」感情，可謂親如一家。次年（西元 751 年）正月一日，適逢安祿山的生日。先一天，玄宗和貴妃分別賞賜其精美的日用器物、錦繡服裝等；當日，又賞賜各種海陸產品（山珍海味）、香藥等，皆用金銀器皿盛放，一併賜予。

〔安〕祿山諂約楊〔貴〕妃，誓為母子……上（玄宗）時聞後宮三千合處喧笑，密偵則祿山果在其內。貴戚猱雜，未之前聞；凡曰釵鬟，皆啖厚利；或通宵禁掖，睱狎嬪嬙。……[206]

初，祿山嘗於上（玄宗）前應對，雜以諧謔。〔楊貴〕妃常在座，祿山心動。及聞馬嵬〔楊貴妃〕之死，數日嘆惋。[207]

平心而論，安祿山對美麗而尊貴的楊貴妃，萌生貪色慾念，乃正常男人心態（本性）。他本好色之徒，有兩個妻妾，又與其親信將領孫孝哲之母（有美色）長期私通。[208] 對於安、楊之「緋聞」，古代史家和文士頗有譏諷之言。然運用「情理邏輯」考辨，皆屬似是而非。安祿山認楊貴妃為「乾娘」，乃「項莊舞劍，意在沛公。」目的在於邀取更多的權勢和利益。[209]

---

[206]　《資治通鑑》卷 216，《考異》引溫畬《天寶亂離西幸記》，第 7,022 頁。

[207]　〔宋〕樂史《楊太真外傳》卷下 // 丁如明輯校《開元天寶遺事十種》，上海古籍出版社，1985 年，第 143 頁。

[208]　〔唐〕姚汝能《安祿山事蹟》卷中，中華書局（曾貽芬點校），2006 年，第 95 頁。

[209]　牛致功指出：若把所謂的「醜聲」理解為緋聞，是不可能真實的。安祿山的主要目的是瞭解、掌握玄宗的動態，以利於發展其個人野心，絕不會為了一時情欲而斷送前途。見其著《安祿山史思明評傳》，三秦出版社，2000 年，第 48 至 49 頁。

唐玄宗對待安祿山，高官厚祿，重任寄託，可謂「仁至義盡」。但是安祿山最終卻起兵叛國，「恩將仇報」！唐玄宗「養虎害己」，追悔莫及！

安祿山骨子裡乃「胡夷之心」，甚少「漢化」。陳寅恪先生指出：北朝時代漢胡之別，文化重於血統，「此點為治吾國中古史最要關鍵，若不明乎此，必致無謂之糾紛」。[210] 隋唐時代亦如此。安祿山基本上「不識漢文字」，對儒家文化之綱常理念與忠君思想，無任何修養，與「漢化」鮮明的李光弼、哥舒翰等「蕃將」不可同日而語。

安祿山雖屬「文盲」，但天性極為聰明，從小生活在社會底層，向往富貴尊榮，渴望出人頭地，故而貪婪心狠，求取利益不擇手段。

安祿山幼年時，母親帶著他嫁給安延偃（粟特人），他的「教育養成」——語言和文化更多的是接受了「粟特文化」薰陶。長大之後，「解九蕃語，為諸蕃互市牙郎」。這是粟特商人普遍具有的才能。

安祿山身染濃重的「市儈」習性，貪婪無厭；及至高官厚祿，仍熱衷經商，積聚財富，堪稱「大官商」。他向唐玄宗表忠邀功的手段之一，就是頻繁地進獻：山石功德、幡花香爐、金銀器物、珠玉、錦、罽（毛織物）、馬匹與鞍轡、駱駝、奚車、鹿骨、奇禽異獸等等，不可勝計。

安祿山多次入朝進京，對中原地區的農桑富庶，對東都洛陽、西京長安的「首都景觀」—— 皇宮壯麗、市場繁華等，羨慕不已。

安祿山的母親阿史德氏—— 突厥女巫，嫁給安延偃（粟特人）之後，兼有祆教祭司身分。她求子時祈禱的「軋犖山神」，實際為粟特祆教的「光明神」。[211] 安祿山的精神信仰與人生理想等，從小就受到母親的直接影響，根深蒂固。這位具有突厥女巫（薩滿）和祆教（拜火教）祭司雙重「神

[210] 陳寅恪《唐代政治史述論稿》，上海古籍出版社，1997 年，第 17 至 18 頁。

[211] 參看榮新江《安祿山的種族、宗教信仰及其叛亂基礎》//《中古中國與粟特文明》，生活 · 讀書 · 新知三聯書店，2015 年，第 288 至 290 頁。

通」的母親，對其「混血兒子」的教養和期望非同凡響 —— 前揭安祿山的出生神話，無疑是其母親的精心「創意」。安祿山對此深信不疑。

據《安祿山事蹟》卷中、《新唐書》卷 225 上〈安祿山傳〉：

〔安祿山諸將領〕潛與諸道商胡興販，每歲輸異方珍貨計百萬數。每商〔胡〕至，則祿山胡服坐重床，燒香列珍寶，令百胡侍左右，群胡羅拜於下，邀福於天（天神）。祿山盛陳牲牢（祭品），諸巫擊鼓、歌舞，至暮而散。……至大會，祿山踞重床，燎香，陳（列）怪珍，胡人數百侍左右，引見諸〔商〕賈，陳犧牲（祭品），女巫鼓舞於前以自神。

此種場景，如同臣下朝見君主：安祿山著「胡服」、踞「重床」（胡床），接受「群胡羅拜」；宛若宗教儀式：「邀福於天」（胡天，即祆神）。可謂其「不臣之志」的預演，「胡夷之心」（信仰世界）的外化（自命為神）。而「女巫鼓舞」（娛神娛人），則是薩滿教與祆教祭祀儀式的共同節目。粟特人的「祆教」，是安祿山在繼父安延偃部落中接受的精神信仰，也是他後來陰有逆謀時，用來宣傳和凝聚人心的思想工具。

安祿山萌生不臣之志，大約在天寶十載（西元 751 年）身兼三鎮（范陽、平盧、河東）節度使，手握重兵之後。其漢人謀臣高尚、嚴莊等，心懷叵測，遂以「解說圖讖（符命占驗之書）」相引誘，促使其鋌而走險。[212]

眾所周知，思想走在行動之前。安祿山萌生不臣之志並最終走上叛國之路，其思想理念就是「胡夷之心」與「圖讖」的混合發酵。

安祿山乃「亂臣賊子」，也是叱吒風雲的「一代梟雄」。

[212] 據《舊唐書》卷 200 上〈高尚傳〉：高尚，幽州雍奴（今天津市武清縣西北）人，本名不危。乃失意文人，後投於安祿山「幕府」效力。安祿山肥胖嗜睡，高尚執筆在旁或通宵侍奉，由是浸親厚之。遂與嚴莊為其解說「圖讖」，誘勸其造反。安祿山在洛陽稱帝，嚴莊、高尚「皆佐命元勳」。

4. 將相之爭亂朝政 [213]

天寶年間的另一個「政治暴發戶」楊國忠（原名楊釗，「國忠」為玄宗賜名），是楊貴妃「同曾祖的堂兄」—— 因裙帶關係而發跡。

天寶十一載（西元 752 年）十一月，尚書左僕射兼右相（中書令）李林甫病故，御史大夫兼蜀郡長史楊國忠升任右相兼文（吏）部尚書。[214] 而楊國忠的權位超過了李林甫，除了行政、人事與財政權，還握有一部分兵權。

楊國忠升任右相之後，躊躇滿志，以天下為己任，裁決政務機要，果敢不疑。其性情輕躁強辯，在朝堂上動輒挽袖扼腕，缺乏威儀；對公卿百官，頤指氣使，專橫跋扈。左相陳希烈乃李林甫所引薦，雖然凡事唯唯諾諾，楊國忠還是將其排擠下臺，推薦為人和雅而易於控制的吏部侍郎韋見素繼任。楊國忠大權在握，繼續並加劇了李林甫當朝時的弊政 —— 專權獨斷、瞞上欺下、杜絕言路、排斥異己，在政治上更為貪橫和腐朽。僅三年時間，就爆發了安史之亂。

自唐初以來，就形成了一個政治傳統 —— 功績卓著的邊疆大將常入朝為相。開元年間的宰相張說、杜暹、蕭嵩、牛仙客等人，就是如此。但是到天寶時期，宰相李林甫專權已久（在相位長達 19 年），遂竭力阻斷邊疆節度使入朝為相之路。其陰謀手段，一是設計陷害，構成冤獄。例如曾傾軋陷害功高名盛的河西、隴右節度使王忠嗣；[215] 二是重用寒族（在朝廷上無黨援）和蕃將（勇敢善戰而教育程度普遍低下）。

然而，這其中也有客觀的軍事形勢因素，並非都是李林甫的個人私

[213] 本節主要據兩《唐書．楊國忠傳》，《資治通鑑．唐紀．玄宗紀》。

[214] 《舊唐書》卷 9〈玄宗本紀下〉，第 226 頁。

[215] 據《舊唐書》卷 103〈王忠嗣傳〉，《新唐書》卷 133〈王忠嗣傳〉。按：杜佑《通典．兵典一》所論盛唐邊疆軍事集團「二統」之一的哥舒翰，就曾是王忠嗣部下將領。

心。因為，邊疆節度使權力和責任重大，需要長駐久任方能熟悉邊情，指揮若定；而高門貴族出身者在京城有更好的出路和升遷機會，大多不願到艱苦的邊疆去任職。於是，寒族和蕃將遂得到重用。

所以，楊國忠接替李林甫之後，就與炙手可熱的安祿山「狹路相逢」了。但不同的是，李林甫長於權術，心思縝密，口蜜腹劍，「很會玩政治」，對安祿山恩威並施。在李林甫生前，安祿山一直心懷畏怯，格外謹慎，不敢有所傲慢。而楊國忠屬於狐假虎威的「狗腿子」，對安祿山拉攏不成，就直接「大打出手」，兩人關係很快惡化，互不相讓。

楊國忠的政治發跡時間比安祿山要晚，為了套近乎，曾攙扶肥胖的安祿山上下宮中的臺階。但是安祿山卻自恃功高，根本瞧不起楊國忠。所以，楊國忠心裡很清楚安祿山恃恩跋扈，不甘居人之下。他升任右相之後，便屢次向玄宗奏言：「安祿山有反叛之心」。

但是，玄宗並不相信，懷疑這是楊國忠出於妒忌而找碴生事。

天寶十二載（西元 753 年）秋，楊國忠奏請以隴右節度使哥舒翰兼充河西節度使。[216] 前文已述，安祿山與哥舒翰的關係不好 —— 代表著兩大邊防軍事集團之間的矛盾。故楊國忠企圖拉攏哥舒翰聯手，共同排擠安祿山。

楊國忠為了證明其預言、坐實安祿山的反狀，以取信於玄宗，便信心滿滿地上奏曰：「陛下何不試召祿山入朝？其必不肯來。」玄宗立即派遣使臣前往范陽，宣召安祿山入朝。但安祿山卻是「聞命即至」，讓楊國忠「打了自己的臉」。原來，安祿山早就在京城布置了耳目，公開的有「幽州進奏院」（在皇城東側崇仁坊），暗地裡有其門客（食客、依附者）蒐集各種情報。朝廷但凡有風吹草動，就立即向范陽方面報告。所以，安祿山遂將

---

[216] 《資治通鑑》卷 216，第 7,038 頁。

計就計地對付楊國忠。

天寶十三載（西元 754 年）正月，安祿山入朝，對玄宗哭訴：「臣本胡人（雜胡），陛下不次擢用，累居節制，恩出常人。楊國忠嫉妒，欲謀害臣，臣死無日矣。」玄宗為了繼續籠絡安祿山，欲授其宰相之職，並下令擬寫詔書。而楊國忠以安祿山「不識文字，恐四夷笑話中國」為由諫阻，玄宗乃作罷。可見「不識文字」確實是安祿山的軟肋，被楊國忠拿捏住了。

安祿山離京返回時，宦官首領高力士奉命送行，至城東長樂坡為其餞行；回來報告玄宗曰：祿山「恨不得宰相，頗怏怏」。

楊國忠攪破了安祿山的「宰相夢」，接著開始翦除其在京黨羽。(1) 貶逐其黨羽吉溫。[217] (2) 翦除其京城耳目，[218] 而安祿山之子安慶宗在京師供職，遂密報范陽。安祿山立即命其謀士嚴莊上表申辯並「反擊」——列舉楊國忠二十餘件惡事（罪狀）。玄宗擔心安祿山因此生變，遂歸罪於京兆尹李峴，將其貶官外任。以此安慰安祿山。

天寶年間，唐玄宗寵愛楊貴妃，沉湎於歌舞宴遊，是感情生活上的放縱；信重李林甫與楊國忠，是政治生活上的腐朽敗德，二者殊途同歸。而籠絡重用安祿山，則是政治嗅覺和警惕性的麻痺失靈。

客觀而言，對於「邊將權重」與「內地兵弱」的軍事部署格局，唐玄宗並非毫無察覺。但因循之弊，由來已久，積重難返。玄宗雖欲「應須方便，然可改張」，但卻未見其發表具體措施。

---

[217] 安祿山遙領內外閑廄使，以兵部侍郎吉溫知留後（主持工作），兼御史中丞、京畿採訪使，伺察朝廷上下動靜。當年十月，楊國忠藉故將吉溫貶官外任。安祿山立即上表申辯，並指責楊國忠讒害嫉妒。玄宗則息事寧人，兩不追究。十四載（西元 755 年）正月，吉溫以坐贓七千匹絹布、強娶士人之女為妾等罪過，在獄中被杖殺。吉溫乃鑽營投機之徒，先巴結高力士，後依附李林甫，又結交楊國忠；楊國忠與安祿山交惡，又投靠安祿山。故楊國忠銜恨，先拿其開刀。

[218] 楊國忠指使其門客蹇昂、何盈等人，暗中調查安祿山的「陰事」，搜集反叛證據；又命令京兆尹李峴包圍安祿山的京城住宅，抓捕了李超、安岱、李方來等人，關押到御史台的監獄中，指使侍御史鄭昂之秘密進行拷問，然後全部縊殺。

天寶十四載（西元 755 年）五月，楊國忠提出一個釜底抽薪之計：「臣畫得一計，可鎮其難，伏望以祿山帶左僕射平章事，追赴朝廷，以賈循為范陽節度使，呂知晦為平盧節度使，楊光翽為河東節度使。」

楊國忠用心險惡——若安祿山入朝為相，離開其老巢范陽、被解除了兵權，便再無力與楊國忠繼續叫板了。

玄宗準其奏請。但是在下達制書之前，卻先派遣中使輔璆琳趕赴范陽，以送大柑子的名義，「私候（觀察）其狀」。安祿山又是以優厚賄賂將輔璆琳「擺平」，其返回京城後彙報曰：「祿山竭忠奉國，無有二心。」玄宗遂對楊國忠曰：「朕對祿山推心待之，其必無異志。東北二虜（奚、契丹），藉其鎮遏。朕自保之，卿等勿憂也。」

楊國忠的算計落空了，遂動手翦除安祿山在京耳目（已見上述）。這種將相權臣之間的爭鬥，如同「摩擦生火」，遲早會釀成大禍。

六月，唐玄宗派遣專使、奉其手詔奔赴范陽，宣召安祿山入京「觀禮」——以宗室女榮義郡主賜婚安祿山長子、太僕卿安慶宗。

但是這一次，安祿山卻稱言有病，不奉詔命。直到七月，安祿山奏請：向朝廷進獻馬 3,000 匹，每匹牽馬伕 2 人（共 6,000 人），鞍轡 100 副，載物長行車 300 乘，每乘車伕 3 人（共 900 人），專派蕃將 22 人負責部（押）送進京——若安祿山的進獻奏請得到允準，(1) 從范陽（今北京市）途經洛陽到長安的路程為 2,523 里（唐里）[219]，按照日行 30 ／ 50 里計算[220]，就需要大約 84 ／ 50 天時間（不計惡劣天氣影響）。(2) 3,000 匹馬、300 輛大車與近 7,000 人的隊伍，整個行程按大約 70 天（取平均數）計算，需要消耗多少糧草？沿途所過州縣支應遞送，必定甚為疲耗。

---

[219]《通典》卷 178〈州郡八．范陽郡〉，第 4,709 頁。

[220] (1) 古代野外行軍，平常速度日行三十里、住一宿為「一舍」。(2) 據《唐六典》卷 3〈戶部．度支司〉：「凡陸行之程：馬日七十里，步及驢五十里，車三十里。」

再分析安祿山的進獻意圖：(1) 屬於純粹的邀功性質。早在天寶九載（西元 750 年）秋天，安祿山就曾有過「獻奚俘八千人」的壯舉。但是進獻一匹馬並不需要「牽馬伕二人」。[221] (2) 隱藏著「軍事陰謀」（欲襲京師）。3,000 匹馬加上 6,000 名「牽馬伕」，就是一支騎兵勁旅，可隨時發動突然襲擊。河南府（今洛陽市）尹達奚珣懷疑其中有詐，上奏曰：

> 祿山所進鞍馬不少，又自將兵來，復與甲杖庫同行，臣所未會，伏望特敕，祿山所進馬，官給人夫，不煩本軍遠勞。將健（將領、健兒）所進車馬，令待至冬即先後遙遠，〔祿山之〕計隳（毀壞）矣。

至此，玄宗才有所警悟，開始懷疑安祿山。正巧，輔璆琳收受安祿山賄賂之事敗露，玄宗借別的事由將其打死（以免驚動安祿山）。接著，派遣中使馮承威赴范陽，宣召安祿山：「與卿修得一湯（溫泉湯池，在臨潼驪山），故令召卿至，十月朕御於華清宮（皇駕行幸，洗浴避寒）。」

安祿山面對欽差，傲慢無禮，坐床不起，只是隨口問了一聲：「聖人（玄宗）安好？」馮承威宣詔畢，安祿山答曰：「不進獻馬匹也可以。但是進京也得等到十月才行。」立刻命令左右送馮承威到客館安頓，不再相見。過了幾天，才放馮承威返回，也無答覆奏表。馮承威返京，對玄宗哭奏曰：「臣差一點就不能活著回來見陛下了！」但是，唐玄宗對安祿山仍然心存僥倖，不願相信其真有異志；竟然要將敢言者「縛送祿山」（將送之，遇祿山起兵，乃放之[222]）。於是，「道路以目，無敢言者」。

安祿山起兵反叛這一年（西元 755 年），唐玄宗已年過古稀，其政治進取的精神，已經被他自己構築的「溫柔鄉」（專寵楊貴妃）和「神仙夢」（企

[221] 有間接史料可供參考。(1) 據《唐六典．太僕寺．諸牧監》：「凡每歲進馬粗良有差。使司每歲簡細馬（駿馬）五十匹、敦馬（騸馬）一百匹進之。……其四歲以下粗馬（遠行大馬），每年簡充諸衛官馬。」(2) 據《新唐書》卷 48〈百官三．太僕寺〉：「送細馬，則有牽夫、識馬小兒、獸醫等。」按：「進馬」為諸監牧使司每年的例行事項。其「牽夫」為臨時雇傭的勞動者。

[222] 〔唐〕姚汝能《安祿山事蹟》卷中，中華書局（曾貽芬點校），2006 年，第 91 頁。

慕長生）腐化、銷蝕得所剩無幾了。面對積重難返之軍事危局，並無切實的良謀長策，只是心存僥倖，一切「都往好處想」。

二、漁陽鼙鼓驚〈霓裳〉

天寶十四載（西元 755 年）十月，唐玄宗與楊貴妃照例駕幸驪山華清宮，洗浴溫泉，歌舞宴樂。而此時的范陽，安祿山正在加緊準備「起事」。

1. 安祿山起兵反叛

自八月起，安祿山就多次慰問士卒，命令磨礪兵器，有異平常。十月，安祿山與其軍師嚴莊、高尚，次子安慶緒，心腹將領孫孝哲、阿史那承慶等密謀商議具體行動方案，其餘僚屬、將佐皆不知情。

十一月初，適逢有奏事官員從京城返回，安祿山藉此機會，偽造皇帝詔書，召集將領出示、煽動曰：「奉事官胡逸自京回，奉密旨，遣祿山將隨手兵入朝來，以平禍亂，諸公勿怪。」[223] 事發突然，眾將不明真相，相顧愕然，無人敢言。當晚，安祿山命令先頭部隊祕密南下，夜行曉宿。

安祿山的後方部署是：以范陽節度副使賈循、平盧節度副使呂知晦為留後，各坐守本鎮；以別將高秀岩守大同軍（今山西朔州市東北），防備太原、朔方兩個方向的唐軍。安祿山雖然兼充河東節度使，但是時間不長，實際兵權掌握在副留守楊光翽手中。是故安祿山在起事之前，先派出一支奇兵，由部將何千年、高邈率領奚族精騎兵 20 人，以進獻「射生手」（騎射武士）為名，馳往太原，欲突襲劫持楊光翽。

十一月九日，安祿山公開起兵反叛，以同羅、契丹、室韋曳落河，

[223]〔唐〕姚汝能《安祿山事蹟》卷中，中華書局（曾貽芬點校），2006 年。

兼范陽、平盧、河東、幽、薊之眾，號為父子軍，馬步兵共計十餘萬，於范陽城南舉行誓師大會，向將士宣稱：「奉皇帝密詔，入朝討伐奸相楊國忠！」並張榜於軍中：「膽敢有異議擾亂軍心者，滅其三族！」誓師之後，安祿山乘坐鐵甲兵車，率領精銳的騎兵部隊，向南出發。叛軍號稱 20 萬，戰鼓號令，震天動地，車馬奔馳，煙塵沖天……

十一月十日，太原副留守楊光翽被叛將何千年劫持而去，當地官員火速向朝廷「具言其狀」。陰山方面東受降城駐軍「亦奏安祿山反」。[224]

漁陽鼙鼓動地來，驚破〈霓裳羽衣曲〉。當緊急警報傳到驪山華清宮時，唐玄宗不相信真有其事，認為是忌恨安祿山的人故意捏造。十五日，河北方面的警報傳至華清宮：安祿山反叛確切無疑！唐玄宗仍是將信將疑。文武大臣聞警失色，相顧無言；唯有右相楊國忠洋洋自得，大言誇口道：「真正反叛的只有安祿山一個人。不過十天，其部下就會割取安祿山的人頭送到這裡來。」唐玄宗竟信以為然，僅派遣特進（正二品）畢思琛前往洛陽，金吾將軍（從三品）程千里前往河東，就地招募幾萬人進行訓練，準備抵抗叛軍。

十六日，安西（今新疆庫車縣東）節度使封常清入朝奏事，聞知范陽兵變，慷慨請纓。玄宗大喜，立即任命其為范陽、平盧節度使，奔赴洛陽，募兵設防。封常清席不暇暖，即「飛驛」奔赴洛陽。

二十一日，玄宗返回京城，立即下令：斬安祿山長子、太僕卿安慶宗，其賜婚妻子榮義郡主、安祿山妻子康氏皆賜死。[225] 繼續調兵遣將，重新部署防禦對策：(1) 調朔方節度使安思順（安祿山堂兄）入朝任戶部尚書（解除其兵權），擢升朔方右廂兵馬使郭子儀為節度使，立即率領本鎮

---

[224] 據《安祿山事蹟》卷中：「賊將高邈偽進射生手二十人，[楊] 光翽輕騎出迎，遂為所執，送詣祿山。太原奏光翽被擒，並東受降城奏祿山反。」

[225] 《新唐書》卷 225 上〈逆臣傳上・安祿山〉，第 6,417 頁。

兵馬東進討賊；(2) 任命右羽林大將軍王承業為太原府尹，東阻太行山井陘關諸道，北扼恆山雁門諸關；(3) 以衛尉卿張介然為陳留郡（今河南開封市）太守、河南節度採訪使，統一指揮陳留等 13 郡兵馬；(4) 改任程千里為潞州（今山西長治市）都督府長史，防守太行山南部要道；(5) 在各郡（州）策略要地設置防禦使，負責本地軍政事宜，阻擋叛軍進攻；(6) 以皇六子榮王（李琬）為元帥，左金吾大將軍高仙芝為副元帥，統帥京城諸軍東征。詔令出內府錢帛，在京畿招募新軍，十多天便組織起 11 萬人，號稱「天武軍」。[226] 但是應募者大多為市井子弟和無業貧民，素無拳勇，未經訓練，軍事素質和戰鬥力極為低下。

十二月初，詔命副元帥高仙芝統率飛騎、彍騎（皆京城宿衛禁軍）、新募之兵與邊兵在京師者共 5 萬人，從長安出發，東行約 500 里，到達陝郡（今河南三門峽市西）駐屯防禦。宦官監門將軍邊令誠，奉命隨行，為行營監軍（代表皇帝監督將帥）。

當月七日，玄宗頒發詔令：河西（今甘肅武威市）、隴右（今青海樂都縣）等諸軍鎮節度使，除留下一部分兵力駐守軍城堡寨外，其餘兵馬由節度使親自率領，限 20 天內趕到京城集結，準備東下平叛。

2. 叛軍攻陷洛陽城

十一月十九日，安祿山到達博陵郡（今河北定州市）城南。何千年等人已成功劫持了河東節度留後楊光翽，也疾馳到此會合。安祿山責罵楊光翽依附楊國忠，下令斬首示眾。十二月二日，叛軍前鋒進至黃河岸邊，隔水而望靈昌郡（今河南滑縣西南）。時值天氣嚴寒，叛軍用繩索捆紮破船和草木，搭設浮橋，一夜之間，凍冰阻塞，堅固自成，輕而易舉地渡過黃河，襲取靈昌郡，直指陳留郡。河南節度使張介然到任才幾天，叛軍已兵

[226] 《舊唐書》卷 9〈玄宗本紀下〉，第 230 頁；《資治通鑑》卷 217，第 7,055 至 7,056 頁。

臨城下。初六日，叛軍開始攻城。而唐軍「授兵（武器）登城，眾恟懼（驚駭，恐懼），不能守」，一觸即潰，太守郭納舉城投降。「祿山入北郭，聞安慶宗死（被玄宗賜死），慟哭曰：『我何罪，而殺我子！』時陳留［郡］將士降者夾道近萬人，祿山皆殺之以快其忿；斬張介然於軍門。」[227]

十二月八日，叛軍前鋒進至洛陽東面門戶滎陽（今河南滎陽市），唐軍「士卒乘城者，聞鼓角聲，自墜如雨」。城防被輕易攻陷，太守崔無詖被殺。叛軍接連取勝，聲勢高漲，直撲虎牢關（今滎陽市西汜水鎮）。

再說封常清日夜兼程趕到洛陽，立即招募軍隊，組織防禦，並下令拆斷洛陽北面的河陽橋，[228] 利用黃河天險來阻滯叛軍分道進攻。

封常清開啟府庫，招募軍隊，於旬日之間便得兵眾 6 萬人，然「皆白徒（市井百姓），未更訓練」，就開赴戰場 —— 封常清指揮新募之兵列方陣於虎牢，頃刻間就被叛軍鐵騎兵沖垮，遂一路退至洛陽城東的葵園，仍然阻擋不住叛軍的淩厲攻勢，再退於洛陽上東門（外郭城東面北門）內。十三日，叛軍打破洛陽城防，縱兵殺掠。封常清拚死血戰，先敗於都亭驛，再敗於東城（皇宮之東）宣仁門，最後潰不成軍，遂拆毀西苑牆，西奔逃命。東都洛陽陷落。

河南府尹（從三品）達奚珣臨難變節，投降叛軍。而留守李憕、東臺御史中丞（正五品上）盧奕（開元初宰相盧懷慎之子）、採訪使判官蔣清，皆臨危不懼，大義凜然，以身殉國，名垂青史！[229]

封常清帶領殘兵，向西狂奔 300 餘里到達陝郡。當時，「陝郡太守竇廷芝已奔河東，吏民皆散。常清謂高仙芝曰：『常清連日血戰，賊鋒不可擋。且潼關無兵，若賊豕突入關，則長安危矣。陝［郡］不可守，不如引

[227]《資治通鑑》卷 217，第 7,056 頁。

[228] 河陽橋，故址在今河南孟縣西南、孟津東北黃河上，是洛陽北面交通與戍守要衝。

[229]《資治通鑑》卷 217，第 7,057 至 7,058 頁。

兵先據潼關以守之。』仙芝乃帥見（現）兵西趣潼關。賊尋至，官軍狼狽走，無復部伍，士馬相騰踐，死者甚眾。至潼關，修完守備，賊至，不得入而去。［安］祿山使其將崔乾祐屯陝。」[230]

副元帥高仙芝聽從封常清建議，退守潼關，搶修城垣，乃正確決策。唐軍聞風喪膽，潰不成軍，根本抵擋不住叛軍的凌厲攻勢。

叛軍長驅南下，一路勢如破竹，月餘時間就攻占東都洛陽，控制了河北、河南道數十個郡（州），進逼潼關。而唐朝京畿道方面，無堪戰之兵，各地的勤王之師尚未到達，朝野人心惶惶。幸虧安祿山攻占洛陽之後，忙著準備登基稱帝，沒有乘勝急攻潼關，遂使唐朝獲得短暫而寶貴的調兵時間。天寶十五載（西元 756 年）正月一日，安祿山「僭號」於洛陽。

〔安祿山〕遂偽即帝位，國曰「大燕」，自稱「雄武皇帝」，改元曰「聖武」元年，置丞相以下官，封其子慶緒為王，以達奚珣為〔門下〕侍中，張通儒為尚書，其餘文武悉備署之。以范陽為東都，復（免除賦稅徭役）其百姓終身，署其城東隅私第為潛龍宮。[231]

偽政權建立，君臣彈冠相慶，安祿山的「皇帝夢」終於實現了。而安祿山急於登基稱帝，也與其身體狀況不佳有直接關係（詳見後文）。

3. 朔方軍東進試鋒

在最初的平叛戰場上，只有新任朔方節度使郭子儀稱得上是旗開得勝。安祿山叛軍南路進攻順利，北路也發動了攻勢，其大同軍（今山西朔縣東）軍使高秀岩向西進犯振武軍（今內蒙古和林格爾西北）。而郭子儀已於十一月二十六日到達單于都護府，遂率朔方軍迎敵，打敗高秀岩，並

[230]　《資治通鑑》卷 217，第 7,058 頁；《舊唐書》卷 104〈高仙芝傳〉，第 3,206 至 3,207 頁、同書同卷〈封常清傳〉，第 3,209 頁。

[231]　〔唐〕姚汝能《安祿山事蹟》卷下，中華書局（曾貽芬點校），2006 年；《資治通鑑》卷 217 唐肅宗至德元載（西元 756 年）正月條，第 7,069 頁。

乘勝向南追擊，收復了靜邊軍（今山西右玉縣）。十二月十二日，叛軍大同軍兵馬使薛忠義領兵反撲，爭奪靜邊軍。郭子儀命令左兵馬使李光弼、右兵馬使高浚、左武鋒使僕固懷恩、右武鋒使渾釋之，分路迎擊，大破敵軍，斬殺叛將周萬頃，坑殺叛軍騎兵 7,000 人，打了一場漂亮的殲滅戰。

郭子儀乘勝進軍，包圍了叛軍駐守的雲中郡城（今山西大同市）。同時，派遣別將公孫瓊巖率領 2,000 名騎兵，向南開進，攻克馬邑（今山西朔州市東北），開啟通向東陘關（今山西代縣東北胡峪山上）的道路，與鎮守太原府的王承業取得聯繫 —— 安祿山反叛之後，河東唐軍就關閉了代州（今山西代縣）北面句注山（橫貫東西）上的東、西陘關。

郭子儀的攻勢和接連勝利，打通了朔方軍與河東軍的聯繫，使叛軍南下太原進趨蒲州（今山西永濟市）的計畫成為泡影；也為下一步東出太行山井陘關，進軍河北道奠定了良好的基礎。

十二月十九日，玄宗詔令：郭子儀以功加御史大夫（從三品）。[232]

4. 子儀公心薦光弼

天寶十五載（西元 756 年）正月初，唐玄宗詔命北路唐軍統帥郭子儀：解除對雲中城的圍攻，撤回朔方，增調兵力，準備南下會攻洛陽；同時挑選一名有才能的戰將，率領一支兵馬東下太行山井陘關，進軍河北道，牽制叛軍後方，威脅其老巢范陽。「玄宗眷求良將，委以河北、河東之事，以問子儀，子儀薦光弼堪當閫寄（閫，郭門，城門。借指統兵在外的將帥）。」[233]

[232] 《資治通鑑》卷 217，第 7,063 頁。

[233] 《舊唐書》卷 110〈李光弼傳〉，第 3,304 頁。李光弼的祖上，是營州柳城（今遼寧朝陽市）的契丹族人。其父李楷洛是開元初年的「入唐蕃將」，官至左羽林大將軍（正三品）、朔方節度副使，封爵薊郡開國公。李光弼受家風薰陶，從小習武，長於騎射，21 歲以門蔭入仕，並承襲父爵。從天寶初年起（西元 742 年起），先後擔任過寧朔郡（今內蒙古鄂托克旗南）太守、河西節度副使、單于大都護府副大都護（從三品）等職務。李光弼雖出身蕃將之家，但是受過良好的儒家正統教育，「能讀《左氏春秋》，兼該太史公、班固之學」。其為人崇禮尚義，有勇有謀，治軍嚴整，在抗擊吐蕃、招討吐谷渾、鎮撫突厥、回紇等部族的戍邊生涯中，功績顯著，頗有

郭子儀掂量部下將領的才能，向朝廷舉薦左兵馬使李光弼。正月初九，詔命李光弼「為雲中［郡］太守，攝御史大夫，充河東節度副使、知節度事」。[234] 郭子儀分出 1 萬名將士，交給李光弼統領。

史載：在安思順任朔方節度使期間，郭子儀與李光弼同為其部下，但是兩人關係並不和睦，即使同桌進餐，也是相互斜視，不交一言。而郭、李不和，本無私家仇怨，乃是因緣軍隊與朝廷的派系鬥爭。[235]

在郭子儀接替安思順為朔方節帥之後，李光弼曾想脫身離去，猶豫未定，緊急詔命傳到。李光弼不明內情，沒料想郭子儀會舉薦自己，以為凶多吉少。李光弼一身來到大堂前，對郭子儀說：「我早就情願一死了之。只請求不要罪及我的妻兒家人，牽連無辜！」郭子儀拉住李光弼的手，請到堂上相對而坐道：「如今朝廷有難，軍情緊急。你我二人當以朝廷安危為重，豈能再斤斤計較舊怨。這次的東征重任，只有你才能擔當啊！」

當李光弼率軍出發時，郭子儀又執手相送。兩人以盡忠報國相互勉勵，灑淚而別。[236] 對於郭子儀捐棄舊嫌，舉薦李光弼的高風亮節，唐代人士和後世史家無不感慨讚美：「……嗟乎，不以怨毒相惎（忌恨，毒害），而先朝廷之憂……唐有汾陽（汾陽王郭子儀）。」[237]

郭、李分兵之後，李光弼領兵先行一步，東出井陘關進入河北，開闢敵後戰場。郭子儀繼後增援，很快就扭轉了戰局形勢。

威名。據《全唐文》卷 342 顏真卿〈李光弼碑〉，上海古籍出版社，1990 年，第 1,534 頁。參看馬馳《李光弼》第五章，陝西師範大學出版社，1996 年。

[234] 《舊唐書》卷 9〈玄宗本紀下〉，第 231 頁；同書卷 110〈李光弼傳〉，第 3,304 頁。

[235] 按：郭子儀一直在朔方節帥張齊丘、安思順麾下 —— 朝野上下皆以安思順、安祿山和李林甫為內外朋黨。而李光弼、哥舒翰都是王忠嗣的部將，蒙其知遇之恩；天寶六載（西元 747 年），王忠嗣被李林甫陷害貶官，兩年後暴卒於貶所（時年 45 歲）—— 哥舒翰與李光弼等人感念故帥，耿耿不忘。雖然安思順很器重李光弼，但是李光弼卻是敬而遠之。參看馬馳《李光弼》第六章，陝西師範大學出版社，1996 年。

[236] 《資治通鑑》卷 217，第 7,071 至 7,072 頁。

[237] 《新唐書》卷 220〈東夷傳．新羅傳贊〉，第 6,207 頁。

三、朔方軍橫截河北

安祿山攻占洛陽之後，原計劃西進關中。當叛軍進兵到新安（今河南新安縣）時，後方傳來急報：先前皆詐降的顏真卿、顏杲卿起兵反抗，安祿山只得下令撤軍回洛陽，急作應付。

1. 顏氏兄弟敵後抗爭 [238]

(1) 平原太守顏真卿「敵後抗爭」[239]

叛軍南渡黃河後，安祿山傳命平原郡（今山東陵縣）太守顏真卿率平原和博平（今山東聊城市）兩郡士兵 7,000 人，守衛黃河渡口。

顏真卿忠義耿直，密派使者向朝廷報告軍情，同時招募勇士萬餘人，慷慨陳詞，起兵抗賊。十二月十八日，叛將段子光帶著李憕、盧奕、蔣清的頭顱宣示河北郡縣，來到平原，顏真卿將其抓捕，腰斬示眾；親自將李憕等三人的頭顱清洗乾淨，續以蒲身，棺殮安葬，慟哭祭奠。

顏真卿首舉義旗，景城（今河北滄縣東南）、清河（今河北清河縣）、東平（今山東東平縣）、濟南（今山東濟南市）、饒陽（今河北深縣西南）、河間（今河北河間縣）等郡紛紛響應，殺死偽官，共推顏真卿為盟主，在河北道東南部和河南道東部，形成以平原郡為中心的「敵後抗擊區」。

(2) 常山太守顏杲卿起兵抗敵

顏杲卿（西元 692 年至西元 756 年）是顏真卿的堂兄。在叛軍大舉南下至常山郡（今河北正定縣）時，顏杲卿無力抗拒，暫時詐降，隨後暗中組織抵抗力量。適逢顏真卿派遣密使潛來常山，相約顏杲卿聯兵，切斷叛

[238] 以下主要據《安祿山事蹟》卷中、兩《唐書．顏真卿傳》卷 128、卷 153；《資治通鑑》卷 217。無考辨不詳注。參看牛致功《安祿山史思明評傳》，三秦出版社，2020 年。

[239] 按：顏真卿（西元 709 年至西元 785 年）為玄宗開元時進士。任殿中侍御史，受到宰相楊國忠排斥，出為平原郡太守。後曆官至吏部尚書、太子太師，封魯郡公，人稱「顏魯公」。

軍後路。這時，從太原方面也傳來朔方軍將要東出井陘關的消息，顏杲卿立即祕密派人潛往太原，與府尹王承業聯繫。

常山郡北控燕、薊（河北道中部），南通河、洛（河南道、都畿道），其西有太行山井陘（土門關）之險，足以遏止叛軍咽喉。

十二月二十二日，顏杲卿以犒賞士卒名義，擺設酒食、妓樂表演，擒殺屯守井陘的叛將李欽湊。隨後又設計活捉了叛將高邈、何千年，派其子顏泉明等人取道太原，將高、何二人押送長安。

顏杲卿派遣使者分赴各郡、縣傳諭唐軍消息，號召官民反正。先後有 17 郡響應，而叛軍控制的地區只有范陽等 6 郡。顏杲卿又祕密派人潛入范陽，勸說叛軍留守賈循反正。但是賈循猶豫遲疑，此計未遂。

安祿山聞報河北發生變故，急令史思明統領步、騎兵 1 萬人北上，攻奪常山、博陵。隨後又派蔡希德率領 1 萬人增援，合攻常山。顏杲卿起兵才八天時間，守城之備尚未完善，叛軍就兵臨城下，遂派人緊急求援於太原尹王承業。但是王承業卻私慾薰心，竟然竊取顏杲卿擒獲叛將之功，故意擁兵不救（希望叛軍攻陷常山）。

顏杲卿在常山率領軍民日夜苦戰，頑強抵抗。天寶十五載（西元 756 年）正月初八日，常山軍民矢盡糧絕，被叛軍攻陷。史思明縱兵屠城，常山軍民被殺者上萬人。顏杲卿、袁履謙等人被俘，押送到洛陽後，堅貞不屈，怒目痛斥安祿山，慘遭殺害。顏氏一門忠烈，有 30 餘人為國捐軀。[240]

史思明攻陷常山之後，繼續攻擊其他反正郡縣，大肆殺戮，所過殘滅。除了饒陽郡太守盧全誠組織軍民，頑強堅守孤城，河北郡縣又落入叛

[240]　按：太原尹王承業派遣的「冒功」使者抵達長安，玄宗大喜，即拜王承業為羽林大將軍（正三品），並徵召顏杲卿為衛尉卿（從三品）。但是朝廷詔命未至，常山已經被史思明攻陷。其後，王承業因貽誤救援常山顏杲卿、「軍政不修」，被解除兵權，「遣中使誅之」。據《資治通鑑》卷 218 肅宗至德元載（西元 756 年）八月條，第 7,109 頁。

軍控制 —— 顏氏兄弟「敵後抗爭」至此失敗。

正月十一日，安祿山命其子安慶緒率兵西攻潼關，被唐軍守將哥舒翰擊敗。在此後的五個月中，戰事在河北、河南道激烈展開。

2. 朔方軍嘉山大捷

顏杲卿「敵後抗爭」失敗後，唐朝決定進軍河北，開闢戰場，分散叛軍力量和攻勢。二月初，李光弼奉命率領步、騎兵萬人和太原弓弩手 3,000 人，先行東出井陘關。[241] 為了敘述線索清晰，以下採用表格形式。

二月五日	李光弼率軍進至常山，城中的團練兵 3,000 人「反正」，逮捕叛將安思義，開城歸順。
六日	早上，史思明率 2 萬騎兵直逼常山城下。李光弼下令弓弩手輪番齊射，叛軍傷亡慘重而退。中午，唐軍騎、步兵各 2,000 人，潛行偷襲從饒陽來增援的 5,000 名叛軍步兵，全殲於常山東南九門縣（今河北藁城縣西北）南面。史思明退守九門。
三月八日	唐軍攻拔趙郡（今河北趙縣）。詔命李光弼為御史大夫兼范陽長史、河北節度使。隨後，常山郡所轄九縣，七縣收復。兩軍相持 40 餘日，唐軍糧草告急，李光弼派信使潛行前往河東，向郭子儀求援。
四月九日	郭子儀率軍進入河北，到達常山，與李光弼會合後，總兵力約 10 餘萬人，形成了壓倒叛軍的優勢。
十一日	唐軍在九門縣城南擊潰叛軍，史思明敗逃趙郡（今趙縣），再北逃博陵（今定州市）。

[241] (1) 井陘關（井陘口、土門關）故址，在今河北省井陘縣北，是從山西高原東下太行山進入河北平原的重要關隘 —— 扼晉冀交通咽喉，戰略地位十分重要。(2) 唐軍東下井陘關，攻取常山郡（恒州）與東鄰的博陵郡（定州），再向東兼併瀛（今河北河間縣）、滄（今河北滄縣東南）二州，就橫斷河北道境地；向北可直搗叛軍老巢范陽。

十七日	唐軍圍攻趙郡，激戰一天，叛軍開城投降。李光弼乘勝圍攻博陵十日，叛軍頑強固守，未能克城，遂撤回恆陽（今河北曲陽縣），補充糧草。
五月十五日	史思明收集散兵數萬人反攻常山，唐軍且戰且退，三天後，退至行唐縣（今河北行唐縣）。叛軍已疲憊不堪，無力再戰，引兵撤退。郭子儀在沙河（今河北行唐與新樂兩縣之間）擊潰叛軍。
二十九日	兩軍在嘉山（今河北曲陽縣東）布陣會戰。叛軍約 5 萬人，而唐軍占據優勢，朔方軍騎兵剽悍勇猛，銳不可當；郭、李指揮有方，遂大破叛軍，斬殺 4 萬人，俘獲 4,000 餘人。史思明在混戰中跌落馬下，長槍折斷，赤腳逃命，回到軍營未敢停留，乘馬逃往博陵郡。李光弼乘勝再圍博陵；郭子儀籌劃北上直搗范陽。

郭子儀、李光弼取得嘉山大捷，是唐軍在平叛戰爭初期的最大勝利，威震河北。諸郡（州）軍民又紛紛而起，殺死叛軍守將，相繼歸順朝廷。叛軍後方再次斷絕，往來使者皆輕騎潛行，而多數被官軍俘獲；凡是家人老小在范陽的叛軍將士，人心動搖，惶恐不安。

與此同時，在河北道東南部，以顏真卿為盟主的抗敵力量也展開了攻勢，自堂邑（今山東聊城市西北）向西南出發，攻克魏郡（今河北大名縣）。北海（今山東青州市）太守賀蘭進明率兵 5,000 人，北渡黃河，與顏真卿合兵進攻信都（今河北冀縣）。此兩郡收復，與郭、李大軍在常山和博陵的攻勢，形成南北呼應、相互支援態勢。

史思明在河北連吃敗仗；叛軍在河南道方面向江淮、江漢的進攻也無明顯戰績。安祿山在洛陽宮中，恐懼煩躁，一再臭罵高尚、嚴莊，欲放棄洛陽，回保范陽。然而，就在此際，潼關方面的形勢發生急遽變化，使得安祿山絕路逢生，擺脫了暫時的困境。

3. 短暫的相持階段

截至天寶十五載（西元 756 年）六月上旬，唐軍潼關失守之前，平叛戰爭（戰場、戰區）在黃河中、下流域激烈展開，形成相持態勢。

(1) 顏杲卿領導的「敵後抗爭」，從天寶十四載（西元 755 年）十一月至十五載（西元 756 年）正月初八日，雖然時間短暫，但是打亂了叛軍的西進步伐。顏真卿在河北、河南道東部堅持抵抗，屢挫叛軍，在阻止叛軍勢力東進的同時，也牽制了其西進關中的步驟。

(2) 真源（今河南鹿邑縣）縣令張巡等人，在雍丘（今河南杞縣）、睢陽（今河南商丘市南）堅持抗敵，掩蔽江、淮。[242] 至天寶十五載六月，多次打退叛將令狐潮數萬軍隊的猛烈進攻，歷經大小戰鬥數百次。

(3) 南陽（今河南鄧州市）太守、節度使魯炅堅守南陽郡 —— 地處南北交通孔道，是阻擋叛軍南下襄陽郡（今湖北襄陽市）、江陵郡（今湖北江陵市），捍衛江漢平原的外圍策略要地。[243]

(4) 李光弼、郭子儀先後進軍河北，取得嘉山大捷之後，積極準備乘勝北進，直搗叛軍的巢穴范陽；二人聯名上奏朝廷時，特別指出：「潼關大軍，唯應固守以弊之（叛軍），不可輕出。」[244]

唐軍固守潼關天險，策略意義重大。若郭子儀、李光弼北上直搗范陽，

---

[242] 雍丘縣（今河南杞縣）位於汴渠（通濟渠）畔，交通地位非常突出。汴渠是隋唐大運河的重要河段，連接黃河與淮河、長江，是轉運（漕運）東南地區財賦到洛陽、長安的必經之路。睢陽（今河南商丘市南），扼東南交通咽喉。

[243] 《舊唐書》卷 114〈魯炅傳〉，第 3,361 至 3,362 頁；《資治通鑑》卷 217，第 7,080 頁。按：天寶十五載（西元 756 年）五月，魯炅統率荊、襄、黔中、嶺南子弟 10 萬餘眾，在葉縣（今河南葉縣西南）城北、滍河之南紮營駐防，被叛將武令珣、畢思琛使用「火攻」打敗。魯炅與中使（監軍）薛道等人收合殘兵，退保南陽，奮力堅守城池，屢挫叛軍。南陽唐軍一直堅守到肅宗至德二載（西元 757 年）五月中旬，因為城中糧盡，外無援兵，才突圍退至襄陽，繼續堅守。詳見後文所述。

[244] 《資治通鑑》卷 218，第 7,086 頁。

洛陽叛軍必定回救，潼關外的叛軍也就不攻自潰。然而，平叛戰局剛剛扭轉被動，卻很快被長安城昏君奸相盲目樂觀的「瞎指揮」斷送了。

四、叛軍西進攻陷長安

1. 哥舒翰失守潼關

(1) 冤殺大將損士氣

前文已述，唐軍大將封常清兵敗洛陽之後，潰逃至陝郡，與副元帥高仙芝會合，退守潼關，修完城池，堅壁不出，以逸待勞。[245]

封常清兵敗洛陽，罪責重大，玄宗詔命削其官爵，於高仙芝軍中白衣效力——降級為普通士兵，戴罪立功。而高仙芝顧念舊情，令封常清著皂衣（黑衣）為從事，負責監巡左、右廂諸軍。

再說監軍宦官邊令誠，恃恩驕橫，不懂軍事卻亂加干涉。高仙芝不予理睬，邊令誠心生怨恨，借入京奏事，誣陷曰：「封常清戰敗，誇大叛軍強悍，動搖軍心；高仙芝棄地數百里，又貪汙軍糧和御賜物資。」玄宗聽後大怒，也不問真相，即遣邊令誠攜敕令返回潼關，將二人處斬。

十二月下旬，邊令誠至潼關，宣讀敕令。封常清書寫遺表之後，從容就刑。邊令誠帶領百餘名陌刀（長刀）手，抬著封常清的屍體，來到元帥廳堂，高聲呼喝。高仙芝曰：「我遇敵自退，自知死罪。至於盜減軍糧和

[245]　(1) 高仙芝（西元？年至西元 755 年）為高麗人，姿容俊美，善於騎射，果敢驍勇。年青時隨其父（高舍雞，官至諸衛將軍，從三品）從軍河西（今甘肅武威市），以作戰勇敢，於開元末年升任安西（今新疆庫車縣東）副都護、四鎮都知兵馬使。其後對吐蕃、小勃律（今喀什米爾北）作戰有功，於天寶六載（西元 747 年）升任安西四鎮節度使。據兩《唐書・高仙芝傳》。(2) 封常清（西元？年至西元 757 年）為河東蒲州猗氏（今山西臨猗縣）人，跟隨外祖父（犯罪流放）來到安西，受其教導讀書，多所通覽。外祖父去世時，他已年過三十，孤身清貧，先請求充當高仙芝的侍從，後以作戰勇敢不斷升遷，於天寶十一載（西元 752 年）充任安西節度使。據兩《唐書・封常清傳》。

御賜，實為誣陷。士兵們都可為我作證。」高仙芝素來愛兵，深受部下擁戴，士兵們齊聲高呼曰：「冤枉！冤枉！」喊聲震地。

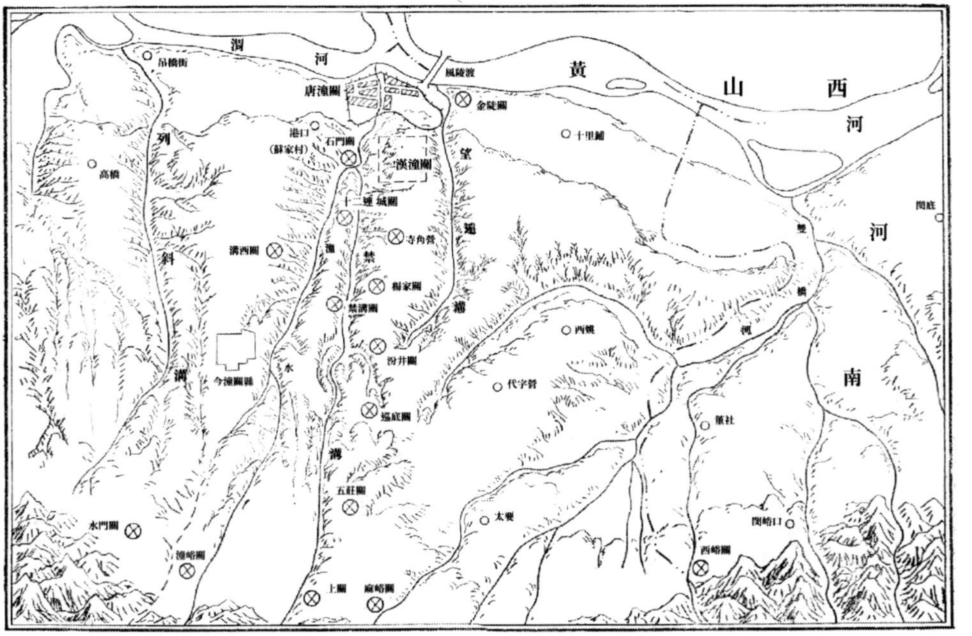

古代潼關地形示意圖。

據《陝西軍事歷史概述》編寫組《陝西軍事歷史概述》，陝西人民出版社，1985年。

高仙芝望著封常清的屍體曰：「封二（排行），今日我與你同死於潼關，這一切豈非天命安排也！」遂引頸就戮。封、高被殺，實屬冤案。邊令誠讒言誣陷，以國事徇私情，甚於叛賊[246]。而玄宗不辨忠奸，昏庸至極。

(2) 靈寶西原之戰

高仙芝被殺之後，潼關的防務事宜，暫由將軍李承光代理。

[246] 按：潼關失守之後，唐玄宗倉皇離京西走，邊令誠奉命留守長安宮城；長安淪陷後，即投降叛軍。至德元載（西元756年）九月，又從叛軍中逃出，來見肅宗，「［詔］命斬之」。據《舊唐書》卷10〈肅宗本紀〉，第244頁。

十五載（西元 756 年）正月，詔加河西、隴右節度使哥舒翰尚書左僕射，同中書門下平章事，鎮守潼關。此前，已詔命皇太子（即肅宗）統兵東進討賊（遙領而已）；哥舒翰以太子先鋒兵馬元帥，「領河、隴諸蕃部落奴剌、頡、跌、朱耶、契苾、渾、蹛林、奚結、沙陁、蓬子、處蜜、吐谷渾、思結等一十三部落、督蕃漢兵二十一萬八千人鎮於潼關」。[247]

哥舒翰的部下、元帥府馬軍（騎兵）都將王思禮建議：抗表請誅楊國忠。但是哥舒翰態度猶豫。王思禮請求帶 30 名騎兵進京，將楊國忠劫持到潼關殺掉。哥舒翰曰：「如此，乃是我反叛也，與安祿山有何干系。」

俗謂「隔牆有耳。」王思禮與哥舒翰的密謀，被人密報楊國忠；其黨羽也進言，應早做防備。楊國忠上奏曰：「潼關雖然兵多將廣，但無後援。萬一失利，京城就危險了。臣請選監牧小兒（養馬士卒）三千人，在禁苑進行訓練。」玄宗詔許之，以劍南道軍將李福、劉光庭為統領。

楊國忠又奏請召募一萬人，屯駐於灞上（長安城東灞河東岸），以其心腹杜乾運統領之。其名為禦寇，實則防備哥舒翰。而楊國忠的舉措，也讓哥舒翰心中不安，於是奏請將灞上軍隸屬潼關，統一指揮。六月一日，哥舒翰傳召杜乾運至潼關，藉故將其斬首。楊國忠手無兵權，惶恐不安，便竭力促使玄宗下令哥舒翰出關作戰。哥舒翰雖然身患疾病，但是畢竟久經戰陣，深知攻守利便——憑藉潼關天險，堅壁固守，以逸待勞，就能阻擋叛軍攻勢，與其他戰場的唐軍遙相呼應，扭轉被動局面。

而唐玄宗卻是盲目樂觀，求勝心切。適逢探報上奏：叛軍在陜郡不足 4,000 人，皆為老弱，戒備鬆弛。玄宗立即派遣使者，迫令哥舒翰出關東進。哥舒翰上奏指出：叛軍故意示弱，企圖引誘我軍，若開關東進則正

---

[247]《舊唐書》卷 9〈玄宗本紀下〉，第 231 頁；〔唐〕姚汝能《安祿山事蹟》卷中，中華書局（曾貽芬點校），2006 年，第 97 頁。按：天寶十四載（西元 755 年）二月，哥舒翰（西元？年至西元 757 年）在入朝途中「得風疾」（半身不遂），到京城後居家休養。玄宗以其素有威名，遂委以重任。哥舒翰堅辭不受，無奈君命難違，只得抱病赴任。

中其奸計；叛軍遠來利在速戰，我軍據險利在堅守，請暫且固守，等待戰機。但是，玄宗聽信楊國忠的挾私讒言，認為哥舒翰逗留拖延，貽誤戰機，遂連下詔令，催促哥舒翰統兵出關，收復陜郡、洛陽。哥舒翰難抗君命，捶胸痛哭，於六月四日開關出兵。潼關之戰過程如下。[248]

六月四日	哥舒翰被迫兵出潼關，東進洛陽。
六月七日	兩軍在靈寶（今河南靈寶市）西原遭遇。叛軍伏兵於數十里長的隘道（函谷道）兩側，靜待唐軍進入圈套。
六月八日	王思禮率 5 萬人在前，龐忠率 10 萬人繼後；哥舒翰率 3 萬人在黃河北岸高崗上，擂鼓指揮。叛將崔乾祐以不足萬人迎戰，雙方交鋒，叛軍一觸即潰，爭相奔逃。 唐軍追擊，進入函谷隘道。叛軍伏兵齊出，滾木巨石乘高而下。道路狹窄，唐軍擁擠不堪，死傷慘重。叛軍精悍的同羅騎兵繞過南山，猛烈衝擊唐軍背後，銳不可當。唐軍前後受敵，驚駭大亂，爭相奔逃。北岸唐軍望見南岸大軍戰敗，也倉皇後撤。唐軍慘敗於靈寶西原，潰兵逃入潼關者只有 8,000 多人。
六月九日	哥舒翰率領數百騎兵渡過黃河，到達潼關西面的關西驛，被蕃將火拔歸仁等人劫持東去，向叛軍投降。哥舒翰被押送至洛陽，苟且偷生，屈服於安祿山的淫威，最終被安慶緒殺死。

潼關失守，潰兵四散逃命，消息如風傳開。河東郡（今山西永濟市）防禦使呂崇賁、華陰郡（今陜西華縣）防禦使魏仲犀、馮翊郡（今陜西大荔縣）防禦使李彭州、上洛郡（今陜西商州市）防禦使楊黯，皆棄城逃命。潼關南北兩側的防禦陣線土崩瓦解，長安城危在旦夕。

但是叛軍因為不明長安唐軍防禦情況，未敢貿然進軍。

潼關西至長安 300 餘里，為關中東部軍事門戶，其險阻天成，易守難

[248] 據兩《唐書》玄宗、楊國忠、哥舒翰等人紀傳，〔唐〕姚汝能《安祿山事跡》與《資治通鑑．唐紀》玄宗天寶十五載（西元 756 年）等。無考辨不詳注。

攻，是為「地利」。開關出戰，則失其利也；玄宗昏庸，將相（哥舒翰與楊國忠）猜忌，上下離心，又失「人和」，豈無敗乎！[249]

哥舒翰失守潼關，是平叛戰局惡化的重大轉捩點。

2. 馬嵬驛事變

哥舒翰出關作戰慘敗的消息，很快就傳到了京城長安。然而，玄宗只是下令劍南軍將李福德率領 3,000 名監牧兵（倉促編制而成），奔赴潼關增援。當天晚上，卻沒有看見潼關方面傳來的「平安烽火」。[250]

六月十日早朝，宰相們商議對策，楊國忠「首唱幸蜀之策」。玄宗六神無主，立即表示同意。[251] 楊國忠又指使韓國、虢國夫人入宮，和楊貴妃一起勸說玄宗盡快入蜀避難。次日早上，百官仍集於朝堂，楊國忠惶恐流淚，徵求對策。百官唯唯，無人明確表態。退朝之後，消息不脛而走，京城士民驚擾，人心惶惶，東、西市場上顧客寥寥，店鋪紛紛關門。

十二日，百官來興慶宮上朝者，十無一二。玄宗在勤政樓宣布「親征」，大臣們都不敢相信 —— 京城除了近衛禁軍，已無禦敵之兵了。隨後，詔命京兆尹魏方進為御史大夫兼置頓使；京兆少尹崔光遠為京兆尹充任西京留守；宦官監門將軍邊令誠掌管宮闈諸門鑰匙；派遣使者奔赴蜀中傳送公文：劍南節度大使、潁王璬（皇十三子）即將赴鎮，令本道立即籌

[249] 據《全唐文》卷 357 高適〈陳潼關敗亡形勢疏〉：「僕射哥舒翰……疾病沉頓，智力俱竭。監軍李大宜與將士約為香火（結盟），使倡婦（隨軍樂伎）彈箜篌、琵琶，以相娛樂，摴蒲（博戲名。泛指賭博）飲酒，不恤軍務。蕃軍及秦隴武士，盛夏五六月，於赤日之中食倉米（陳米）飯，且猶不足。欲其勇戰，安可得乎。故有望敵散亡，臨陣翻動，萬全之地，一朝而失。」按：盛唐著名邊塞詩人高適（西元 706 年至西元 765 年），當時為哥舒翰的幕僚，身在潼關。此疏乃其戰後向玄宗陳言潼關失守原因之作。

[250] 烽火，是古代邊境線上報警的煙火（白天放煙，夜晚點火）。每日初夜，放煙（火）一炬，謂之「平安火」。自天寶十四載（西元 755 年）十二月，高仙芝從陝郡退守潼關之後，就在通往京城的官驛大道上，設置了烽堠傳警系統。

[251] 按：當時，楊國忠以宰相「遙領」劍南節度使（駐今四川成都市），在得到安祿山反叛的警報之後，就派人傳命節度副使崔圓存儲物資，以備形勢危急時前往投奔。

備應需的物資供應。當日，「有詔移仗未央宮（禁苑西部）」。午後，玄宗從興慶宮移仗大明宮。傍晚，命令龍武大將軍陳玄禮整頓禁軍，厚賜錢帛，挑選閒廄馬九百餘匹。宮外人們皆莫之知。

(1) 皇駕出奔何倉皇

六月十三日黎明，天低雲暗，細雨濛濛。唐玄宗與楊貴妃姊妹、皇子、皇孫，大臣楊國忠、韋見素、魏方進、陳玄禮，宦官首領高力士、親近宮女等，在禁軍（約 3,500 人）扈從下，出禁苑西南的延秋門（今西安市三橋鎮北側），離京西走。凡是居住在宮城之外的嬪妃、公主與皇孫們，皆棄之不顧（叛軍占領長安後，大多被抓捕殺害）。

是日清晨，文武官員仍有來上朝者。在興慶宮大門外，值勤的警衛禁軍立仗肅然，門內的壺漏（滴水計時器）之聲清晰可聞。平明時分，宮門大開，宮女們紛亂奔出，內外一片混亂，都不知道皇駕去向。

很快，這個爆炸性消息就傳遍了京城內外。王公百官、市井百姓，爭相出城逃往山谷。而不法之徒則乘亂打劫，闖入皇宮和王公之家，搶掠財寶，甚至有騎驢上殿者，左藏大盈庫也被人縱火焚燒，皇宮內外混亂不堪。負責留守的京兆尹崔光遠、宦官內侍（從四品上）邊令誠，急忙帶人救火，當場砍殺了十幾個搶劫者，才勉強穩住局面。

再說皇駕隊伍匆匆西行，過了渭河便橋（咸陽橋），於辰時（早上 7 時至 9 時）到達咸陽東面的望賢宮（行宮），裡面竟空無一人 —— 奉命先行、告喻前方郡（州）縣官員「置頓」（預備皇駕隊伍的食宿等）的宦官王洛卿和縣令都已經逃跑了。將近中午，玄宗尚未進食。楊國忠親自跑到市場上，買來一些胡餅（芝麻燒餅）獻給玄宗。

這時，前來圍觀的百姓們陸續有人送來麥豆粗飯，皇孫輩飢不擇食，用手捧起來就吃。玄宗吩咐付飯錢給百姓們，好言安慰。百姓們已經知道了潼關失守的消息，現在又看到皇帝一行的狼狽情狀，皆惶恐不安，忍不住都哭了；玄宗也止不住傷感流淚。……

這頓飯耽誤了不少時間。飯後，整頓隊伍，繼續西行，半夜時分，到達金城縣（今興平市）。[252] 而縣令已經掛印棄官逃跑了，百姓大多也離家避難。天黑無燈，皇親國戚、官員、將士、宮女，顧不上講究身份貴賤，各自找個地方歇息，相互枕藉，和衣而眠。

離開京城僅一天，扈從隊伍中就不斷有人「開小差」。如宦官內侍監（從三品）袁思藝「不辭而別」，投奔叛軍去了。是夜，從潼關敗逃回來的軍將王思禮，追趕到金城，玄宗才知道了哥舒翰戰敗被擒的詳情。隨即任命王思禮充任隴右節度使，收羅潰散士卒，休整待命。

十四日早上，皇駕繼續西行 20 餘里，抵達馬嵬驛站，暫時休息。唐玄宗急於入蜀，根本未料到一場流血事變，會在這裡突然爆發。

(2) 馬嵬驛事變過程 [253]

據史載：玄宗車駕行至馬嵬驛，護駕的禁軍將士皆飢疲憤怒，遂發動事變，誅殺了宰相楊國忠等人。但是這種說法明顯不實。[254]

當時，楊國忠等人剛出驛門，就被隨行的吐蕃使者二十餘人攔住，訴以無食，並請示歸國之路。楊國忠未及答話，有軍士大喊道：「楊國忠與吐蕃謀反！」禁軍士兵立即包圍了驛站。楊國忠斥責：「安祿山大逆不道，

---

[252] 金城縣，原名始平縣。唐中宗（李顯）景龍四年（西元 710 年）正月，以金城公主（玄宗堂兄雍王李守禮之女）「和親」吐蕃，皇駕「幸始平縣以送公主，設帳殿於百頃泊側」餞別，因改始平縣為金城縣，徙縣治於馬嵬故城（今興平市馬嵬鎮）。

[253] 據《舊唐書》卷 9〈玄宗本紀下〉、卷 51〈后妃傳上 · 玄宗楊貴妃〉、卷 106〈楊國忠傳〉；《安祿山事蹟》卷下；《資治通鑑》卷 218，第 7091 至 7093 頁；《新唐書》卷 76〈后妃傳上 · 玄宗貴妃楊氏〉等。徵引繁細，無考辨不詳注。

[254] 按：「馬嵬事變」絕非禁軍士兵的自發行動。(1) 俗謂「窮家富路」。玄宗車駕和扈從禁軍在離京之前，預先作了各項準備工作，吃飯問題豈能忽略。從京城到馬嵬驛站，攏共百餘里路程，走走停停，用了一天多時間，如何就「飢疲」到了要造反兵變的嚴重程度？這顯然不合乎事理邏輯。(2) 凡軍隊行軍（出征野戰），必須攜帶幾天乾糧，此乃軍事慣例（常識）。

逼迫君父，爾等更相仿效邪？」眾軍士呼曰：「爾是逆賊，更道何人？」騎士張小敬先放箭，楊國忠被射落馬下，眾軍士擁上來將其殺死，屠割屍體，以長槍揭其首級於驛門外示眾。御史大夫魏方進曰：「汝曹何敢害宰相！」士兵又殺之；其兩個兒子、吐蕃使者同時被殺。韋見素亦為亂兵所傷，頭破血流。有軍士大呼：「勿傷韋相公父子。」才倖免被殺。

楊國忠之子楊暄（任太常卿、戶部侍郎）聞亂大驚，下馬跌倒，眾軍士以弓弩射之，其身貫百矢，如同刺蝟豎毛，撲地斃命。[255]

禁軍圍驛四合。玄宗聞驛外喧譁，問何事，左右答曰楊國忠謀反被誅。玄宗策杖躡履，自出驛門，慰勞軍士，令各自收隊。而軍士不應。龍武大將軍陳玄禮帶領諸將三十餘人，帶仗（穿甲冑持兵器）奏曰：「國忠父子既誅，貴妃不宜供奉，願陛下割恩正法。」

玄宗曰：「朕即當處置。」乃回步入驛，倚杖而立，傾首久之，沉默不語。京兆司錄韋諤上前曰：「今眾怒難犯，安危在晷刻，願陛下速決！」因叩頭流血。玄宗曰：「貴妃常居深宮，安知國忠反謀？」宦官首領高力士曰：「貴妃誠無罪，然將士已殺國忠，而貴妃在陛下左右，豈敢自安！願陛下審思之，將士安則陛下安矣！」

玄宗不得已，乃與貴妃訣別，詔令賜死。高力士帶領近侍，引貴妃至驛站內佛堂，縊殺之（勒死），時年 38 歲。置其屍於輿上（車廂），抬至驛庭中，召陳玄禮等將領入視（驗明已死）。陳玄禮抬貴妃屍首，知其死絕，乃與諸將免冑釋甲，頓首謝罪。玄宗慰勞之，令曉諭軍士，陳玄禮等再拜而出，軍士皆呼「萬歲」，遂各歸本隊，準備啟程。

因事變突然爆發，驛站也無喪葬所用器物。侍女張雲容等人，只能用

[255] 按：楊國忠有四子，長子楊暄、幼子楊晞皆死於「馬嵬事變」；三子楊曉，逃奔至漢中，被漢中王李瑀（玄宗大哥寧王之子）打殺；次子楊朏，官至鴻臚卿，尚（娶）萬春公主，未及時從京城出逃，被叛軍所殺。

紫茵（被褥）包裹楊貴妃屍體，草草葬於驛站之西路旁。[256]

(3) 事變的主謀 [257]

首先，發動事變的主謀者必須具備三個先決條件：第一，能夠完全掌控並指揮護駕禁軍；第二，與宰相楊國忠之間存在著「你死我活」的深刻矛盾；第三，絕對忠誠於皇帝。當時，唐玄宗意在「入蜀」—— 是楊國忠（兼充劍南節度副大使）的勢力地盤；故發動事變的主謀者，必須搶在「入蜀」之前除掉楊國忠，以免到了蜀中之後受其挾制。

其次，必須清楚當時中央朝廷的「權力結構」：當朝宰相（南衙）、宦官首領（北司）、禁軍首領（軍權）與皇太子（儲君），是「四權分割」的代表，互不統屬，皆直接「對皇帝負責」。

龍武大將軍陳玄禮，為皇駕「行在都虞候」（皇駕出行所在的軍中執法官），完全能夠指揮禁軍，並對楊國忠亂政禍國滿懷義憤。「及祿山反，玄禮欲於城中誅楊國忠，事不果，竟於馬嵬誅之。」[258] 但是，陳玄禮與楊國忠之間並無直接的「權力之爭」—— 只具備兩個「先決條件」。尤其是誅殺宰相、逼迫皇帝「賜死」寵妃，要冒殺身滅家（族）之罪！而陳玄禮為人「純樸自檢」，忠誠自律，其行事必定謹慎而縝密，要在玄宗輦轂之下，突然發動事變，必須有「權力夠大」的同盟者。他會是誰？

皇太子（李亨）。楊國忠曾充當李林甫的「打手」，參與「構陷」太子（肅宗）的密謀，二人之間「視若寇仇」。但是，太子始終處於父皇的嚴密

[256] 按：在馬嵬之難發生時，虢國夫人與楊國忠妻子裴柔等，已經先行至陳倉（今陝西寶雞市）。縣令薛景仙率吏民追之，虢國夫人以為是強盜搶劫，棄馬逃入竹林，殺死其子裴徽及一女；裴柔攜其幼子楊晞，乞求曰：「娘子為我盡命。」虢國即刺殺之；隨即自刎，未死絕，被縣吏拖入獄中，血凝至喉而亡。薛景仙下令把這幾個人的屍體拉到陳倉郭城之外，掘坑埋葬。

[257] 按：對此問題，唐史學術界的研究結論，至今尚存在分歧。有三種觀點：禁軍將領陳玄禮；皇太子（肅宗）；宦官首領高力士。

[258]《舊唐書》卷 106〈陳玄禮傳〉，第 3,255 頁。又據杜甫〈北征〉詩句：「……奸臣竟菹醢，同惡隨蕩析。不聞殷周衰，中自誅褒妲。……桓桓陳將軍，仗鉞奮忠烈。微爾人盡非，於今國猶活。……」《全唐詩》卷 217，中華書局，1999 年，第 2,278 頁。按：杜甫詩歌所詠贊，可代表當時朝野的普遍看法。

管控之下，根本無權指揮禁軍，「有心無力」。事變之後，太子與父皇「分兵」，北上靈武（今寧夏吳忠市），就是為了完全擺脫父皇控制。

而陳玄禮曾「密啟太子，誅國忠父子」。原因有三：一是太子與楊國忠之間矛盾深刻，「誅國忠父子」會得到太子支持。二是玄宗曾幾次要「傳位」給太子，而發動「兵變（諫）」事體重大，應稟告太子知情。三是考慮長遠，在太子「稱帝」之後，雙方能夠和平相處。因為「一朝天子一朝臣」，新皇帝對老皇帝的「權力團隊」進行「洗牌」，乃「政治故事」。

宦官首領高力士。[259] 從開元後期到天寶中，宦官集團（高力士）與宰相集團（李林甫、楊國忠）之間，一直存在著明爭暗鬥（唐後期「南衙北司之爭」的先聲）。而高力士的主要職銜為：內侍監（從三品）加右監保全大將軍（正三品）驃騎大將軍（武散官從一品）—— 是皇帝控制禁軍、牽制宰相的「權力砝碼」（唐後期宦官統領禁軍的先聲）。[260]

再看「馬嵬事變」細節：陳玄禮等將領在驛站外「奏請」（逼迫）玄宗對楊貴妃「割恩正法」；高力士在驛站內進言：「將士安則陛下安矣！」在此危急關頭，玄宗最需要的是禁軍保駕。事變之後，高、陳二人繼續護駕入蜀，避難一年多時間 —— 並未追隨皇太子「奔赴靈武」。

由此可知，高、陳二人才是策劃和發動馬嵬事變的「共謀」。

---

[259] 參看黃永年《六至九世紀中國政治史》第八章，上海書店出版社，2004 年。

[260] 按：(1) 唐玄宗即位之後，宮廷宦官逐漸得勢。自開元二十年（西元 732 年）以後，高力士尤為貴盛，凡四方奏表，必先呈力士而後進御，小事便決之。凡朝臣欲取將相高位者（如李林甫、韋堅、王鉷、楊國忠、安祿山、高仙芝等），無不巴結依附高力士。其常居宮內侍奉，玄宗曰：「力士當上（值班），我寢則安。」(2) 高力士對於玄宗「權假宰相」李林甫、楊國忠，曾表示過不滿。據《舊唐書》卷 106〈王毛仲傳〉、卷 184〈高力士傳〉；〔唐〕郭湜《高力士外傳》等。(3) 再舉兩條史料。①天寶十一載（西元 752 年）四月，驃騎大將軍、內侍高力士領飛龍小兒甲騎四百人，參與「鎮壓」戶部郎中王銲（殿中監王鉷的弟弟，兇險不法）等人潛構逆謀，將於京城舉行的武裝暴動。據《舊唐書》卷 105〈王鉷傳〉，第 3,230 至 3,231 頁。②高力士曾充任「內屬箭（內弓箭庫）及三宮內飛龍廄大使」，即後來的「內飛龍使」。高力士為唐玄宗身邊最忠誠的親信（家奴），由其掌管飛龍廄馬和飛龍禁軍，是唐後期宦官掌控禁軍（以「神策軍」為中堅）的先聲。據吳鋼主編《全唐文補遺》第一輯〈高力士神道碑〉，三秦出版社，1994 年，第 36 頁；第七輯〈高力士墓誌銘〉，第 59 頁，三秦出版社，2000 年。

3. 皇太子北上靈武

六月十五日，皇駕準備啟程，但去往何處，近臣奏議紛紜，莫衷一是。玄宗詢問高力士：「卿意如何？」高力士回答：「……劍南雖小，土富民強，表裡山河，內外險固。以臣所見，幸蜀為宜。」但是禁軍將士皆曰：「楊國忠謀反被殺，但其將吏黨羽皆在蜀中，不可前往。」

最後，京兆司錄韋諤（韋見素之子）提出折中建議：不如暫且前往扶風（今鳳翔縣），再從長計議。眾人皆認為可行。

不料，剛出驛門，一群父老百姓擋住了道路，請求玄宗留駕。玄宗按轡停馬，羞愧無言，下令太子留下來宣慰百姓。大隊人馬匆匆西去。

百姓父老請求太子留下來，領導軍民收復京城。太子感動流淚，回答曰：「我要請示父皇，請他決定去留。」這時，太子的兩個兒子廣平王李豫（即代宗）、建寧王李倓與親信宦官李輔國拉住馬轡繩，勸諫道：若不順應民心，如何興復社稷！不如收羅西北守邊兵馬，召郭子儀、李光弼從河北迴師，併力東討逆賊，收復兩京，迎接皇駕，這才是最大的孝行。

百姓父老圍擁馬前，太子無法行動，命廣平王飛馬前去報告。

玄宗聽了皇孫的報告，長嘆「這是天意也！」下令分出後軍 2,000 名將士、一部分飛龍廄馬留給太子；並派使者宣旨，準備「傳位」太子。

但是太子聽了使者告喻，仍心懷惶恐，堅決表示不敢接受。使者返回，如實稟告，玄宗遂不再堅持 —— 在此危急關頭，太子留下來負責「善後」，讓玄宗心裡踏實了許多，儘管這並非「聖意」。[261]

太子被百姓遮道挽留，又經過往返奏請、傳喻，耽擱了半天時間。天色近暮，才得以告別百姓，整頓兵馬，涉過成國渠水，從奉天縣（今乾

[261] 唐玄宗年老志衰，畏敵出逃，其昏憒無能昭然若揭。但是依然貪戀權位，曾幾次下詔傳位，卻總是言行不一。太子畏父如虎，若隨駕入蜀，前途難卜；要想擺脫控制，早登大位，舍「分兵自立」別無他途 —— 當時形勢下的最佳選擇。

縣）向北，急行軍百餘里。十六日早晨，到達新平郡（今彬縣）時，只剩下幾百人。十七日，經過安定郡（今甘肅寧縣），未敢停留。十九日，西行至平涼郡（今寧夏固原市），檢閱監牧，尚有數萬馬匹，又招募了 500 名士兵，隊伍才稍顯振作。[262] 但是，還不清楚朔方軍駐所靈武的詳情（太子曾遙領朔方節度使，僅有名義上的隸屬關係），便在這裡暫時住下。

太子抵達平涼的消息，很快就傳到了朔方鎮。節度留後杜鴻漸、六城水陸運使魏少遊、節度判官崔漪、支度判官盧簡金和鹽池判官李涵（皇族宗室後裔）等人商議認為：靈武郡兵強糧足，若迎接太子殿下到此，然後召集北面諸郡兵馬，徵發河西、隴右的精銳騎兵，南下京畿（關中），就可收復京城，平定中原，這可是千載難逢的立功時機！

於是，杜鴻漸起草信箋，詳列朔方鎮的士卒馬匹，糧食布帛等倉儲數字，共推李涵前往平涼郡，呈獻太子；杜鴻漸和崔漪趕到平涼郡北面的白草頓（今寧夏同心縣東南）恭候；魏少遊籌備各項供給事宜。

太子見到李涵，非常高興。這時，河西鎮行軍司馬裴冕也聞訊趕到平涼郡朝見太子，分析戰局形勢，建議盡快移駐靈武。七月十日，太子在眾臣扈從下，向靈武出發。魏少遊率領 1,000 餘名騎兵，在鳴沙縣（今寧夏吳忠市西南）列隊迎接。太子的心情更加喜悅振奮。

太子進駐靈武之後，裴冕、杜鴻漸、崔漪等人心情激動，聯名上表：請殿下遵照聖上（玄宗）在馬嵬的傳位旨意，即皇帝之位！太子不肯同意。裴冕等人繼續上言：「請殿下順應人心，為朝廷社稷長遠著想。」眾臣的箋表連上五次，太子終於答應了。

七月十三日，皇太子（李亨）在靈武城南樓舉行典禮，即位稱帝（史稱肅宗）。宣布尊稱玄宗為「上皇天帝」，改年號為「至德」，大赦天下，改

[262] 《舊唐書》卷 10〈肅宗本紀〉，第 240 至 241 頁。

靈武郡為大都督府。新朝廷建立，群臣拜舞歡呼；肅宗也是感慨流淚，並於當日派遣使臣前往蜀地，向太上皇奏報。

皇太子靈武即位的消息迅速傳向各地，四方官員紛紛前來投奔，絡繹不絕。但是，由於邊塞精兵大多被徵調投入平叛戰爭，只剩下老弱士卒留守軍城鎮戍。這時，北方邊疆地區原來的各軍鎮中，只有朔方軍的建制基礎完整，最為強大 —— 肅宗即位伊始，立刻派出使者，傳令河北前線的郭子儀、李光弼，帶兵返回靈武會師，重新部署平叛方略。

七月下旬，肅宗下令徵調各地兵馬，到靈武集結。同時，命安西（今新疆庫車縣）諸軍鎮傳宣詔令，徵發西域城郭諸國之兵入援（跟隨安西軍兵馬東來中原），並許以優厚賞賜。[263]

唐肅宗以「興復」為己任，成為全國平叛戰爭的核心。

再說玄宗車駕於六月十七日抵達扶風郡（今鳳翔縣東），駐蹕休整。十九日，皇駕啟程，當晚至陳倉（今寶雞市）。二十日，至散關（今寶雞市西南大散嶺上）。秦嶺巍峨，蜀道漫長，「難於上青天」。經過四十多天顛簸跋涉，餐風露宿，皇駕於七月二十九日抵達金堤城（今四川成都市）。清點隊伍，官員和禁軍將士共 1,300 餘人，宮女 24 人。[264]

4. 郭、李同登宰輔之位

自哥舒翰兵敗靈寶，潼關失守之後，整個平叛戰局形勢急轉直下。在河北地區連戰連捷的郭子儀、李光弼，只得西撤河東，暫守晉陽（今山西太原市）。接到「靈武新朝」的回師詔令後，二人立即率領朔方軍 5 萬主力部隊，啟程西行，渡過黃河，於七月底到達靈武。

朔方軍主力部隊返回本鎮，靈武新朝之軍威才顯出強盛氣象，君臣上

[263]《資治通鑑》卷 218，第 7,116 頁。

[264]《舊唐書》卷 9〈玄宗本紀下〉，第 234 頁。

下共商平叛策略，朝野士庶群情振奮，人人滿懷興復希望。

唐肅宗至德元載（西元 756 年）八月一日，於行在所（靈武郡）頒布詔命：以郭子儀為兵部尚書、同中書門下平章事，仍兼靈武長史、朔方節度使；以李光弼為戶部尚書、同中書門下平章事，併兼太原尹、北都（太原府）留守，統領 5,000 兵馬前往坐鎮，防禦河北叛軍西侵河東道。[265]

朔方軍主力部隊暫時駐留靈武，休整待命。

再說安祿山反叛引起隴右道邊防局勢之「連鎖反應」。

(1) 隴右河西地區（今甘肅「河西走廊」）的諸胡（諸蕃）部落，聽聞其都護（部落酋長）跟隨哥舒翰出戰，覆沒於潼關，遂爭相自立並相互攻擊。實際上，諸胡酋長跟隨哥舒翰在黃河北岸，並未戰死，也未投降叛軍。肅宗任命河西兵馬使周佖（泌）、隴右兵馬使彭元耀充任節度使，與諸胡酋長思結進明等前往，招撫穩定其部落。[266]

(2) 吐蕃王國乘唐朝邊防軍精兵「東征」之機，蠶食隴右道的邊州境地，攻陷邊防軍城。[267] 河西走廊被吐蕃侵占控制之後，西域地區（安西、北庭度都護府）與唐朝中央政府的交通被切斷，成為孤懸之地。這是直接影響唐朝後期朝廷命運的嚴重邊患。

但是，唐肅宗集結兵力，急於收復西京長安，祭告宗廟，「正位殿庭」，對於隴右形勢日趨惡化，因財力、兵力緊張，暫時無暇多顧。

[265] 《舊唐書》卷 10〈肅宗本紀〉第 243 頁；《資治通鑑》卷 218，第 7,109 頁。
[266] 《資治通鑑》卷 218，第 7,097 至 7,098 頁。
[267] 《資治通鑑》卷 218，第 7,129 頁。

第五章

輔佐廣平王復兩京

唐肅宗駕幸京西鳳翔，集結諸路勤王之師；漠北回紇騎兵南下助唐平叛。廣平王（代宗）榮膺元帥，郭子儀受任副帥，運籌帷幄，香積寺大戰殲敵六萬，收復西京長安；乘勝出潼關，重創叛軍於陝州新店，收復東都洛陽。朔方軍決勝無前，成就肅宗興復大業。

一、靈武新朝形勢艱難

唐肅宗「靈武新朝」面臨形勢之艱難，主要有以下方面：一是戰局嚴峻，叛軍占據兩京（洛陽、長安），居於優勢；二是戰爭消耗巨大，兵民犧牲，財政困難；三是「太上皇」在蜀中仍「遙控指揮」，橫生枝節。

1. 郭子儀平定河曲

在進入長安的叛軍中，有一支原屬東突厥的同羅部落兵，大約有5,000名騎兵（即原朔方節度副使阿布思的部下，後被安祿山招誘收編），屯駐在禁苑之中。至德元載（西元756年）七月下旬，這支叛軍在其酋長阿史那從禮帶領下，盜取廄馬2,000匹，逃歸朔方境地，企圖邀結諸胡部落，盜據邊地。當時，九姓胡部落皆居於河曲（今鄂爾多斯高原），猶各帶舊置之府號。故阿史那從禮引誘這些部落首領，企圖長期占據此地。若其圖謀得逞，就會直接威脅肅宗「行在所」靈武的安全。

肅宗遣使前去宣慰，有少部分同羅騎兵歸降。

九月，阿史那從禮說誘九姓府、六胡州諸胡數萬眾，聚於經略軍（今內蒙古鄂托克旗東北巴音淖爾鄉後哈達圖村西南）北，將寇朔方。肅宗命郭子儀赴天德軍（今內蒙古烏拉特前旗北）發兵討之。[268] 郭子儀指揮天德

[268]《舊唐書》卷10〈肅宗本紀〉第243頁；《資治通鑑》卷218，第7,115至7,116頁；《舊唐書》卷121〈僕固懷恩傳〉，第3,877至3,878頁。

軍，與南面靈武唐軍形成夾攻之勢，殲滅了阿史那從禮的一部分兵力。

唐肅宗又欲借外夷兵，以張官軍聲勢，乃命邠王李守禮（玄宗堂兄）之子承寀為敦煌王，與朔方軍將領僕固懷恩出使漠北回紇汗國。

十二月，回紇兵南下至帶汗谷（陰山呼延谷），與郭子儀軍會合，在榆林河（黃河）北與同羅及叛胡遭遇，大破之，斬首三萬，俘虜一萬，河曲皆平。郭子儀率軍南下至洛交郡（鄜州，今陝西富縣）。[269]

2. 李泌彭原郡獻策

唐肅宗於靈武即位，重振朝廷，以收復兩京、平息叛亂為己任，急需輔佐人才，遂派人前往潁陽（今河南登封市西南）訪召隱士李泌。[270]

肅宗南下至彭原郡，李泌趕到謁見，陳言古今成敗之機，肅宗大喜。因李泌的資歷不夠，不便立即任命為宰相，遂以「布衣賓友」身份參決中樞機密，軍政事務（四方文狀、將相遷除等）皆先與李泌商議。

肅宗採納李泌的建議，任命皇長子廣平王（即代宗）為天下兵馬元帥，節制諸將，建立起新的軍事指揮系統。肅宗問曰：「今敵強如此，何時可定？」李泌對曰：「臣觀賊所獲子女金帛，皆輸之范陽，此豈有雄據四海之志邪！[271]今獨虜將（蕃將）或為之用，中國之人（漢族）唯高尚等數人，自餘皆脅從耳。以臣料之，不過二年，天下無寇矣。」

[269] 《舊唐書》卷10〈肅宗本紀〉，第244頁；《資治通鑑》卷218，第7,116頁、卷219，第7,125頁。

[270] (1) 李泌（西元722年至西元789年），唐中期政治家。字長源，京兆（今西安市）人，原籍遼東襄平（今遼寧遼陽市北）。李泌曾為肅宗「東宮故舊」，天寶中，因上書議論時政，受到玄宗召見，令待詔翰林，入為東宮（太子）供奉。後因遭受宰相楊國忠忌恨，被遷於蘄春郡（今湖北蘄春縣）安置，遂潛逃到嵩山一帶隱居起來。當他聽聞太子北上靈武的消息後，立即冒著風險前往投奔。李泌天性聰敏，博涉經史，精究易學，善文工詩，又頗好神仙道術。曆仕玄、肅、代、德宗四朝，位至宰相，封爵鄴侯。兩《唐書》有傳（《舊書》卷130、《新書》卷139）。

[271] 安祿山於天寶十四載（西元755年）十一月，起兵反叛。次年（西元756年）正月，就迫不及待地在洛陽稱帝（雄武皇帝）建國（大燕）。是年六月十七日，叛軍攻陷長安，將「府庫兵甲、文物、圖籍、宜春雲韶（宮廷女伎）、犀象、舞馬，掖庭後宮（宮官、宮女等）」，皆擄掠押送洛陽。其「市儈」貪婪習性暴露無遺。

賊之驍將，不過史思明、安守忠、田乾真、張忠志、阿史那承慶等數人而已。今若令李光弼自太原出井陘〔關〕，郭子儀自馮翊(今陝西大荔縣)入河東，則思明、忠志不敢離范陽、常山，守忠、乾真不敢離長安，是以兩軍縶(牽制)其四將也，從祿山者，獨承慶耳。願敕子儀勿取華陰(華州。今華縣)，使兩京之道常通，陛下以所徵之兵軍於扶風(今鳳翔縣)，與子儀、光弼互出擊之，彼救首則擊其尾，救尾則擊其首，使賊往來數千里，疲於奔命，我常以逸待勞，賊至則避其鋒，去則乘其蔽，不攻城，不遏路。來春覆命建寧〔王〕(肅宗次子)為范陽節度大使，並塞北出，與光弼南北犄角以取范陽，覆其巢穴。賊退則無所歸，留則不獲安，然後大軍四合而攻之。[272]

李泌特別指出：「陛下無欲速。夫王者之師，當務萬全，圖久安，使無後害。」肅宗深以為然。但是最終並未實施李泌之策(詳見下節)。

3. 陳濤斜之戰，房琯兵敗

至德元載(西元 756 年)八月十二日，肅宗從靈武派遣的使臣抵達蜀郡，玄宗才知道太子已於七月十三日即位稱帝，自己成為「太上皇」了。

玄宗宣布「遜位稱誥」；隨後頒布了〈命皇太子即皇帝位詔〉、〈皇帝即位冊文〉，派遣左相韋見素、吏部尚書房琯、門下侍郎崔渙等奉冊書及傳國寶(璽印)赴靈武，舉行傳位儀式。[273] 這三人皆是玄宗任命的宰相，派他們奔赴靈武，名為輔弼肅宗，實則企圖對靈武新朝有所控制。

九月，肅宗車駕至順化郡(慶州。今甘肅慶陽市)。韋見素等人從蜀郡趕到謁見。因韋見素先前依附楊國忠，肅宗對其態度冷淡。而房琯素有令名，肅宗虛心待之，行在機務多與其商議。房琯亦自負其才，慷慨陳

[272] 《資治通鑑》卷 219，第 7,127 頁；《新唐書》卷 139〈李泌傳〉，第 4,633 頁。
[273] 《舊唐書》卷 9〈玄宗本紀〉，第 234 頁。

言，以天下為己任，令肅宗感動。而肅宗急於集結各路勤王之師，盡快收復京城長安。因此，徵調充足的兵力和軍需物資，就成為肅宗新朝最緊迫的軍政要務。十月，肅宗車駕再南行至彭原郡（今甘肅寧縣）。因「軍興用度不足，權賣官爵及度僧尼」。[274] 籌集軍費等開支。

〔至是，房琯〕尋抗疏（上書直言）自請將兵以誅寇孽，收復京都，肅宗望其成功，許之。詔加持節、招討西京兼防禦蒲潼兩關兵馬節度等使，乃與子儀、光弼等計會進兵。……

琯分為三軍：遣楊希文將南軍，自宜壽（今周至縣）入；劉貴哲將中軍，自武功（今武功縣）入；李光進將北軍，自奉天（今乾縣）入。琯自將中軍，為前鋒，十月庚子（二十日），師次便橋（西渭橋）。辛丑（二十一日），二軍先遇賊（叛軍）於咸陽縣之陳濤斜（今咸陽市東），接戰，官軍敗績。時琯用春秋車戰之法，以車二千乘，馬步〔兵〕夾之。既戰，賊順風揚塵鼓譟，牛皆震駭，因縛芻（草）縱火焚之，人畜撓敗，為所傷殺者四萬餘人，存者數千而已。癸卯（二十三日），琯又率南軍即戰，覆敗，希文、劉〔貴〕哲並降於賊。

琯等奔赴行在（彭原郡），肉袒請罪，上（肅宗）並宥之。

琯好賓客，喜談論，用兵素非所長，而天子採其虛聲，冀成實效。琯既自無廟勝，又以虛名擇將吏，以至於敗。……[275]

房琯富有文才，擔任地方長官亦頗有政績。但是虛華不實，好為大言，對軍事乃「紙上談兵」的門外漢 —— 肅宗急於求成，致使辛苦集結（臨時拼湊）的五萬人馬損失殆盡，收復京城的計畫擱淺了。

而肅宗為何不使用建制完整的朔方軍？因為，自安祿山反叛之後，中

[274] 《舊唐書》卷 10〈肅宗本紀〉，第 244 頁。

[275] 《舊唐書》卷 111〈房琯傳〉，第 3,321 至 3,322 頁；《唐會要》卷 78〈元帥〉，上海古籍出版社，1991 年，第 1,684 頁；《資治通鑑》卷 219，第 7,121 至 7,123 頁。

央朝廷對於手握重兵的諸道節度使不再放心，遂企圖另行組建中央直屬的嫡系部隊，並讓其在收復京城時建立功績和威信。但結果卻是事與願違，只得又回過頭來使用朔方軍——「唯倚朔方軍為根本」。[276]

4. 永王璘事件

房琯兵敗咸陽，唐軍遭受重創，平叛戰局依然嚴峻。更令肅宗憂心不安的是，東南方面的荊襄地區又發生了重大變故。

原來，玄宗在入蜀途中，採納新任宰相房琯以「諸王（皇子）分領諸道節制」的建議，於七月十六日下詔，調整平叛軍事指揮：(1) 以太子（李亨）為天下兵馬元帥，都統朔方、河東、河北、平盧等節度兵馬，收復長安、洛陽；(2) 以永王（李璘）為江陵府（今湖北荊州市）都督，統山南東路、嶺南、黔中、江南西路等節度大使；(3) 以盛王（李琦）為廣陵郡（今江蘇揚州市）大都督，統江南東路、淮南、河南等路節度大使；(4) 以豐王（李珙）為武威郡（今甘肅武威市）都督，領河西、隴右、安西、北庭等路節度大使。凡應須士馬、甲仗、糧賜等，並於當路自徵供給；其幕府僚佐與本路郡縣官員，並任自行簡擇，署訖奏聞朝廷。[277]

當時，盛王、豐王皆為「遙領」，只有永王李璘赴鎮就職。

江陵府是江淮地區租賦的聚集之地，財貨屯積如山。但因叛軍占據了河南道大部分地區，大運河漕運中斷；凡租賦、官府奏章只能改道從襄陽（今湖北襄陽市）溯漢水先上達漢中（今陝西漢中市），然後再轉送蜀郡（今四川成都市）和扶風（今陝西鳳翔縣），供給軍用。故東南局勢穩定與否，直接影響著肅宗靈武新朝的財政來源。

永王李璘於九月至江陵（今湖北荊州市），很快招募了數萬人，每日

[276] 《舊唐書》卷 120〈郭子儀傳〉，第 3,450 至 3,451 頁。

[277] 《舊唐書》卷 9〈玄宗本紀下〉，第 233 至 234 頁；《資治通鑑》卷 218，第 7,102 頁。

軍費消耗巨大。其子襄城王李偒勇武有力，喜好用兵打仗。其謀主薛鏐、李臺卿、蔡坰等人懷有異志，以為天下大亂，唯有南方州縣完整、經濟富庶，永王掌握四道兵馬，封疆之地數千里，應當占據江陵，保有江南，仿效「東晉故事」。[278]

而永王李璘自小長於深宮之中，基本不懂世間事務，遂為其左右之言眩惑，頭腦膨脹，完全沒意識到這是分裂朝廷的反叛行徑，對於肅宗新朝猶如雪上加霜。肅宗曾傳詔勸喻永王歸蜀，但是永王拒絕從命。

十二月，肅宗詔命：置淮南節度使，領廣陵（今江蘇揚州市）等 13 郡，以高適（曾任哥舒翰幕府僚佐）充任節度使；置淮南西道節度使，領汝南（今河南汝州市）等 5 郡之地，以來瑱充任節度使；與江東節度使（駐今浙江杭州市）韋陟共同監視防範永王，以防不測。

十二月二十五日，永王擅自率兵順江東下，軍勢浩大，但是尚未暴露割據江南的圖謀。吳郡（今江蘇蘇州市）太守兼江南東道採訪使李希言致信永王，責問擅自發兵東下的意圖。永王大怒，遣將分兵襲擊吳郡、廣陵，攻取當塗（今安徽當塗縣），江淮地區大為震動。

高適、來瑱與韋陟三節度使奉命會於安陸（今湖北安陸市），聯兵討伐永王。至德二載（西元 757 年）二月中旬，永王兵敗勢窮，部下紛紛離散，欲南投嶺外，逃至大庾嶺（今江西、廣東省邊境，為嶺南、嶺北交通咽喉），被江西採訪使皇甫侁部下防禦兵追擊，中箭而死；其子襄城王李偒、謀士薛鏐等為亂兵所殺。[279] 一場嚴重的內亂方告平息。

[278] 據《舊唐書》卷 107〈玄宗諸子傳 · 永王璘〉，第 3,264 頁；《資治通鑑》卷 219，第 7,125 頁。

[279] 《舊唐書》卷 107〈玄宗諸子傳 · 永王璘〉，第 3,266 頁；《資治通鑑》卷 219，第 7,138 頁。《通鑑》云：永王璘被皇甫侁追擒，潛殺之於傳舍（驛站）。

二、肅宗駕幸扶風郡

至德二載（西元 757 年）正月初一，肅宗在彭原郡（今甘肅寧縣）舉行「大朝會」，接受群臣朝賀。十五日，車駕至保定郡（今甘肅涇川縣北）。

是月，洛陽叛軍發生宮廷政變，安祿山被其子安慶緒殺死。

1. 安慶緒殺父自立 [280]

安祿山先前患眼病，導致性情暴躁；起兵反叛之後視力更差，殆不見物，性情更趨嚴酷。左右侍從稍不如意，即加鞭打，小有過失，便行殺戮。又因身體肥胖，經常躺臥（感染褥瘡），聖武二年（至德二載）正月初一受朝（朝賀），竟因為瘡病嚴重，身體支持不住而中途作罷。

安祿山深居宮中，大將難得見面，諸事皆透過謀臣嚴莊上傳下達。而嚴莊雖然地位顯貴，亦不免被祿山鞭打，因而心生怨恨。

安祿山次子安慶緒，為其「糟糠之妻」康氏所生，從小練習騎射，因得安祿山偏愛，年歲未及二十，即拜鴻臚卿（從三品），為軍中都知兵馬使。但是安祿山發達之後，又特別寵愛嬖妾段氏；登基稱帝之後，常欲以段氏所生子慶恩代替慶緒為繼承人。

安慶緒性情怯懦，惶惶恐懼，遂與嚴莊商議對策。而嚴莊見安祿山眼病日益嚴重，幾近失明，心中害怕將有不測，遂勸安慶緒「大義滅親」！兩人遂與安祿山的近侍宦官李豬兒密謀刺殺行動。[281]

正月五日深夜，安祿山酣然熟睡。嚴莊、安慶緒把守在寢殿外，李豬

---

[280]　據〔唐〕姚汝能《安祿山事蹟》卷下，中華書局（曾貽芬點校），2006 年；《舊唐書》卷 200 上〈安祿山傳〉；《新唐書》卷 225 上〈逆臣傳．安祿山〉；《資治通鑑》卷 219，第 7,129 至 7,130 頁。

[281]　李豬兒原為契丹部落人，從小聰明機靈，十餘歲時被安祿山閹割，收為貼身侍從，以服侍謹慎，最見信用，而所受鞭打也最多。李豬兒心中常懷怨恨，故而答應嚴莊遊說，參與刺殺安祿山的密謀行動。

兒提大刀直入帳下，猛砍安祿山的大肚子；安祿山受疼驚醒，伸手摸不到床頭常備佩刀（已被李豬兒偷走），立即明白有難事發生，兩手搖撼帳竿絕望大呼：「是我家賊，賊由嚴莊。」須臾，腹部流血數鬥，氣絕而死。嚴莊等人以毛氈包裹其屍體，在床下挖坑埋之，嚴令宮中侍從保密。

次日，嚴莊對外宣布：皇帝病重，詔立慶緒為皇太子，軍國事宜大小並由其決定。安慶緒即位，尊安祿山為太上皇，然後公開發喪。

安祿山從反叛到被其子所殺，首尾三個年頭，時年 55 歲。

安慶緒有勇無謀，說話語無倫次，尊稱嚴莊為兄，自己在後宮縱酒行樂。又為諸將加封官爵，籠絡人心。嚴莊任御史大夫，封馮翊郡王，害怕諸將不服，一手包攬軍政大事，不讓安慶緒出朝會見文武官員。

這場殺父奪位的政變，猶如一場強烈地震，既造成了叛軍上層將領的不和與分裂，也嚴重影響到下層兵卒的士氣。

安祿山被殺時，史思明正在河東圍攻太原，安慶緒傳令史思明歸守范陽，任節度使，封爵嬀川王。此前，叛軍攻陷洛陽、長安等地，將搶掠的珍寶貨物皆運往范陽。從此，史思明坐擁強兵，據有富資，日益自大驕橫，不服從安慶緒的命令。安慶緒鞭長莫及，無可奈何。

2. 李光弼保衛太原 [282]

肅宗至德元載（西元 756 年）八月初，河東節度使李光弼受命奔赴并州（唐朝「北都」，今山西太原市西南），防禦叛軍進攻。[283]

---

[282] 參看馬馳《李光弼》第八章〈保衛太原〉，陝西師範大學出版社，1996 年。

[283] 顧祖禹論曰：西漢置並州於此（太原），以遮罩兩河，聯絡幽、冀。其東有恒山之險，西有大河之固。太原東阻太行、常山，西有蒙山，南有霍太山、高壁嶺，北扼東、西井陘關，是以謂之四塞也。太原府控帶山、河，踞天下之肩背，為河東之根本，誠古今必爭之地也。秦王李世民（唐太宗）曾有言：「太原王業所基，國之根本。」其後建為京府，複置大軍鎮（河東節度使）以犄角朔方節度使，捍禦北狄（突厥）。據〔清〕顧祖禹《讀史方輿紀要》卷 40〈山西二·太原府〉，中華書局（賀次君、施和金點校），2005 年，第 1,806 至 1,807 頁。

李光弼為將，素來以治軍嚴整著稱。他到達太原府伊始，即肅明軍紀和朝廷禮法，改變了先前王承業「軍政不修」的渙散局面，並緊急備戰備糧，做好堅守城池、迎擊叛軍進攻的各項防禦事宜。

自唐軍（郭子儀、李光弼）從河北道西撤之後，叛軍聲勢復張，到至德元載（西元 756 年）年底，唐軍收復的諸郡（州）縣又被叛軍攻陷。

至德二載（西元 757 年）正月，叛軍兵力總計約有 10 萬眾，分三路來攻太原：史思明自河北博陵（定州）取道太行山井陘關西進，牛廷玠自范陽繼後；蔡希德自高平（今山西晉城市）太行關（天井關。今晉城市南）向北；高秀岩自大同軍（今山西朔州市東北）向南出發。

而李光弼麾下的精兵已開赴靈武，當時，太原的團練兵不滿萬人（其中有河北景城、河間士卒 5,000 人），缺乏訓練，戰鬥力較差。故史思明對其部下諸將曰：「李光弼之兵寡弱，我軍可屈指而取太原，鼓行而西，圖河隴、朔方，無後顧矣。」[284]

太原諸將皆懼，議修城以待之，光弼曰：「太原城周四十里[285]，賊垂至而興役（修城），是未見敵先自困也。」乃帥士卒及民於城外鑿壕以自固。作墼（土坯）數十萬，眾莫知所用；及賊攻城於外，光弼用之增壘於內，壞輒補之。思明使人取攻具（攻城器具）於〔太行〕山東，以胡兵三千衛送之，至廣陽（屬太原府），〔李光弼派遣〕別將慕容溢、張奉璋邀擊，盡殺之。……

而光弼軍令嚴整，雖寇所不至，警邏未嘗少解，賊不得入。光弼購募軍中，苟有小技，皆取之，隨能使之，人盡其用，得安邊軍（今河北蔚縣）錢工三〔人〕，善穿道地。賊於城下而侮詈（侮辱謾罵），光弼遣人從

---

[284]《舊唐書》卷 110〈李光弼傳〉，第 3,305 頁；《資治通鑑》卷 219，第 7,133 頁。

[285] 據《元和郡縣圖志》卷 13〈河東道二．太原府〉：「太原有三城，府及晉陽縣（郭下）在西城，太原縣（郭下）在東城，汾水貫中城南流。」

道地中曳其足而入，臨城斬之。自是賊行皆視地（不敢逼近城牆）。賊為梯衝、土山以攻城，光弼為道地以迎之，近城輒陷。賊初逼城急，光弼作大砲（投擲石塊的機械裝置），飛巨石，一發輒斃二十餘人。賊死者什二三，乃退營於數十步外（大砲射程之外），圍守益固。光弼遣人詐與賊約，刻日出降，賊喜，不為備。光弼使穿道地周賊營中，搘之（支撐）以木。至期，光弼勒兵在城上，遣裨將將數千人出，如〔投〕降狀，賊皆屬目（觀看）。俄而營中地陷，死者千餘人，賊眾驚亂，官軍鼓噪乘之，俘斬萬計。會安祿山死，〔安〕慶緒使思明歸守范陽，留蔡希德等〔繼續〕圍太原。

月餘……光弼率敢死之士出擊，大破之，斬首七萬餘級，軍資器械一皆委棄。賊始至及遁，五十餘日……收清夷（今河北懷來縣東南）、橫野（今河北蔚縣）等軍，擒賊將李弘義以歸。[286]

李光弼指揮太原保衛戰，敵眾我寡，形勢嚴峻，戰鬥空前激烈。李光弼大智大勇，身先士卒，採用靈活多變的戰術，打退了叛軍一次又一次凌厲攻勢。史思明圍攻月餘，未能得手。史思明撤回范陽之後，李光弼於二月中旬開城反攻，大破叛軍。蔡希德狼狽逃走，沿途又遭遇各縣民眾的武裝攔截，損失慘重。太原保衛戰共殲敵 7 萬人，粉碎了史思明的策略及計劃；也為郭子儀進取河東提供了有力的保障。

3. 唐肅宗的心病

至德二載（西元 757 年）二月，肅宗車駕南下至關中鳳翔郡，才獲知安祿山已被其子安慶緒殺死，肅宗大喜，收復兩京的心情更加迫切。

肅宗至鳳翔旬日，隴右、河西、安西、西域之兵皆會，江淮庸調（財賦）亦至洋川（今陝南洋縣）、漢中。自散關通表成都太上皇，信使絡繹。

[286] 據《舊唐書》卷 110〈李光弼傳〉，第 3,305 頁；《資治通鑑》卷 219，第 7,133 至 7,134、7,137 頁。

長安人聞車駕至，從賊中自拔而來者日夜不絕。

李泌奏請：遣安西及西域之眾，如前策（彭原獻策）塞東北，自歸［媯］（今河北懷來縣東南）、檀（今北京密雲縣）南取范陽。

上（肅宗）曰：「今大眾已集，庸調亦至，當乘兵鋒擣其腹心，而更引兵東北數千里，先取范陽，不亦迂（迂遠）乎？」

〔李泌〕對曰：「今以此眾直取兩京，必得之。然賊必再強，我必又困，非久安之策。」上（肅宗）曰：「何也？」對曰：「今所恃者，皆西北守塞及諸胡之兵，性耐寒而畏暑（熱），若乘其新至之銳，攻祿山已老（疲憊）之師，其勢必克。兩京春氣已深，賊收其餘眾，遁歸巢穴，關東地熱，官軍必困而思歸，不可留也。賊休兵秣馬，伺官軍之去，必復南來，然則征戰之勢未有涯也。不若先用之於寒鄉，除其巢穴，則賊無所歸，根本永絕矣。」

上（肅宗）曰：「朕切於晨昏之戀，不能待此決矣。」[287]

肅宗所言「切於晨昏之戀」，即先行收復京城，不能執行李泌「彭原獻策」了。因為，肅宗北上靈武自行登基，雖說是迫於平叛形勢需要，但屬「先斬後奏」，是以既成事實「逼迫」玄宗退居太上皇。此為肅宗的一塊「心病」。而且，太上皇在蜀郡還繼續「發號施令」，直接影響肅宗的皇帝權威。所以，盡快收復長安，從蜀郡迎回太上皇，告祭宗廟，「正位」京城，重整社稷，乃肅宗自療「心病」的急迫方劑。

而此後的平叛戰局發展趨勢，正如李泌所預料：一是唐軍取得了收復了兩京的重大勝利；二是叛軍再強——史思明降而復叛，「火併」安慶緒、再次攻陷洛陽，戰事遷延，國力耗竭。[288]

[287]《資治通鑑》卷 218，第 7,113 頁、卷 219，第 7,136 至 7,137 頁；《新唐書》卷 139〈李泌傳〉，第 4,633 至 4,634 頁。

[288]《資治通鑑》卷 219，第 7,127 頁胡三省注云（特別指出）：「使肅宗用李泌策，史思明豈能再為關、洛之患乎！」

4. 郭子儀收復河東

河東郡（蒲州，今山西永濟市）西、南兩面有黃河天險，北連汾晉（今山西臨汾市）通往太原，西渡黃河即達同州（今大荔縣）、華州（今華縣），與關中互為表裡，是控制關河山川的衝要之地。

安祿山起兵反叛之初，唐軍據陝州（今河南三門峽市西）、潼關阻遏叛軍，即以蒲州為掎角。郭子儀進軍收復關陝，先取河東郡 —— 在蒲州與同州之間的黃河上有蒲津浮橋，更可見其軍事策略地位之重要。

至德元載（西元 756 年）年底，郭子儀平定河曲之後，率軍南趨洛交（今陝西富縣），準備進兵河東 —— 駐守叛將即攻破潼關的崔乾祐，驍勇善戰而驕奢淫逸，其部下士卒橫行不法。河東百姓翹首盼望官軍解救。

至德二載（西元 757 年）正月，郭子儀派宗族子弟郭懷文招募豪傑勇士，潛入河東，與「降敵」的唐官聯繫，約定在唐軍進攻時作為內應。

二月上旬，郭子儀率朔方軍直驅蒲津橋，於途中分兵先攻取了馮翊郡城（今大荔縣）。十一日夜晚，河東方面的唐官前來接應，同時在城內舉火起兵，殺死守城叛軍 1,000 餘人，開啟城門，迎接唐軍。

崔乾祐深夜聞變，慌忙出城，在北面的廢城處，還駐有一支叛軍。崔乾祐分出 3,000 兵馬反攻河東郡城，自領步、騎兵 5,000 人埋伏在蒲津關城中。郭子儀派次子郭旰、猛將僕固懷恩等人為前鋒，自引大軍繼後。叛軍倉促投入戰鬥，抵擋不住，遂縱火焚橋。唐軍將士一邊衝鋒殺敵，一邊滅火保橋。叛軍潰敗撤退，崔乾祐帶領殘兵連夜逃奔安邑（今山西運城市東北），叫開城門，一半人馬進入城內時，城門突然關閉 —— 安邑的官員和守軍已經反正，將進入城內的叛軍全部殲滅；崔乾祐在後，急忙掉轉馬頭向西南狂奔，從白徑嶺（今山西運城市解州鎮東）逃命而去。

朔方軍殺敵 4,000 人，俘獲 5,000 人，勝利收復了河東郡。

圖23（第166頁）

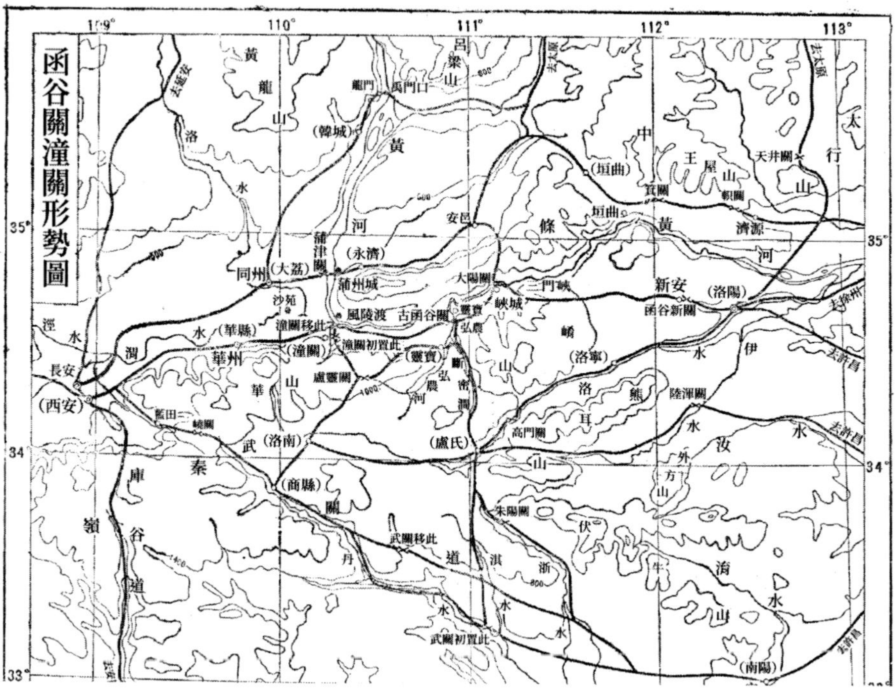

函谷關潼關形勢圖。據史念海《河山集》（第四集），陝西師範大學出版社，1991 年。

二月二十二日，郭子儀派其子郭旰、僕固懷恩等率軍渡過黃河，打破潼關，殺敵 500 餘人。叛將安守忠在永豐倉（今潼關港口鎮之西）築壘固守，郭旰等將領率軍前去攻打，殲敵萬餘人，郭旰英勇陣亡。

唐軍收復潼關、永豐倉，開啟了潼關東西兩側的通路。

安慶緒在洛陽聞報河東、潼關相繼失守，急忙派兵西行增援，兩軍遂於潼關一帶展開激烈戰鬥。結果，唐軍失利，兵馬使李韶光、大將王祚奮力血戰，先後陣亡，士卒損失萬餘人。三月下旬，駐守長安的叛軍也出動 2 萬騎兵，前來爭奪河東。郭子儀指揮朔方軍殲敵 1.3 萬人，打退叛軍的凶猛攻勢，穩定住了河東的局勢。[289]

[289]《資治通鑑》卷 219，第 7,139 至 7,140 頁。

三、收復兩京奏凱旋

肅宗至德二載（西元 757 年）二月十九日，長安叛軍大將安守忠首先發動攻勢。當時，唐軍前鋒關內節度使王思禮駐軍武功，兵馬使郭英乂駐軍武功東原，另一兵馬使王難得駐軍武功西原。郭英乂率兵首先與叛軍交鋒激戰，被敵箭射傷臉頰，敗陣退走。而王難得竟觀望不救，也相隨後撤。唐軍放棄武功，退至扶風（今扶風縣）。叛軍前哨騎兵進至鳳翔東面 50 里的大和關。鳳翔震動，肅宗大為驚駭，緊急下令戒嚴。[290]

恰在這時，郭子儀揮軍收復河東郡、派兵南攻潼關城。安守忠聞報，急忙引兵東去救援，鳳翔的戒嚴狀態才得以解除。

1. 清渠之戰，郭子儀兵敗

四月初一，肅宗詔令郭子儀回師鳳翔，進位司空（正一品），擔任關內、河東兵馬副元帥，統領諸節度使；以李光弼為司徒（正一品）。[291]

郭子儀命河東郡太守馬承光為留守，自率朔方軍主力西渡黃河，經馮翊（今大荔縣）開赴鳳翔。在移軍西進途中，郭子儀先派僕固懷恩等將領埋伏於三原（今三原縣）北面，防護側翼。四月十三日，叛將李歸仁率領 5,000 名精銳騎兵前來截擊唐軍。僕固懷恩等指揮伏兵突然攻擊，在白渠留運橋（今涇陽縣境內）將叛軍幾乎全殲，李歸仁泅水逃脫。

朔方軍從三原南下，與從鳳翔東進的王思禮會師於咸陽西渭橋，再進至潏水之西，逼近長安。叛將安守忠、李歸仁屯兵於長安西門外的清渠北面（今西安市西面三橋一帶）。長安城西南方面的潏水與灃水之間，是一片平曠之地。唐軍在這裡並無有利的地形條件可資利用。

[290] 《資治通鑑》卷 219，第 7,137 頁；《舊唐書》卷 110〈王思禮傳〉，第 3,312 頁。

[291] 《舊唐書》卷 10〈肅宗本紀〉，第 246 頁。

兩軍對峙七天，都不出戰。五月六日，安守忠下令叛軍乘木筏渡過渠水，進逼唐軍。郭子儀立即調動軍中的長刀隊，排列於渠岸拒敵。叛軍上岸未能立足，即敗陣撤退，郭子儀下令唐軍全線追擊。

而叛軍預先以 9,000 名騎兵擺列長蛇陣：安守忠率 4,000 騎為首，安太清率 4,000 騎為尾，分別從長安城西面的延平門（南門）和金光門（中門）衝鋒而出；中路叛軍也轉身反擊。叛軍首尾呼應，三面夾攻，唐軍頓時大亂，潰散敗退，兵仗衣甲委棄於路，判官韓液和監軍宦官孫知古被叛軍俘獲。郭子儀退兵保守武功，肅宗行在地鳳翔再次宣布戒嚴。[292]

郭子儀兵敗，責任不可推卸，遂親赴鳳翔覲見肅宗，自請貶官。五月十七日，肅宗改授郭子儀為尚書左僕射。

唐軍清渠之敗，說明叛軍的兵力和戰鬥力不可低估。

2. 收復西京長安

(1) 回紇騎兵助唐平叛 [293]

唐肅宗在靈武即位（西元 756 年）後，漠北回紇可汗遣使來朝，請求助唐討賊，肅宗設宴款待、賞賜絹帛而遣之。隨後，命敦煌王李承寀（玄宗堂兄邠王守禮之子）、朔方軍將僕固懷恩、石定番等出使回紇，修好徵兵。

十一月，回紇懷仁可汗先派遣其大臣葛邏支率領 2,000 名騎兵，奄至叛軍老巢范陽城下，耀武揚威；旋即西馳至黃河北岸，與郭子儀朔方軍會合，平定聚集在河曲的同羅及叛胡（已見前述）。

至德二載（西元 757 年）九月，回紇太子葉護、將軍帝德率 4,000 名騎兵至鳳翔，肅宗宴賜優厚；每日供給回紇軍羊 200 口、牛 20 頭、米 40 石。

---

[292] 《資治通鑑》卷 219，第 7141 頁；《舊唐書》卷 120〈郭子儀傳〉，第 3,451 頁。

[293] 以下據《舊唐書》卷 195〈回紇傳〉，第 5,198 至 5,199 頁；《新唐書》卷 217 上〈回鶻傳上〉，第 6,115 頁。

肅宗命元帥廣平王（即代宗）與回紇葉護相見，相約為兄弟。葉護大喜，稱廣平王為兄，命其將領達乾等 13 人先行至扶風，與副元帥郭子儀相見。郭子儀熟悉諸蕃風習，連續三日設宴犒勞，結其歡心而用之。

回紇（以及鐵勒諸部）世居漠北，隨水草游牧，兼事狩獵，其牧民皆長於騎射，性情凶悍而風俗貪婪，習於寇抄。回紇可汗自請助唐平叛，懷有明顯的目的，一是獲取唐朝的優厚賞賜，二是在戰爭中乘機搶掠財物和人口。[294] 而唐肅宗竟然與回紇葉護相約：克城之日，土地、士庶歸唐；金帛、子女皆歸回紇——急於收復京城的心情何等迫切！

(2) 香積寺大戰 [295]

唐軍清渠之戰失敗後，經過四個月的休整補充，士氣復振。

八月二十六日，叛軍自渭水之南西攻鳳翔。御史大夫崔光遠於駱谷（今周至縣西南）打敗叛軍；行軍司馬王伯倫和判官李椿率 2,000 名騎兵，乘勝進攻中渭橋（今西安市北面），殺死叛軍 1,000 餘人，一直攻到禁苑北門。先前屯駐武功的叛軍撤回長安，與唐軍在禁苑遭遇，雙方發生激戰，王伯倫戰死，李椿被俘。唐軍雖然失利，但是叛軍也不敢再進逼武功。

八月底，肅宗登上鳳翔城樓，檢閱諸軍，再次詔令天下兵馬元帥廣平王與副元帥郭子儀進兵，收復長安。肅宗設宴犒勞諸將，對郭子儀道：「成功與否，在此一舉。」郭子儀莊重起誓：「這次進攻不能奏捷，臣當以死相報。」唐朝開國以來，兵馬元帥一職，只授予親王（皇子）。自安祿山反叛

[294] 回紇為漠北鐵勒諸部之一。唐太宗貞觀二十年（西元 646 年），回紇配合唐軍攻滅薛延陀，逐漸領有其地。其首領吐迷度自稱可汗，附屬於唐。唐朝於其地設置瀚海都督府。唐玄宗天寶三載（西元 744 年），其首領骨力裴羅自立為可汗，建牙帳於鬱督軍山（今鄂爾渾河上游、杭愛山東北），唐冊封其為「懷仁可汗」。其轄境東起今興安嶺，南控大漠，西至阿爾泰山，最強盛時曾達中亞費爾干納盆地。參看王小甫《唐、吐蕃、大食政治關係史》附錄七〈論古代遊牧部族入侵農耕地區問題〉，北京大學出版社，1992 年。

[295] 本節據《舊唐書》卷 10〈肅宗本紀〉，第 247 頁、卷 121〈郭子儀傳〉，第 3,451 至 3,452 頁、〈僕固懷恩傳〉，第 3,478 頁、卷 195〈回紇傳〉第 5,199 頁；《資治通鑑》卷 220，第 7,151 至 7,152 頁。

之後，才開始由高仙芝、哥舒翰等大將擔任。[296] 而親王擔任元帥，一般只是掛名，副元帥才是實際的統帥，統領諸軍「行軍」作戰。所以，肅宗特意囑託郭子儀，勉其成功。

九月十二日，唐軍元帥廣平王統率 15 萬大軍，號稱 20 萬，從鳳翔出發，聲勢浩蕩，軍威強盛。這次進攻，郭子儀懲清渠之敗，改由武功渡過渭水，循南山東進。長安城郊的地勢，東南高而西北低。城南的灃水以東，滻水兩岸，雖地勢稍高，皆為起伏平緩的原野。

二十七日，唐軍列陣於長安西南的香積寺北面，陣線東西長達 30 里，鎮西、北庭行營節度使李嗣業為前軍、朔方行營節度使郭子儀為中軍、關內行營節度使王思禮為後軍。長安叛軍出動兵力 10 萬人，南迎唐軍而列陣。而叛軍勇於同唐軍決戰，可見氣焰仍是十分狂妄囂張。

叛將李歸仁首先發起衝鋒，唐前軍迎擊。叛軍大隊齊出，唐軍抵擋不住，向後退卻，輜重盡丟，叛軍爭相拾取，攻勢稍顯遲滯。

唐前軍統帥李嗣業見狀，卸甲赤膊，手執長刀，瞪大兩眼，嘶聲怒吼道：「今天如果不拚命，我軍就會徹底滅亡！」叛軍凡遇其刀鋒者，人馬皆被砍為幾段。[297] 李嗣業左右搏殺，一氣砍倒十幾名叛軍，這才穩住了唐軍陣腳。主將衝鋒在前，視死如歸，士卒感受激勵，奮勇爭先。李嗣業指揮唐軍排成橫隊，人人手持長刀，如同一堵鐵牆向前推進，喊殺之聲震天動地，所向披靡，叛軍抵擋不住，紛紛後退奔逃。

開戰之前，叛軍在陣線東面埋伏了一支輕騎兵，準備在雙方膠著廝殺，相持不下之際，從背後突襲唐軍。但是被唐軍預先偵知，元帥廣平王命令朔方左廂兵馬使僕固懷恩帶領回紇騎兵，搶先出擊。叛軍騎兵猝不及防，被殲滅殆盡，士氣頓受挫折。

---

[296] 《唐會要》卷 78〈元帥〉，上海古籍出版社，1991 年，第 1,683 頁。

[297] 《舊唐書》卷 109〈李嗣業傳〉，第 3,299 頁；《資治通鑑》卷 220，第 7,151 至 7,152 頁。

唐軍都知兵馬使王難得為救其裨將，被敵箭射中眼眉，肉皮垂下來遮擋了視線，他拔出箭頭，扯斷肉皮，頓時血流滿面，繼續躍馬大呼，揮刀衝殺。[298] 部下士卒人人奮勇，拚殺之聲驚天動地，鬼泣神驚。

正午過後，副元帥郭子儀傳令：中軍和後軍從正面全部投入戰鬥；回紇騎兵與李嗣業前軍分頭繞至叛軍背後，形成兩面夾擊之勢。

於是，在深秋蕭索的曠野上，人喊馬嘶之聲，猶如狂風呼嘯，怒濤拍岸。這是平叛戰爭開始以來最大的一場會戰，兩軍持續激戰，從中午直至傍晚，叛軍終因腹背遭受攻擊，全線崩潰，殘兵退入長安城中。

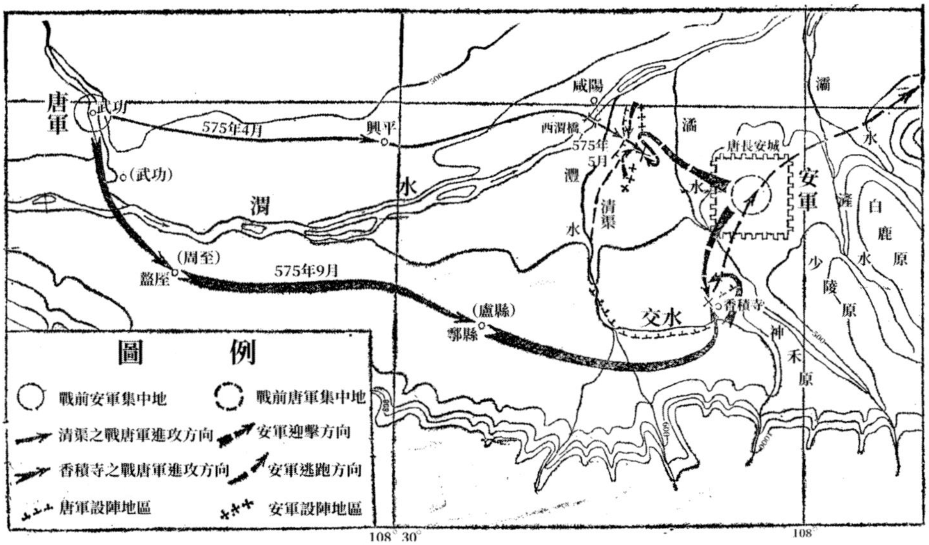

唐代郭子儀軍與安祿山軍香積寺之戰圖。據史念海《河山集》(第四集)，陝西師範大學出版社，1991 年。

香積寺大戰，唐軍殺傷叛軍 6 萬餘人。在方圓百里的曠野、河谷與大小水渠、溝坎裡，人馬屍體相枕藉，血腥撲鼻，雙方傷殘將士的呻吟號呼之聲，令鬼神戰慄，蒼天失色。

---

[298] 《新唐書》卷 147〈王難得傳〉，第 4,753 頁。

是夜，長安城內的叛軍驚魂難定，一片混亂，囂聲不息。叛將張通儒、安守忠、李歸仁、田乾真等人明白，困守城池就是等死，遂棄城向東狂奔，逃出潼關，至陝郡（今河南三門峽市西）喘息休整。

唐軍大獲全勝，朔方軍猛將僕固懷恩向元帥廣平王請示：「叛軍失利，肯定會棄城逃走，請讓我帶一支騎兵乘勝追擊，一定能活捉安守忠和李歸仁等人。」但是廣平王不同意：「你已經很疲勞了，暫且休息，明日再作計議。」僕固懷恩一再請求，一夜之中竟來來回回四五次。[299] 而廣平王堅持不同意追擊 —— 從古至今，乘勝追擊，連續作戰，是徹底殲滅敵人的最佳策略。香積寺大戰之後，兩軍皆十分疲敝，但是唐軍鬥志振奮高漲，叛軍士氣沮喪驚慌，唐軍若窮追不捨，無疑會繼續擴大戰果。

(3) 廣平王勸阻回紇搶掠

次日天明，哨探報告叛軍已夜遁東去。廣平王整軍入城，市井百姓扶老牽幼，夾道相迎，歡呼悲泣道：「想不到今天還能再看見官軍回來。」

唐軍進入長安城時，回紇軍統帥葉護要求如約行事 —— 搜掠財帛子女。廣平王拜於葉護馬前道：「現在剛剛收復西京，如果突然進行搶掠，那麼東京的百姓聞訊，就會幫助叛軍死守城池，不可能再攻克了。請你等到收復東京以後，再履行約定！」葉護吃驚地跳下馬來，跪拜作答：「我立刻率軍為殿下前往東京。」遂與僕固懷恩率領回紇騎兵、西域援軍，從長安南面繞城而過，紮營於滻水東岸。

郭子儀率領蕃、漢騎兵追擊叛軍，直至潼關之外，沿途殲敵潰兵 5,000 餘人，收復華陰、弘農（今河南靈寶市）兩郡。

廣平王進入長安城後，安撫民眾，以太子少傅虢王李巨（唐高祖第十四子李鳳的後代）為京城留守，恢復官府機構，維護社會秩序，準備迎接肅

[299]《舊唐書》卷 121〈僕固懷恩傳〉，第 3478 頁。

宗車駕返回京城。大軍休整三日，才繼續東進。

二十九日，收復長安的捷報傳送到鳳翔，肅宗心情激動，淚流滿面，當天即派宦官啖庭瑤前往蜀郡，向太上皇（玄宗）奏報；又遣左僕射裴冕先行入京，祭奠陵廟，告慰祖宗，並撫慰京城內外百姓。

3. 收復東都洛陽

(1) 河南道唐軍守城戰

在唐軍收復西京之前，河南道堅持抗敵的唐軍，外無援兵，形勢極為艱難。其中以許州、南陽、睢陽三地的保衛戰最為卓絕慘烈。

①薛願、龐堅死守許州。叛軍攻陷陳留（今開封市）、滎陽（今鄭州市）之後，向西南進攻南陽，潁川（今許州市）正當其進兵道路。

潁川太守兼防禦使薛願（河東蒲州汾陰縣人）、長史兼防禦副使龐堅（京兆府涇陽縣人），竭力固守城池將近一年，無救援前來。城中兵少乏糧，城外百餘里的廬舍、樹木皆蕩然無存。肅宗至德元載（西元 756 年）十二月，叛軍增兵進攻，薛願、龐堅晝夜苦戰半月，城破陷落。

〔薛〕願、〔龐〕堅俱被執（被俘），送於東都（洛陽），將肢解之，或說祿山曰：「薛願、龐堅，義士也。人各為其主，殺之不祥。」乃繫於洛水之濱〔樹上〕，屬〔天氣〕苦寒，一夕凍死。[300]

許州失陷之後，叛軍兵鋒向西南直指南陽郡（鄧州）。

②魯炅保衛南陽城。[301] 玄宗天寶十五載（西元 756 年）六月，潼關失守，大將哥舒翰投降叛軍，安祿山利用其招降南陽守軍，被魯炅斷然拒絕。

[300] 《舊唐書》卷 187 下〈忠義傳下．薛願〉龐堅傳附，第 4,899 頁；《資治通鑑》卷 219，第 7,126 頁。

[301] 《舊唐書》卷 114〈魯炅傳〉，第 3,361 至 3,363 頁；《新唐書》卷 147〈魯炅傳〉，第 4,751 至 4,752 頁。

至德二載（西元 757 年）三、四月間，叛軍大將武令珣、田承嗣等相繼來攻南陽城，魯炅指揮軍民奮力抵抗。五月，南陽城中糧盡，米價漲到一斗四五十貫，但是有價無米，一隻老鼠竟賣錢四百文，軍民餓死者相枕藉。當時，南陽城外方圓數百里範圍，鄉鎮村落皆毀為廢墟，舉目所及，無處樵採，難見炊煙，戰事之酷烈，可謂慘絕人寰。

宦官將軍曹日升奉命奔赴南陽宣慰，一行十騎，胸懷赴死決心，衝圍突進，氣勢凌厲，叛軍皆望而畏懼，不敢阻擋。南陽軍民絕望之際，見到曹日升等人前來，皆欣喜不已。曹日升又復突圍而出，前往襄陽搬取糧草，以千人押運，再次奮勇衝入城內，魯炅得以率領軍民繼續堅守。

至五月中旬，城中糧食再次告罄，魯炅率領剩餘的數千名將士，於十五日夜開城突圍，殺敵甚眾，且戰且退，南奔襄陽（今湖北襄樊市），扼守這一策略要地，繼續阻遏叛軍南下侵犯江、漢地區。[302]

③張巡、許遠血戰睢陽。[303]天寶十五載（西元 756 年）二月，真源（今河南鹿邑縣）縣令張巡與單父（今山東單縣）縣尉賈賁（後戰死）等人，招募豪傑，在雍丘縣（今河南杞縣）打敗叛將令狐潮（降賊唐官）。張巡等率眾堅守雍丘將近一年，帶甲而食，裹創復戰，經歷大小戰鬥數百次，叛將令狐潮、李懷仙、李庭望、楊朝宗等在城下損兵折將，無功而退。

十二月，張巡率領士卒 3,000 人，戰馬 300 匹，移軍寧陵縣（今河南寧陵縣），再至睢陽郡（今河南商丘市南），與太守兼防禦使許遠會合。

---

[302]　《舊唐書》卷 114〈魯炅傳〉，第 3,363 頁；《資治通鑑》卷 219，第 7,126 頁。是年十月，唐軍收復西、東兩京，圍困南陽的叛軍聞訊逃往河北。而南陽方圓二百里人煙斷絕，軍民遺骸委積於牆壁之間、壕溝之中，慘不忍睹。十二月，朝廷策勳行賞，詔曰：「特進、太僕卿、南陽郡守、兼御史大夫、權知襄陽節度使、上柱國、金鄉縣公魯炅，蘊是韜略，副茲節制，竭節保邦，悉心陷敵。表之旗幟，分以土田。可開府儀同三司（從一品）、兼御史大夫，封岐國公，食實封二百戶，兼京兆尹。」

[303]　據《舊唐書》卷 187 下〈忠義傳下．張巡附姚訚、許遠〉，第 4,899 至 4,903 頁；《新唐書》卷 192〈忠義傳中．張巡、許遠附南霽雲、雷萬春、姚訚〉，第 5,535 至 5,543 頁。參看王永興《唐代前期軍事史略論稿》，昆侖出版社，2003 年，第 389 至 399 頁。

雍丘、睢陽與潁川三城，是阻遏叛軍南下江淮地區的策略衝要。尤其是雍丘和睢陽，控制著江淮連通開封、洛陽的漕運要道汴河。

當時，許遠與城父（今安徽亳州市東南）縣令姚誾，率領軍民堅守城池。張巡與許遠會合，總計兵力 1.6 萬餘人。張巡派遣勇將雷萬春、南霽雲等，與叛軍交戰於寧陵縣北，斬殺叛將二十人，殺傷萬餘人，投屍於汴河，河水為之不流。肅宗聞報，詔拜張巡為河南節度副使。

至德二載（西元 757 年）春夏期間，叛將尹子奇率兵 13 萬，幾次前來圍城，日夜進攻。唐軍勇將南霽雲善射，臨陣射瞎尹子奇左眼，乘勢出擊，大敗叛軍，尹子奇差點被俘，再次狼狽退走。

七月初，城中士卒僅餘 1,600 人，皆飢餓傷病，仍頑強堅持。糧食將盡，馬匹殺光，鼠雀捕盡。張巡殺其愛妾，許遠殺其家僮，最後甚至殺老弱男女以充食。血戰酷烈，為平叛戰爭之最，慘絕人寰，鬼泣神驚。

當時，與睢陽相鄰諸郡的唐軍將領 —— 兵馬使許叔冀守譙郡（亳州，今安徽亳州市），在睢陽南鄰；尚衡守彭城郡（徐州。今江蘇徐州市），在睢陽東鄰；河南節度使賀蘭進明守臨淮郡（泗州），在彭城郡東鄰，皆畏敵如虎，擁兵觀望，不肯出兵救援睢陽。

張巡派遣南霽雲率領 30 名輕騎兵，開城衝圍而出，奔赴臨淮郡告急求援。叛軍出動大隊人馬阻攔堵截，南霽雲衝鋒在前，左右馳射，所向披靡，抵達臨淮城下時，只損失了兩名騎兵。

〔南霽雲〕既至臨淮，見〔賀蘭〕進明，進明曰：「今日睢陽不知存亡，兵去何益！」〔南〕霽雲曰：「睢陽若陷，霽雲請以死謝大夫。且睢陽既拔，即及臨淮，譬如皮毛相依，安得不救！」進明愛霽雲勇壯，不聽其語，強留之，具食與樂，延霽雲坐。霽雲慷慨，泣且語曰：「霽雲來，睢陽之人不食月餘矣！霽雲雖欲獨食，且不下嚥。大夫坐擁強兵，觀睢陽陷沒，曾無分災救患之意，豈忠臣義士之所為乎！」因齧落一指以示進明，曰：「霽雲既不能達主將之意，請留一指以示信歸報。」一座大驚，為出涕。〔霽雲〕卒不食〔而〕去。[304]

南霽雲一行返回途中，至真源縣，得戰馬100匹；次寧陵，又得守城使廉坦部下之兵3,000人，欲乘夜晚大霧瀰漫，進入睢陽。但是被叛軍發覺，出兵攔截，南霽雲且戰且行，最後衝入城內者僅有千人。

至十月初，城內軍民僅剩400餘人，仍誓死不降。初九日，守城將士精疲力竭，難以站立，城池終於陷落。張巡、南霽雲、雷萬春等36名將領被俘，從容就義；許遠被叛軍押送至洛陽，不屈而死。[305]

睢陽陷落十天之後，唐軍收復東京洛陽。張巡、許遠率領軍民血戰睢陽，以寡敵眾，先後殺傷叛軍10萬餘人，屏障江淮，厥功甚偉！[306]

(2) 陝州「新店之役」

叛軍大將張通儒、安守忠從長安倉皇撤退，逃出潼關，據守陝郡。洛陽的安慶緒聞報，急令御史大夫嚴莊率兵前去增援。叛軍步、騎兵尚有15萬人，聲勢頗大，在陝郡之西的新店，依崤山北麓布列陣線。

唐軍副元帥郭子儀領兵先行出潼關，進抵弘農郡（虢州）。另一路唐軍兵馬使王難得率興平軍，向東南翻越秦嶺，於十月初八日攻取武關（今

---

[304]　《資治通鑑》卷219，第7,148頁；《舊唐書》卷187下〈忠義傳下・張巡傳〉，第4,901頁；《新唐書》卷192〈忠義傳中・張巡傳〉，第5,538至5,539頁。

[305]　當時，新任河南節度使張鎬為了解救睢陽危急，倍道急行，並傳檄譙郡（亳州）太守閭丘曉出兵馳援——譙郡北鄰睢陽。但是，閭丘曉剛愎傲慢，又害怕失敗，逗留不進，拒不執行張鎬的軍令。及至張鎬趕到睢陽時，城池已經陷落三天了。張鎬難以遏制憤怒和傷悲，傳召閭丘曉，將其杖殺。據《舊唐書》卷111〈張鎬傳〉，第3,327頁；《資治通鑑》卷220，第7,157至7,158頁。

[306]　據《新唐書》卷192〈忠義傳中〉史臣讚語（第5,544頁）：「張巡、許遠，可謂烈丈夫矣。以疲卒數萬，嬰孤墉（城），抗方張不制之虜，鯁其喉牙，使不得搏食東南，牽掣首尾，豗潰（奔竄）梁、宋間。大小數百戰，雖力盡乃死，而唐全得江、淮財用，以濟中興，引利償害，以百易萬可矣。……［張］巡死三日而救［兵］至，十日而賊亡（叛軍逃離洛陽），天以完節（完美名節）付二人，畀名（給予美名）無窮，不待留生而後顯也。……」

陝西丹鳳縣東南），收復了上洛郡（今陝西商州市）。

十五日夜，唐軍元帥廣平王駐紮於弘農郡東北的曲沃城，與叛軍相距只有十餘里。副元帥郭子儀決定採用正面強攻，背後偷襲的作戰方案，命令回紇騎兵先行，沿著南山搜尋前進，隱蔽於嶺北（山麓），待機出動——結果遭遇叛軍「潛師」並將其殲滅殆盡。

十六日，郭子儀指揮唐軍發起衝擊，激戰片刻，叛軍佯敗，引誘唐軍深入，然後兩翼合擊，唐軍被逼下山坡，隊形大亂。危急時刻，回紇騎兵從南山方面向叛軍背後衝殺過來，數千騎兵飛速奔馳，勢如狂風，揚起漫天黃塵，前鋒兵於奔馳之中，向敵陣射出十幾支長箭。叛軍驚呼：「回紇兵來了！」在上月的長安香積寺大戰中，叛軍已經領教了回紇兵的快馬利刀之威，餘悸未消，頃刻之間陣形潰亂，扔掉兵器，爭相逃命。

郭子儀立即揮動全軍，兩面攻擊，叛軍陣線崩潰瓦解，唐軍乘勝追殺50餘里，叛軍屍橫滿野，死傷與被俘10萬人。嚴莊與張通儒放棄陝郡，狼狽東逃洛陽，300里路途上，散落著叛軍丟棄的盔甲兵仗。

唐軍進入陝郡，廣平王命僕固懷恩等將分道追擊殘敵，擴大戰果。

嚴莊等人逃回洛陽，向安慶緒報告兵敗情況，特別奏明回紇騎兵快馬如風，強悍難敵。此時，洛陽城內已無兵可用，安慶緒自知大勢已去，遂於當天夜晚帶領餘黨殘兵，從苑門出逃，奔往河北。在出逃之前，下令將囚禁的唐軍降將哥舒翰等30餘人全部處死。[307]

十八日，唐軍進入洛陽。投降叛軍擔任偽職的官員陳希烈、張均兄弟等300餘人，素服請罪。廣平王遵照肅宗旨意，將他們全部押往長安，等候處置。就在洛陽民眾歡迎官軍之際，回紇兵卻開始搶掠了。

---

[307]《資治通鑑》卷220，第7,158至7,159頁。

回紇大掠東都三日，奸人導之，府庫窮殫，廣平王欲止不可，而耆老以繒錦萬匹賂（贈送）回紇，止不剽〔掠〕。[308]

郭子儀急忙請來洛陽父老，向元帥廣平王陳情，願意用羅錦萬匹酬謝回紇平叛之功，這才阻止了回紇兵騷擾掠民的暴行繼續擴大。

二十一日，唐軍收復河陽（今河南孟縣）、河內（今河南沁縣）兩郡。洛陽東面陳留郡（今開封市）民眾殺死叛將尹子奇，舉郡歸唐。

郭子儀傳令河南節度使張鎬、南陽節度使魯炅、潁川節度使來瑱、吳王李祇、李嗣業和李奐等將，率軍分頭收復河南、河東其餘郡縣。除了叛將能元皓、高秀岩仍據守的北海（今山東青州市）、大同軍（今山西朔州市）兩地投降較晚外，兩道郡（州）縣很快獲得光復。安祿山與安慶緒父子的主要謀臣嚴莊，見大勢已去，前來投降。

廣平王與郭子儀商議，奏請任用嚴莊為司農卿（從三品），藉以分化叛軍陣營，擴大招降範圍並安撫已經投降的叛軍將十。[309]

(3) 安慶緒敗退鄴城

安慶緒倉皇北逃至鄴郡（相州，今河南安陽市），隨從殘兵僅 1,300 人。但旬日之間，叛將蔡希德從上黨（潞州，今山西長治市）、田承嗣從潁川（許州）、武令珣從南陽（鄧州），各率所部而至，再加上新招募的兵員，共計約有 6 萬人馬，聲勢復振。遂改相州為成安府，以偽中書令張通儒主持軍政，署置百官。隨後，河北道已為唐軍「光復」的諸郡（州）縣城池，又被叛軍相繼攻陷，慘遭屠殺；其餘潛謀「歸順」唐朝廷者，皆被叛軍分置別處，任意殺戮。河北諸郡民心思唐，望眼欲穿。

[308]　《新唐書》卷 217 上〈回紇傳上〉，第 6,116 頁。

[309]　據《新唐書》卷 225 上〈逆臣傳上・安祿山〉：嚴莊使其妻到唐軍大營求見廣平王，說：「嚴莊欲降，願得一信為憑證。」廣平王與郭子儀商議認為，嚴莊投降具有典型和代表性，可曉諭叛軍餘黨而降之，遂答應賜予嚴莊「鐵券」（免罪憑據）。嚴莊至長安，肅宗召見，赦免其死罪，授任司農卿（從三品）。

安慶緒昏昧荒唐，無理政才能，但知尋歡作樂，繕治亭沼樓船，為長夜宴飲。其謀臣高尚與將領之間勾心鬥角，離心離德。如大將蔡希德性情剛直，部下兵士也最為精銳，被張通儒讒言陷害而死，三軍冤痛；而大將崔乾祐為天下兵馬使，性情剛愎殘暴，軍心不服。[310]

坐鎮范陽的史思明，也趁機收羅擴充力量。當時，叛軍大將阿史那承慶、李歸仁等分散逃奔常山（恆州）、趙郡（趙州）與范陽（幽州）等地。其中，李歸仁所率曳落河、同羅與六州胡數萬人，皆為精兵，在潰逃范陽的路上，大肆搶掠沿途百姓的錢財物資。史思明聞訊，預先作好武力防備，同時派人迎接這些潰兵進入范陽，曳落河、六州胡皆願意歸降；而同羅兵不從，被史思明縱兵擊敗，殘餘人眾則逃歸漠北（其游牧之地）。[311]

此時，史思明擁有 8 萬兵力、河北道 13 郡地盤，超過了安慶緒。

由此可見，在唐軍收復東京洛陽之後，安慶緒如「驚弓之鳥」，勢單力弱；各路叛軍爭相北逃，軍心渙散 —— 唐軍未集結優勢兵力，乘勝追殲窮寇，遂使叛軍獲得喘息之機，收羅人馬重聚力量，繼續頑抗。

4. 二聖返回長安

唐軍收復兩京，達成了肅宗的策略意圖，是平叛戰爭以來的重大勝利。但是，這種從西向東、卷席推進的策略，與李泌「彭原獻策」提出的兩面夾擊策略相比較，就是拖延了平叛戰爭的策略。

至德二載（西元 757 年）十月十九日，肅宗車駕從鳳翔啟程。二十二日，抵達咸陽望賢宮，接到廣平王收復東京的捷報。二十三日，進入長安城。

京城內外百姓扶老攜幼，在城外 20 里迎接皇駕。劫後餘生，人們歡

[310] 《舊唐書》卷 200 上〈安祿山傳〉，第 5,372 至 5,373 頁；《資治通鑑》卷 200，第 7,160 至 7,161 頁。
[311] 《資治通鑑》卷 200，第 7,165 頁。

呼拜舞，相互慶賀，向皇駕歡呼「萬歲」，肅宗也感動得熱淚長流。

京城淪陷了一年四個月，皇城的太廟（皇家祖廟）被叛軍焚毀。肅宗身著素服，在太廟廢墟前哭祭三日，才入居大明宮。

是月底，回紇統帥葉護從洛陽返回長安。群臣奉命至城東長樂驛迎接，肅宗在大明宮宣政殿盛設宴席，犒勞回紇將領，賞賜錦繡等。對葉護大加獎賞：晉升為司空（正一品），封爵忠義王，每年賜絹 2 萬匹，由其派使者至朔方軍（今寧夏吳忠市）受領。[312]

十一月上旬，廣平王與郭子儀凱旋長安。肅宗以隆重的軍容儀衛，親至灞上（今西安市東郊）迎接，慰勞嘉獎郭子儀曰：「吾之家國，由卿再造。」以功加授郭子儀司徒（正一品），封爵代國公，食邑千戶。[313]

再說肅宗從鳳翔起駕返京時，派遣太子太師韋見素入蜀奉迎太上皇。而太上皇已於二十三日啟程，踏上歸路。十一月二十二日，太上皇抵達鳳翔，扈從將士僅剩 600 餘人。這時，肅宗派來奉迎的 3,000 精騎兵已經到達 —— 名為護駕，實為監視。[314] 十二月初三，太上皇行至咸陽望賢驛（行宮），肅宗已備法駕儀仗在此迎候。百姓父老在儀仗警衛之外，歡呼且拜。肅宗令開仗，縱千餘人進入謁見太上皇。

時隔一年半，父子再相見，嗚咽悲戚，不勝感慨。次日，太上皇乘馬，肅宗徒步牽馬，後乘馬為前導，自開遠門（京城西牆北門）入城。從開遠門外到大明宮丹鳳門（正南門）的道路兩旁，擁滿了迎駕的官民，載歌載舞，亦喜亦悲，相互慶賀道：「沒想到今天能見到二位聖上！」

太上皇入大明宮，登含元殿，接受百官朝賀。禮見完畢，又到長安殿拜謁祖宗神主（牌位），慟哭謝罪（太廟被叛軍焚毀，尚未修復）。

---

[312] 《新唐書》卷 217 上〈回紇傳上〉，第 6,116 頁。

[313] 《舊唐書》卷 120〈郭子儀傳〉，第 3,452 頁；《資治通鑑》卷 220，第 7,162 頁。

[314] 〔唐〕郭湜《高力士外傳》//《開元天寶遺事十種》，上海古籍出版社，1985 年。

十二月十五日，肅宗登臨大明宮南門丹鳳樓，宣布大赦天下，唯與安祿山一同反叛者以及李林甫、王鉷、楊國忠等人的子孫不予赦免。二十一日（甲子），在大明宮宣政殿，太上皇親自將「傳國璽」授予肅宗，肅宗「涕泣而受之」，完成了父子間的權力交接。[315]

太上皇（玄宗）返回京城後，仍居興慶宮（南內）—— 已失去了往昔的崇高地位。太上皇「高居無為」，陪伴服侍的人，除了忠誠的高力士、陳玄禮，太上皇的妹妹玉真公主（女道士），還有少數近侍宦官、宮女，昔日的「皇帝梨園弟子」。

然而，太上皇悠閒養老的日子並未長久。上元元年（西元 760 年）七月，太上皇被李輔國矯詔遷居西內（太極宮），高力士被流放邊遠之地，陳玄禮被迫致仕（退休），「梨園弟子」被遣散。太上皇被軟禁在西內，如同「高級囚犯」，至寶應元年（西元 762 年）四月駕崩。此是後話。

四、史思明降而復叛

1. 史思明首鼠兩端

安慶緒敗退河北，盤踞鄴郡（相州），對於史思明在范陽（幽州）擁兵坐大，不奉詔命的行為非常憂心。十二月，安慶緒派遣大將阿史那承慶、安守忠率領 5,000 名精銳騎兵，前往范陽，以徵調兵馬為名義，企圖相機行事，除掉史思明。而史思明奸詐機智，自然明白來者不善。

史思明的節度判官耿仁智、裨將烏承玼相繼進言：今唐室復興，是天下民心所向；安慶緒如同草葉露珠，難以長久；若款誠歸順，洗刷過錯，

[315] 《舊唐書》卷 10〈肅宗本紀〉，第 249 頁；《資治通鑑》卷 220，第 7,163 至 7,165 頁。

才能轉禍為福。史思明點頭稱是。[316]

當阿史那承慶和安守忠來到范陽時，史思明以數萬兵馬列陣相迎，雙方相距一里之遙。史思明派人傳話，以溫言軟語誘使阿史那承慶等人放鬆戒備，然後邀請進入城內，設宴飲酒，觀賞樂舞。與此同時，派手下將領來到城外，收繳了阿史那承慶部下的武器裝備，其士兵願留者給予重賞，分隸於范陽各軍中；不願留者，發給錢糧遣散回家。[317]

次日，史思明將阿史那承慶等人囚禁起來，派遣部將竇子昂奉表奔赴長安，以所轄 13 郡土地和 8 萬兵眾歸降。同時，傳令駐守大同軍（今山西朔州市東北）的高秀岩投誠。肅宗大喜，二十二日，封史思明為歸義王、范陽長史、御史大夫、河北節度使。

隨即，肅宗派遣內侍李思敬前往河北，傳宣詔命，撫慰將士；敕令史思明整頓所部兵馬和物資，準備進討安慶緒。很快，河北道除了安慶緒盤踞的相州之外，其餘郡縣「率為唐有」。

史思明歸降唐朝廷的消息傳開，安慶緒所署淄青節度使（駐青州，今山東青州市）能元皓也舉所部歸降，肅宗授其鴻臚寺卿（從三品）、充河北招討使；其子能昱並授官爵。[318] 至此，安慶緒的勢力地盤更為孤立，隨時面臨著被兩面夾攻的「滅頂」之敗。

2. 肅宗處置降敵官

肅宗返回京城之後，御史中丞崔器下令：將「降賊官」（接受安祿山偽官爵者）全部押至大明宮含元殿前，一律去掉頭巾，披散頭髮，脫鞋赤足，捶胸叩首，以示請罪。同時，讓文武百官前來觀看，當眾羞辱。

[316] 《資治通鑑》卷 220，第 7,165 頁；《新唐書》卷 136〈烏承玼傳〉，第 4,597 頁。

[317] 以下據《舊唐書》卷 10〈肅宗本紀〉，第 249 至 250 頁、卷 220 上〈史思明傳〉，第 5,378 至 5379 頁；《資治通鑑》卷 220，第 7,160、7,163、7,166 頁。

[318] 《舊唐書》卷 10〈肅宗本紀〉，第 251 頁；《資治通鑑》卷 220，第 7,170 頁。

當洛陽的降賊官陳希烈、達奚珣等200餘人被押送到長安後，十月二十五日，崔器又在含元殿前如法炮製。然後，將他們囚禁在玄宗朝宰相楊國忠的宅院裡，等候審問處置。[319] 不言而喻，將這些降賊官關押在楊國忠的宅院，帶有明顯的羞辱意味。

而如何處置這些變節降賊官員？崔器與兵部侍郎呂諲主張嚴厲懲處：背叛朝廷，充當偽官，按律應處死刑。這正符合肅宗的心意。

但是，禮部尚書李峴與詳理判官、殿中侍御史李棲筠，則主張寬大處理：河北叛軍尚未完全平定，群臣陷於叛軍的人數還有不少，若採取寬大政策，可促使他們選擇自新；否則，等於讓他們堅定降賊之心。

最後，肅宗決定「以六等定罪」：重罪者斬首於市場（處斬示眾），其次賜自盡於大理寺，再次重杖一百，其餘再分為三等流放（距離京城2,000里、2,500里、3,000里以外[320]）、貶黜（降職或免官）。

十二月二十九日，肅宗下制：降賊官達奚珣等18人，並處斬首；陳希烈等7人，並賜自盡；對於安祿山任命的河南府尹張萬頃，因其能盡力保護百姓，特予赦免，不問罪過。是日，在皇城東南隅的獨柳樹（行刑之處），將達奚珣等18人公開斬首，仍召集文武百官觀看行刑。

不久，有從安慶緒叛軍中逃脫歸來長安者，告曰：唐廷臣僚被迫跟從安慶緒到鄴郡（相州）者，聽說廣平王赦免陳希烈等人，皆自悼（悲傷），悔恨失身於賊庭；但是後來又聽說陳希烈等人被誅斬，都不敢前來歸順朝廷。肅宗聞報之後，又甚為後悔（可見肅宗左右搖擺，優柔寡斷）。[321]

當時，唐朝廷上下對於史思明歸降的「誠意」，看法並不統一。而肅

---

[319] 《舊唐書》卷10〈肅宗本紀〉，第249頁。

[320] 凡被流放者皆服苦役一年，然後就地「落籍」，編為民戶。據《唐六典》卷6〈刑部〉，第185至186頁。

[321] 參看牛致功《安祿山與史思明評傳》，三秦出版社，2000年，第174至180頁。

宗已被暫時的軍事勝利衝昏了頭腦，心存僥倖，想用恩寵來籠絡史思明，根本聽不進反對意見。[322] 適逢中使（宦官充任）自河北歸來，稱言史思明、許叔冀忠懇可信。但是仍有一部分大臣持懷疑態度。

史思明已成為叛軍中勢力最強大者，而且懷有政治野心 —— 勇於囚禁阿史那承慶、安守忠等人，就是與安慶緒「公開叫板」了。在此前後，史思明積極擴充其兵力，同時命令其親信將領控制趙州、冀州（今河北冀縣）、博州（今山東聊城市東北）等地，換掉安慶緒任命的將領。如此，既擴大了其勢力地盤，可與安慶緒抗衡；又為歸降唐朝廷抬高了「身價」—— 有利則進，無利則退，絕非真心誠意「歸降」。

3. 烏承恩事件

烏承恩之父烏知義曾充任平盧軍使，對部將史思明有「開獎之恩」。安祿山反叛時，烏承恩為信都郡（冀州）太守，舉郡投降。史思明念及舊恩，保全了其性命和家人。及至安慶緒敗逃河北，烏承恩便想立功贖罪，遂勸說史思明歸降；還多次男扮女裝，遊說其他軍營的將士「反正」。此事被人告發，但是史思明懷疑事證不實，沒有追究。

烏承恩歸降後不久，來到長安，又奉詔與中使李思敬宣慰河北，遂企圖趁此機會誅殺史思明，建立大功。他到達范陽後，史思明召其在此地的小兒子前來客館相見。當日半夜，烏承恩悄聲告訴兒子說：「我奉皇帝之命來除史思明這個逆賊，事成之後當任節度使。」

但是他沒有料到，史思明派了兩個親信潛伏在房內床下，一聽此謀，

[322] 如河南節度使張鎬上奏曰：「思明凶豎，因逆竊位，兵強則眾附，勢奪則人離。包藏不測，禽獸無異，可以計取，難以義招。伏望不以威權假之。」據《舊唐書》卷 111〈張鎬傳〉，第 3,327 頁。按：史思明與安祿山兩人，皆出生成長於邊疆多民族雜居混處地區，長大成人後同為「互市牙郎」，善於察言觀色，隨風轉舵，渾身沾滿市儈習性，貪婪無恥。而史思明的狡黠與智謀，更超過了安祿山。

兩人從床下大叫而出。史思明立即逮捕烏承恩父子，搜查其裝囊，「得鐵券及［李］光弼牒（文書）……又得簿書數百紙，皆先從思明反者將士名。思明責之曰：『我何負於汝而為此！』承恩謝曰：『死罪，此皆李光弼之謀也。』思明乃集將佐吏民，西向大哭曰：『臣以十三萬眾降朝廷，何負陛下，而欲殺臣！』遂榜殺承恩父子，連坐死者二百餘人。……思明囚［中使李］思敬，表上其（烏承恩）狀。上（肅宗）遣中使慰諭思明曰：『此非朝廷與光弼之意，皆承恩所為，殺之甚善。』」

會（恰巧）三司（中央御史臺、中書省與門下省）議陷賊官罪狀至范陽，思明謂諸將曰：「陳希烈輩皆朝廷大臣，上皇（玄宗）自棄之幸蜀，今猶不免於死，況吾屬本從安祿山反乎？」諸將請思明表求誅光弼，思明從之，命判官耿仁智與其僚張不矜為表云：「陛下不為臣誅光弼，臣當自引兵就太原誅之。」[323]

綜合分析上述史料，(1) 烏承恩欲邀功請賞（洗刷降賊恥辱），自作主張而失於謹慎，事機敗露，為保性命，又妄言受李光弼指使。(2) 史思明狡猾多謀，對烏承恩「欲擒故縱」，在其圖謀洩漏後，藉機偽造李光弼密信等證據，上奏朝廷，企圖借肅宗之手除掉李光弼。(3) 李光弼素來處事嚴謹，絕不會出此下策。[324] 他與南陽節度使張鎬一樣，根本不相信史思明會誠心歸降。而史思明對李光弼也最為痛恨 —— 先後在河北、太原城下被李光弼打敗，損兵折將，顏面掃地，羞恥憤怒之心難平。

史思明抗表要挾肅宗，口氣強硬囂張，其降而復叛之心昭然若揭。時在乾元元年（西元 758 年）六月下旬，距其奉表歸降僅半年多時間。

---

[323] 《資治通鑑》卷220，第7,175至7,177頁；《舊唐書》卷200上〈史思明傳〉，第5,379至5,380頁。

[324] 按：早就對舊史記載持懷疑態度者，見《資治通鑑》卷220胡三省注，第7,176頁。參看馬馳《李光弼》，陝西師範大學出版社，1996年，第48至49頁；牛致功《安祿山與史思明評傳》，三秦出版社，2000年，第184至186頁。

4. 唐軍相州大潰敗

至德三載（西元 758 年）二月五日，肅宗宣布大赦天下，改年號為乾元元年（改載為年），盡免百姓當年租稅。四月，冊立張淑妃為皇后；冊立成王為皇太子（即代宗）。新修九廟（在皇城內）完工，肅宗備「法駕」（儀仗隊伍），將暫時放置在大明宮長安殿的九廟神主（祖宗牌位），迎入新廟中安置。[325] 以上皆為肅宗返回京城，重振朝廷聲威的政治舉措。

七月一日，西域吐火羅國（今阿富汗國北部）葉護烏利多、昭武九姓國（在今中亞地區）首領率領兵馬，萬里來朝，助唐平叛。[326]

肅宗為了酬謝回紇並再次借兵助剿安慶緒，於七月十七日冊封回紇葛勒可汗（西元？年至西元 759 年）為「英武威遠毗伽闕可汗」，以次女寧國公主和親。冊禮使者送寧國公主至回紇牙帳（今蒙古國哈爾和林西北），葛勒可汗接受冊命，立寧國公主為「可敦」（可汗正妻），舉國慶賀。隨後，派遣其大臣骨啜特勤、將軍帝德率領精銳騎兵 3,000 人南下。

八月，郭子儀、李光弼入朝，詔命子儀為中書令（正三品）、光弼為門下侍中（正三品）。九月，詔命朔方郭子儀、河東李光弼、淮西魯炅、興平李奐、滑濮許叔冀、鎮西、北庭李嗣業、鄭蔡季廣琛、河南崔光遠、平盧兵馬使董秦，共計步騎兵 20 萬，大舉討伐安慶緒。

但是，如此重大的戰役，肅宗卻不任命元帥，而是以親信宦官開府儀同三司魚朝恩為「觀軍容宣慰處置使」。[327] 實際上，仍然是對手握兵權的諸道節度使持有猜疑、戒備之心。

九月下旬，唐軍拉開了聲勢浩大的相州圍攻戰的序幕。

---

[325] 《舊唐書》卷 10〈肅宗本紀〉，第 251 至 252 頁；卷 11〈代宗本紀〉，第 268 頁。

[326] 《舊唐書》卷 10〈肅宗本紀〉，第 252 頁。

[327] 《舊唐書》卷 10〈肅宗本紀〉，第 253 頁；《舊唐書》卷 120〈郭子儀傳〉，第 3,452 頁；《資治通鑑》卷 220，第 7,179 至 7,180 頁。

(1) 郭子儀攻拔衛州

十月初，郭子儀率軍北渡黃河，東進至獲嘉（今河南獲嘉縣），擊敗叛軍守將安太清，殺敵 4,000 人，俘獲 200 人。安太清退守衛州（今河南汲縣）。郭子儀揮軍包圍衛州，派使者向朝廷報捷。

郭子儀旗開得勝，其他各路唐軍繼後進發，會師於衛州城下。鄴城的安慶緒聞報衛州危急，傾其 7 萬之兵，增援安太清。郭子儀聞報敵情，傳令 3,000 名弓箭手在行營內埋伏，親自率軍出營與敵交戰。雙方拚殺良久，唐軍佯敗，退入行營。叛軍緊追至唐軍營壘之前，伏兵突起，齊發而射，箭如雨注，叛軍死傷慘重，狼狽退卻。這時，郭子儀率軍穿營而過，迴轉包抄，猛烈衝殺。叛軍大敗，安慶緒之弟安慶和被唐軍俘獲，斬於陣前。衛州城內叛軍望見，開城逃命而去。

朔方軍馬不卸鞍，兵不解甲，乘勝追至鄴城。其他諸路唐軍也相繼趕來會合。十月五日，安慶緒收集餘眾，又與唐軍大戰於鄴城西南 20 里的愁思崗，復遭慘敗。唐軍前後共殲敵 3 萬餘人，俘獲千人。[328]

安慶緒連遭敗績，退入鄴城（相州[329]），困獸猶鬥。唐九節度使大軍合兵包圍鄴城，並分頭攻取叛軍占據的其餘郡縣。

(2) 唐軍合圍相州城

安慶緒被困孤城，情勢危急，遂派薛嵩突圍北上范陽，向史思明求救，並許諾解圍之後，以大燕皇帝之位相讓。而史思明早就圖謀取代安慶緒，然安慶緒一旦覆滅，自己則成孤軍，遂決定援救相州，先派李歸仁率領步騎兵 1 萬人，進至滏陽（今河北磁縣），距相州 60 餘里紮營，遙為安慶緒聲援 —— 唐軍兵力居於優勢，故史思明持緩兵觀望態度。

[328] 據《舊唐書》卷 120〈郭子儀傳〉，第 3,452 至 3,453 頁；《資治通鑑》卷 220，第 7,180 至 7,181 頁。
[329] 唐玄宗天寶初，相州改稱鄴郡。肅宗至德二載（西元 757 年），又改郡為州。

乾元元年（西元 758 年）十一月上旬，唐軍河南節度使崔光遠攻取魏州（今河北大名縣）。此地在相州東北約 150 里，唐軍既可從側背對相州構成包抄態勢，又可阻擋史思明援軍南進。十二月初五，肅宗採納郭子儀上奏，敕令崔光遠兼領魏州刺史。[330] 就在此際，史思明率領范陽叛軍主力，分三路南下：一路指向邢州（今河北邢臺市）、洺州（今河北邯鄲市）；一路指向冀州（今河北冀州市）、貝州（今河北清河縣）；一路指向魏州。

崔光遠到魏州上任才幾天，叛軍就兵臨城下。部將李處崟出城迎敵，因叛軍兵多勢盛，連戰失利，退回州城。叛軍追至城下，揚言道：「李處崟召我們前來，為何不出！」而崔光遠不明其中有詐，下令將李處崟處斬。李處崟作戰驍勇，深受部下信賴，被錯殺之後，士卒皆無鬥志。崔光遠才知道中了叛軍的離間之計，遂棄城南奔汴州（今開封市）。[331]

十二月底，叛軍攻取魏州，從東、北兩個方向對唐軍構成弧形進逼態勢。但是狡猾的史思明又按兵不動了。次年（西元 759 年）正月初一，史思明在魏州城北築壇，祭告天地，自稱「大燕聖王」，以周摯為行軍司馬。

李光弼看穿了史思明按兵不進的真正意圖，遂向監軍宦官魚朝恩建議：主動出擊，阻援圍城 —— 我軍進逼魏州，史思明必定不敢輕易出戰，雙方對峙將會曠日持久；相州城下我各路大軍加緊攻擊，一旦相州城被打破，翦滅了安慶緒，史思明也就失去了對叛軍的號召力。但是，對用兵作戰一竅不通的魚朝恩拒絕了李光弼的作戰方案。

[332] 唐朝九節度使大軍圍攻相州四個多月，未能破城。鎮西、北庭行營節度使李嗣業不勝急忿，親自帶兵攻城，被亂箭射中，於乾元二年（西

[330] 《舊唐書》卷 10〈肅宗本紀〉，第 254 頁。

[331] 《舊唐書》卷 111〈崔光遠傳〉，第 3,319 頁；《資治通鑑》卷 220，第 7,181 至 7,182 頁。

[332] 《舊唐書》卷 200 上〈史思明傳〉，第 5,380 頁；《資治通鑑》卷 220，第 7,186 頁。胡三省注云：「使用光弼之計，安有滏水（安陽河）之敗乎！」

元 759 年）正月二十八日傷重犧牲，由其兵馬使荔非元禮代理節度使。[333]

唐軍在相州城外，築壘兩道，挖壕三重，又堵塞漳河水，開渠 40 里，南引灌入相州。城內井泉皆溢，遍地積水，軍民構棧而居，糧食耗盡，一隻老鼠竟賣到 4,000 文錢，即使有想投降的人，也因水深而無法出城。

相州城危在旦夕，但是安慶緒堅持抵抗，等待史思明前來救援。

而唐軍因無元帥（總指揮），九節度使互不統屬，進退步調不協同。諸將對監軍宦官魚朝恩「敬而遠之」，貌合神離。數十萬人馬野營征戰，糧草等軍需補給數量巨大。時值天下饑饉，為了供軍，南自江淮，西自並（今太原市）、汾（今山西汾陽縣），舟車相繼，轉輸糧草，民力耗費難以計數。行營軍需物資消耗將盡，人馬疲憊，士氣低落。

二月中旬，史思明叛軍推進到距相州 50 里處駐紮，下令每營擊鼓 300 面，威懾唐軍，聲援安慶緒；又令各營挑選 500 名騎兵，不分晝夜，輪番到相州城下騷擾唐軍，伺機搶掠；又令挑選壯士偽裝成唐軍，分作小股，伺機殺害運糧民夫，焚燒轉運糧草的車船，致使唐軍防不勝防。

(3) 安陽河大決戰

二月末，史思明停止「疲擾」之策，指揮叛軍直逼相州城下，與唐軍刻日決戰。三月六日，唐軍步、騎兵號稱 60 萬（實際約 30 萬），布陣於相州東面的安陽河之北。史思明親率精兵 5 萬人前來交鋒，其人數雖少，但養精蓄銳，士氣方盛。而唐軍則以優勢兵力，志在必勝。

開戰之後，史思明身先士卒，躍馬衝鋒。唐軍李光弼、王思禮、許叔冀、魯炅等各率所部先發，投入戰鬥。雙方激戰多時，殺傷相當，魯炅被

[333] 《舊唐書》卷 109〈李嗣業傳〉，第 3,297 至 3,300 頁；《資治通鑑》卷 220，第 7,186 頁。李嗣業（西元？年至西元 759 年），京兆府高陵縣（今西安市高陵區）人，在安西（今新疆庫車縣）軍鎮任職期間，以勇猛聞名軍中，尤其善使長刀，參加過征討十姓蘇祿、小勃律、突騎施等戰爭，屢建功勳。

亂箭所傷，退出戰場。郭子儀指揮朔方軍繼其後投入戰鬥。

就在此際，天氣異常，風雲突變。驟然之間，狂風暴起，其勢席卷沙塵，摧折樹木，天地之間一片昏暗，人眼難睜，咫尺之內，人馬莫辨。兩軍皆大為驚駭，唐軍向南潰退，叛軍向北潰退，丟棄的兵仗輜重，堆積於路途。這場突如其來的暴風，直至半夜方才停息 —— 人算不如天變，安慶緒暫時逃過了城破授首之厄，史思明保全了其精銳主力。

唐軍將士早已厭戰思歸，受驚之下，遂成全線崩潰之勢，無復號令約束。而郭子儀的地位和聲望皆在諸將之上，其朔方軍居後先潰，有牽動全域性之影響。諸節度使之兵紛紛潰歸本鎮，並於沿途剽掠擾民，地方官吏無法制止。其混亂局勢經過十多天才告安定。

只有李光弼、王思禮所部，軍紀嚴明，約束有方，全軍返回。[334]

朔方軍潰退至河陽（今河南孟縣），戰馬萬匹，只剩三千；十萬甲仗，丟失殆盡。郭子儀下令切斷渡橋，以保洛陽。而洛陽城的官吏百姓，風聞大軍潰退，爭相出城避往山谷。東京留守崔圓、河南尹蘇震等官吏，驚恐失措，竟棄城遠逃鄧（今河南鄧州市）、襄（今湖北襄陽市）。

朔方軍又西退至缺門（今河南新安縣西），點檢士卒，尚有數萬。郭子儀與諸將商議放棄東京，退保陝、蒲（今山西永濟市）二州。

都虞候張用濟建議道：「蒲、陝二州正鬧饑荒，軍需供應困難。不如堅守河陽，如果叛軍來攻，諸軍併力拒之。」郭子儀立即命令都游奕使韓游環帶 500 名騎兵，返回河陽，張用濟領 5,000 名步兵繼後。韓、張二人剛到河陽，叛將周摯也引兵前來，見唐軍搶先一步，轉而退回。張用濟帶領士卒在河陽橋南北兩端修築垣牆，以便堅守。

---

[334]　按：在諸路唐軍從相州潰退期間，淮西襄陽節度使魯炅所部的紀律最差，剽掠擾民最甚。隨後，聞知郭子儀退守河陽，李光弼全軍返回太原，魯炅心中羞愧懼怕，寢食難安，遂飲藥自盡（以死向朝廷謝罪）。

九節度使因相州會戰潰敗，皆上表請罪。肅宗一概不予責問，只是下令將棄職逃命的東京留守崔圓、河南尹蘇震削爵貶官。[335]

(4) 史思明滅安慶緒

在相州之役的暴風之夜，史思明叛軍自安陽河向北潰退200餘里，至沙河（今河北沙河市）才停歇喘息，收集整頓士卒。哨探偵知唐軍已經全部撤圍遠走，史思明又揮軍南下，駐營於相州之南。

安慶緒趁此機會，收集了唐軍行營遺留的糧食六七萬石，與部下孫孝哲、崔乾祐商議閉城自守，拒見史思明。但張通儒、高尚、平冽皆曰：「史王遠來，臣等皆合迎謝。」安慶緒勉強同意。史思明見到張通儒等人，相互涕泗，以厚禮款待，命歸城回報安慶緒。

……經三日，〔安〕慶緒不至。〔史〕思明密召安太清令誘之。慶緒不獲已，以三百騎詣思明。思明引入，令三軍擐甲執兵待之。……思明曰：「……爾為人子，殺汝父以求位，庸非大逆乎？吾為太上皇討賊。」即〔令〕牽出，並其四弟及高尚、孫孝哲、崔乾祐，皆縊殺之；張通儒、李庭望等皆授以官。史思明勒兵入鄴城，收其（安慶緒）士馬，以府庫賞將士，慶緒先所有州、縣及兵皆歸於思明。……[336]

史思明「火併」安慶緒之後，很擔憂河東唐軍李光弼仍威脅著其後方，遂留其子史朝義守相州，自己返回范陽。四月上旬，史思明自稱大燕皇帝，改元「順天」，立妻辛氏為皇后，長子史朝義為懷王，周摯為相，李歸仁為將，改范陽為燕京，改州稱郡。[337]

唐軍相州之役大潰退，是平叛戰局的嚴重逆轉——史思明取代安慶

[335] 《舊唐書》卷120〈郭子儀傳〉，第3,453頁；《資治通鑑》卷221，第7,188至7,190頁。

[336] 據《舊唐書》卷200上〈安慶緒傳〉，第5,373至5,374頁、〈史思明傳〉，第5,380頁；《資治通鑑》卷221，第7,188至7,190頁。

[337] 《新唐書》卷225上〈逆臣傳·史思明〉，第6,430頁；《資治通鑑》卷221，第7,194至7,195頁。

緒，接收了其全部地盤和兵馬，重新控制了河北，欲圖再爭天下。

而唐朝廷應對被動局勢的舉措是，增設節度使，加強河東、河南地區的防禦陣線。[338] 如三月底，詔命郭子儀為東京畿、山南東道並河南等道諸節度防禦兵馬元帥，代理東京留守，仍判尚書省事。檢討唐軍「相州之役」功敗垂成的主要原因，唐肅宗在政治和軍事全域性策略決策上，有明顯的短板 —— 先有房琯兵敗咸陽陳濤斜，後有九節度使兵潰相州城下，皆因猜疑、防範郭子儀、李光弼等領兵大將，用人不當，一再錯失良機，招致大敗；其時，朝廷兵力、民力和財政皆非常拮據，而耗費巨大，使得平叛戰局進展曲折反覆，步履艱難。

[338] ⑴ 三月中旬，詔命衛尉卿（從三品）荔非元禮為懷州刺史，代理鎮西、北庭行營節度使。此時，懷州已被叛軍攻占，荔非元禮統所部兵馬駐紮於河清南岸（今河南孟津縣）。⑵ 任命河西節度使來瑱為陝州刺史，兼任陝、虢、華州節度使、潼關防禦團練等使。⑶ 四月上旬，詔命鄧州刺史魯炅為鄭州刺史、充任鄭陳潁亳節度使。⑷ 以徐州刺史尚衡為青州刺史，充任青淄密沂海等州節度使。⑸ 以商州刺史、興平軍節度李奐兼充豫許汝等州節度使。各節度使負責本轄區的巡查守禦。

第六章

結束平叛戰爭

史思明攻陷洛陽，唐軍北邙山敗績。叛軍再起內訌，史朝義殺父自立。河東道唐軍諸行營連續發生兵亂，郭子儀受命出鎮河中，穩定軍心局勢。唐朝再借回紇兵平叛，史朝義窮途末路，自縊身亡。八年平叛戰爭宣告結束，但是遺留下嚴重的後患。

一、朔方軍易帥風波

郭子儀受任兵馬副元帥，輔佐元帥廣平王收復兩京，屢建功勳。而大宦官魚朝恩私慾薰心，妒忌郭子儀功高位顯，多方圖謀陷害之。

唐軍九節度使在相州城下全線潰退，監軍使魚朝恩拒絕李光弼的積極建議，負有不可推卸的責任。但是他卻惡人先告狀，將責任歸於朔方軍率先潰退，讒言詆毀郭子儀，為自己開脫罪責。肅宗遂決定易帥。

乾元二年（西元 759 年）七月，詔命趙王係為天下兵馬元帥，司空兼侍中李光弼副之，代替郭子儀為朔方軍節度使，留守東京；以潞沁節度使王思禮兼任太原尹、北都（太原）留守、河東節度使，代替李光弼。[339]

此時，在唐軍諸大將中，可與郭子儀相匹者，唯有李光弼。而且，李光弼與其父李楷洛（卒於天寶元年），都曾任職於朔方軍。

李光弼受命之後，立即率河東騎兵 500 人奔赴洛陽，夜入行營，發號施令。李光弼治軍嚴肅整齊，朔方軍行營氣象煥然一新。然而，朔方將士喜愛郭子儀的寬厚，畏懼李光弼的嚴厲，差一點釀成譁變。

左廂兵馬使張用濟，作戰英勇而性情暴烈，領兵駐屯河陽（今河南孟縣），聞知李光弼夜入洛陽行營，氣忿不平：「朔方軍又不是叛軍，為何對我們這般猜疑呀！」遂與其他將領商議，準備帶領精銳騎兵衝入洛陽，驅

[339]《舊唐書》卷 10〈肅宗本紀〉，第 256 頁、卷 120〈郭子儀傳〉，第 3,453 頁；《資治通鑑》卷 221，第 7,197 頁。

逐李光弼，請回郭子儀。並下令所部將士整裝待發。但是，都知兵馬使僕固懷恩、左武鋒使康元寶，都不贊成蠻幹，張用濟這才罷休。

不久，唐軍偵知叛軍將要南下渡河。李光弼對諸將道：「叛軍渡河後，必來進攻洛陽。我軍必須守住虎牢關（今河南滎陽市西北），前鋒部隊應在廣武（今滎陽市東北），嚴待以待。」隨即，李光弼東出洛陽，巡視黃河沿岸防務，駐紮於汜水縣（今滎陽市汜水鎮），並傳召河陽張用濟。

而張用濟仍驕悍不遜，故意拖延遲到。李光弼忍無可忍，待張用濟前來進見時，列舉其過錯，依軍法處斬，以部將辛京杲代替其職。

李光弼又傳召僕固懷恩。懷恩心中畏懼，遂帶領部下蕃渾部落精銳騎兵 500 名，提前到達。懷恩有備而來，李光弼心中一驚，但是表面隱忍不發，並下令從營中拿出酒肉，分賞懷恩的士卒。

七月二十七日，肅宗詔命朔方節度副使、殿中監僕固懷恩兼任太常卿（正三品），晉爵大寧郡王。自平叛戰爭以來，懷恩跟隨郭子儀，擔任朔方軍前鋒，戰功最多。所以，肅宗給予特別獎賞。[340]

由此可見，為了緩和朔方軍將士的牴觸情緒，免生事端，李光弼頗費了一番心思。但是，李光弼嚴飭軍紀的結果，一是朔方軍陣容嚴整，氣象煥然；二是張用濟被殺之後，士卒逃散者眾多。在郭子儀退守河陽時尚有數萬將士，而後來李光弼退守河陽，只剩下大約 2 萬餘人。再後來，郭子儀被重新起用，逃散將士又紛紛返回軍營。[341]

八月底，肅宗又詔命李光弼為幽州長史、河北節度等使。《通鑑》胡三省注曰：使之收復河北道及幽、燕之地也。[342]

---

[340] 據《舊唐書》卷 121〈僕固懷恩傳〉，第 3,479 頁；《新唐書》卷 224 上〈叛臣傳上．僕固懷恩〉，第 6,366 頁；《資治通鑑》卷 221，第 7,199 至 7,200 頁。

[341] 《舊唐書》卷 120〈郭子儀傳〉，第 3,453 頁。

[342] 《資治通鑑》卷 221，第 7,200 頁。

二、叛軍再次攻陷洛陽城

1. 李光弼退守河陽

唐肅宗乾元二年（西元759年）九月中旬，史思明傳令其各郡太守各率兵3,000人，齊攻河南；留其子史朝清坐守范陽。叛軍兵力共計十餘萬，分為四路：令狐彰自黎陽（今河南浚縣東北）渡河攻滑州（今河南滑縣）；史思明率大軍從濮陽（今河南濮陽市西南）渡河；史朝義、周摯分別自滑州對岸的要津白皋、胡良渡河，兵鋒指向汴州（今開封市）。

此時，李光弼正在黃河沿岸巡視諸軍行營防務，聞報敵情後，緊急趕到汴州，命令汴滑節度使許叔冀堅守半個月，等待援軍。

但是，李光弼還未返回洛陽，叛軍已抵達汴州城下。許叔冀與叛軍剛一交鋒，就吃了敗仗，於九月二十四日獻城投降；濮州刺史董秦等人也變節投降。史思明乘勝攻陷鄭州（今鄭州市），向西直逼洛陽而來。

洛陽城周圍雖然也有地形險阻，可據之部署防禦陣線。但是李光弼手中只有2萬餘兵力，若分散布防，就像伸開巴掌，難以阻擋叛軍優勢兵力的衝擊，遂決定放棄洛陽城，退守到東北方向黃河對岸的河陽城。[343] 與郭子儀上年自相州潰退之後的部署大致相同。

李光弼傳令河南尹李若幽帶領官民出城躲避、各部火速向河陽轉送軍需物資。黃昏時，叛軍前鋒騎兵進至石橋（今洛陽市東北）；李光弼親率500名騎兵斷後，隊形嚴整，手持火炬徐行。叛軍未敢輕舉進攻。

是夜，李光弼全軍移駐河陽，糧食只夠維持10天時間。

---

[343] 河陽北依太行山，與河東道澤州（今山西晉城市）、潞州（今山西長治市）相接，可以得到王思禮河東軍的支援，有利則進，不利則守，如同猿臂可伸可縮，表裡相應，能夠在敵強我弱的形勢下，占據主動地位，使叛軍不敢輕易向西進攻陝州、潼關。

河陽在洛陽東北方 80 里，南面的黃河分為兩派東流，河上架有竹索浮橋，為南北兩岸交通樞紐。夾河築有三城：南城（孟津、富平津）在黃河南岸；中潬城在河中心沙洲上，專為保衛浮橋而修建，城雖小但很堅固；北城在黃河北岸，有兩城相對[344]。結合河陽浮橋的交通地位，李光弼退守河陽三城的軍事策略意圖，可不言而喻。

九月二十七日，叛軍進入洛陽城，官府無人，市井寂然。史思明擔心唐軍自河陽南下，斷其後路，不敢在洛陽宮中居住，退兵於城東的白馬寺之南駐營。同時，督促士卒在河陽南岸修築月牙小城，以為防禦。

從十月四日開始，史思明憑藉優勢兵力，對河陽展開瘋狂進攻，戰鬥異常激烈。李光弼在軍靴中插了一把短刀，激勵將士道：「臨陣殺敵，隨時有生命危險。我是朝廷三公（司空），不能死於叛軍之手。若戰鬥失敗，諸位戰死於前，我便自刎於此。」

統帥抱必死之心，眾將士同仇敵愾。部將白孝德（安西胡人）膽識過人，臨陣斬殺叛軍驍將劉龍仙。李抱玉（本姓安，受賜李姓）智勇雙全，獨當南城一面，殺敵甚眾。荔非元禮（羌族人）率領敢死隊，往復衝殺，震懾叛軍。郝廷玉率領精銳騎兵馳突敵陣，奮身決死，驍勇無前。論惟貞（吐蕃族人）守禦北城西北、東南隅，持續苦戰，堅如磐石。僕固懷恩和僕固瑒父子，身先士卒，衝鋒在前，拚死血戰，表率諸軍。

唐軍眾志成城，打退叛軍反覆進攻，取得了河陽保衛戰的勝利。其主要戰績：十月，於中潬城西破敵 5,000 餘眾，斬首 1,000 餘級，生擒 500 餘人，溺死者大半。十一月，於北城、中潬城和南城反覆交戰，先後殲敵萬餘人，生俘 8,000 餘人，奪敵戰馬 1,000 餘匹，軍資器械糧食數以萬計，活擒叛將徐璜玉、李秦授，智降敵勇將李日越、高庭暉。

---

[344] 《元和郡縣圖志》卷 5〈河南道一．河南府河陽縣〉，第 143 至 144 頁。

十二月，史思明派其大將李歸仁率 5,000 名鐵甲騎兵，進攻陝州，被駐守的唐軍神策軍兵馬使衛伯玉設伏擊敗。

上元元年（西元 760 年）正月，詔命李光弼進位太尉（正一品）兼中書令。[345] 二月中旬，李光弼北進攻打懷州（今河南沁陽市），於沁水邊殺傷叛軍援兵 3,000 人。三月下旬，又於懷州城南打敗叛軍守將安太清。四月初，叛軍偷襲河陽，被提前回防的唐軍截擊於河陽西渚（河中沙洲），丟下 1,500 具屍體，退回南岸。六月，叛軍企圖從鄭州北渡黃河，救援懷州；李光弼派遣平盧兵馬使田神功領兵夜襲，燒毀其渡船。至十一月，唐軍攻克懷州，俘獲叛將安太清、楊希文等人，押解長安。[346]

李光弼堅守河陽，多次重創叛軍，雙方相持達一年四個月之久。但是史思明叛軍控制著洛陽地區與河北道，暫時仍居於優勢地位。

2. 唐軍北邙山敗績

乾元二年（西元 759 年）九月下旬，史思明叛軍攻取洛陽。十月四日，肅宗下制「親征史思明」，但是群臣紛紛上表勸諫，事竟不行。[347]

上元元年（西元 760 年）閏四月，史思明進駐洛陽城，以陝州為主攻方向，同時遣將分兵攻掠江、淮方向的申、光、陳、鄆、兗、曹等州（今河南信陽、潢川、淮陽與山東東平、兗州、定陶等地）。九月下旬，肅宗又下制：「以郭子儀為諸道兵馬都統，管崇嗣副之，率領蕃、漢兵共七萬人，從朔方向東直取范陽，平定河北。」但是，制書頒布十餘日，又被監軍宦官魚朝恩從中阻撓，事仍不行。[348]

---

[345]《舊唐書》卷 10〈肅宗本紀〉，第 257 頁。

[346]《舊唐書》卷 110〈李光弼傳〉，第 3,307 至 3,310 頁；《資治通鑑》卷 221，第 7,202 至 7,207 頁。參看馬馳《李光弼》第十一章〈河陽之戰〉，陝西師範大學出版社，1996 年。

[347]《舊唐書》卷 10〈肅宗本紀〉，第 257 頁；《資治通鑑》卷 221，第 7,202 頁。

[348]《舊唐書》卷 120〈郭子儀傳〉，第 3,454 頁；《資治通鑑》卷 221，第 7,216 頁。

史思明急於西進關中，但是李光弼頑強堅守河陽，形成有力的側翼威脅，牽制其西進。上元二年（西元 761 年）二月間，史思明派間諜潛入陝州、長安，四下傳言：「洛陽的叛軍將士都是燕地（河北）人，長年在外征戰，人人思歸故鄉，軍中上下離心。官軍若趁此時機進攻，必能戰而勝之。」

監軍宦官魚朝恩聽信此類流言，盲目樂觀，多次上奏肅宗。而肅宗急於平息叛亂，遂敕令李光弼進取洛陽。李光弼上奏指出：叛軍居於優勢，兵鋒尚銳，應等待有利時機，不宜輕舉進攻。

但是魚朝恩邀功心切，親自到陝州前線觀察，依然不審此乃叛軍奸計。他回京後奏報：「李光弼聲稱叛軍盛銳，不可輕進，是借誇大叛軍聲勢來自重其位。」於是，催促李光弼收復洛陽的使者，前後相繼——如同四年前潼關的哥舒翰一樣。李光弼難違聖旨，只得下令李抱玉留守河陽，親自與僕固懷恩率領大軍，會同陝州的神策軍節度使衛伯玉，共受監軍使魚朝恩提調，進攻洛陽。二月二十三日，唐軍 5 萬人與叛軍戰於洛陽北邙山，結果慘遭失敗。李光弼、僕固懷恩走保聞喜（今山西聞喜縣東北），魚朝恩、衛伯玉走保陝州，河陽、懷州失陷；長安朝廷聞報，宣布戒嚴。[349]

以李光弼之嚴謹持重，何以會招致慘敗？原來是「禍起蕭牆」。

……僕固懷恩媢（嫉妒）光弼功〔高〕，陰佐〔魚〕朝恩陳掃除〔叛軍〕計。〔朝廷遣〕使者來督戰，光弼不得已，令李抱玉守河陽，出師次北邙。光弼使傅山陣（依山布陣），懷恩曰：「我用騎，今迫險，非便地，請陣諸原（平原）。」光弼曰：「有險，可以勝，可以敗；陣於原，敗斯殲矣。且賊致死於我，不如阻險。」懷恩不從。賊據高原，以長戟七百，壯士執刀隨

[349] 《舊唐書》卷 10〈肅宗本紀〉，第 260 頁、卷 110〈李光弼傳〉，第 3,310 頁、卷 200 上〈史思明傳〉，第 5,380 至 5,381 頁。

之，委物偽遁。懷恩軍爭剽獲，〔賊〕伏兵發，官軍大潰。懷州復陷，光弼渡河保聞喜，抱玉以兵寨，棄河陽。……[350]

僕固懷恩因為忌恨李光弼功高位重，圖謀取而代之，遂依附魚朝恩，故意違抗軍令，造成唐軍敗績。[351]其根本原因，乃唐肅宗與監軍宦官魚朝恩「瞎指揮」所致，是唐玄宗與邊令誠的「再版」。而唐軍兵力遭受重創，導致士氣低落，一時難以組織起較大規模的策略反攻。

3. 史思明父子相殘

叛軍在邙山之戰獲勝，士氣旺盛，聲勢再振。史思明兵分兩路，以其子史朝義為前鋒，取北道沿黃河進攻陝州；自率大軍自南道沿崤山西進，企圖先破陝州，再破潼關，最後攻取長安。上元二年（西元 761 年）三月七日，史朝義率軍進至陝州東南的礓子嶺，被唐軍衛伯玉所部擊退。隨後的幾次進攻也均遭失敗，遂撤退至永寧（今河南洛寧縣北）駐紮。[352]

史思明聞報大怒，傳召史朝義與其部將駱悅等人，破口責罵，聲稱要按軍法問斬。十三日，史朝義奉命依山修築三角城以貯軍糧。工程即將完工，尚未抹泥時，史思明趕來監工，挑剔怒罵道：「等攻下陝州，再殺掉你這個無用的東西。」史朝義憂愁恐懼，不知如何是好。

史思明性情殘忍，部下稍有過錯，動輒誅族，人人自危。而史朝義為史思明長子，常年隨父統兵征戰，愛惜士卒，勤謹謙和，深得軍心，但是

[350] 《新唐書》卷 136〈李光弼傳〉，第 4,589 頁。

[351] 據《舊唐書》卷 121〈僕固懷恩傳〉、《新唐書》卷 224 上〈叛臣傳上．僕固懷恩〉：懷恩為人雄重寡言，然剛決犯上；其部下皆蕃、漢勁卒，恃功多不法。而郭子儀軍政寬厚，故能優容之。及至李光弼統領朔方軍，懷恩仍為行營節度副使，畏懼光弼持法嚴整，兩人關係頗不和諧。懷恩之子僕固瑒，勇猛善戰，軍中號為「鬥將」。唐軍攻取懷州，叛將安太清之妻有美色，被僕固瑒劫持占有；李光弼命其歸還，不聽，光弼遂強行奪之，歸還安太清。懷恩遷怒光弼，故邙山之戰違抗軍令，招致失敗。參看馬馳《李光弼》，陝西師範大學出版社，1996 年，第 70 至 71 頁。

[352] 據兩《唐書》史思明、史朝義傳；《資治通鑑》卷 222，第 7,225 至 7,231 頁。

卻始終得不到父親喜愛。[353]

史朝義的部將駱悅和蔡文景等人，害怕受到牽連，便勸說史朝義下決心「行廢立之事」（殺父自立），否則，就去投降唐軍。史朝義猶豫再三，最終流淚答應了，祕密召見宿衛的曹將軍來商議。當天夜晚，駱悅與曹將軍帶領300名士兵，潛入永寧鹿橋驛行營大帳，活捉了史思明，押至東面的柳泉驛縊殺之，以氈子包裹其屍體，祕密運往洛陽。

史朝義殺父之後，在洛陽登基稱帝，改元「顯聖」。隨即，密派使者返回范陽，傳令散騎常侍張通儒等人，殺死史朝清與其母辛氏，又殺不肯聽命的將領數十人。結果，引起范陽叛軍將領之間相互攻殺，數月不息，死亡數千人。史朝義任命李懷仙為范陽尹、燕京留守。

叛軍內部經過這場父子火併，人心離散，實力削弱。史朝義雖然待下有禮，但是缺乏經略才能，其部下的節度使大多是安祿山的舊將，地位與史思明相等，皆恥為史朝義的臣下，對其命令大多不肯服從，君臣關係虛有其名，史朝義也無可奈何。由於繼續向西進兵受阻，史朝義遂將攻略矛頭轉向東南方面，侵寇申（今河南信陽市西北）、光（今河南潢川縣）等十三州，親自率領精騎兵圍攻宋州（今河南商丘市南）。

而李光弼因為北邙山之戰失敗，上表請辭太尉、中書令，肅宗許之，授其侍中、河中尹、晉絳等州節度觀察使。五月，李光弼入朝，「進位太尉、兼侍中，充河南副元帥，都統河南、淮南、山南東道五道行營節度，鎮臨淮（泗州）」。即擔負控制東南財賦地區，保障江淮之間漕運（水路）暢通之重任。八月，李光弼奔赴河南行營。[354]

---

[353] 據兩《唐書》史思明、史朝義本傳：史思明年青時貧賤，被鄉鄰輕視，但有辛姓富豪之女，卻願嫁給史思明為妻。史思明自稱大燕皇帝，立辛氏為皇后，其親生子朝清「子以母寵」，為史思明溺愛，使其留守范陽。史思明常欲殺掉朝義（庶長子），立朝清為太子。及至史朝義在陝州連遭失敗，史思明認為其臨陣膽怯，不足成事，發怒欲斬其治罪——父子關係已如同水火。

[354] 次年（西元762年）正月，李光弼攻拔許州，擒獲叛將李春，於城下擊敗史朝義派來的救兵。

4. 郭子儀出鎮河中

郭子儀自乾元二年（西元759年）三月相州之役後，被解除兵權（以李光弼接替），回到長安，暫時離開了平叛前線，在家閒居。

(1) 党項等西羌擾掠京畿[355]

在此前後，京畿地區也並不安寧。雪域高原的吐蕃王國乘唐朝平叛之機，不斷蠶食隴右道邊州土地和城鎮，迫使世代居住在隴右與劍南接壤地區的党項等羌族部落，向關內道、山南西道遷徙，以求生存。

乾元元年（西元758年）九月，党項部落擾掠邠（今陝西彬縣）、寧（今甘肅寧縣）二州，唐軍招討党項使王仲升出擊，斬其酋長拓跋戎德。

乾元二年（西元759年）六月，分朔方節度置邠、寧等九州節度使。

乾元三年（西元760年）正月，党項等羌族部落入擾，將逼京畿，乃分邠寧等九州節度為鄜坊、丹延節度以擊之，以郭子儀領兩道節度使，但是本人留在京師，借其威名以鎮之。六月，鳳翔節度使崔光遠破党項於普潤（今麟遊縣西北）。九月，命郭子儀出鎮邠州，党項聞之，逃遁而去。

此後，党項、奴剌（西羌別種）等仍頻繁擾掠京畿、山南道境地。

(2) 河東諸軍行營兵亂

寶應元年（西元762年）二月間，駐紮在河東的唐軍諸行營中，連續發生了惡性兵亂。肅宗擔憂亂兵與叛軍勾結，而後輩帥臣未能彈壓，遂起用郭子儀為朔方、河中、北庭、潞、儀、澤、沁等州節度行營兼興平、定國副元帥，充本管觀察處置使，進封汾陽郡王，[356] 出鎮絳州（今山西新絳

據《舊唐書》卷110〈李光弼傳〉，第3,310頁；《資治通鑑》卷222，第7,237頁。

[355] 據《舊唐書》卷198〈西戎傳・党項〉，第5,292至5,293頁；《新唐書》卷221上〈西戎傳上・党項〉，第6,216頁；《資治通鑑》卷220、221、222所載相關內容。

[356] 據《唐大詔令集》卷59〈郭子儀汾陽郡王知朔方行營制〉。按：郡王，從一品，爵位第二等。第一等親王，正一品，專授皇子。凡功臣封王，稱號多取其先祖得姓之地舊名。郭氏得姓之地，在今山西陽曲縣，其境地在西漢時曾設汾陽縣。

縣），綏靖河東局勢。以下先敘述河東兵亂情況。

①太原兵亂。上元二年（西元 761 年）五月，河東節度使王思禮病故。其生前治軍嚴謹，軍需物資儲備充足，積蓄糧米達 100 萬斛。而繼任的節度使管崇嗣，治軍寬鬆，信任部屬，只幾個月工夫，儲糧消耗流失殆盡，唯剩倉底陳米萬斛左右。肅宗聞奏，以鄧景山取代管崇嗣。

鄧景山到鎮，開始核查府庫出入帳目，凡曾貪汙隱吞的將士皆心懷恐懼。部將黃抱玉遂利用軍中的怨憤情緒，鼓動作亂。二月初三日，鄧景山被亂兵殺死。消息傳報朝廷，肅宗派遣使者到軍中宣慰安撫將士，以都知兵馬使、代州（今山西代縣）刺史辛雲京繼任節度使。

②絳州朔方軍行營兵亂。絳州因遭災荒，民無積儲，難以徵收賦稅，朔方軍行營中的糧食供給和軍功賞賜，均告缺乏。新任朔方行營都統李國貞連續上奏朝廷告急，卻遲遲不見答覆，將士怨聲鼎沸。

突將王元振圖謀藉機作亂，詐傳軍令：「明日修繕都統住宅，諸位準備好畚箕和鐵鏟，到都統門前集合，等候分派工作。」憤怒的士卒譁然道：「我們這些朔方健兒，難道是為人修理住宅的民夫嗎！」二月十五日，王元振帶領被他煽動的士兵，放火焚燒節度使衙門，抓獲李國貞，不待分說情由，將其殺死，同時遇害的還有李國貞的兩個兒子。

③鎮西北庭行營兵亂。駐紮在翼城（今山西翼城縣）的鎮西、北庭行營中，士兵也群起鬧事，殺死節度使荔非元禮，推舉裨將白孝德為節度使。騷亂士卒四出搶掠民間糧食和財物，一時無人能夠制止。

肅宗擔心河東諸軍行營的亂兵串連起來，擴大事態，更擔心亂兵與史朝義叛軍通氣勾結，只好順水推舟，授予白孝德節度使旌節。

(3) 郭子儀平息兵亂

二月二十一日，肅宗下達詔書：起用「威名素重」的郭子儀；從京城國庫和太倉調撥 4 萬匹絹、5 萬端布、6 萬石米，緊急運往河東諸軍行營，慰勞將士，安定軍心。[357] 此時，肅宗病重，不見群臣。郭子儀懇切上奏，肅宗特予召見，賞賜有加。郭子儀親承聖諭，誓言不負君命。

就在此際，史朝義下令叛軍北進，圍攻澤州（今山西晉城市）唐軍李抱玉。郭子儀派遣定國軍增援。四月一日，叛軍兵敗撤圍。

四月下旬，郭子儀到達絳州朔方行營。下馬伊始，撫慰將士，穩定局勢，暗中調查。五月二日，下令抓捕倡亂的王元振及其同夥 40 餘人，嚴厲叱責，斬首示眾。其餘參與作亂的士卒憂懼不安，企圖再次起事。隨父前來的郭晞（子儀第三子）挑選銳卒 4,000 人，曉以忠節大義，警戒帥府。郭晞連續七個夜晚持弓侍衛，圖謀作亂者未敢輕舉妄動。

新任河東節度使辛雲京聞知絳州行營的消息後，立即效法郭子儀，將殺害鄧景山的作亂者數十人逮捕審訊，問罪處斬。此後，河東道諸軍行營將士皆謹慎守法，不敢再胡作非為，造次生事。

郭子儀臨危受命，誅凶儆眾，諸軍惕息，河東局勢趨於穩定。

但在京城長安，因「二聖」（肅宗、太上皇）皆病情危重，朝廷政局暗流湧動，皇太子（代宗）身處中樞權力鬥爭的激流漩渦之中。

三、肅、代之際的政局

1. 朝廷之上宦官弄權 [358]

唐肅宗在位僅七年（西元 756 年至西元 762 年）時間，其駕崩之前，北衙宦官首領李輔國與張皇后之間的矛盾鬥爭，已發展到不可調和的地步。

[357]　《舊唐書》卷 120〈郭子儀傳〉，第 3,454 頁；《資治通鑑》卷 222，第 7,239 頁。

[358]　參看余華青《中國宦官制度史》第五章第一節，上海人民出版社，2006 年。

至德二載（西元 757 年）十月，肅宗返回京城時，以李輔國為首的「內廷」（北衙宦官）威權已成氣候。李輔國任殿中監（從三品），又充任閒廄、五坊、宮苑、營田、栽接、總監等使職，兼任隴右群牧、京畿鑄錢、長春宮等使，勾當少府、殿中二監都使。[359] 即正式擔任朝廷財政、軍需、司法和統領禁軍等要職，其權勢與前輩高力士相比，有過之而無不及。

唐肅宗寵任宦官，並非完全是昏庸不明所致。其為東宮太子時，上受父皇的嚴厲控制，下遭李林甫、楊國忠的惡意陷害，孤立無援。身邊親信之人唯有宦官李輔國、妃子張良娣等人。及至靈武即位，以平庸之才、猜疑之心和多病之身而領導平叛興復之巨任，既乏謀臣又少兵將，所能倚為心腹者，首先就是身邊的宦官和妃子。此般形勢，遂使張皇后、「家奴」李輔國和程元振等輩得以染指中樞權力，干預軍國事務。

在肅宗內心，對於宦官的跋扈弄權、張皇后的干政請謁，也是頗為不悅，並力圖借用外朝宰相的力量來進行抵制，分割其權力。

2. 張皇后熱衷於政治

張皇后的親奶奶，是肅宗的姨奶奶（關中俗稱「老姨」）。[360] 她與肅宗的婚姻，可謂「親上加親」—— 張皇后（太子良娣）「辯慧豐碩（生性聰明而富於辯才，相貌體態豐滿勻稱），巧中上（肅宗）旨。」[361] 太子於靈武稱

[359]《舊唐書》卷 184〈宦官傳 · 李輔國〉，第 4,759 至 4,760 頁。

[360] 張皇后祖籍鄧州向城（今河南南陽市東北），後徙家至關中昭應縣（今陝西臨潼縣）。其祖母竇氏，為玄宗生母昭成皇太后（睿宗德妃）之妹。昭成為婆婆武則天所殺時，玄宗尚幼（9 歲），失所恃（母親），為竇姨母所撫養，甚為親愛。睿宗景雲（西元 710 年至西元 711 年）中，竇姨受封鄧國夫人，恩寵無比。玄宗即位後，竇姨之子張去逸等為皇姨弟，皆至大官。張皇后即去逸之女，天寶中，選入太子宮為良娣（正三品）。據《舊唐書》卷 52〈后妃傳下 · 肅宗張皇后〉，第 2,185 至 2,186 頁；《新唐書》卷 77〈后妃傳下 · 肅宗廢後庶人張氏〉，第 3,479 至 3,480 頁。

[361] 在「馬嵬事變」後，宦官李靖忠（輔國）密啟太子請留，張良娣贊成之。太子北上靈武，從官單寡，道路多虞。每當太子次舍宿止，張良娣必居其前。太子曰：「捍禦非夫人之事，何以居前？」張良娣曰：「今大家（指太子）跋履險難，兵衛不多，恐有倉卒之變，妾身在前當之，大家可由後而出，庶幾無患。」及至靈武，張良娣生子，三日後即為戰士縫作衣服。太子慰勞曰：「產後切忌勞作，安可容易？」答曰：「現在不是妾身修養的時候，必須替大家分擔力所能及的事情。」

帝之後，張良娣受冊為淑妃（正一品）。

太上皇（玄宗）在蜀中時，曾賞賜張淑妃七寶鞍，謀士李泌奏請以寶鞍賞賜有功戰士。建寧王（李倓，肅宗第三子，宮人張氏所生）贊成李泌的建議，並多次奏言，指斥張淑妃干政，招致張淑妃怨恨，「卒被譖死」（被讒言誣陷，賜死）。[362] 乾元元年（西元 758 年）四月，張淑妃受冊為皇后，寵遇專房；其父母、姊妹與弟弟皆享受「推恩」（贈官、受封、加官）。因而太子（代宗）也深為懼怕張皇后，態度言語特別謹慎。

史稱張皇后與宦官李輔國持權禁中，干預政事，請謁（私下告求）過當，肅宗頗為不悅，無如之何。張皇后在大明宮光順門受外命婦朝賀，於禁苑中祭祀先蠶（蠶神），儀注（典禮程式）甚為隆重。

乾元二年（西元 759 年）正月，群臣為肅宗上尊號「乾元大聖光天文武孝感皇帝」。[363] 張皇后亦諷（委婉暗示）群臣為自己上尊號「翊聖」（翊，輔佐），但是太常禮官進諫「不可」；適逢發生月蝕（災禍之兆。月為陰，女為陰，咎在後宮），張皇后的心願未能達成。上元元年（西元 760 年）七月，李輔國矯詔將太上皇移仗太極宮（西內）安置，張皇后也參與密謀。

由此可見，張皇后是個熱衷權力、懷有政治野心的人物，頗類唐中宗的韋皇后，都權慾薰心，欲效法武則天。

上元三年（西元 762 年）四月，肅宗病危，詔令皇太子（代宗）監國。十五日，詔改年號為「寶應」，大赦天下；十八日，肅宗駕崩。此時，張皇后與李輔國之間的權力鬥爭，最終演為一場血腥的宮廷事變。

[362] 按：建寧王李倓，性情英毅，有才略，善騎射。在玄宗離京幸蜀時，「典親兵，扈車駕」。太子（肅宗）於靈武稱帝之後，建寧王「為良娣（即張皇后）、[李] 輔國所構」，賜死。至德二載（西元 757 年）九月，唐軍收復京城，謀士李泌曾對肅宗日：「廣平（代宗）于兄弟篤睦，至今言建寧 [王]，則嗚咽不自已。」代宗即位（西元 762 年）後，追贈建寧王為齊王。大曆三年（西元 768 年）五月，進謚「承天皇帝」，備極哀榮。據《舊唐書》卷 116〈肅宗代宗諸子傳．承天皇帝倓〉，第 3,384 至 3,386 頁；《新唐書》卷 82〈十一宗諸子傳．承天皇帝倓〉，第 3,617 至 3,619 頁。

[363] 《舊唐書》卷 10〈肅宗本紀〉，第 254 頁。

3. 凌霄門之變

寶應元年（西元 762 年）四月，太上皇與肅宗皆病危，皇太子（代宗）往來侍疾，躬嘗藥膳，衣不解帶；及承「監國」之命，流涕從之。[364]

肅宗病危彌留，而張皇后的親生子年幼[365]，故懼怕皇太子（生母吳氏，早薨）功高難制。又因為在靈武時與李輔國一起讒言譖殺建寧王李倓，自知難以見容於太子，心中憂懼，遂召越王係（肅宗次子，宮人孫氏所生[366]）入宮，密謀廢立之計。[367] 越王係命令內謁者監（正六品下）段恆俊，從宦官中挑選有勇力者 200 餘人，授予兵器鎧甲，埋伏在長生殿（肅宗臥病於此）後。十六日，張皇后矯詔召太子入宮。

內射生使程元振黨於李輔國，窺知張皇后與越王係的密謀，立即向李輔國報告。[368] 李輔國雖為肅宗「東宮私黨」，但是與太子（代宗）之間並無政治淵源關係；眼下肅宗病危，張皇后密謀廢立，正是可以利用之機——透過擁立太子來保住自己的既得利益。李、程二人立即帶領禁軍士兵伏於凌霄門（大明宮北牆西門）外等候。

太子行至凌霄門，程元振告以入宮將「有難」，但是太子不信。程元振隨即護衛太子隱藏於飛龍廄（大明宮北面玄武門外禁苑中）。當夜，程元振、李輔國帶領禁軍闖入宮中，將越王係、內官朱光輝和段恆俊等百餘人逮捕關押；並以太子之命幽禁張皇后於別殿。

---

[364] 《舊唐書》卷 11〈代宗本紀〉，第 268 頁。

[365] 據兩《唐書．后妃傳下．肅宗張皇后》：張皇后生有二子：興王佋，早夭；定王侗，年幼。故儲位（皇太子）獲安。

[366] 《舊唐書》卷 116〈肅宗代宗諸子傳．越王係〉，第 3,382 至 3,384 頁。

[367] 肅宗病危，張皇后與李輔國之間更有隙（矛盾、紛爭），遂召見太子（代宗），欲聯手誅滅李輔國與程元振，但是太子拒絕「不告［肅宗］而誅之」。張皇后遂以「太子仁弱」，召越王係入宮，密謀廢立之事。據《舊唐書》卷 77〈后妃傳下．肅宗張皇后〉，第 3,497 至 3,499 頁；《資治通鑑》卷 222，第 7,242 頁。

[368] 《舊唐書》卷 184〈宦官傳．李輔國、程元振〉，第 4,759 至 4,762 頁；《資治通鑑》卷 221，第 7,242 至 7,243 頁。

當時，士兵手持利刃逼迫張皇后下殿，侍奉的宮女和宦官驚駭逃散；而肅宗受此突然事變驚嚇，病情急遽惡化，於十八日駕崩。皇太子著素服，由李輔國、程元振引領，於九仙門（大明宮西牆北門，門外駐有禁軍）會見宰相和群臣，行監國之禮。李輔國下令將張皇后、越王係等參預密謀者，全部處死（一說代宗即位後，群臣請廢張皇后為庶人，乃殺之[369]）。

二十日，皇太子即位於肅宗靈柩之前。二十六日，以兵部尚書（正三品）、判元帥行軍、閑廄等使李輔國進號尚父；飛龍閑廄副使程元振為右監門將軍（從三品）。宦官朱光輝等被流放於黔中道。

五月，以李輔國為司空（正一品）兼中書令（正三品），餘職如故。

而飛龍副使程元振陰謀取代李輔國，祕密奏請代宗稍加裁製。六月，詔命解除李輔國判元帥行軍及兵部尚書、閑廄等使，遷於宮外宅第居住；以程元振代判元帥行軍司馬。李輔國心中恐懼，上表請求解職，詔封其為博陸郡王，罷中書令，許朔望（初一、十五）朝見。[370]

七月，代宗詔命：封程元振為鎮軍大將軍（武散官從二品）、保定郡開國公。九月，程元振進封邠國公（爵位從一品）。

唐代宗即位時36歲，年富力強，耳聞目睹了朝廷權力鬥爭的陰險凶惡，經受了數年平叛戰爭的殘酷磨練，具備了控制全域性，駕馭群臣的權術韜略。在對付宦官勢力上，採取了欲擒故縱，後發制人的策略。

是年十月十八日夜，「盜殺李輔國於其第，竊首而去」。[371]事後不久，杭州（今浙江杭州市）刺史杜濟對人言說：曾認識一個牙門將，聲稱他就

[369]《舊唐書》卷77〈后妃傳下．肅宗張皇后〉，第3,499頁。
[370]《舊唐書》卷11〈代宗本紀〉，第269頁；《資治通鑑》卷222，第7,247頁。
[371]《舊唐書》卷11〈代宗本紀〉，第270頁。

是奉命刺殺李輔國的人。[372]代宗暗殺李輔國，一因其專橫跋扈，二因建寧王的冤案。李輔國被去除之後，程元振取代其位，盡總禁兵，權震天下，驕橫狂妄甚於李輔國，凶決更過之。代宗皇帝依然是「螳螂捕蟬，黃雀在後」，毫不手軟地伺機予以清除。此是後話，下文再敘。

4. 郭子儀畏讒自明

寶應元年（西元 762 年）七月，代宗詔命郭子儀為都知朔方、河東、北庭、潞、儀、澤、沁、陳、鄭等節度行營及興平等軍副元帥。八月中旬，郭子儀入京朝見。這時，程元振已取代李輔國，自以為有擁立大功，妒忌郭子儀、李光弼等肅宗朝的老將功高威重，在代宗面前挑撥離間，讒言詆謗。

郭子儀面對新皇登基，奸佞進讒，難得安寧，遂上奏代宗，請求解除副元帥和節度使職務。代宗允准，加賞食實封 700 戶，以示安慰，詔命其充任肅宗山陵使負責墓葬事宜。

郭子儀深知代宗的秉性好惡，從家裡儲存的朝廷文書中，挑選出肅宗、代宗（擔任天下兵馬元帥以來）給他的親筆書信詔敕，整理進呈，藉以自明忠謹，委婉表達畏懼讒言的苦衷。[373]

代宗審閱後，回想平叛經歷，心中感慨，下詔回覆曰：「朕不德不明，

[372] 《資治通鑑》卷 222，第 7,251 頁。又據《新唐書》卷 208〈宦者傳下．李輔國〉：「自［李］輔國徙太上皇（玄宗）［于太極宮］，天下疾（恨）之，帝（代宗）在東宮積不平。既嗣位，不欲顯戮，遣俠者夜刺殺之，年五十九，抵其首溷（茅廁）中，殊右臂，告泰陵（玄宗陵墓）。然猶秘其事，刻木代首以葬，贈太尉，謚曰丑。後梓州（今四川三台縣）刺史杜濟以武人（姓名不詳）為牙門將，自言刺［殺］輔國者。」

[373] 郭子儀〈自陳表〉奏言：「……會天地震盪，中原血戰……先帝（肅宗）憂勤宗社，托臣以家國，俾副陛下掃兩京之妖祲。陛下雄圖丕斷，再造區宇，自後不以臣寡劣，委文武之二柄……陛下居高聽卑，察臣不二，皇天后土，察臣無私。……自受恩塞下，制敵行間，東西十年，前後百戰。……陛下曲垂惠獎，念及勤勞，貽臣詔書一千餘首……自靈武、河北、河南、彭原、鄜坊、河東、鳳翔、兩京、絳州，臣所經行，賜手詔敕書凡二十卷，昧死上進，庶煩聽覽。」據《全唐文》卷 332 郭子儀〈進賜前後詔敕自陳表〉，上海古籍出版社，1990 年。

讓大臣心中憂慮，這是朕的過錯，甚感慚愧。……」其實，代宗與其父肅宗一樣，對於統兵大將始終抱有猜忌和防範之心。

十二月，群臣以肅宗的安葬日期已定，按照喪禮，應啟遷代宗生母吳太后的舊墳，與肅宗合葬。廣德元年（西元 763 年）正月，山陵使郭子儀率宰臣上奏，請追謚吳太后「章敬皇后」。[374] 三月十八日，詔令安葬玄宗於泰陵（今蒲城縣境內）。二十七日，詔令安葬肅宗於建陵（今禮泉縣境內）；同時，啟遷章敬皇后舊墳，合葬於建陵。

四、平叛戰爭的勝利

唐代宗稱帝時的天下局勢：內有財政匱乏，宦官弄權；外有叛逆未平，吐蕃侵逼——首要軍事任務就是平息叛亂，安定朝廷。

1. 唐朝再請回紇兵

寶應元年（西元 762 年）九月，代宗詔命宦官劉清潭出使漠北回紇汗國，重修舊好，請求登里可汗再次派兵南下，助剿史朝義叛軍。

而在此之前，回紇登里可汗已受史朝義引誘，以為唐室連遭大喪（玄宗、肅宗駕崩），中原無主，可以帶兵南下，掠取各地的府庫財物。其數萬人馬已進至陰山之下的三受降城，劉清潭到達回紇可汗營帳，才知曉這些情況，立即派隨從人員回朝奏報。代宗聞報大為震駭，火速派遣殿中監

[374] 唐代宗生母吳氏，祖籍濮陽（今河南濮陽市）。其父吳令珪曾任益州郫縣（今四川郫縣）縣丞，因犯罪而家族受株連，吳氏以年幼被沒入掖庭為宮女。開元十三年（西元 725 年），宦官首領高力士奉命從宮女中挑選容貌端麗者三人，賜給陝王（即肅宗），吳氏在其中。次年十二月，吳氏生子（即代宗）。開元二十八年（西元 740 年），吳氏去世，享年約 30 歲，安葬於城東春明門外。據《舊唐書》卷 52〈后妃傳下．肅宗章敬皇后吳氏〉；〔唐〕李德裕《次柳氏舊聞》//《開元天寶遺事十種》，上海古籍出版社，1985 年。

藥子昂前往忻州（今山西忻州市），慰勞回紇軍隊。[375]

慶幸的是，登里可汗的可敦（王后）是朔方軍節度使僕固懷恩的女兒。此時，懷恩駐軍於河東汾州。登里可汗請求與懷恩見面。代宗敕令懷恩與女婿、女兒相見，以朝廷恩德信義勸諭之。登里可汗與懷恩見面後，才清楚唐朝局勢真實情況，遂遣使上表，願意助唐平叛。雙方商定，回紇軍自陝州大陽津（今山西平陸縣西南）南渡黃河，以太原倉（今河南三門峽市西）粟米為軍糧，會同諸道唐軍進兵洛陽。

隨後，代宗又命僕固懷恩陪同母親、妻子一同前往行營，與登里可汗、可敦（懷恩之女）相見，敘家人親情，藉以籠絡回紇可汗。

十月十二日，詔命雍王李適（代宗長子，即後來的德宗）為天下兵馬元帥，統率河東、朔方及諸道行營、回紇等兵十餘萬，討伐史朝義；詔加僕固懷恩同平章事兼絳州刺史，統領諸軍節度行營，為雍王的副手。代宗本想以郭子儀為副元帥，但因程元振、魚朝恩譭謗離間，又改變了主意。

十九日，雍王統兵出征，到達陝州後，帶領左右官屬和數十名騎兵，北渡黃河前往河北縣（今山西平陸縣）的回紇兵營地慰問。而登里可汗態度驕橫，竟然叱責雍王未對他行拜舞大禮。為此，隨從雍王的御史中丞藥子昂與回紇將軍車鼻爭持許久。而車鼻氣焰囂張，蠻橫地命令部下將藥子昂等四人各鞭打一百；又以雍王年少不懂事，遣送回營。

次日，魏琚（右廂兵馬使）、韋少華（中書舍人）因傷重而死。

雍王對回紇君臣的驕傲蠻橫，極為憤怒，深感恥辱。[376]

---

[375] 藥子昂「及於太原北忻州南，子昂密數其丁壯，得四千人，老小婦人相兼萬餘人，戰馬四萬匹，牛羊不紀」。據《舊唐書》卷 195〈回紇傳〉，第 5,202 頁。

[376] 按：雍王（德宗）時年 20 歲，年輕氣盛，卻當眾遭此羞辱，極為憤恨，耿耿於懷，並直接影響到他即位之後，對待回紇汗國的外交政策轉為仇視、敵對。

2. 史朝義窮途敗亡

十月二十三日，各路唐軍從陝州出發：僕固懷恩與回紇軍左殺為前鋒，陝西節度使郭英乂、神策軍觀軍容使魚朝恩殿後，從澠池（今河南澠池縣）東進；潞澤節度使李抱玉先引兵東取懷州（今河南沁陽市）；元帥雍王坐鎮陝州。遠在臨淮（今江蘇盱眙市）的河南等八道行營節度使李光弼派郝廷玉、田神功等將自陳留（今河南開封市）西進。

二十七日，唐軍前鋒進至洛陽北郊。二十八日，潞澤節度使李抱玉率偏師攻取懷州，然後從河陽橋南下進取洛陽。

史朝義在洛陽聞報，召集部將商議。阿史那承慶建議：唐軍與回紇兵銳不可當，應退守河陽避其鋒芒。但是史朝義不予採納。

是月底，唐軍列陣於洛陽北郊橫水城（今河南孟津縣西北）。史朝義出動數萬人馬，分營立柵，取固守態勢。唐軍前鋒僕固懷恩與叛軍在洛陽西原正面對峙，以精騎兵與回紇騎兵沿南山繞道至叛軍營柵東北方，兩面夾攻，大破叛軍。史朝義又傾其精兵 10 萬，布陣於昭覺寺（今河南孟津縣西南）。唐軍急速發起攻勢，殺傷叛軍甚眾。監軍魚朝恩派出 500 名射生手投入戰鬥，箭矢如雨，叛軍死傷纍纍，而陣營仍未有潰動。

唐軍鎮西節度使馬璘立刻疾呼道：「事情危急了！」遂單槍匹馬，闖入敵陣，轉瞬之間，奪得兩面盾牌。唐軍士卒頓受鼓舞，奮勇衝擊，突入叛軍陣營核心，殺聲震天動地，勢如狂濤。叛軍紛紛向兩側躲避，陣形大亂，後撤至洛陽北面的石榴園、老君廟一帶，重整陣營與唐軍激戰。

隨後叛軍再遭慘敗，狼奔豕突，相互踐踏，死屍填滿城東北的溝谷，史朝義僅率數百輕騎兵落荒東逃。唐軍殺敵 6 萬餘人，俘獲 2 萬餘人，收復洛陽；並攻取河陽城，俘獲史朝義偽朝中書令許叔冀、王伷等人。

僕固懷恩留回紇騎兵駐營於河陽，派遣其子、右廂兵馬使僕固瑒與朔方兵馬使高輔成，率領 1 萬名步騎兵，追擊史朝義至鄭州（今河南鄭州市），再戰再捷。史朝義又東逃到汴州（今河南開封市），其陳留節度使張獻誠緊閉城門，拒絕他進城，史朝義無可奈何，狼狽逃往濮州（今山東鄄城縣）。張獻誠隨即開城投降唐軍。

十一月二日，唐軍收復東都的捷報，傳送到西京長安。

就在長安君臣慶賀勝利之時，回紇兵已經進入洛陽，開始大肆搶掠，火光幾十天不滅，民眾死傷數以萬計。而朔方軍與神策軍也以東京、鄭州、汴州、汝州等地曾是叛軍盤踞的「賊境」，所過之處，肆意搶掠財貨，三個月方告停息。百姓家家戶戶錢糧財物蕩然無存，四壁徒立。仲冬時月，許多人無衣可穿，只好用紙來遮身。回紇可汗下令把搶掠的財物存於河陽，派將軍安恪看守。故《舊唐書・回紇傳》議論曰：回紇出兵助唐平叛，「於國之功最大，為民之害亦深」。

十一月初，史朝義率其殘部北渡黃河。叛軍睢陽節度使田承嗣等人帶領 4 萬兵馬與史朝義會合，繼續抗拒唐軍，被僕固瑒擊敗。唐軍長驅追擊，直至昌樂縣（今河南南樂縣）東面。史朝義又從魏州（今河北大名縣）調集兵馬，與唐軍對陣，復遭大敗。

至此，史朝義大勢已去，叛軍將領紛紛望風轉舵，鄴郡（相州）節度使薛嵩舉相、衛、洺、邢四州之地，向唐軍李抱玉投降；恆陽（今河北正定縣）節度使張忠志舉恆、趙、深、定、易五州之地，向唐軍辛雲京投降。李抱玉與辛雲京率唐軍進入叛軍營地，接收兵馬、清點物資。

但是沒過幾天，行營副元帥僕固懷恩下令讓薛嵩、張忠志官復原職。於是，李抱玉、辛雲京懷疑懷恩有不臣之志，分別奏報朝廷。

十一月六日，代宗下制云：「東京及河南、[河] 北受偽官者，一切不問。」二十二日，又下詔任命歸降叛將張忠志為成德軍節度使，統領恆、趙、深、定、易五州，並賜其姓名「李寶臣」。[377] 由此可見，僕固懷恩並非自作主張，而是奉旨行事（詳見下節）。

此時，郭子儀身在京城，特別關注平叛前線的消息，聞知僕固懷恩平定河北，便上奏代宗，請求以自己所任副元帥職位相讓，以表彰其功。二十四日，代宗加授僕固懷恩尚書左僕射兼中書令、靈州大都督府長史、單于和鎮北府大都護、朔方節度使、河北副元帥。[378]

史朝義北逃至貝州（今河北清河縣），與其大將薛忠義等人會合後，以 3 萬兵力回軍反撲，被僕固瑒設伏擊敗，死傷慘重。又繼續北逃至莫州（今河北任丘縣北），其大將田承嗣趕到會合。僕固懷恩率唐軍主力包圍莫州，史朝義幾次開城出兵交戰，均遭失敗。

廣德元年（西元 763 年）正月，叛將田承嗣獲悉薛嵩、張忠志（李寶臣）恢復原職，便暗中派人與僕固懷恩聯繫歸降，得到許諾，遂向史朝義建議：「莫州是彈丸之城，我軍沒有援兵，陛下不宜在此困守。以臣之見，陛下應親往幽州求救，我願留守等待。」史朝義率 5,000 名騎兵，乘夜從北門突圍。田承嗣立即開城投降，將史朝義的家小押送唐軍營地。

僕固瑒等將領率 3 萬唐軍，緊追史朝義至歸義（今河北容城縣東北），史朝義回軍接戰，復遭失敗，落荒北逃。而叛軍范陽節度使李懷仙，已經透過中使駱奉仙請降，並派部將李抱忠率兵 3,000 人，駐守於南面的范陽縣（今河北涿縣）。史朝義到達後，不得進城，身後唐軍追兵又快要趕上，急忙派人告喻李抱忠：「陛下是來調兵救援莫州的。」李抱忠答曰：「上天不保佑大燕。唐室復興，我們已經投誠，不能再有反覆。請你早點決定去留，以謀自全。唐軍能越過莫州追到這裡，看來田承嗣已經投降了。」

史朝義大為恐懼，且飢餓疲憊，請求供給一餐飯菜。李抱忠顧念舊

[377] 《資治通鑑》卷 222，第 7,254 至 7,255 頁。

[378] 《舊唐書》卷 11〈代宗本紀〉，第 271 頁；《資治通鑑》卷 222，第 7,255 頁。

情，派人把飯菜送到城東。這時，叛軍士卒中的范陽人，紛紛向史朝義叩頭告辭。史朝義無言以對，兩眼流淚，匆忙吃過飯，帶領數百名胡人騎兵，向東北狂奔至廣陽（今北京房山區東北），其守軍也是閉城相拒。

史朝義決定去投奔奚、契丹部落，逃至平州石城縣（今河北豐潤縣東）東北的溫泉柵時，李懷仙派出的追兵已經趕上來了。孤家寡人、窮途末路的史朝義，仰天長嘆，下馬自縊於棗樹林中。追兵斬取史朝義首級帶回，李懷仙將其獻給僕固懷恩。至此，河北道平定。

正月三十日，史朝義的人頭傳送到長安城。[379] 歷時八年的安史叛亂（西元 755 年至西元 763 年）總算結束了。但是勝利得並不徹底，留下嚴重的後患。

3. 招降納叛乃宸斷

寶應元年（西元 762 年）冬天，平叛戰爭的最後階段進展得比較順利，主要是因為採取了重點打擊史朝義與「招降納叛」相結合的策略。[380]

從單純的軍事角度考量，唐朝並未真正徹底地殲滅叛軍 —— 仍由「歸降」叛將統領其原來的軍隊，埋下了日後藩鎮割據的隱患，使唐朝處於表面統一而實際分裂的狀態。那麼要問：其中原因何在？

(1) 叛軍的戰鬥力依然強悍。據《安祿山事蹟》卷下：肅宗至德二載（西元 757 年）十月六日，唐軍收復東都，安慶緒倉皇逃往河北。

至相州……疲卒才一千，騎士三百而已。至滏陽縣界（今河北磁縣），時河東節度使李光弼屯卒一萬、軍馬三百在滏陽，慶緒處必死地，謂諸弟曰：「一種是死，不如刀頭取決。」遂與慶和等三人領家僮（家兵）數百，設奇計大破官軍。光弼〔軍〕大潰。澤潞節度使王思禮〔行〕營相去

[379] 《舊唐書》卷 11〈代宗本紀〉，第 271 頁；《資治通鑑》卷 222，第 7,258 頁。
[380] 參看黃永年《六至九世紀中國政治史》，上海書店出版社，2004 年，第 343 頁。

四五里，知光弼敗，一時分散。慶緒遂分八道，曳露布稱：破光弼、思禮兩軍，收斫萬計，營幕儼然，天假使便，無所欠少。況回鶻已走，立功不難，其先潰將士，於相州屯集。……

安慶緒恃勇鬥狠，以少勝多，可謂置之死地而後生。

此事發生在相州戰役之前。雖然，李光弼治軍嚴整，善於守城作戰，但他統領的部隊卻是「雜牌軍」，拙於野戰廝殺。

而安慶緒能夠在相州城集結潰散之兵，東山再起，頑強抵抗；史思明降而復叛，能夠再次攻陷洛陽、數次進攻陝州，皆說明叛軍整體的力量，仍然不輸於唐軍。

(2) 代宗欲盡快平定叛亂，再次借用回紇兵來助戰。但是，回紇騎兵雖然驍勇善戰，卻驕橫凶殘，志在搶掠財物，唐朝不敢再放心使用。前文已述，唐軍元帥雍王（德宗）遭受回紇可汗羞辱、從官被鞭打致死 —— 唐朝君臣深為顧慮，既不敢放手使用，還必須預作防範。[381]

所以，在平叛戰爭的最後階段，唐軍是以僕固懷恩父子統領的朔方軍為主力，而「留回紇可汗營於河陽」。[382] 只是在追至臨清縣（今河北臨西縣）時，僕固瑒「懼賊氣盛」，才調來部分回紇騎兵參戰，「官軍益振……大戰於下博（今河北深縣東南）東南，賊大敗。……」[383]

在唐朝百姓眼中，回紇兵猶如「瘟神」，在洛陽、河陽等地的瘋狂搶掠行徑[384]，令人髮指。若將 4,000 名回紇騎兵全部投入河北戰場，在獲勝

[381] 在「河北悉平」之後，僕固懷恩自相州西退河東道，回紇可汗自河陽北出澤、潞，曆太原返回漠北。由此可見，唐朝在「禮送」回紇軍返回時，令其取路河東道而非河北道，就是顧慮其貪婪無厭，肆行搶掠，殘戮百姓，引發事端而采取的防範措置。而僕固懷恩以回紇可汗岳父身份禮送出境，也有防備回紇兵劫掠滋事的考慮。據《舊唐書》卷 195〈回紇傳〉，第 5,204 頁；《資治通鑑》卷 222，第 7,260 頁。參看黃永年《六至九世紀中國政治史》，上海書店出版社，2004 年，第 343 頁。

[382] 《舊唐書》卷 121〈僕固懷恩傳〉，第 3,481 頁。

[383] 《舊唐書》卷 121〈僕固懷恩傳〉，第 3,481 頁；《資治通鑑》卷 222，第 7,255 頁。

[384] 據《舊唐書》卷 195〈回紇傳〉（第 5,204 頁）：「……回紇可汗繼進於河陽，列營而止數月。去

之後又肆意搶掠，無疑會激起當地軍民的反抗 —— 河北道民俗尚武，百姓至於婦人小童，皆嫻習弓矢；范陽城裡家家自有軍人。而且，叛軍餘黨田承嗣、張忠志、李懷仙、薛嵩等皆手握強兵，占據州郡，對於「親屬鄉鄰」遭受洗劫，絕不會因為「歸降」就熟視無睹，放手不管。

(3) 代宗詔命「招降納叛」[385]，前敵指揮、副元帥僕固懷恩乃「奉旨行事」，具體執行。而「招降納叛」並非代宗的發明創造，早在四年前，肅宗對史思明就已經用過，只是失敗了。

4. 河北藩鎮之評議 [386]

唐代宗詔命以歸降叛將張忠志等為節度使，分理河北道，恢復並穩定社會秩序，屬於權宜之計。寶應二年（西元 764 年，也是廣德元年）重新設置的河北藩鎮分布情況如下：

安史餘黨／藩鎮	治所／今地	管州
李寶臣／成德節度使	恆州／河北正定	恆、定、趙、深、易
薛嵩／相衛等州節度使	相州／河南安陽	相、貝、邢、洺
李懷仙／幽州、盧龍節度使	幽州／北京	幽、莫、媯、檀、平、薊
田承嗣／魏博節度使	魏州／河北大名	魏、博、德

但在此後，由於吐蕃侵寇等諸種原因，唐朝廷無暇多顧河北，其藩鎮割據遂成尾大不掉之勢，雖經代、德、憲宗多次「削藩」，亦不過表面臣服，終未能有根本性的扭轉。尤其是號為「河北三鎮」的幽州、成德、

營百餘里，人（民）被剽劫逼辱，不勝其弊。」

[385] 請看相關史料：(1) 據《舊唐書》卷 141〈田承嗣傳〉：「帝（代宗）以二凶（安、史父子）繼亂，郡邑傷殘，務在禁暴戢兵，屢行赦宥，凡為安、史詿誤（欺誤）者，一切不問。……」(2) 據《新唐書》卷 224 上〈逆臣傳上・僕固懷恩〉：「初，帝（代宗）有詔但取［史］朝義，其他一切赦之。故薛嵩、張忠志、李懷仙、田承嗣見［僕固］懷恩，皆叩頭願效力行伍。……」

[386] 按：對於唐朝後期藩鎮割據局面長期存在的原因和影響，學術界的研究成果，可謂累累豐碩。因非本書主題，故不作詳細論列。

魏博，「遂擅署吏，以賦稅自私，不獻於朝廷。效戰國，肱髀相依，以土地傳子孫，脅百姓，加鋸其頸，利怵（利誘）逆汙，遂使其人自視由羌狄然。一寇死，一賊生，訖唐亡百餘年，卒不為王土」。[387]

然而，河北藩鎮也具有「積極的邊防功效」—— 繼續執行著臨御、鎮撫東北「兩蕃」的邊防任務。[388]

故事：嘗以范陽節度使為押奚、契丹兩蕃使。自［肅宗］至德（西元756年至西元757年）後，藩臣多擅封壤（疆域），朝廷優容之，俱務自完，不生邊事，故二蕃亦少為寇。其每歲朝賀，常各遣數百人。至幽州，則選其酋長三五十人赴闕（京城），引見於麟德殿，賜以金帛，遣還；餘皆駐而館之（留住幽州等待其酋長返回），率以為常。[389]

所云「兩蕃」每年進京朝賀「至幽州」—— 須經過幽州節度使的接待和審查，核定其進京人數、查驗其「貢品」（當地特產）並登記造冊、包裝封印（報送鴻臚寺備案），頒發「過所」（通行證）等。[390] 正說明河北藩鎮繼續執行著臨御、鎮撫東北「兩蕃」的邊防任務。

再從唐後期軍事全域性形勢演變來看：中央長期陷於「兩面作戰」困局，外抗吐蕃王國（以及党項、回紇等）的洶洶侵寇，京西北地區長期駐紮重兵「防秋」，疲於應付；內討「分庭抗禮」之藩鎮割據 —— 難以集結絕對優勢兵力，徹底剷除河北藩鎮，實現一勞永逸。

述論至此，也就引出了下一篇要述論的內容 —— 郭子儀在安史之亂平定之後，奉命抗禦吐蕃侵寇京畿、再建功勳的話題。

---

[387]《新唐書》卷 210〈藩鎮傳〉總序，第 5,921 頁。

[388] 黃永年《六至九世紀中國政治史》，上海書店出版社，2004 年，第 308 至 313 頁。

[389]《唐會要》卷 96〈奚〉，上海古籍出版社，1991 年，第 2,037 頁。

[390]《唐六典》卷 18〈鴻臚寺・典客署〉，第 504 至 507 頁；《舊唐書》卷 44〈職官志三・鴻臚寺・典客署〉，第 1,885 頁。參看黎虎《漢唐外交制度史》，蘭州大學出版社，1998 年；王靜《中國古代中央客館制度研究》，黑龍江教育出版社，2013 年。

第七章

一身繫天下安危

吐蕃王國崛起於雪域高原。唐太宗時，因文成公主和親，雙方關系和睦。但是自唐高宗以降，雙方兵爭不斷，吐蕃向北爭奪西域控制權，向東侵犯劍南道，向東北進攻河湟地區。安史叛亂爆發，唐朝邊兵東調討逆，吐蕃乘機侵占隴右道州縣，東下隴山入侵關中，唐代宗東奔陝州，長安城失陷半月。郭子儀收復京城，上疏迎駕。朔方軍主力移鎮守禦京西北地區，再立新功。

唐代宗即位前後，唐朝最大的外患，來自吐蕃王國。[391]

吐蕃王國的發祥地，在今西藏山南地區的窮結、澤山一帶。這裡湖泊星列，溝渠連通，農牧兼宜。因而，吐蕃部落的經濟最為發達。其君王稱「贊普」，父死子繼；輔臣稱「大論」、「小論」。到棄宗弄贊（松贊干布）的祖、父兩代時，其勢力已逐漸擴展到拉薩河流域。

吐蕃王朝有案可稽的歷史，始於松贊干布（約西元 617 年至西元 650 年）。[392]

[391] 史載：「唐興，蠻夷更盛衰，嘗與中國亢（抗）衡者有四：突厥、吐蕃、回鶻（紇）、雲南（南詔）是也。……凡突厥、吐蕃、回鶻以盛衰先後為次；東夷、西域又次之，跡用兵之輕重也；終之以南蠻……」、「惟吐蕃、回鶻號強雄，為中國患最久。」據《新唐書》卷 215 上〈突厥傳上〉，第 6,023、6,027 至 6,028 頁、卷 216 下〈吐蕃傳下〉，第 6,109 頁。本節參看翁獨健主編《中國民族關係史綱要》第二編第八節，中國社會科學出版社，2001 年；林冠群《唐代吐蕃史論集》，中國藏學出版社，2006 年。

[392] 在西元六世紀時，青藏高原上為部落分立局面，其社會形態，尚處於從部落聯盟向奴隸制過渡的階段。松贊干布降服了塔布、工布、娘布、羊同（象雄）、蘇毗等部落，於西元 633 年正式建立王國，以邏娑（邏些）為都城。贊普擁有絕對權力，與臣屬的各部落首領，用傳統的盟誓習俗確定領屬關係；制定了嚴酷的法律，建立官制、軍制，創立了文字、曆法、計量制度等，形成以贊普為中心的奴隸主貴族政權。統一諸部落（部族）之後的吐蕃政權，「有勝兵數十萬，號為強國」、「西戎之地，吐蕃是強。蠶食鄰國，鷹揚漢疆」。據《通典》卷 190〈邊防典六．西戎二．吐蕃〉，第 5,172 頁；《舊唐書》卷 196 下〈吐蕃傳下〉，第 5,267 頁。

一、吐蕃打進長安

1. 唐蕃關係惡化

唐太宗貞觀八年（西元 634 年），吐蕃遣使入唐通好，唐朝亦派使者回訪。貞觀十四年（西元 640 年），唐太宗應允松贊干布的和親請求，以宗室女文成公主許嫁，代表著唐蕃和好關係的建立。終松贊干布之世，吐蕃與唐朝保持著和好關係。但是，自唐太宗和松贊干布相繼去世後，唐蕃關系開始惡化，時戰時和，曠日持久，將近兩個世紀（西元 650 年至西元 843 年）。[393]

唐高宗永徽元年（西元 650 年），松贊干布去世，其孫繼位，年幼，軍國大政由大論（宰相）祿東贊專掌，唐蕃關系開始惡化。從顯慶元年（西元 656 年）起，吐蕃軍向東北頻繁攻擊吐谷渾汗國（受唐朝冊封）。龍朔三年（西元 663 年），吐谷渾諾曷缽可汗率其殘部數千帳，棄國逃奔涼州（今甘肅武威市）。[394] 從此，吐蕃兼有青海草原，直接威脅唐朝河西、隴右地區。

唐高宗咸亨元年（西元 670 年），吐蕃軍北越崑崙山，大舉進攻西域。當年四月，唐朝大將薛仁貴等率領 5 萬兵力，與吐蕃 40 萬大軍激戰於青海湖南面的大非川（今青海共和縣西南切吉平原），全軍覆沒。在西域，吐蕃攻陷唐安西都護府治所龜茲（今新疆庫車縣東），控制了天山以南廣大地區。唐朝安西四鎮並廢，實際控制區退縮至天山以東和以北地區。

乾封二年（西元 667 年）二月，劍南道的「生羌十二州為吐蕃所破」。[395]

[393] 唐武宗會昌三年（西元 843 年），吐蕃發生內亂，國勢迅速衰落，20 餘年後政權瓦解。

[394] 吐谷渾，居今甘、青、川、新疆四省（區）交界地區，經濟以遊牧為主，兼營農業。唐太宗貞觀九年（西元 635 年），唐軍擊敗吐谷渾，其伏允可汗被其部下所殺。此後近三十年間，雙方以和親、互市保持著友好關係。唐高宗時，吐蕃侵占了吐谷渾全部土地，其部落遷至靈州（今寧夏吳忠市）境地安置。八世紀以後，逐漸和漢族融合。

[395] 《資治通鑑》卷 201，第 6,466 頁。

至唐高宗末年，「吐蕃盡據羊同、党項及諸羌之地，東接涼、松、茂、巂等州，南鄰天竺，西陷龜茲，疏勒等四鎮，北抵突厥，地方萬餘里，諸胡之盛，莫與為比」。[396] 其東境逼近劍南道治所益州（今四川成都市）。

武則天執政時期的長壽元年（西元 692 年），武威軍總管王孝傑領兵大破吐蕃，收復龜茲、于闐等四鎮，並以 3 萬大軍駐屯鎮守、保護絲路貿易和徵收關稅，重新確立了對西域地區的控制權。

唐玄宗天寶六載（西元 747 年），安西副都護高仙芝擊破依附於吐蕃的小勃律（今喀什米爾西北吉爾吉特），擒其國王而還。十二載（西元 753 年），安西節度使封常清又擊敗大勃律（今喀什米爾巴提斯坦）。

在西域地區軍事形勢反覆演變的同時，唐朝在隴右東部地區與吐蕃的戰爭較量，也在歷經多次反覆之後，取得了全面勝利。[397]

唐前期的隴右軍鎮（節度使）邊防線，以洮州（今甘肅臨潭縣）、鄯州（今青海樂都縣）西南的赤嶺（日月山）和涼州為界。洮州之地，「西控蕃、戎，東蔽湟、隴，據高臨深，控扼要害」[398]，是防禦重心所在。唐高宗儀鳳二年（西元 677 年），於洮州城內建莫門軍，管兵 5,500 人，戰馬 200 匹。[399] 赤嶺當中原通西南和西域的要衝，自隴右入吐蕃即取道於此。涼州為河西節度使駐所，是隴右道諸軍鎮的指揮中心和軍需轉運供給總站。[400]

[396]　《資治通鑑》卷 202，第 6,511 頁。按：西洱（西洱河），即今雲南大理市東面的洱海；松州，治所今四川松潘縣；茂州，治所今四川茂縣；巂州，治所今四川西昌市。

[397]　(1) 隴右道東部，水草豐茂，是唐朝的「監牧」之地（國營養馬場）——秦（今甘肅天水市）、渭（今甘肅隴西縣）、蘭州（今甘肅蘭州市）及黃河西九曲、河曲之地。(2) 隴右道控制著「絲綢之路」的「瓶頸」河西走廊，在唐代屬涼、甘（今甘肅張掖市）、肅州（今甘肅酒泉市）之地。其控制權事關唐朝國防安全與對外貿易暢通。若吐蕃控制隴右，就攔腰切斷了唐朝與西域的聯繫，並可向東威脅唐朝京畿地區。而吐蕃的攻唐戰略，正是重點突破隴右，遮斷河西，孤立西域，而後東指長安。

[398]　〔清〕顧祖禹《讀史方輿紀要》卷 60〈陝西九・臨洮府・洮州衛〉，中華書局（賀次君、施和金點校），2005 年，第 2,890 頁。

[399]　《元和郡縣圖志》卷 39〈隴右道上・鄯州〉，第 991 頁。

[400]　參看王永興《唐代前期軍事史略論稿》，昆侖出版社，2003 年，第 169 至 171 頁。按：河西節度使統轄涼、甘、肅、伊、瓜、沙、西七州之地。河西，指黃河以西。

唐朝劍南道的邊防線，是利用邛崍山、大渡河、大雪山、雅礱江、雲南洱海等山河險要，以益州為中心。益州山川重阻，沃野千里，天府之土，地大而要，是西南的經濟大都會和邊防重鎮。[401]

唐中宗時，吐蕃復遣使求婚，唐朝以金城公主（邠王李守禮之女）「和親」。睿宗景雲二年（西元 711 年），吐蕃厚賄鄯州（今青海樂都縣）都督楊矩，請以河西九曲為金城公主湯沐邑，獲準恩賜。吐蕃得其地後，設置洪濟、大莫門等城，屯兵駐守，作為侵擾唐朝疆土的前哨陣地。

唐玄宗即位後，勵精圖治，銳意邊事。自開元十五年（西元 727 年）以後，唐軍多次出擊，奪回河湟地區，攻克石堡城（今青海湟中縣西南）。開元十九年（西元731 年），雙方達成和議，以赤嶺為界，恢復「互市」貿易。

開元二十九年（西元 741 年），吐蕃又襲取石堡城。直至天寶八載（西元 749 年），新任隴右節度使哥舒翰才以慘重代價，奪回了石堡城。十二載（西元 753 年），唐軍再拔吐蕃洪濟等城，盡收河西九曲之地，並於次年設置洮陽、澆河兩郡和神策軍（今甘肅臨潭縣西南）。十四載（西元 755 年），又迎吐蕃屬部蘇毗王子悉諾邏來降。至此，唐朝對吐蕃的戰爭取得全面勝利。

然而，是年冬天爆發的安祿山叛亂，使唐軍的勝利成為曇花一現。在此後的唐蕃戰爭中，唐朝更是節節退縮，疲於應付。[402]

2. 國威淪喪，京城失

(1) 吐蕃軍乘虛侵蠶隴右

唐肅宗至德元載（西元 756 年），吐蕃軍攻陷隴右道鄯、廓（今青海化

---

[401] 唐代的經濟都會，首為揚州，次為益州，時稱「揚一益二」。

[402] 李唐帝國綜合國力鼎盛時期，為玄宗朝（西元 712 年至西元 755 年）；吐蕃王國兵勢銳盛，是墀松德贊在位時期（西元 755 年至西元 797 年）。兩大地緣政治強權達於勢均力敵的歷史巧遇，就在安祿山叛亂之年（西元 755 年）錯臂而過。唐朝從此由盛轉衰，而吐蕃得以乘虛侵蠶隴右，東越隴山而進逼關中，唐朝面臨迫在眉睫、曠日持久的京城安全危機。

隆縣西）、河州（今甘肅臨夏縣）的邊防據點威戎、神威、定戎、宣威、致勝、天成、金天七軍和石堡、百穀、雕窠三城。唐軍天寶末年的勝利化為烏有。

至德二載（西元 757 年）十月，吐蕃軍又攻陷鄯州。乾元元年（西元 758 年），又攻陷河源軍（今青海西寧市）。上元元年（西元 760 年），又攻陷廓州。

與此同時，党項、奴剌（西羌種落）等部落（族）也頻繁侵擾關中（京畿道）、山南道西部地區，搶掠牲畜財物，殺傷當地官民。

寶應元年（西元 762 年）正月二十四日，吐蕃派遣使者來長安，肅宗敕令郭子儀和宰相蕭華、裴遵慶等人在鴻臚寺與之歃血盟誓。[403]

是年，吐蕃軍又攻陷隴右道秦（今甘肅秦安縣西北）、成（今甘肅西和縣西北）、渭（今甘肅隴西縣東南）等州。党項部落也於三月、五月間，侵擾搶掠奉天（今陝西乾縣）、同官、華原（今銅川市耀州區）等地。

唐代宗廣德元年（西元 763 年）初夏，郭子儀幾次上奏，特別提醒代宗，「不可輕視吐蕃、党項的侵擾，應當早作防備」。四月底，唐朝派遣兼御史大夫李之芳等人出使吐蕃，竟被其強行扣留，兩年之後方才放歸。

(2) 唐代宗出奔陝州 [404]

唐代宗廣德元年（西元 763 年）七月，「吐蕃入大震關，……盡取河西、隴右之地。……西北數十州相繼淪沒，自鳳翔（今陝西鳳翔縣）以西，邠州（今陝西彬縣）以北，皆為左衽（指被吐蕃軍控制）矣」。[405]

吐蕃大軍頻頻東侵隴右邊境，唐朝邊防駐軍將領不斷向朝廷告急。但

[403] 《舊唐書》卷 196 上〈吐蕃傳上〉，第 5,236 至 5,237 頁。

[404] 本小節主要據《舊唐書》卷 11〈代宗本紀〉，第 273 至 274 頁、卷 120〈郭子儀傳〉，第 3,455 至 3,456 頁、卷 196 上〈吐蕃傳上〉，第 5,237 至 5,239 頁；《資治通鑑》卷 223，第 7,269 至 7,272 頁。徵引繁細，無考辨不詳注。

[405] 《資治通鑑》卷 223，第 7,265 頁。

是，專權用事的宦官頭子程元振卻認為這是邊將相互結黨，謊報軍情以勒索恐嚇朝廷，竟將告急軍情全部扣壓，不向代宗稟報。

九月下旬，吐蕃軍繞過鳳翔，向東北進犯涇州（今甘肅涇川縣）、邠州。十月一日，代宗詔令各地節度使入援京師。次日，吐蕃前鋒騎兵進至武功（今武功縣西北），京城震驚。代宗又緊急下詔：以雍王（即德宗）為關內兵馬元帥，郭子儀為副元帥，出鎮咸陽，抵禦吐蕃進犯。

而郭子儀自上年八月被解除兵權，賦閒在家，其親信部屬大多離散，各尋去就。詔命急切，郭子儀帶領臨時召集的幾十名騎兵，出京赴任。此時，吐蕃與吐谷渾、党項、氐、羌諸部落軍隊共約 20 萬人，遍布原野，前後達數十里，已經繞開咸陽，從司竹園（今周至縣東）南渡渭河，循秦嶺山麓向東推進。郭子儀急派行軍判官王延昌回京奏報，請求火速派兵增援。但是又遭到程元振阻攔，無法面見代宗報告敵情。

十月四日，渭北行營兵馬使呂日將帶領 2,000 名精兵，在盩厔（今周至縣）西面擊退吐蕃軍。十月六日，吐蕃再次進攻，呂日將力戰之後被俘，部下士兵全體戰死。此時，代宗正在宮中調遣兵將，籌備軍需，而吐蕃前鋒已經抵達咸陽西渭橋。警報傳至宮中，代宗不知所措，於十月七日出京東奔，其餘禁軍一鬨而散；京城官吏百姓，爭相逃竄躲藏。

還在咸陽原上的郭子儀獲知皇駕已經離京，立即返回長安。

代宗在禁軍騎兵護衛下，東出禁苑，渡過滻水。而射生將王獻忠突然關閉苑門，截留下 500 名騎兵，然後脅迫豐王李珙（玄宗第二十六子）等十位親王，西去投降吐蕃軍。這夥人走到開遠門（長安城西牆北門）時，迎面碰上從咸陽趕回來的郭子儀。王獻忠下馬，對郭子儀進言：「皇駕已經東走，京城無主。令公身為兵馬元帥，廢立之事就在您一句話！」未等郭子儀開口，豐王搶上前來問：「郭令公為何不說話表態？」行軍判官王延昌斥責道：「皇帝雖蒙塵在外，但聖德英明。您身為親王，說話狂悖，居心何在？」郭子儀對豐王等人嚴加訓誡，派兵押送去見代宗，聽候處置。

十月八日，代宗車駕到達華州（今華縣），州縣官吏早已逃散，無人迎駕，護駕禁軍士兵飢寒交迫。幸虧觀軍容使魚朝恩從陝州（今河南三門峽市西）帶領神策軍趕到，護衛皇駕向潼關奔去。對於隨後被押送到潼關的豐王李珙，代宗下詔賜其自裁而死。

十月九日，吐蕃大軍湧入長安。唐朝降將高暉與吐蕃大將馬重英擁立廣武王李承宏（邠王李守禮之孫）為傀儡皇帝，更改年號，設置百官。吐蕃士兵大肆搶掠府庫、市場，放火焚燒民宅。京城一片恐慌，市井蕭然。潰散的禁軍士兵也乘機搶劫，長安民眾紛紛逃往南山避難。

郭子儀率領部下數百人以及家人僕從，避入長安城東南牛心谷中，一時不知該向何處。行軍判官王延昌、監察御史李萼建議：令公身為元帥，應先向南到商州（今商州市），然後再奔赴皇帝行在；我們先抄近路前往商州，收集潰逃至當地的禁軍將士。郭子儀點頭稱是。

郭子儀經過藍田（今藍田縣）時，與元帥都虞候臧希讓、鳳翔節度使高升等人，又收集了上千名士兵。因擔心吐蕃軍向東追逼代宗，便在七盤（今藍田縣東南）駐兵三日，觀望形勢，然後才趕往商州。

這時，潰逃商州的數百名禁軍，在軍將張知節帶領下，搶掠逃難官員和百姓的資財馬匹。王延昌與李萼到達後，傳諭郭元帥不日將至，勸說張知節整頓士兵，勤王立功。眾將士欣然願聽命令，停止搶掠。

郭子儀到達商州後，收羅散兵及武關（今丹鳳縣東南）駐軍共 4,000 餘人，聲勢稍振。他流淚曉諭將士共雪國恥，收復京城。眾將士深受感動，人情振奮。郭子儀請太子賓客第五琦擔任糧料使，負責軍需供應。

3. 郭子儀再復長安

十月十二日，代宗車駕到達神策軍駐地陝州，擔憂吐蕃軍東出潼關，傳詔郭子儀來陝州保駕。郭子儀上疏陳說敵情：「臣不收復京城，無顏來見陛下。臣若出兵藍田，吐蕃就不敢向東進兵。」代宗詔示同意。

與此同時，鄜延節度使（駐今黃陵縣西南）白孝德已率軍南下；河東蒲州、河南陝州等各路援軍，也相繼逼近京畿。

吐蕃等聯軍占領長安後，大肆搶掠錢財物資，同時，準備掠走城中的青壯年男女、各類手工業匠人，整隊西撤，押送回國內。

郭子儀在商州，收集整頓軍隊，派左羽林將軍長孫全緒帶領 200 名騎兵西出藍田，觀察敵情；命第五琦為代理京兆尹，一同前往；又遣禁軍將領張知節繼後接應。長孫全緒到達藍田北面的韓公堆，白天擊鼓搖旗，夜晚點燃篝火，迷惑敵軍；又率 200 名騎兵西渡滻水，張揚聲勢。

在長安的吐蕃軍，偵知北面、東面的唐軍雲集而來，不明虛實，軍心恐懼。長安民眾哄騙曰：「郭令公已率大軍從商州趕來，兵馬多得數不清。」吐蕃人信以為真，陸續從長安撤軍。長孫全緒派禁軍將領王甫潛入城內，糾集數百名市井青年，等到夜晚，在朱雀大街上擊鼓吶喊，吐蕃軍更加惶恐。十二月二十一日，吐蕃軍全部退出長安，西撤而去。

吐蕃軍從長安退走的消息傳到陝州後，代宗詔命郭子儀為西京留守。二十五日，郭子儀率軍從商州啟程，於十一月初三進入長安。鄜延節度使白孝德、邠寧節度使張蘊琦所率勤王之兵，駐紮於京畿各縣，郭子儀傳召他們整軍入城，共同維持京城內外的治安秩序。

這時，先行入城的禁軍將領王甫，竟然自稱京兆尹，聚眾 2,000 餘人，署置官屬，在長安城中橫行霸道，欺壓百姓。又有射生軍將趙璘放縱士兵暴行不法，民眾怨聲載道。郭子儀領兵入城後，先行傳呼，將王甫斬首示眾；又下令將趙璘逮捕，當眾杖殺，百姓歡呼敬服。[406]

4. 上疏迎駕返西京

唐代宗廣德元年（西元 763 年）十月九日至二十一日，吐蕃軍隊進占長安城，是唐朝與吐蕃交戰以來最大的一次失敗，國威淪喪，軍威掃地。

這場倉猝事變，朝野上下皆歸罪於大宦官程元振。此中緣由說來話長，以下僅舉兩件事例。(1) 寶應元年（西元 762 年）九月，程元振加授驃騎大將軍（武散官從一品）兼內侍監（正三品）。左僕射裴冕為肅宗山陵使，因議事意見與程元振相違背，被讒陷遠貶為黔中道施州（今湖北恩施市）刺史。[407] (2) 山南東道節度使來瑱，在平叛戰爭中功勳卓著，因遭程元振誣陷，蒙冤而死。[408]諸道節度使聞之，皆切齒痛恨，亦深感自危，據地擁兵以自保，與朝廷離心離德。及至吐蕃侵犯京師，代宗徵召各地節度使帶兵入援。但是諸道節度使怨恨程元振陷害功臣，在關西者不肯速進力戰，在關東者如李光弼等，相互觀望遷延不動[409]，遂致京城失陷，皇駕播遷。

而這場京城失陷的事變，卻使得另一個宦官，神策軍監軍使魚朝恩得了勤王護駕的頭功。程元振身為驃騎大將軍、判元帥府行軍司馬，總領禁

[406]　《資治通鑑》卷 223，第 7,275 頁；〔宋〕王欽若等《冊府元龜》卷 401〈將帥部六十二．行軍法〉，鳳凰出版社（點校本）2006 年，第 4,556 頁。

[407]　《舊唐書》卷 184〈宦官傳．程元振〉，第 4,762 頁；《資治通鑑》卷 222，第 7,249 頁。

[408]　來瑱在鎮守襄陽（今湖北襄陽市）時，曾拒絕過程元振的請托，結下怨恨。寶應元年（西元 762 年）八月，來瑱奉命入朝，詔授兵部尚書、平章事，仍兼山南東道節度使。來瑱入朝為相，已無兵權，程元振讒言誣陷其曾與安史叛軍通謀、對代宗有不恭之語，等等。廣德元年（西元 763 年）正月，來瑱被削官流放黔中道播州（今貴州遵義市），中途賜死。六月，同華節度使李懷讓因遭受程元振誣陷，恐懼自殺。據《舊唐書》卷 184〈宦官傳．程元振〉，第 4,762 頁；《資治通鑑》卷 222，第 7,249、7,257、7,263 頁。

[409]　據《資治通鑑》卷 223 代宗廣德元年（西元 763 年）十月條：代宗「發詔征諸道兵，李光弼等皆忌元振居中，莫有至者，中外咸切齒而莫敢發言」。按：李光弼當時已身染重病，難以成行。參見馬弛《李光弼》第十四章，陝西師範大學出版社，1996 年。

軍，反落到欺君誤國，朝野指斥的罪魁境地。

程元振自知難辭其咎，為逃罪責，遂勸說代宗藉此機會遷都洛陽。代宗表示同意。但是，隨駕來到陝州的朝臣，紛紛上奏彈劾程元振。其中以太常博士（從七品上）柳伉的奏疏，最為激切。[410]

代宗自然明白，程元振已是眾怒所向，但因其曾有擁立之功，於十一月二日，下令削其官爵，放歸田里（其家在三原縣）。

郭子儀在長安，聽聞代宗欲遷都洛陽，立即擬寫奏章：「雍州自古為天府之地，右近隴蜀，左據崤函，前有終南、華山之險要，後有渭水、涇河之穩固，地方千里，甲士十餘萬，兵強士勇，實為策略要地，……我朝高祖（李淵）先入關中而後定天下，自太宗（李世民）以來，諸帝居於洛陽者也很少。先帝（肅宗）由朔方起家，誅滅安慶緒；陛下（代宗）憑藉關中，討滅史朝義。雖說平定叛逆，是順應民心，得上天所助，但與地理形勢也大有關係。……現在道路傳聞，陛下要遷都洛陽，不知是真是假。洛陽自安史反叛以來，已被戰火焚毀略盡，百官衙門長滿荒草灌木，全城不足千戶人家，市井住宅一片廢墟，豺狼出沒嚎叫；東面的鄭州、汴州，南面交界的徐州，北面相連的懷州、衛州和相州，千里蕭條，官亭民舍不見炊煙，如何來供給天子和百官的吃用住宿呢？……臣懇請陛下盡快回京，拜祭宗廟和陵園，再造大唐江山，使天下民眾得到安寧。」[411]

此時，兵部侍郎張重光奉命來長安宣慰，郭子儀請他轉呈奏章。代宗

[410] 柳伉上奏云：「犬戎侵犯關隴地區，兵不血刃就進入京城，搶劫皇宮，焚燒陵寢，而士卒卻無一人拚死作戰，這是將帥背叛陛下。陛下疏遠功臣，信任內臣，天長日久，終於釀成大禍，而朝中大臣，卻無一人敢犯顏進諫，使陛下回心轉意，這是公卿背叛陛下。陛下剛出都城，百姓便鼓噪騷亂，搶奪府庫，互相殘殺，這是京畿背叛陛下。自十月一日徵召諸道兵馬入援勤王，將近四十天，但是無一兵一卒入關赴難，這是地方背叛陛下。內外叛離，陛下認為今日之形勢是安？是危？如果是危，豈能高枕無憂，不為天下討伐罪人！……只有將程元振斬首，傳告全國。……」據《全唐文》卷 457 柳伉〈請誅程元振疏〉，上海古籍出版社，1990 年，第 2,070 頁。

[411] 《舊唐書》卷 120〈郭子儀傳〉，第 3,756 至 3,458 頁；《全唐文》卷 332 柳伉〈請車駕還京奏〉，上海古籍出版社，1990 年，第 1,488 頁。

看過後，感動流淚道：「郭子儀真社稷之臣！朕決定返回長安。」

十二月二十六日，代宗從陝州返回長安。郭子儀率領京城官員和諸軍，到滻水東岸迎駕請罪。代宗慰勞道：「朕沒有及早任用愛卿，所以落得今天的地步。」隨後，詔命賜予郭子儀鐵券（享受免死特權），並下令在太極宮（西內）淩煙閣為他畫像，以示褒獎。[412]

代宗出奔陝州、西返京城，魚朝恩統領神策軍勤王、護駕，以大功充任天下觀軍容宣慰處置使，神策軍也一躍升為皇帝禁軍。[413] 至此，宦官總監全國軍隊，又親領天子禁兵，其權力超過了任何一位統兵大將，開李唐立國以來之先例。宦官勢力膨脹，成為唐後期一大政治弊端。

再說吐蕃軍退走後，當了十幾天傀儡皇帝的廣武王李承宏逃出長安，在荒野東躲西藏。代宗特下赦令免其死罪，押送到華州安置。

二、郭子儀平定河東

吐蕃入寇關中剛剛結束，河東道又發生了僕固懷恩父子反叛的惡性事變。郭子儀又奉命前往彈壓安撫，又一次替朝廷「救火」。

[412]　淩煙閣，在長安太極宮（西內）三清殿側。唐太宗貞觀十七年（西元 643 年），在此為長孫無忌等 24 名開國功臣畫像，表彰功績。由閻立本畫像，褚遂良題額，太宗親作像贊。此後，在淩煙閣畫像，被沿為常例，成為文臣武將的最高榮耀。

[413]　(1) 神策軍，最初為一支邊防部隊，在洮州（今甘肅臨潭縣）西南的磨環川。據《元和郡縣圖志》卷 39〈隴右道上．洮州〉：「神策軍，在州西八十里。天寶十三年（西元 754 年），哥舒翰（隴右節度使）置。在洮河南岸。」(2) 安史亂起，神策軍將領衛伯玉統領 1,000 名士卒，東下至陝州（今河南三門峽市西）駐防。此後不久，其原駐地被吐蕃軍侵占。肅宗上元元年（西元 760 年），衛伯玉升任神策軍節度使；衛伯玉調走之後，由陝西節度使郭英乂兼統之。郭英乂入京任職，遂由監軍使（宦官）魚朝恩專統。據《舊唐書》卷 184〈宦官傳．魚朝恩〉，第 4,763 頁；《資治通鑑》卷 223，第 7,277 頁。

1. 僕固懷恩父子反叛[414]

唐代宗廣德元年（西元 763 年）閏正月，出兵助唐平叛的回紇登里可汗率其軍隊，取道河東道回國，僕固懷恩奉詔送其出塞。而回紇軍在路途中仍搶掠百姓財物，無所顧忌；州縣供給稍不如意，便行凶殺人。經過太原時，河東節度使辛雲京心中擔憂，遂閉城自守。僕固懷恩往來經過，辛雲京皆閉城不見。僕固懷恩父子深感羞辱，非常惱怒，便上表代宗，具告其事，但是卻遲遲沒有得到答覆，心中更為怨憤。

這時，朔方軍數萬人馬駐於太原之南的汾州（今山西汾陽縣）。僕固懷恩命其子、御史大夫僕固瑒率萬名士兵進駐太原東面的榆次（今山西榆次市），裨將李光逸等駐祁縣（今山西祁縣），李懷光等駐晉州（今山西臨汾市），張惟岳等駐沁州（今山西沁源縣），等待朝廷命令。

五月初，中使駱奉仙奉命來到太原。辛雲京盛情接待，與其相結納，稱言僕固懷恩與回紇通謀，反狀已經顯露。駱奉仙返回時，途經朔方軍行營，懷恩設宴款待，其母在酒席上幾次責問駱奉仙：「你與我兒結為兄弟，現在又與辛雲京親近，為何要兩面結交呢？」酒宴酣暢，懷恩乘興起舞，駱奉仙以纏頭彩物相贈。[415] 懷恩欲厚禮回謝：「來日是端午，我們再開懷痛飲一天。」駱奉仙一再請求啟程，懷恩就將其坐騎藏匿起來。

駱奉仙對左右隨從道：「早上他母親責問我，現在又把我的馬藏起來，這是要殺我呀！」遂乘夜翻牆而走。懷恩聞報，大驚失色，立刻追上將馬匹奉還。駱奉仙回京後，奏言僕固懷恩圖謀反叛。

懷恩也上奏代宗，說明事情經過，並請求將辛雲京、駱奉仙斬首。代

---

[414] 本節主要據《舊唐書》卷 121〈僕固懷恩傳〉；《新唐書》卷 224 上〈叛臣傳上．僕固懷恩〉；《資治通鑑》卷 223 所載相關內容。

[415] 纏頭彩，唐代人士宴集飲酒，酒酣為人起舞，受此禮遇者以彩物相贈，謂之纏頭。凡達官顯貴設宴，有倡伎表演音樂歌舞者，亦有纏頭喝賜。

宗頒詔撫慰，各不追究。懷恩大失所望，心中越發不滿，遂上書代宗，歷述自己盡忠報國六大功績，其言詞憤激，語氣責問。[416]

九月下旬，裴遵慶奉命前往河東宣諭懷恩，並伺察其動向。懷恩抱住裴遵慶的腳，哭泣訴冤，答應奉召入朝。但是副將范志誠以「來瑱冤死」，勸說懷恩不可入朝。次日，懷恩以懼死為由，拒絕入朝。裴遵慶只好回朝報告。適逢御史大夫王翊出使回紇，取道河東返回京城，懷恩擔心自己先前與回紇可汗往來之事洩漏，便將王翊扣留在行營之中。

十月初，吐蕃攻占長安，代宗出奔陝州，再次徵召懷恩入朝。但是懷恩既不奉詔，也不出兵勤王。於是，君臣之間的猜疑嫌怨更深了。

廣德二年（西元 764 年）正月，代宗自陝州返回長安，對僕固懷恩擁有重兵，占據河東數州之地的局面十分憂慮，欲派檢校刑部尚書顏真卿前往河東朔方軍行營宣詔慰問。之前當代宗駕幸陝州時，顏真卿就曾自請奉詔前去宣召懷恩入朝，但是未得允准。此時，顏真卿答曰：「陛下在陝州時，臣前去以忠義之理相責，讓他率兵奔赴國難，他還有可來的道理。如今陛下還京，他進不是勤王赴難，退則不願放棄兵權，怎麼肯來呢！至於聲稱懷恩要反叛的人，只有辛雲京、駱奉仙、李抱玉和魚朝恩四人，其餘大臣都說懷恩冤枉。如果陛下以郭子儀取代懷恩，可不戰而使他臣服。」[417]

適逢汾州別駕李抱真（李抱玉堂弟）脫身來到京城，代宗召見，問以綏靖河東之計。李抱真答曰：「懷恩欺騙部下說，郭子儀已被魚朝恩所殺，

[416]　(1) 僕固懷恩家族為鐵勒部族九姓之一，世襲蕃州都督。自平叛戰爭以來，懷恩在郭子儀麾下為先鋒，戰功累累，其家族為國捐軀者 46 人；他本人幾次出使漠北，勸說回紇可汗出兵助唐，兩個女兒遠嫁回紇「和親」，功績無人可比。(2) 僕固懷恩上書中云：「……陛下委臣副元帥之權，令臣指麾河北，其新附節度使（歸降的安史叛將）皆握強兵，臣之撫綏，悉安反側（反復無常）。……」據《舊唐書》卷 121〈僕固懷恩傳〉，第 3,485 頁。按：懷恩自述招撫叛軍將領、穩定河北之功績，正說明是「奉命行事」。因為心中無鬼，故而理直氣壯。參看黃永年《六至九世紀中國政治史》，上海書店出版社，2004 年，第 344 至 346 頁。

[417]　《舊唐書》卷 128〈顏真卿傳〉，第 3,592 頁。

眾將士信以為真，所以才受其利用。陛下如果再讓郭子儀去統領朔方軍，將士們都會不召而來的。」代宗遂決定執行此計。

僕固懷恩公開不受朝廷之命，陷於進退維谷的境地，遂暗中結交河東都將李竭誠為內應，圖謀襲取太原城。但是被辛雲京察覺，立即將李竭誠斬首，登城守備。僕固瑒進攻太原，兵敗城下，又向東去圍攻榆次。

2. 代宗信重郭子儀

廣德二年（西元 764 年）正月二十日，代宗召見郭子儀，任命其為關內、河東副元帥兼河中節度使，以安撫河東局勢重任相託付。月底，詔命郭子儀為朔方節度大使。這一消息迅速傳到河東，朔方軍將士相互感嘆道：「我們跟隨僕固懷恩父子做不義之事，還有何面目再見汾陽王！」

二月初，郭子儀抵達河中府。在當地駐軍中有萬餘名雲南籍將士，貪暴不法，禍害百姓，民怨載道。郭子儀進入行營後，處斬其中罪大惡極者 14 人，杖責 30 人，河中秩序從此趨於安定。

再說僕固瑒圍攻榆次，十餘日不克，急派使者前往祁縣調兵增援。因士卒尚未進餐，故行軍緩慢。到達榆次後，僕固瑒責問為何來遲。胡人士兵道：「我們騎馬，是漢人士兵不肯走快。」僕固瑒下令毆打漢兵，激化了矛盾。當晚，軍將焦暉、白玉帶領士兵突然襲擊，將僕固瑒殺死。

僕固懷恩在汾州聞聽噩耗，立即報告母親。其母怒責道：「如今眾心已變，大禍將臨，必然殃及於我，如何是好？」懷恩無語，拜辭退出。其母提刀追出來叫道：「我要為朝廷殺掉你這個叛賊，向全軍將士們謝罪！」懷恩拔腳奔逃，率領 300 名騎兵，倉促西走，渡過黃河奔往靈州。

朔方行營都虞候張惟岳在沁州，聞報僕固懷恩棄母西走，立即趕到汾州行營，安撫將士，穩定局勢。但是他為了邀功請賞，擅自殺害焦暉、白玉，派使者馳報郭子儀。郭子儀派牙官盧諒前往汾州，張惟岳又賄賂盧諒，為自己作證。郭子儀據盧諒所言上奏，並將僕固瑒首級傳送京師。

二月十日，郭子儀抵達汾州，朔方軍將士且喜且悲，涕淚鼓舞。不久，郭子儀查明盧諒受賄為張惟岳作偽證，下令將其亂棍打死。

3. 奏請昭雪安思順

郭子儀奉命奔赴河東時，還奏請昭雪安思順兄弟的冤案。但是此事史載隱晦不詳，幸賴郭子儀的奏表留傳，可知其概略。[418]

伏見故開府儀同三司兼工部尚書安思順並弟羽林軍大將軍兼太僕卿〔安〕元真等，竭心聖代，宣力先朝（玄宗）。或任重疆場，或寄深環列；刈單于之壘，殿天子之邦。播箕竹帛，圖形文素；既稱名將，實為勛臣。哥舒翰與之不葉（關係不睦），因謀陷害；雲共祿山通應，兄弟盡受誅夷[419]。冤痛之心，歿而猶在。

安祿山牧羊小丑，本實姓康（昭武九姓之一），遠自北番，來投中夏。思順亡父〔安〕波主哀其孤賤，收在門闌，比至成立，假之姓氏。及祿山擁旄薊北（幽州），思順授鉞朔方（靈州），雖則兄弟，而情非黨與。祿山未反之日，思順屢已陳聞，朝廷百僚無不委悉。豈意奸人罔上，成此盜憎（盜賊憎恨被他偷搶的人。比喻奸邪之人怨恨正直的人）！生為盡

---

[418] 安思順，盛唐時期著名蕃將之一，因兩《唐書》無傳記，生平事蹟零散不詳。穆渭生《郭子儀評傳》（三秦出版社，2000 年）對安思順冤案，未曾涉及。參看喬潮、穆渭生《郭子儀請雪安思順冤案發微》，《西北大學學報》2009 年第 6 期；穆渭生、喬潮《盛唐大將安思順生平事蹟鉤沉》，《唐都學刊》2011 年第 6 期。

[419] (1) 在安祿山反叛之前，朔方節度使安思順（安祿山堂兄，但是無血緣關系）就察覺其有「反骨」，在入朝時向玄宗反映過。故安祿山反叛之後，安思順未受「株連」，只是召回京城，解除兵權，改任戶部尚書。(2) 哥舒翰心胸狹窄，臨危受命，手握重兵，竟然先報舊怨。天寶十五載（西元 756 年）三月，哥舒翰偽造書信、信使，假裝於潼關外擒獲，上表誣陷安思順潛通安祿山，並列舉七宗罪，奏請誅之。玄宗詔令「賜死」安思順與其弟安元（文）貞（時任太僕卿），家屬流放嶺南道，遠近知情者皆以為冤枉。據兩《唐書．哥舒翰傳》（卷 104、卷 135）、〈王思禮傳〉（卷 110、卷 147）。

節之臣，死為啣冤之鬼。趙母以先請免坐[420]，思順以變告覆宗。死而有知，飲恨何極！

伏唯陛下（代宗）以至聖之德，紹休帝圖；蕩定妖氛，肅清寰海。軫納隍之念，深解網之仁[421]；陷賊衣冠，咸蒙齒列。豈令思順兄弟獨隔恩私，忠義之臣所為流涕！此臣所以特祈昭洗，昧死上聞。但雪此一家，必萬方感惠。何則？逝者抱屈，尚蒙見申；則存者謀安，故無冤濫。雖有不賓（服從）之俗，將聞風而悅服；蓄疑之將，當委質（歸順）而來朝。豈唯天下歸仁，實亦幽明欽德。無任懇願之至。[422]

此表上奏時間不明。但是用「內證法」可以考知：(1)「伏唯陛下以至聖之德，紹休帝圖；蕩定妖氛，肅清寰海。」是指史朝義敗亡，安史叛亂宣告平定 —— 代宗廣德元年（西元 763 年）正月。(2)「軫納隍之念，深解網之仁；陷賊衣冠，咸蒙齒列。」是指代宗即位後的屢次大赦 —— 孤立賊首，招降脅從，盡快平息戰亂。[423] (3)「但雪此一家（安思順），必萬方感惠。……雖有不賓之俗，將聞風而悅服；蓄疑之將，當委質而來朝。」這是針對當時僕固懷恩所處的尷尬處境 ——「功高難賞」，進退維谷。

由此可見：郭子儀請雪安思順冤案的時間，在廣德二年（西元 764 年）

[420] 趙母，指戰國時代、趙國大將趙括的母親。趙括善「紙上談兵」，代廉頗為將；趙母上書趙王曰：趙括不宜為將；若其不稱職，請不要株連我們。趙王許諾。後趙括兵敗身死，而趙母因有言在先，得免株連全宗。後用為「賢母知子」典故。

[421] 軫，哀傷，憐憫。納隍，謂推入水池。以此指「救民於水火」的迫切心情。解網，解開羅網。比喻寬宥，仁德。

[422] 《全唐文》卷 452 邵說〈代郭令公請雪安思順表〉，上海古籍出版社，1990 年。按：代郭子儀撰寫此表的邵說，相州安陽人，天寶中舉進士，曾為史思明父子的判官，常掌兵事；史朝義敗亡，邵說降於郭子儀軍前，以其才能被留為幕客。此為郭子儀上表的時間上限。據《舊唐書》卷 137〈邵說傳〉，第 3,765 頁。

[423] 如 (1) 寶應元年（西元 762 年）五月，代宗即位大赦：自開元以來所有諸色犯累者，並宜雪免；逆賊史朝義以下有能投降及率眾歸降者，當超與封賞；……棣王琰、永王璘及應安祿山詿誤反狀人等，並宜昭雪。(2) 次年（西元 763 年）七月，群臣上尊號，改元廣德，大赦天下：其安祿山、史思明親族應在諸道，一切原免，並無所問。據《舊唐書》卷 11〈代宗本紀〉，第 269、272 至 273 頁；《全唐文》卷 49〈代宗即位赦文〉、〈代宗冊尊號赦文〉，上海古籍出版社，1990 年；《資治通鑑》卷 222，第 7,254 頁。

正月，審時度勢，具有敏感而積極的政治意義。(1) 維護朔方軍的功勳榮耀。作為平定叛亂的主力軍，豈能聽任故帥繼續沉冤蒙詬！表文為安思順頌功辯誣，痛斥哥舒翰「奸人罔上」，皆正義堂堂。(2) 公開為安思順兄弟昭雪沉冤，表明朝廷的政治態度，以感召被僕固懷恩矇騙的朔方軍將士；也包含著曉諭僕固懷恩「迷途知返」的良苦用心。當時的燃眉之急，是安撫數萬名朔方將士，防止河東的混亂局勢進一步惡化 —— 既不能像對待安史叛軍那樣進行討伐，也不宜像對待降賊偽官那樣予以赦免。歷經八年戰禍，朝廷創鉅痛深，不能再瞎折騰了。

而郭子儀鄭重上奏，也表明對故帥感念不忘。代宗授命郭子儀綏靖河東，正因為他是朔方軍的「老將領」，威望無人可比。

4. 河中府躬耕百畝

廣德二年 (西元 764 年) 三月底，党項諸部騎兵又來侵寇同州 (今大荔縣)。郭子儀命令朔方軍右兵馬使李國臣率兵出擊，追至澄城縣 (今陝西澄城縣) 北面，斬殺與俘獲党項軍共 1,000 餘人。

是年仲夏，郭子儀上奏：以前因為安史叛軍占據洛陽，朝廷設置諸道節度使，控制軍事要衝。如今叛亂已平，而諸道節度使仍聚集軍隊，虛耗錢糧，加重百姓負擔。臣請朝廷停罷節度使，以節省民力，先從臣擔任的河中節度使開始。六月中旬，代宗敕令撤銷河中節度使和耀德軍。

郭子儀又奏請免去自己所任關內副元帥，代宗不予批准。

郭子儀統領朔方軍坐鎮河中期間，當地局勢大致穩定。而數萬軍隊駐紮，時值朝廷財困，民間窮乏，軍糧供給常有短缺，朝廷下令各軍鎮大力興辦屯田。[424] 郭子儀年近古稀，仍親耕百畝土地，身為表率。其部下將

[424] 《資治通鑑》卷 224，第 7,312 頁。參看張澤咸《唐五代賦役史草》第五章第一節，中華書局，1986 年；李寶通《唐代屯田研究》，甘肅人民出版社，2001 年。

領以此為標準，按職務分成不同等級。[425] 士卒們不用勸導，皆自覺參加耕種。這樣幾年下來，河中地區野無閒田，軍中也有了餘糧。

郭子儀坐鎮河中，曾嚴禁在軍營中「無故走馬（奔馳）」，凡觸犯者處死。而南陽夫人（郭子儀的姬妾之一）奶媽之子在軍中供職，偏偏違反了這個禁令，被都虞候（執法官）杖殺。郭子儀的幾個兒子向父親哭訴此事，指責埋怨都虞候不講情面。郭子儀聽後，並未徇私袒護，反把兒子們訓斥了一頓。次日，會見幕僚賓佐時，再三唉聲嘆氣，眾人問其緣故，郭子儀曰：「我的幾個兒子都是當奴才的料，不去誇獎父親的都虞候執法嚴明，反而憐惜姨娘的阿你兒（奶媽之子）。這不是奴才又是什麼！」[426]

三、禦強寇捍衛京畿

1. 僕固懷恩引寇侵擾

再說僕固懷恩帶著幾百名騎兵逃到靈州後，將留守的朔方軍將渾釋之殺害，盡收所部兵馬，又糾合逃散士卒，聲勢復振。

代宗在長安，對懷恩的家屬厚加撫慰。六月中旬，頒布詔書，贊其功勳，諒其前疑，以河北既平，朔方軍另有歸屬，解除其軍權，其餘官爵太保兼中書令、大寧郡王等如故，望其再勿有疑，安心入朝。

但是僕固懷恩仍然拒絕聽命。廣德二年（西元 764 年）七月，懷恩以哄騙利誘手段，招引党項諸部和吐蕃兵共 10 萬餘人，大舉入寇，京師震驚。

代宗傳詔郭子儀出鎮奉天（今乾縣）。八月初，郭子儀自河中入朝，

[425] 據〔唐〕喬融撰〈唐故宋州宋城縣尉河南閻公（士熊）墓誌銘並序〉：朔方節度、天下副元帥郭子儀奏授其為「隰州（今山西隰縣）司田參軍」。周紹良、趙超《唐代墓誌彙編．下》貞元零三二，上海古籍出版社，1992 年，第 1,860 頁。

[426] 〔唐〕趙璘《因話錄》卷 2〈商部上〉//《唐五代筆記小說大觀》，上海古籍出版社，2000 年。

代宗詢問對策，子儀答曰：「懷恩作戰勇敢，但是對部下缺乏恩義，其士卒並非真心歸附、追隨懷恩，而是思歸故里。懷恩是臣的部將，其部下都是臣的舊屬，他們必定不忍與我刀兵相見。由此可知，懷恩是不可能有所作為的。」是月中旬，郭子儀下令朔方軍開赴奉天，準備迎敵。

九月十七日，代宗加授郭子儀太尉（正一品），充任北道邠寧、涇原、河西以東通和吐蕃及朔方招撫使；任命陳鄭、澤潞節度使李抱玉為南道通和吐蕃使、鳳翔秦隴臨洮以東觀察使。郭子儀上表請辭太尉，代宗不許；又入宮面見，懇切陳言，熱淚盈眶。代宗深受感動，從其所請。

二十日，郭子儀到達奉天，聞報吐蕃軍進逼邠州（今彬縣），立即派遣其子郭晞率一萬兵力前去增援。九月底，懷恩聯軍前鋒進至宜祿（今長武縣），被邠寧節帥白孝德擊敗。郭子儀又派右兵馬使李國臣增援郭晞。十月初，僕固懷恩率其聯軍抵達邠州城下，白孝德和郭晞閉城堅守。

懷恩的聯軍多為騎兵，在堅城之下無隙可乘，遂南下進逼奉天。京師聞訊戒嚴。奉天諸將請求出戰，郭子儀分析形勢指出：「敵軍騎兵深入京畿，利在速戰速決，不可與其爭鋒。再說懷恩的將士，都是我以前的部下，我們堅壁以待，時間稍長，他們就會對懷恩抱有異心。如果立即出戰，正合敵軍心意，而且勝負也難預料。再有敢言戰者立斬！」

十月七日夜晚，郭子儀調動數萬兵馬列陣於乾陵（唐高宗與武則天陵，在今乾縣城北）南面，廣布旌旗，張揚聲勢。次日拂曉，敵軍騎兵蜂擁而至。僕固懷恩原以為郭子儀沒有防備，企圖實施突然襲擊，看到唐軍已經嚴陣相待，大為驚愕，不戰而退。

僕固懷恩退至邠州，紮營於涇河之陽的北原上。十三日，懷恩出兵攻擊邠州城東門，被唐軍擊退。十四日，懷恩又移營於涇河之陰的南原上，布陣挑戰。白孝德、郭晞領兵出城，衝破敵陣，乘勝追殺數十里。

雙方相持數日後，僕固懷恩於二十一日北渡涇水，匆匆撤退。[427]

十一月初二，京城得到前線消息，宣布解除戒嚴。

是年秋季，發生了蝗災。關中地區尤為嚴重，莊稼被蝗蟲吃得所剩無幾，導致大面積饑荒。隨後，遭受連綿大雨，京城糧價上漲。

2. 懇辭尚書令中的玄機

十一月十四日，郭子儀自奉天行營入朝，代宗詔命宰相率領百官前往開遠門外迎接，在皇城安福門城樓盛宴犒賞，加封郭子儀為關內、河中副元帥兼尚書令。郭子儀上表辭讓，代宗答詔不許，敕令他速到尚書省衙門視事，以射生軍騎兵 500 名執戟護衛，又令百官前往慶賀。

郭子儀再次上表，堅決辭讓道：「尚書令之職，太宗皇帝在高祖武德年間曾經擔任過，所以，此後幾朝都不再設置，已成原則。陛下（代宗）守文繼體，應當繼續奉行，豈可為了寵任老臣，而敗壞朝廷法度！況且，自從興兵平叛以來，得到過分賞賜的人已經很多，甚至有身兼數職，仍只顧高升而不知羞恥者。臣近來觀察這種流弊，思考如何革除其源頭。但因逆寇猶存，未敢輕易上奏。現在，叛逆作孽的元凶醜類已大致平定，正是陛下建立法規，稽核百官的時候，伏請從老臣開始做起。……陛下如果聽臣之言，體察臣的誠心請求，那些貪求榮耀和官位的人，也會各自讓出他們兼任的官職。這樣一來，百官設置合乎原有制度，朝廷秩序更加文明，天下太平的大業，就能完全恢復了。……」[428]

郭子儀三上辭讓表奏，代宗不得已，親寫詔書：「崇高的任命，是為

[427] 原來，當僕固懷恩聯兵南侵關中時，河西節度使楊志烈交給監軍使柏文達 5,000 名騎兵，長途奔襲，連克摧沙堡（今寧夏固原市西北）、靈武縣（今寧夏靈武市西北），進逼靈州（今寧夏吳忠市），對僕固懷恩造成了後顧之憂。這可算是救援京師的一支奇兵。僕固懷恩接到靈州方面急報，匆忙從邠州城下退兵回救。

[428]《舊唐書》卷 120〈郭子儀傳〉，第 3,460 至 3,461 頁。按：隋唐兩代，尚書令權重位崇，為皇權所難容，故採取虛職以限制其權。

了獎勵大功；總領百司的機構，要有補於政事。……因此，讓你職掌六部，為百官之首，徵詢朝野意見，都以為非常合適。而你一再上表辭讓……朕只好聽從，將你的言行廣為宣揚，編入史冊，垂示後代。」

代宗派大宦官魚朝恩傳宣答詔；賞賜郭子儀美人盧氏等六人、隨從侍女八人，以及車馬服飾、帷幕簾帳、床具被褥和珍玩器物等。

是月下旬，郭子儀在京城長樂坊（皇城之東）的舊居中，為亡父郭敬之建廟立碑。代宗以隸書賜題碑額：「大唐贈太保祁國貞懿公廟碑」。其碑文由檢校刑部尚書顏真卿（大書法家）撰作並書寫。

此年，郭子儀 68 歲，戰功勳勞居天下第一。當時，郭子儀九兄弟中，除老六郭幼賢已亡故，皆立朝為官，家族興盛顯赫。但是郭子儀深知「功高難賞」，且家族枝繁人眾，時時刻刻謹慎警惕，不敢居功自傲，在懇切辭讓尚書令的同時，為亡父建立家廟，藉以表明不忘忠孝的臣子本分。

3. 段秀實教訓郭晞

郭子儀第三子、朔方軍兵馬使郭晞，在打退僕固懷恩引寇入侵之後，領兵駐紮於邠州（今彬縣）休整。郭晞軍功卓著，但是居功驕縱，軍營中紀律渙散；其部下士卒在軍營外，蠻橫粗暴，騷擾害民。

節度使白孝德礙於郭子儀的聲威體面，不敢直言勸阻，深感苦惱。涇州（今甘肅涇川縣北）刺史段秀實秉性耿直，居官清正，主動向白孝德請求擔任都虞候（軍中執法官，負責糾察軍紀）。

段秀實上任月餘時間，郭晞的部卒 17 人白晝闖入市場，強行買酒，並以刀刺傷賣酒老翁，砸壞釀酒器具。段秀實聞報，立即派兵圍捕，將這 17 人全部抓獲斬首，把人頭串在長矛上，立於市場門口示眾。

消息傳入郭晞軍營，士卒們吶喊嘈雜，披甲持械，準備去找段秀實鬧事。白孝德聞訊，震驚恐懼，急忙召來段秀實問道：「如何收場？」段秀實坦然回答：「沒有關係。請讓我前去解釋。」白孝德要派幾十名士卒隨同前往，段秀實只挑選了一名跛腳老兵，為他牽馬。

段秀實來到郭晞軍營門前，立刻有一群披甲士卒湧出來，氣勢洶洶。段秀實邊走邊笑道：「殺一個老兵，哪裡用得著身穿鎧甲！我是帶著項上人頭來的。」眾士卒聞言，頗感驚愕，頓時靜場。

段秀實曉諭士卒道：「郭常侍（郭晞）有負於你們嗎？副元帥（郭子儀）有負於你們嗎？你們為何要去作亂害民，敗壞郭家的名聲呢？」

郭晞出來迎接，段秀實責問道：「令尊大人功蓋朝野，應當想到要善始善終。如今你放縱士卒強暴胡為，他們的行為將會導致變亂，那樣必然會牽連到令尊大人。變亂由你造成，那麼郭氏一門的功名，還能留下多少？」段秀實還未說完，郭晞連連拜謝道：「幸虧您以道義相教，恩情重大，我怎麼還敢不從命呢！」回頭叱責身旁的士卒：「全部脫掉鎧甲，各回本隊，再敢喧譁吵鬧者，立斬不饒！」當夜，段秀實留宿於軍營。郭晞告誡哨兵敲著木梆巡邏，自己一夜沒脫衣服，警衛段秀實，以防再有意外。

次日一早，二人一同來到白孝德的節度府署，郭晞誠懇道歉，自責治軍不嚴，請求改過。此後，駐在邠州的士卒再無人敢橫行擾民。

4. 郭子儀單騎退敵

唐代宗永泰元年（西元 765 年，正月一日改元，大赦天下）春，天旱無雨，青黃不接，關中糧價騰貴，一斗米的價錢為 1,000 餘文。

三月初，左拾遺獨孤及上疏曰：自平叛戰爭以來，大片土地荒廢，百姓飢疲睏苦；諸道重兵不散，朝廷傾天下財貨糧穀，供養龐大的軍隊；請保留京西北地區和策略要衝的守兵，其餘解散，以減輕百姓負擔。

代宗並未採納其建議，當時軍事形勢很不樂觀，吐蕃大軍徘徊於隴山和六盤山一線，虎視眈眈，頻頻東侵，唐朝疲於應付，難有寧歲。

三月十九日，吐蕃派遣的使者來到長安，請求議和。代宗命宰相元載、杜鴻漸等人，在興唐寺（長樂坊內）與吐蕃使者修約盟誓。

此時，郭子儀在河中府，代宗就議和事宜徵詢其意見。郭子儀上奏：「吐蕃是想利用我們不備，乘虛進攻。如果那樣的話，京城就守不住了。」隨後，郭子儀命令朔方軍陸續開赴關中奉天等地駐防，並派出巡邏尖兵到涇原一帶，偵探吐蕃軍隊的動靜。

(1) 僕固懷恩再次引寇侵擾

唐代宗永泰元年（西元 765 年）九月初，僕固懷恩再次利誘哄騙吐蕃、回紇、吐谷渾、奴剌等部落酋帥，糾合起 30 餘萬聯軍，分三路進犯關中：吐蕃大將馬重英等人從北道進攻奉天；党項酋帥任敷等人從東道進攻同州，企圖自華陰南趨藍田，包抄長安；吐谷渾和奴剌兵從西道進攻盩厔。回紇軍在吐蕃軍之後，懷恩自領朔方兵在回紇軍之後。

郭子儀在河中獲悉敵情後，立即派行軍司馬趙復入京上奏：「請陛下調遣諸道節度使鳳翔李抱玉、滑濮李光庭、邠寧白孝德、鎮西馬璘、河南郝庭玉、淮西李忠臣，分頭出兵，扼守敵軍必經的交通要地。」

代宗採納郭子儀的建議，傳詔諸道節度使立即出兵禦敵。

而僕固懷恩行至鳴沙縣（今寧夏中衛縣東北），突發疾病，只好返回靈州，於九月八日不治而死。[429] 懷恩死後，大將張韶代領其軍，旋即被別將徐璜玉殺死；范志誠又殺徐璜玉而奪其位。

[429] 《舊唐書》卷 121〈僕固懷恩傳〉，第 3,489 頁；《資治通鑑》卷 223，第 7,296 頁。僕固懷恩抗命反叛，三年中兩次引誘胡寇進犯，成為唐朝巨大禍患。但是，代宗卻一再為其隱惡，前後所下的詔命敕書中，都未用過「謀反」字句。及至聽到懷恩的死訊，代宗哀傷憐憫道：「懷恩沒有謀反，只是被他人所誤罷了。」

吐蕃、回紇軍進至邠州，唐將白孝德環城固守，堅持不出。九月十五日，吐蕃 10 萬大軍進至奉天。急警傳來，長安城中又是一片恐慌。

朔方軍兵馬使渾瑊、討擊使白元光，統兵駐在奉天。吐蕃軍正在布紮營帳，渾瑊帶領驍勇騎卒 200 人，當先衝擊，敵虜驚慌奔逃。渾瑊生擒敵將一人，隨從騎卒無一傷亡。奉天城頭唐軍歡呼吶喊，勇氣倍增。

九月十六日，吐蕃軍開始攻城，連續數日未能得手，死傷纍纍，只好退兵回營。渾瑊乘敵沮喪疲憊，出軍夜襲，斬殺 1,000 餘人。此後，雙方連續交戰數十次，唐軍共殺敵 5,000 餘人，挫敗了吐蕃軍的銳氣。

代宗傳詔郭子儀率領河中朔方軍進駐涇陽（今涇陽縣）；命魚朝恩統領神策軍駐於禁苑中。二十一日，代宗下詔親征敵寇。而魚朝恩又想護駕暫往河中府，躲避敵寇強勢。郭子儀在涇陽聽聞消息，立即上奏勸諫：「皇駕不可離京。」慶幸的是，從九月十七日到二十五日，天降大雨，敵虜弓弦受潮，樵柴溼透，行營泥濘，一時無法推進攻勢。

雨停之後，吐蕃軍轉攻禮泉（今禮泉縣），擄掠財物和青壯男女，所過之處，焚毀房舍，肆意破壞。党項諸部則分兵西掠白水（今白水縣），東侵同州蒲津橋。二十八日，同華節度使周智光出兵邀擊，在澄城北面大破党項軍，一直追擊到鄜州（今富縣）。

吐蕃軍退至邠州，與回紇軍相遇，遂合兵再次南下，進逼奉天。侵犯同州的党項軍大肆搶掠，放火燒毀官署和民宅，於十月五日西撤。

十月八日，吐蕃與回紇聯兵進攻涇陽。郭子儀下令諸將加強守備，不許出戰。次日，敵寇圍城數重。而城中唐軍只有萬餘人，郭子儀命令諸將分守四面，自率鐵甲騎卒 2,000 人，居中策應。

(2) 郭子儀勸諭回紇軍

這時，敵寇內部因僕固懷恩已死，回紇軍統帥、合胡祿都督藥葛羅為可汗之弟，與吐蕃軍統帥爭為尊長，不相和睦，分營駐紮。

回紇軍駐於涇陽城西，郭子儀派部將李光瓚前往其軍營，遊說藥葛羅聯合唐軍共討吐蕃。而藥葛羅因為受僕固懷恩的謊言欺騙，不肯相信，問道：「郭令公真的在這裡嗎？我可以見見他嗎？」

李光瓚回城報告。郭子儀分析形勢道：「現在我軍兵少，難以靠作戰取勝。過去我們與回紇盟誓締約，交誼深厚。不如我挺身前去勸說他們，可以不戰而退其兵。」諸將請挑選 500 名鐵騎隨從護衛。郭子儀道：「這樣反而會壞事的。」隨即上馬準備出城，郭晞拉住馬轡繩勸阻道：「敵虜是一群虎狼，父親大人身為唐朝元帥，為何要去做他們的口中之食呀！」郭子儀強調說：「如果交戰，我們父子都會戰死，而朝廷仍然陷在危急之中。我前去真心誠意勸說他們，或許他們願意聽從，那便是唐朝的福氣。假如他們不聽從勸說，我可能難免一死，我們全家都可以得到保全。」說完，用馬鞭抽了一下兒子的手，喝道：「走開！」

郭子儀只帶了幾名騎從，開西城門而出。隨從高聲傳呼回紇軍營：「郭令公來了！」回紇兵眾聞聲大驚，藥葛羅上馬來到營門前，執弓搭箭以待。郭子儀扔掉長槍，卸去盔甲，單騎走過去。回紇諸部酋長相顧而言：「真的是郭令公！」一齊翻身下馬，圍住郭子儀跪拜行禮。

郭子儀下馬，拉住藥葛羅的手，責問道：「你們回紇助唐平叛，立有大功，唐室多次以厚禮酬謝，為何要背棄盟約，深入我們內地，侵逼京畿郊縣，拋棄功勞，結下怨仇呢？背棄恩德，幫助叛臣，這是多麼愚蠢的事情！況且，僕固懷恩背叛君王，拋棄母親，對你們回紇有何好處呢？現在我一人前來，任憑你們處死。我的將士必定會與你們拚死戰鬥。」

藥葛羅急忙回答道：「是僕固懷恩欺騙了我們。他說天可汗（指代宗）已經駕崩，令公您也已經去世，中國無主，所以我們才敢與他前來。現在知道天可汗仍在長安城裡，令公您就在這裡統帥軍隊，懷恩已經為蒼天所殺，我們哪裡願意與令公交戰呀！」

郭子儀勸說道：「吐蕃君臣無道，乘中國內有戰亂，不顧兩國舅甥之親，侵我邊疆，焚掠京畿。他們搶掠的財物不可勝載，馬牛雜畜散布原野數百里，這是蒼天賞賜你們的。保全你們的軍隊，與唐室繼續和好；擊敗敵人取其財富，還有比這更便利的嗎？這個機會不可失掉呀！」

藥葛羅道：「我們受了僕固懷恩的矇騙，實在有負於令公。現在，我請求為令公效力，擊敗吐蕃以謝罪過。不過，懷恩的兒子，是我們可敦（王后）的兄弟，請令公赦免而不要殺他！」郭子儀滿口答應。

這時，回紇將士向前圍攏，唐軍也向前推進。郭子儀揮手命令唐軍後退，讓隨從取來美酒，與回紇諸部酋長同飲。藥葛羅請郭子儀先執酒為誓，郭子儀傾杯澆於地上，起誓道：「大唐皇帝萬歲！回紇可汗萬歲！兩國將士萬歲！誰要負約，身死陣前，家族滅絕！」藥葛羅也以酒灑地起誓：「我的誓言與郭令公一樣。」回紇諸部酋長高興地說道：「出發之前，兩位隨軍巫師說此行安穩，不會與唐軍交戰，見到一位大人後就回軍。今天果然應驗了。」郭子儀傳令取來3,000匹彩帛，分贈回紇諸部酋長，約定協同追討吐蕃。而吐蕃統帥聞知回紇與唐軍言和盟誓，連夜撤退而去。

次日，藥葛羅如約出兵追擊吐蕃。郭子儀命令招討使白元光率領精銳騎兵，與回紇軍同行，自統大軍繼後。十五日，唐軍與回紇軍協同，在靈臺（今甘肅靈臺縣）西原大破吐蕃，斬殺上萬人，奪回被擄掠的男女4,000餘人，截獲大量被掠的牛羊駝馬，數百里內絡繹不絕。

十八日，唐回聯軍再破吐蕃於涇州東面。十九日，僕固懷恩的部將張休藏等人向郭子儀投降。二十三日，京城解除戒嚴。

郭子儀在涇陽上奏：「僕固懷恩的姪子僕固名臣與李建忠等人，都是驍勇之將，如今在回紇軍中。請陛下傳令招撫安慰，以免他們逃入外夷。」代宗敕令：凡屬僕固懷恩的舊部眾，有功者都予以赦免，讓回紇統帥送歸朝廷。二十四日，僕固名臣帶領部下 1,000 餘名騎卒前來歸降。

郭子儀又命開府儀同三司慕容休貞寫信，曉諭党項部落統帥鄭庭、郝德等人。鄭、郝等收到書信，率其部眾到鳳翔向唐軍投誠。

回紇統帥藥葛羅與郭子儀盟誓之後，派遣其將領（部落酋長）石野那等六人，到長安朝見代宗。二十七日，回紇胡祿都督等 200 餘人也來到長安覲見。唐朝廷前後贈送回紇的絹帛達 10 萬餘匹，京城府庫為之空竭，只好暫時扣減百官俸祿，以滿足回紇貴族的貪求。

僕固懷恩死後，糾集的聯軍分裂退走，唐軍乘勢收復靈州。

閏十月，郭子儀自涇陽入朝，奏請以朔方軍糧料使、三原人路嗣恭為節度使，前去鎮守靈州。代宗從之。[430]

代宗獎賞郭子儀退敵之功，詔命加賜食實封 200 戶。[431]

僕固懷恩反叛，引寇入侵，勢如狂潮，至此平息了。但是，關中西部的軍事局勢並沒有實質性扭轉——吐蕃軍仍然威脅著京畿安全。

四、建設京西北防線

自安史叛亂平定之後，地方節度使大多擁兵自重，與長安朝廷離心離德，不向中央上納貢賦，自署轄區州縣文武將吏；其驕悍將卒，驅逐鎮帥，時有發生。而朝廷兵力、財力困難，難以有效制約。[432]

關中東部的同華節度使周智光，公然違抗朝廷排程，陰謀叛亂。

[430]《舊唐書》卷 11〈代宗本紀〉，第 281 頁；《資治通鑑》卷 224，第 7,304 頁。

[431]《舊唐書》卷 120〈郭子儀傳〉，第 3,463 頁。

[432]《資治通鑑》卷 223，7,294 頁。

1. 剷除狂徒周智光

周智光（西元？年至西元 767 年）出身貧賤，以騎射從軍，因作戰英勇，升為裨將（副將）。監軍宦官魚朝恩坐鎮陝州期間，周智光巴結討好，蒙其推薦，累遷華州（今陝西華縣）刺史（從三品）、同華二州節度使及潼關防禦使，加檢校工部尚書（正三品）、兼御史大夫（從三品）。[433]

周智光品性貪婪而急躁，行事粗野蠻橫，不考慮後果。[434] 關東諸道節度使進獻朝廷的各種貢品，周智光竟敢攔路強奪，殺害押送使者滅口。永泰二年（西元 766 年）六月，淮南節度使崔圓奉詔入朝（任檢校尚書右僕射），貢納朝廷錢財物資上百萬，途經華州時，被周智光強扣了一半。

十二月，陝州監軍使、宦官張志斌入京奏事，途經華州，周智光於客館設宴款待。自平叛戰爭以來，宦官出任監軍，大多狐假虎威，對鎮將頤指氣使，形成惡習。張志斌也不例外，當面責斥周智光放縱部下，軍紀渙散。其指責完全屬實，但是周智光並不買帳，咆哮怒罵之後，喝令左右將張志斌拉出去斬首，「臠（切碎）食其肉」。[435]

周智光自知罪在不赦，遂糾集亡命之徒，招納遊手無賴，縱容此輩搶掠民財，以結其歡心，為自己效力。華州西近京城長安，周智光狂妄驕縱，無視朝廷法紀，可謂朝廷「肘腋之患」。

郭子儀在河中，關注華州情勢，數次奏請發兵討伐周智光。

但是代宗仍想曲意安撫。十二月二十七日，詔授周智光檢校尚書左

[433] 據《舊唐書》卷 114〈周智光傳〉；《新唐書》卷 224 上〈叛臣傳上．周智光〉。

[434] (1) 周智光與鄜坊節度使杜冕有仇怨。永泰元年（西元 765 年）九月底，周智光率軍在渭北打退吐蕃和黨項侵犯，追擊至坊州（今黃陵縣東南）、鄜州（今富縣）。借戰亂之機泄私報復，擅自殺害鄜州刺史張麟，活埋了杜冕的家屬 81 人。(2) 周智光暴戾兇殘，朝廷官員舉薦的候選人往來關中，不敢經過華州，繞道渭河北岸走同州。周智光因此羞怒，派兵於途中的乾坑店（今大荔縣西洛河右岸）攔截，肆意殺害，死者甚多。(3) 周智光還擅殺前虢州（今河南靈寶市）刺史兼御史中丞龐充。當時龐充正在居喪服孝期間，潛行路途，被周智光追殺之。

[435]《資治通鑑》卷 224，第 7,311 至 7,312 頁。

僕射，派中使徐元仙攜帶告身（任命狀）前往授予。周智光對著徐元仙，又是破口謾罵，並歷數朝中權貴的過失，狂言道：「我對朝廷立有大功，不授平章事（宰相），卻只給個僕射的職位！再說同州和華州地方也太狹小，不夠我施展才能。如果給我增加陝、虢、商、鄜、坊五州的地盤，那還差不多。從華州到京城一百八十里路，我晚上睡覺連腳都不敢伸展，害怕不小心踹破了長安城。我的幾個兒子皆有萬夫不當之勇，都能出將入相。至於說挾天子以令諸侯，只有我周智光能夠做到。」叫囂過後，贈送使者絹帛百匹。徐元仙聽得渾身冷汗，雙腿發抖，倉皇回京奏報。

周智光還在華州城內自建「生祠」（為活人立祠廟），指使將吏、百姓祈禱。又擅自截留從關東漕運入京的糧米 2 萬斛，反狀昭然。

大曆二年（西元 767 年）正月初，代宗始命郭子儀出兵討伐周智光——傳召郭子儀的女婿、工部侍郎趙縱入宮，口授密詔。趙縱尊旨修成書信，以蠟封固，派遣心腹家僮間道送往河中行營。郭子儀收到密信，立即派部將渾瑊、李懷光進軍至渭水北岸駐紮，準備南渡進攻華州。

周智光的部下聞知郭子儀大軍前來，頓時人心離散，自圖出路。正月初八，其部將李漢惠在同州向郭子儀投誠。周智光眾叛親離，自知難以抗拒，急忙上表悔罪，請求赦免。正月十一日，代宗下詔，貶其為澧州（今湖南澧縣）刺史，其部下將吏一切赦免，不問罪責。十三日，詔以兵部侍郎張仲光為華州刺史、潼關防禦使；以大理卿敬括為同州刺史。

就在此日，華州牙將姚懷、李延俊聯手，殺死周智光及其二子周元耀、周元干，將三顆頭顱獻送京城。姚、李兩人以功封爵郡王。

二月初二，郭子儀自河中入朝。代宗傳命宰相元載、王縉，僕射裴冕、京兆尹黎幹、內侍魚朝恩等人出錢共 30 萬，於郭子儀家中盛設宴席，並傳召宮廷教坊樂工伎女演奏音樂歌舞。魚朝恩以羅錦 200 匹，作為郭子儀喝賜樂伎的「纏頭」，極盡歡娛。[436]

郭子儀又立新功，代宗隆禮相待，稱其「大臣」而不稱名。

2. 朔方軍移鎮邠寧

在安史叛亂尚未平定時，關中西部已經遭受党項部落、吐蕃軍隊的頻頻侵擾，唐朝陸續設置了邠寧、鄜坊、鳳翔等軍鎮，駐兵防禦。然軍鎮初設，兵力軟弱，難以實施有效的反擊作戰。故河北叛軍才告平定，唐朝廷就調動平叛主力軍到京西北地區，增設軍鎮，充實防禦力量。

大曆二年（西元 767 年）九月上旬，吐蕃軍數萬眾北侵靈州，東寇潘原（今甘肅平涼市東）、宜祿（今陝西長武縣），直指邠州。代宗詔命郭子儀統領朔方軍主力部隊，西渡黃河，進駐涇陽、奉天，鎮守防禦。

大曆三年（西元 768 年）八月下旬，吐蕃軍 10 萬眾侵寇靈州。二十六日，其大將尚贊摩率 2 萬騎兵進犯邠州，長安城又宣布戒嚴。九月初一，代宗詔令郭子儀率 5 萬大軍，自河中西進奉天，防禦吐蕃軍向東深入。

十月間，朝中執政大臣們以吐蕃連歲入寇，京師不安，多次商議對策。宰相元載認為：馬璘以四鎮兵駐屯邠寧，兵力不足，難以抗拒強敵，而朔方軍主力卻深居河中府；可遷徙馬璘鎮守涇州，以朔方軍移鎮邠州，「若以邊土荒殘，軍費不給，則以內地租稅及運金帛以助之。」[437]

至十二月初九日，代宗頒布詔命：以馬璘為涇原節度使，移鎮涇州（今甘肅涇川縣）；將邠寧境地割隸朔方軍駐防。馬璘領受詔命，先行前往涇州，修繕城池，分建營堡，完善守禦工程設施和武器裝備等。

---

[436] 《資治通鑑》卷 223，第 7,303 頁。又：「郭子儀自同州歸，詔大臣就宅作軟腳局（接風洗塵酒宴），人率［錢］三百千。」、「郭子儀每入朝，上（代宗）令魚朝恩、［宰相］元載迭為宴，一宴至費錢十萬緡（貫）。」據周勳初主編《唐人軼事匯編》卷 15〈郭子儀〉，上海古籍出版社，2006 年，第 777 頁。

[437] 《舊唐書》卷 11〈代宗本紀〉，第 291 頁、卷 120〈郭子儀傳〉，第 3,464 頁、卷 152〈馬璘傳〉，第 4,066 頁；《資治通鑑》卷 224，第 7,324 頁。

至大曆四年（西元 769 年）六月，郭子儀統領朔方軍主力從河中府移鎮邠州。早在永泰元年（西元 765 年）十月，新任節度使路嗣恭已進駐靈州。至此，朔方軍分駐三地（邠寧、靈州、河中），擔當保衛京畿之重任。

而朔方軍士卒因為長期駐屯河中府，大多已經視其地為家園，不情願遷往環境相對險惡而艱苦的邠州前線，往往有人開小差逃回河中。主持河中軍府留後事務的行軍司馬嚴郢，將這些逃兵一一抓獲，斬其帶頭者以示懲戒，眾士卒因此懼怕，軍心才得以逐漸穩定下來。

是年十月，郭子儀上奏曰：「裴冕在靈武帶頭輔佐先帝（肅宗），有安定社稷之功。程元振忌妒他的才能和正直，讒言誣陷，貶往荒遠之地。伏請陛下把他召回京城，讓他重新輔政，定能有所作為。」

執政宰相元載初任縣尉時，曾蒙裴冕提攜，也極力推舉之。[438] 然而，令人惋惜的是裴冕已經年老多病，被重新起用後未滿一月便去世了。

3. 京西北諸軍鎮形勢

在唐朝後期，與吐蕃王國、党項諸部以及回紇汗國的關係，時戰時和，曠日持久，長達百餘年 —— 京城安全與京畿地區的軍事防禦，成為長安君臣的「頭等大事」，君臣宵衣旰食，京師戒嚴，司空見慣。而建設保衛京畿地區的京西、京北軍事防禦陣線以至形成固定格局，也歷經曲折（置廢與調整），延續近 40 年，耗費的人力和財力更難以計量。[439]

唐肅、代、德宗時期設置的京西北諸軍鎮如下表。[440]

---

[438] 按：十一月，詔命裴冕為左僕射、同中書門下平章事，充任東都（洛陽）留守、河南淮南淮西山南東道副元帥。據兩《唐書・裴冕傳》（舊卷 113、新卷 140）。

[439] 按：張國剛將唐後期的四十餘個藩鎮分為四種類型：河朔割據型、中原防遏型、邊疆禦邊型、東南財賦型。京西北諸軍鎮屬於第三種。見其著《唐代藩鎮研究》（增訂版），中國人民大學出版社，2010 年，第 44 至 45 頁。

[440] 參看黃利平《唐京西北藩鎮述略》，《陝西師範大學學報》1991 年第 1 期。

唐後期京西、京北諸軍鎮簡表

軍鎮／治所（今地）	設置時間	轄區（領州）	兵力（萬人）	控制道路防禦對象
邠寧／邠州（彬縣）	肅宗乾元二年（西元759年）	邠、寧、慶州	3至5	馬蓮河谷。防禦吐蕃、党項。
鳳翔／鳳翔府（鳳翔縣）	肅宗上元元年（西元760年）	鳳翔府、隴州	約3	隴關、散關。為「國之西門」。
鄜坊／坊州（黃陵縣）	上元元年（西元760年）	鄜、坊、丹、延	最多1	延州道。防禦吐蕃、党項諸部。
涇原／涇州（甘肅涇川）	代宗大歷三年（西元768年）	涇州、（原州）	約2至3	邠、涇、原州。西抗吐蕃。
振武／單于府（內蒙古和林格爾縣西北）	肅宗乾元元年（西元758年）	單于府、東受降城、麟、勝州	約0.3至0.5	綏、銀、麟、勝州道，白道。北防回紇。
靈鹽／靈州（寧夏吳忠）	代宗大曆十四年（西元779年）	靈、鹽、（會）	1至1.5	靈、鹽、夏。為「國之北門」。
夏綏／夏州（靖邊縣北部統萬城）	德宗貞元三年（西元787年）	夏、綏、銀、宥	約1	延、夏、天德軍。南屏鄜坊，北援振武、天德。
天德軍（內蒙烏拉特前旗東北）	貞元十二年（西元796年）	豐州、天德軍，西、中受降城	約0.1至0.3	西城磧口、中城呼延谷。北防回紇南下侵擾。

在地理空間位置上，鳳翔、涇原、邠寧和鄜坊四鎮，從西南向東北連成一線，是京西北防禦吐蕃的屏障。鳳翔、涇原和邠寧又構成為三角防禦態勢，分別控制著渭水、涇水和馬嶺水（馬蓮河）三條河谷通道；鄜坊鎮則控制著沿洛水河谷南下通道。[441]此四鎮歷經10年，在代宗大曆三年（西

[441] 在關中西部渭水以北，縱橫聳峙著隴山和岍山（千山），兩山之間為汧水（千河）河谷；在岍山

元 768 年）設置涇原鎮，才形成完整的策略防線，並增調駐屯兵力。在隨後的長期防禦作戰中，堅守近百年，屹立若磐石。

從軍事地理和防禦任務來看，鳳翔、涇原、邠寧、靈鹽四鎮處於「前鋒線」上，為主力大鎮；鄜坊、夏綏兩鎮處於「後衛線」上，是阻擋吐蕃以及党項等勢力迂迴關中的屏障；振武鎮、天德軍向北防禦回紇，與河東鎮一起繼續發揮著盛唐以來陰山防線的軍事功能。

在上述諸軍鎮之外，還有神策軍的外鎮行營。如代宗大歷四年（西元 769 年）二月，魚朝恩奏請以關中西部的普潤（今鳳翔縣北）、好畤（今永壽縣西南）、麟遊縣隸屬神策軍行營。次年（西元 770 年）正月，又以興平、武功、天興（鳳翔）、扶風縣隸屬神策軍行營。但是，在京西北諸軍鎮抗擊吐蕃入侵的歷次戰事中，神策軍並未發揮特別突出的作用。[442]

4. 駐屯耕戰保京畿

唐後期的京西北諸軍鎮，防禦外寇、保衛京畿，因而同中央朝廷關係密切，有別於割據抗命的河朔藩鎮；其長期駐守，與吐蕃軍處於反覆「拉鋸戰」狀態，又有別於中原內地的防遏型藩鎮；其所處之地土瘠民貧，社會動盪、經濟自給能力低下，也有別於江南的財源型藩鎮。[443]

而京西北諸軍鎮駐防兵力的構成：一是各軍鎮原領之兵與後續補充的新兵；二是來自關東諸道（節度使）的「防秋」戍卒，每支有兩三千人，被徵調到關中後，並非作為獨立部隊來使用，而是分隸於各軍鎮，受其節

東北面是涇水河谷。這兩條河谷，是從西北方向進入關中的交通要道；涇水河谷的邠州（今陝西彬縣），汧水河谷的隴州（今陝西隴縣），為關中西北重要的軍事門戶。岍山對於其南面的鳳翔、麟遊、岐山、扶風諸縣，皆具有屏障作用。

[442] 到德宗貞元年間，神策軍的總兵力多達 15 萬人，超過了任何一個地方藩鎮，兼具京城警衛和出征野戰雙重軍事功能。其外鎮行營幾乎遍及京西、京北諸州，既是拱衛京畿的屏障，又是朝廷監視制約地方軍鎮的直屬武力。據《新唐書》卷 50〈兵志〉，第 1,334 頁。參看張國剛《唐代藩鎮研究》（增訂版），中國人民大學出版社，2010 年，第 55 頁。

[443] 參看張國剛《唐代藩鎮研究》（增訂版）第四章，中國人民大學出版社，2010 年。

制；三是由宦官統領的神策軍（禁軍兼野戰軍）。

代宗大曆九年（西元 774 年）夏、秋，防備吐蕃入侵的總兵力超過 30 萬眾，此後直到德宗時，京西北地區集結的「防秋兵」常在 20 萬左右。

(1) 關東諸道「防秋兵」[444]

自肅宗「中興以來，未遑外討，僑隸［安西］四鎮於安定（涇州）、權附隴右於扶風（岐州），所當西北兩蕃（吐蕃、回紇），亦朔方、涇原、隴右、河東節度而已，關東戍卒（防秋兵），至則隸焉」。[445]

代宗時，「歲發防秋兵三萬戍京西，資糧百五十餘萬緡（貫）」。[446] 永平節度使（駐今河南滑縣東）令狐彰治軍勸農，府廩充實，所遣防秋兵自帶糧食，被認為忠於朝廷。[447] 大曆九年（西元 774 年）四月，詔令京西北諸軍鎮節度使，「大閱兵師以備吐蕃」。五月，又詔曰：「……邊谷未實，戎備猶虛。因其天時，思致豐積，將設平糴，以之饋軍。……每道歲有防秋兵馬……恐路遠往來增費，各委本道每年取當使諸色雜錢及回易（借貸）利潤、贓贖錢等，每人計二十貫。每道據合配防秋人數多少，都計錢數，市（購買）輕貨送納上都（長安），以備和糴（購買百姓的餘糧），仍以秋收送畢。」[448] 將此詔令涉及的「每道防秋兵」列為表格（單位：人）。

---

[444] (1)「防秋」，防禦吐蕃每年秋季的侵擾。如唐玄宗開元二十七年（西元 739 年），詔命隴右節度大使榮王李琬（玄宗第六子）自至本道巡案處置諸軍，選募關內、河東壯士三五萬人，詣隴右防遏，至秋末無寇，聽還。據《資治通鑑》卷 214，第 6,957 頁。(2) 在唐後期，吐蕃攻陷河隴之地，京畿西北常以重兵守備，謂之防秋，皆河南、江淮諸鎮之軍也，更番往來，疲於戍役。據《舊唐書》卷 139〈陸贄傳〉，第 3,804 頁。

[445] 《舊唐書》卷 139〈陸贄傳〉，第 3,812 頁。

[446] 《新唐書》卷 51〈食貨志一〉，第 1,348 頁。

[447] (1) 據《資治通鑑》卷 224 代宗大曆八年（西元 773 年）二月條（第 7,338 至 7,339 頁）：「時藩鎮率皆跋扈，獨［令狐］彰貢賦未嘗闕，歲遣兵三千詣京西防秋，自齎（帶）糧食，道路供饋皆不受，所過秋毫無犯。」(2) 大曆九年（西元 774 年）八月，幽州節度使朱泚派遣其弟朱滔率領精騎兵 5,000 人，抵達涇原鎮參加「防秋」。代宗大喜，慰勞賞賜甚為豐厚。據《資治通鑑》卷 224，7,340 頁。

[448] 《舊唐書》卷 11〈代宗本紀〉，第 304 至 305 頁。

山南東道 3,000	成德 3,000	魏博 4,000	昭義 2,000
山南西道 2,000	淮南 4,000	宣歙 3,000	荊南 2,000
劍南西川 3,000	鄂嶽 1,500	湖南 3,000	浙西 3,000
劍南東川 2,000	福建 1,500	合計人數：37,500	
說明：詔文還云「其嶺南、江南、浙東，亦合準例」。此據《全唐文》卷 47 代宗〈令諸道入錢備和糴詔〉，上海古籍出版社，1990 年，第 224 頁。而《舊唐書．代宗本紀》記為「其嶺南、浙東、浙西，亦合準例」。但是並未列出具體人數。所云「準例」，應指「每人計二十貫」，即每年用於「和糴」糧食供給防秋兵的經費開支，平均每人 20 貫。			

由此可知，關東諸道「防秋兵」的口糧，由朝廷供給。而用於「和糴」糧食的經費，由諸道籌措並「送納」（上交朝廷）統管支用。

(2) 駐屯耕戰「長征兵」

京西北諸軍鎮將士所肩負的具體軍事任務，各有側重，可分為征伐（以騎兵為主）、鎮守（以步兵為主）和屯耕（田軍[449]）。

騎兵最為鋭利，出征討伐，遠端奔襲，以殺傷敵軍有生力量為戰鬥（戰役）的直接目標。[450] 步兵最擅鎮防，堅守城池，居高臨下，以強弓勁弩、滾木炮石等挫敗敵軍進攻。而田軍（屯田之兵）耕種生產，供給軍食，以減少長途轉輸，平時要勤於耕作，戰時還要協助防守。

自平叛兵興之後，朔方、河西、隴右以及西域邊兵相繼東征，遠離本鎮，駐於行營，軍需之供與兵員補充，皆為當務。其「應須士馬、甲仗、

[449] 如德宗貞元八年（西元 792 年）六月，吐蕃侵寇涇州，「掠田軍（屯田之軍）千餘人而去」。據《資治通鑑》卷 234，第 7,654 頁。按：唐代徵發「屯丁」到駐軍之地從事屯田，是一種勞役。在徵發時，「防人」與「屯丁」是有區別的，「防人」以守邊為主，以屯墾為副；「屯丁」以屯墾為務，協助戍守。參看張澤咸《唐五代賦役史草》，中華書局，1986 年。第 414 頁。

[450] 唐朝軍隊出征作戰（行軍）的基礎編制、戰鬥編成（戰兵）等制度（條例），參見第三章第四節相關內容。

糧賜等，並於當路自供」。[451] 而實際上常有「青黃不接」。

征防之徒，遠從戍役，軍糧之供不可一日或缺。而「王師外鎮，必藉邊境營田」。[452] 於是，邊鎮將士荷戈執鋤，在守備繕壘之間隙，致力於墾闢種蒔，既是沿承歷代慣例，更是邊防形勢急迫所使然矣。

以下對諸軍鎮的屯田情狀，略舉一二事例（代、德宗時）。

①鳳翔鎮。自德宗貞元三年（西元 787 年）起，邢君牙為鎮帥，「吐蕃連歲犯邊，君牙且耕且戰，以為守備，西戎竟不能為大患」。[453]

②涇原鎮。德宗貞元二年（西元 786 年）秋，吐蕃軍侵寇涇、隴、邠、寧諸州，搶掠人畜禾稼，西境騷然。[454] 次年九月，吐蕃軍攻陷涇州西面的防守據點連雲堡，自後涇州「收刈禾稼，必布陣於野而收穫之」，因失農時（收穫誤期），得空穗而已。由是涇州常苦乏食。[455] 當年，徵調關東戍卒 17 萬到京西「防秋」，歲費錢 306 萬緡，國用不充，宰相李泌奏請：透過（藉助）党項部落市易吐蕃之牛，以田器、麥種分賜沿邊軍鎮，募戍卒耕荒田而種之。……既而戍卒應募，願耕屯田者什五六。[456]

貞元四年（西元 788 年）至九年（西元 793 年）間，李元諒以隴右節度支度營田觀察、臨洮軍使，鎮守隴東要地良原縣（今甘肅靈臺縣良原鎮），身率士卒，斬荊芟草，墾田方圓數十里，歲收數十萬斛。[457]

③邠寧鎮。有關邠寧鎮的屯田情況，缺乏史載。然依事理邏輯類推，當與鳳翔、涇原等鎮一樣，因地制宜，其差別只是在於屯田規模和成效大

[451] 《資治通鑑》卷 218 肅宗至德元載（西元 756 年）七月丁卯，第 7,102 頁。
[452] 《舊唐書》卷 93〈婁師德傳〉，第 2,976 頁。
[453] 《舊唐書》卷 144〈邢君牙傳〉，《新唐書》卷 156〈邢君牙傳〉。
[454] 《舊唐書》卷 196 下〈吐蕃傳下〉，第 5,249 頁。
[455] 《舊唐書》卷 196 下〈吐蕃傳下〉，第 5,255 頁；《資治通鑑》卷 233，第 7,628 頁。
[456] 《資治通鑑》卷 232，第 7,614 至 7,615 頁。
[457] 《舊唐書》卷 144〈李元諒傳〉，第 3,918 頁。

小。前文已述，郭子儀坐鎮河中府，就曾「親耕百畝」，表率將士——在邠寧鎮境地，凡有條件者，無疑也會開置屯田的。

第八章

諡號忠武垂青史

郭子儀翼扶肅、代二帝，再造區夏。國有禍患，勞其勘定；邊有寇擾，藉其驅除。綏靖河東，鎮撫軍心；出師涇陽，說降回紇。安定社稷，功高古今；抗禦侵略，名震夷狄。統帥征鎮，歷年二紀（一紀為 12 年）；公臺鼎臣，四朝柱石；身膺旌鉞，藩翰萬里。忠貞懸於日月，寵遇冠於人臣。功大不伐，身高更安；名比姜尚，位贈太師；勳烈德賢，福祿壽考；盛業持久，歿而彌光。

郭子儀先後歷事四帝（玄、肅、代、德宗）。奉命討伐叛逆，抵禦外寇，戎馬征程二十餘年。其中以京西北「防秋」歲月最長。

唐代宗時，「關中有朔方、涇原、隴右三師，以扞西戎（吐蕃）。河東有太原全軍，以控制北虜（回紇）。此四軍者，皆聲勢雄盛，士馬精強」。[458] 京西北諸軍鎮抗禦吐蕃侵寇，以邠寧鎮（朔方軍）為中堅。

一、老驥馳騁未伏櫪

在唐後期，吐蕃軍的侵寇常在秋季。秋季蕃馬肥壯，氣候涼爽，雪域高原民族比較適應。此時，唐朝邊境州縣百姓正忙於秋收，吐蕃軍每次入侵都有擄獲。其入侵大勝，則擴張占領區域；若遭遇防禦反擊，則大肆抄掠而退。等到第二年秋收時節，又復來寇掠。如此年復一年，對唐朝邊境地區州縣官府、黎民百姓帶來連續的破壞和苦難。

1. 代、德朝邊防形勢

吐蕃贊普（國王）赤松德贊在位（西元 754 年至西元 796 年）時期，大致相當於唐朝肅、代、德宗三朝（西元 756 年至西元 804 年）。這一時期的吐蕃王國，西攻大食（阿拉伯帝國，今中亞及其以西地區），北抵回紇

[458] 《全唐文》卷 467 陸贄〈論關中事宜狀〉，上海古籍出版社，1990 年，第 2,114 頁。

（今新疆、內蒙古），東聯南詔（今雲南），南入天竺（今印度），國勢達於極盛。

唐代宗廣德元年（西元 763 年）時，河隴諸州大多已被吐蕃攻占。安西四鎮和伊州（今新疆哈密市）、西州（今新疆吐魯番市）、北庭（今新疆吉木薩爾縣北）等地與長安朝廷的聯繫被攔腰切斷。到德宗建中二年（西元 781 年）時，沙州（今甘肅敦煌市）失陷，西域已成孤懸形勢。[459]

吐蕃雄強擅兵，四面擴張不已。而唐朝則由盛轉衰，內部動亂不息，與吐蕃的軍事對峙格局，必然是據險設守、曠日持久的防禦戰。

吐蕃軍隊（以騎兵為主，且人兼數馬）的編成和戰爭機制，相對居於優勢與主動。騎兵機動性強，一俟唐朝邊防有隙可乘，便進犯抄掠；唐軍趕來討伐，又倏忽遠遁。每於入寇之時，大肆搶掠唐朝官府和百姓的錢糧財物，擄掠青壯人口和牛羊禽畜（牧馬屯牛，鞠為椎剽；穡夫樵婦，罄作俘囚[460]），放火焚燒官衙民宅，縱馬踐踏青苗莊稼。這種「以戰養戰」的方式，一方面可補充其人口（勞動力）不足和財政軍需，一方面嚴重削弱了唐朝的經濟民生（戰爭潛力）。

2. 安置党項諸部落[461]

唐代宗永泰元年（西元 765 年）初冬，唐軍打退了僕固懷恩第二次引寇入侵。閏十月十七日，郭子儀自涇陽入朝，向代宗表獻安邊之策：

[459] 在此期間，漠北回紇汗國曾協助唐朝抗禦吐蕃，並派兵保護來往使臣和商旅，開闢了經由塞外溝通中原與西域地區的「回紇道」，但是未能根本扭轉唐朝在西域的劣勢。唐德宗貞元三年（西元 787 年），吐蕃又大舉進攻回紇，安西、北庭相繼陷落，天山南北和河隴地區完全被吐蕃控制。

[460] 《舊唐書》卷 139〈陸贄傳〉，第 3,815 頁。

[461] 唐朝初年，黨項諸部落散居在隴右道與劍南道（今川、青、甘三省）交界地區。唐高宗、武后時，吐蕃侵吞党項（和吐谷渾）故地，其部落或降或徙，唐朝在關內道北部為之重置羈縻州。安史亂起，河隴地區相繼陷於吐蕃。散佈於靈、慶、夏等州境內的黨項部落，常受吐蕃引誘，接受其官告（委任官職），與其聯姻，為其充當嚮導，相互聲援勾結，侵擾唐朝州縣。後又受僕固懷恩的利誘哄騙，為其幫兇。

(1) 党項、吐谷渾諸部落散處於靈、慶、夏等州，其地與吐蕃相近，易受引誘或脅迫，請遷徙靈、慶二州境內的党項部落於夏州以東、銀州（今橫山縣東黨岔鎮）以北安置；遷徙靈州境內的党項宜定州刺史折磨布落、芳池州野利部落於綏（今綏德縣）、延二州安置；以寧朔州（今內蒙古鄂托克旗南）吐谷渾部落居夏州之西，使党項與吐蕃相脫離。(2) 靈州剛剛收復（僕固懷恩病死，糾集的聯軍瓦解），百姓窮困，胡族部落尚未安定，請以朔方軍糧使路嗣恭為朔方留後，出鎮靈州；以將作少監梁進用為慶州刺史、押党項部落使，嚴密巡邏偵察，斷絕吐蕃往來之道；為了防止党項與吐蕃潛通陰謀，發生叛變，可派遣使者前去招慰，破除其反叛之謀。(3) 河西節度使楊志烈遇難身亡，請派遣使者巡視安撫河西地區，並在涼、甘、肅、瓜、沙各州設置長史職位。[462]

代宗全部採納了郭子儀的奏議。(1) 派遣使者徵召原先居於慶州境內（今甘肅隴東地區）的党項靜邊州大首領、左羽林大將軍拓拔朝光等五位刺史入朝，撫慰曉諭，厚加賞賜，讓他們回去安撫穩定各自部落民眾，勿生事端。(2) 當月二十日，任命戶部侍郎路嗣恭為朔方節度使。路嗣恭到鎮（靈州，今寧夏吳忠市）之後，披荊斬棘，克服困難，重建軍府，使唐朝廷的威信重新樹立，政令得以執行。[463]

3. 駐邠寧折衝敵寇 [464]

唐代宗時，與吐蕃時和時戰，反覆不定，在雙方互遣使臣盟誓的同時，關中西北隴山和六盤山一線的秋季戰事，連年不斷。[465]

---

[462] 《舊唐書》卷 198〈西戎傳・党項羌〉，第 5,292 頁；《新唐書》卷 221 上〈西域傳上・党項〉，第 6,216 至 6,217 頁；《資治通鑑》卷 224，第 7,304 頁。

[463] 《舊唐書》卷 11〈代宗本紀〉，第 281 頁。

[464] 折衝，摧折敵方戰車。即擊退侵寇，戰勝敵人。據《孔子家語・王言解》：「其守也，則必折衝千里之外。」也泛指在戰場以外的其他場合取勝。

[465] (1) 安史之亂後，吐蕃在西域、河隴、雲南三個方向上進攻唐朝。而唐朝處於戰略守勢，勉力

(1) 曠日持久「拉鋸戰」

在唐代宗大曆十年（西元 775 年）以前，吐蕃軍東侵唐朝關內道的矛頭，主要集中在關中西北部，攻擊的重點方向是靈、涇、邠三州。唐朝京西北諸軍鎮頑強抗擊，雙方戰局處於長期膠著拉鋸狀態。

從大曆十年起，吐蕃軍的進攻策略有所改變，一是加強了對劍南西川的攻勢；二是對關中地區的攻擊方向也有所變化，企圖從靈州向東、從慶州東越橋山（子午嶺），對關中作遠端迂迴攻擊。

以下先敘關中西北方面持續的「防秋」戰事。

從大曆五年（西元 770 年）至十三年（西元 778 年），吐蕃軍在夏秋季節，連年侵擾關內道和京畿地區，進攻重點仍是涇、邠、靈州。其中規模最大的戰事，發生在大曆八年（西元 773 年）。八月中旬，吐蕃軍 6 萬騎兵進犯靈州。十月初，又出動 10 萬大軍進犯涇州和邠州。郭子儀派兵馬使渾瑊率步騎兵 5,000 人前往宜祿（今長武縣），與涇原節度使馬璘構成掎角之勢。

十八日，兩軍遭遇，渾瑊登上黃萯原（今長武縣北）瞭望敵情後，下令占據險要，布列拒馬槍，防備吐蕃騎兵奔突。而朔方軍老將史抗、溫儒雅等五六人，輕視渾瑊，不聽指揮，竟臨戰縱酒醺醉，準備出擊時看見拒馬槍，下令撤掉，喝令騎兵衝擊敵陣。而吐蕃軍早已布陣等待，唐軍騎兵未能突破敵軍，反而在退回時，闖亂了後軍的陣腳。吐蕃軍乘勢反擊，唐軍大敗潰散，士卒死傷十之七八，渾瑊等人奮力衝殺突出包圍，才免於全軍覆沒。當地居民有 1,000 餘人被吐蕃軍擄掠而去。

二十二日，涇原節度使馬璘率軍在鹽倉（今甘肅涇川縣西）與吐蕃軍

于保境安邊，數十年間和戰交替，如棋盤對弈，曠日持久。雙方的政治外交圍繞著暫時息兵、劃定邊界等，爭來議去，數次盟誓。常常是盟約墨蹟未乾，前線戰端又起。(2) 在安史之亂前，唐蕃會盟有 3 次；之後有 5 次。參看翁獨健主編《中國民族關系史綱要》，中國社會科學出版社，2002 年，第 337 至 342 頁。

遭遇，而「防秋」諸軍聽聞宜祿方面唐軍失利，望敵而退，又遭敗績。馬璘及部下被敵軍圍困，及暮還未回城；兵馬使焦令諶等人與士卒爭門而入，勸行軍司馬段秀實閉城拒守。段秀實正色責斥焦令諶等人，下令城中士卒全體出動，列陣於東原，收集潰散士卒，擺出拚死一戰的氣勢，吐蕃軍望而後撤。入夜，馬璘才擺脫敵軍，返回城中。

郭子儀在邠州行營獲悉前線戰況後，緊急召集諸將商議退敵之策，諸將相視無言。渾瑊請求道：「作為敗軍之將，請副元帥只治我一人的罪；或者再給我一次殺敵贖罪的機會。」郭子儀立即宣布赦免其罪，命其帶兵奔赴那城（今寧夏固原市東南），伺機殺敵。

吐蕃軍既已獲勝，遂欲大掠汧、隴一帶。鹽州（今陝西定邊縣西南）刺史李國臣向郭子儀建議：「敵虜乘勝必然會進犯京畿。如果我們牽制其背後，敵虜肯定就要返顧照應。」於是，郭子儀派李國臣帶兵向西奔赴秦原（今甘肅清水縣東），一路擊鼓而進，大張聲勢。

吐蕃軍進至涇州百里城（今甘肅靈臺縣西南），聞訊後立即回撤。渾瑊所率唐軍已經埋伏於狹路兩側，乘機截殺，將敵軍擄掠的男女和物資全部奪回。馬璘也派出精兵襲擊吐蕃軍的輜重基地潘原（今甘肅平涼市東南），殺敵數千人。吐蕃軍後方告急，遂全線撤退而去。

大曆九年（西元 774 年）二月下旬，郭子儀入朝見代宗。君臣二人議論吐蕃強盛，西方邊境不得安寧的現狀，慷慨激昂，以至熱淚交流。

郭子儀回到家中，立即起草奏章，陳言邊事：「……如今吐蕃兼併河隴之地，聯合羌、渾兵眾，連年侵入京畿，其勢力超過我軍十倍，與之爭勝，豈能容易得到？近來敵虜入侵，號稱四節度，各統上萬士卒，每人有馬數匹。臣所統將士，人數不及敵虜四分之一，馬匹不及敵虜百分之二，只能固守，不宜出戰。……臣請求陛下徵詢正直議論，選擇名將統帥大軍，從諸道抽選精兵四五萬人，就一定能掌握致勝權。臣還猜想河南、河北、山南、江淮地區，小的軍鎮有兵數千人，大的軍鎮有兵數萬人，空耗軍費，不上戰場。臣請陛下將他們調入關中，教習戰陣。如此，則我軍聲勢振奮，就能夠攻必取，守必全。這才是安邊保境的長遠之策啊！」

最後，郭子儀以自己「齒髮已衰，願避賢路」，請求辭職退休。[466] 代宗閱覽郭子儀的奏摺後，手詔答覆道：「卿思慮深遠，使朕心中感到非常充實。朕始終倚賴於你，你不可以辭職去位。」

四月中旬，郭子儀向代宗辭行返回邠州時，再次就京西北禦寇事宜，陳言利害，說到痛切之處，涕淚長流，憂勤之心，溢於言表。

在此後幾年中，吐蕃軍的入侵規模相對比較小。

大曆十二年（西元 777 年）九月下旬，吐蕃軍 8 萬眾從原州北面向東，駐扎於長澤監（今內蒙古鄂托克前旗東南），南下攻破方渠縣（今甘肅環縣），進入拔谷（今環縣東南）。郭子儀派副將李懷光前去救援，吐蕃軍不戰而退。二十二日，吐蕃騎兵轉向東南，越過子午嶺（今陝甘界山），奔襲坊州（今陝西黃陵縣東南），搶掠當地党項部落的羊馬牲畜，而後撤退西去。[467]

十月中旬，吐蕃軍又兵分兩路，一支向東進犯邠州長武城（今陝西長武縣西北）；一支從原州北上，然後折向東去進犯鹽州（今陝西定邊縣西南）和夏州。郭子儀調兵遣將，分頭迎擊，吐蕃軍無功而退。

大曆十三年（西元 778 年）二月下旬，吐蕃將領馬重英率 4 萬大軍侵犯靈州，堵塞填漢、御史、尚書三條水渠的引水口，破壞唐朝的屯田生產。

四月下旬，吐蕃軍再次進犯靈州，被朔方留後常謙光擊退。

[466] 《舊唐書》卷 120〈郭子儀傳〉，第 3,464 至 3,465 頁。
[467] 《舊唐書》卷 11〈代宗本紀〉，第 312 頁；《資治通鑑》卷 225，第 7,366 頁。

七月下旬，馬重英率 2 萬騎兵進犯鹽、慶二州。朔方軍都虞候李懷光奉郭子儀之命，率兵迎擊。八月初，馬重光繼續長驅東侵，進至銀州（今陝西橫山縣東黨岔鎮）、麟州（今陝西神木縣北），大肆搶掠當地党項部落的馬匹牛羊。但是在撤退返回時，因為驅趕所掠牲畜，行進速度比較緩慢。李懷光率領騎兵部隊快速出擊，將其擊潰。

九月下旬，原州方面的吐蕃軍出動萬餘名騎兵，從青石嶺（今甘肅涇川縣西北）東下，進犯涇州。郭子儀、段秀實[468]和朱泚命令所部嚴陣以待。敵虜無隙可乘，遂退兵而去。

(2) 劍南道軍事形勢敘要

從唐代宗大曆十年（西元 775 年）起，吐蕃軍的侵寇重點轉向劍南道，京畿地區的軍事壓力有所減輕。當年正月，吐蕃軍數萬人進犯西山（今四川西部雪山），被西川節度使崔寧率軍擊破。次年正月，吐蕃與吐谷渾、氐、羌等部落聯軍 20 餘萬眾，又來進犯，被唐軍擊退，死傷萬餘人。

十二年（西元 777 年）四月、十月以後，唐軍先後在黎州（今四川漢源縣西北）、雅州（今四川雅安縣）、西山望漢城（今四川理縣東）、岷州（今甘肅岷縣）等地，大破進犯的吐蕃軍，殺傷甚眾。

十四年（西元 779 年）十月，吐蕃與南詔聯兵 10 餘萬眾，分三路進犯西川，企圖一舉攻奪成都府。唐朝廷緊急調兵入川救援。劍南東川（治所在今四川三臺縣）節度使派兵自江油（今四川平武縣東南）開赴白壩城（今四川廣元市北），打退了北路的吐蕃軍。金吾大將軍曲環率邠、隴二州兵和范陽鎮兵 5,000 人，打敗了中路吐蕃軍，乘勝攻克茂州和維州（今四川理縣東北）。右神策軍都將李晟率領 4,000 人打敗南詔軍，追擊至大渡河外。吐蕃與南詔聯軍戰死、墜崖、因飢寒而死者，多達數萬人。

[468] 大曆十一年（西元 776 年）十二月，涇原節度使馬璘卒，由其副使（行軍司馬）段秀實權知（代理）留後；次年九月，獲正式任命。

南詔國王異牟尋兵敗恐懼，修築羊苴咩城（今雲南大理市西北），據險而守。自唐玄宗天寶九載（西元 750 年）至代宗大曆十四年（西元 779 年），南詔依附吐蕃，與唐朝為敵。但是又苦於吐蕃的責賦苛重、每年出兵助防，異牟尋遂想擺脫吐蕃而復歸於唐。唐朝也調整策略，決定通和南詔，共禦吐蕃。[469]

4. 防禦回紇擾掠

回紇自立國（西元 744 年）以來，與唐親善。唐朝借回紇騎兵平叛，一收長安，兩復洛陽，得以重振社稷。在雙方的政治關係中，唐朝先後有 7 位公主和親回紇[470]；回紇有一位公主（毗伽公主）嫁給唐朝敦煌王李承寀（唐玄宗堂兄邠王李守禮之子）。[471]

(1) 唐與回紇「絹馬互市」[472]

在唐朝與回紇的經貿交流中，以「絹馬互市」最為重要（持續 80 年），其影響遠遠超出了貿易本身（具有政治外交性質）。

唐肅宗至德二載（西元 757 年）十月，為了酬謝回紇出兵平叛之功，約定每年贈送絹 10 萬匹，於西受降城（今內蒙古烏拉特中旗烏加河鎮奮鬥

[469] 自唐德宗建中元年（西元 780 年）起，南詔國與唐朝經過談判、盟誓，重修和好關係。貞元十年（西元 794 年）正月，唐朝派遣使臣與南詔國王在羊苴咩城外點蒼山神祠盟誓，重修和好，雙方結成西抗吐蕃的軍事掎角。參看翁獨健主編《中國民族關系史綱要》，中國社會科學出版社，2002 年，第 349 至 355 頁。

[470] 唐朝和親回紇的公主：寧國公主（肅宗女）、小寧國公主（宗女）、崇徽公主（僕固懷恩女）、咸安公主（德宗第八女）、永安公主（憲宗第十五女，未出婚）、太和公主（憲宗第十七女）、壽安公主（宗女）。還有僕固懷恩的孫女和親回紇。

[471] 《新唐書》卷 81〈三宗諸子傳．章懷太子〉附傳，第 3,592 頁。

[472] 唐朝自安史叛亂以降，隴右道被吐蕃蠶食侵占，失去牧監之地，「馬政」急劇衰落。從肅宗朝起，主要從回紇「市馬」。由於「河隴絲路」受阻癱瘓，遂使「草原絲路」（參天可汗道）獲得恢復和發展 —— 回紇牙庭（在於都斤山。今蒙古國杭愛山東段、哈爾和林市西北）成為「絲路貿易」的樞紐之地，回紇可汗和貴族獲得大量精美的「中國絲綢」，以此為貨源進行「中轉貿易」，通過「草原絲路」銷往西域諸國（今中亞、西亞），獲取高額商貿利潤；其財富增加的同時，也促進了內部經濟的深刻變化。參看馬俊民、王世平《唐代馬政》，西北大學出版社，1995 年，第 132 至 133 頁。

村古城遺址）交接；並開通雙方「絹馬互市」。回紇每年「貢馬」數千至上萬匹，唐朝皆給予「優惠價」。而「回紇恃功，自［肅宗］乾元以後，屢遣使以馬和市繒帛，仍歲來市，以馬一匹易絹四十匹（平常馬價為 20 至 30 匹絹），動至數萬匹。其使［者］候遣繼留於鴻臚寺者非一，蕃得絹無厭，我（唐）得馬無用（馬皆駑瘠無用），朝廷甚苦之（所市多不能盡其數）」。[473]

代宗大曆八年（西元 773 年）七月，回紇使者驅馬萬匹來互市。唐朝互市監以回紇馬匹太多，而朝廷經費不足，奏請買進 1,000 匹。

郭子儀特別關注此事，上奏曰：「回紇有功於朝廷，應該準其所請，況且，朝廷也需要補充軍馬。臣請捐獻一年俸祿，充作買馬錢。」[474] 代宗沒有同意郭子儀的請求；朝野聞之，皆讚許郭子儀心繫朝廷。最終，代宗詔許量計買進回紇馬 6,000 匹。十一月，回紇使者離京返回時，用來裝載所獲賞賜和互市所得絹帛財物的大車，多達 1,000 餘輛。

郭子儀很清楚「絹馬貿易」的政治利害。唐朝買進回紇馬匹，既能裝備騎兵，充實邊防力量，又能阻斷吐蕃聯合回紇的政治企圖；而回紇透過賣馬，取得豐厚的經濟利益，就會減少對唐朝邊境地區的擾掠，畢竟用貿易方式比武力擄掠更為安全有利。

(2) 防禦回紇擾掠邊境

大曆八年（西元 773 年）十二月，回紇的一支騎兵 1,000 餘人南下，進犯擾掠夏州（今陝西靖邊縣北部），被唐將梁榮宗在烏水（夏州西北無定河支流）打敗。郭子儀在邠州（今陝西彬縣）行營得到軍情報告，立即派出 3,000 名士兵前往增援。回紇騎兵聞風遠遁而去。

十一年（西元 776 年）二月下旬，唐朝增加黃河西岸的定遠城、豐安軍以及陰山之下的三受降城的兵力，防備回紇向南侵擾。

[473] 《舊唐書》卷 195〈回紇傳〉，第 5,207 頁，《資治通鑑》卷 224，第 7,340 頁。

[474] 《新唐書》卷 137〈郭子儀傳〉，第 4,607 頁。

十三年（西元 778 年）正月中旬，回紇騎兵長驅南下進犯太原、榆次、太谷等地。而河東節度留後鮑防拙於武略，拒絕部下堅壁不出的建議，命令大將焦伯瑜等人率兵迎敵，兩軍相遇於陽曲（今太原市北），唐軍失利，傷亡 1,000 餘人。回紇軍乘勢大肆搶掠當地百姓財物。

二月初，代州（今山西代縣）都督張光晟率兵在羊武谷（今山西原平縣西北）擊敗回紇軍，將其驅逐出境。月底，回紇使者回國途經河中（今山西永濟市西南），留守的朔方軍將士不勝憤怒，搶奪其輜重財物，雙方發生械鬥。回紇使者和隨從大肆搶掠坊市財貨，作為報復。

七月十四日，郭子儀上奏：回紇騎兵仍逗留塞上，邊境百姓恐懼不寧，請派邠州刺史渾瑊率兵前往太原方面駐防。代宗詔命渾瑊為石嶺關以南都知兵馬使[475]，驅逐回紇騎兵侵擾。回紇軍這才北撤回國。

十四年（西元 779 年）七月，新皇帝德宗詔令鴻臚寺：「凡來長安的回紇等蕃客，各自穿戴其本國服裝，不許仿效漢人。」德宗在十多年前（為太子）曾遭回紇可汗當眾羞辱，耿耿於懷，故對回紇人嚴加約束。[476]

二、功高震主臣子危

唐代宗（李豫）在位 18 年（西元 762 年至西元 779 年），雖非英明之君，但是也絕非昏愚之主。[477] 他在繼承皇位之際，宦官李輔國、程元振

[475] 《舊唐書》卷 134〈渾瑊傳〉，第 3,704 頁。按：石嶺關在太原府陽曲縣（今山西陽曲縣西南）東北方，形勢險要。唐初即駐兵於此，防備突厥南下侵擾。

[476] 唐德宗建中元年（西元 780 年）夏季，回紇發生政變，其宰相頓莫賀達干（可汗堂兄）殺死登里可汗、依附的昭武九姓胡商（來自中亞地區）兩千餘人，自立為「合骨咄祿毗伽可汗」，遣使入唐請為藩臣。六月下旬，德宗派遣京兆少尹源休持節出使，冊封頓莫賀達干為「武義成功可汗」。據《舊唐書》卷 12〈德宗本紀〉，第 326 頁、卷 195〈回紇傳〉，第 5,207 至 5,208 頁。

[477] 史稱「代宗之時，餘孽猶在，平亂守成，蓋亦中材之主也！」據《新唐書》卷 6〈代宗本紀〉，第 180 頁。

等輩可謂「有力」。但是在登上皇位之後，能夠順應人情歸咎，先除李輔國，再貶程元振。其權謀駕馭，機捷果斷，實出於其父肅宗之上。

1. 唐代宗剷權臣

宦官首領魚朝恩繼李輔國、程元振之後，恃陝州迎扈之功、統領神策軍之威權，驕橫更甚，凡百官奏事不先告知他時，便發怒責問「天下事有不由我乎！」致使代宗厭惡痛恨，密令宰相元載伺機誅之。元載先以重金收買魚朝恩的心腹射生將周皓、陝州節度使皇甫溫等人；又以京西北興平、武功、天興、扶風四縣隸屬神策軍外鎮行營，麻痺魚朝恩。

郭子儀也上密奏曰：魚朝恩曾經結交華州周智光，為其外應；又長期掌控禁軍，臣恐怕早晚會發生變故，陛下宜早作防備。

大曆五年（西元 770 年）三月十日，寒食節。代宗照例於宮中設宴招待公卿大臣。宴散之後，代宗傳召魚朝恩上殿議事，斥責其圖謀不軌。魚朝恩自我辯白，出言傲慢。代宗一聲喝令，埋伏待命的周皓等人一擁而上，將其勒死（時年 49 歲）。隨後，代宗下詔罷免其觀軍容等使職，賜錢給予隆重安葬。[478] 由此可見代宗之心謀深沉。

魚朝恩被誅之後，宰相元載更受代宗信重。[479] 而元載出身貧寒，貪財成癖；既秉國政，專權蠻橫。黃門侍郎同平章事王縉亦貪婪之徒，專務聚財。元載之妻王氏（盛唐大將王忠嗣之女）和兩個兒子，王縉的弟弟和妹妹，皆公開招納賄賂。元、王兩人濫用威權，致使朝廷上下賄賂公行，綱紀大壞。正直官員不斷舉告他們的貪贓枉法。代宗曾當面告誡元載，望其善始善終。但是元載擅權驕縱而不思悔改，令代宗深惡痛絕。

[478] 以上據《新唐書》卷 207〈宦者傳上．魚朝恩〉，第 5,863 至 5,866 頁。

[479] 元載（西元？年至西元 777 年）其人天性敏悟，自幼勤學，博覽群書，入仕之後才能顯著。及至扈從皇駕走陝州，恩寵漸盛。既居相位，以天下為己任，重用第五琦、劉晏管理財政，頗見成效。又因新立除惡（魚朝恩）之功，意氣高揚，自詡有安邦濟世之才，欲申整軍經武之志。

大曆十二年（西元 777 年）三月下旬，有人舉告元載和王縉於夜晚設壇祭神，圖謀不軌。代宗命其舅父、左金吾大將軍吳湊將元、王等人逮捕。王縉被貶為括州（今浙江麗水市）刺史；元載與妻子王氏、三個兒子賜死，家產沒收，出家為尼的女兒真一沒入掖庭。內侍董秀因曾與元載勾結，被杖刑打殺。五月，詔令毀掉元載的祖墳和家廟；其爪牙卓英倩、李世榮等被誅；卓英倩之弟卓英璘仗勢橫行鄉里，被當地官府鎮壓。[480]

元載伏誅之後，代宗欲任用清操脫俗之人為相，表率群臣，申明法紀，以肅政風。四月一日，任命太常卿楊綰為中書、禮部侍郎；常袞為門下侍郎，二人都加同中書門下平章事，主持朝政。[481]

楊綰（字公權）秉性正直，居官清廉簡樸，不阿附權貴，雅有聲望。其命相之日，朝野慶賀，京城內外官員聞風而動，自戒奢華。[482]

當時，郭子儀在邠州朔方軍行營，正宴請賓客。聞報楊綰拜相，立即下令將演奏歌舞音樂的樂工伎女減去五分之四。

然不幸的是楊綰夙有疾病在身，拜相十多天後又患中風，病情加重，於七月二十日去世。代宗深為哀痛，嘆息道：「蒼天不想讓朕招致天下太平，為何這麼快就從朕手中奪走了楊綰！」

2.《打金枝》原型

傳統戲劇《打金枝》，家喻戶曉。其時代、人物乃真實歷史，但是劇情細節有藝術創作。在傳統戲劇（與文學故事）中，男子人生中最為風

[480] 據《舊唐書》卷 11〈代宗本紀〉，第 311 頁；同書卷 118〈元載傳〉，第 3,409 至 3,414 頁；《資治通鑑》卷 225，第 7,361 至 7,365 頁。

[481] 《舊唐書》卷 11〈代宗本紀〉，第 300 頁、同書卷 119〈楊綰傳〉，第 3,435 頁；《資治通鑑》卷 225，第 7,361 至 7,362 頁。

[482] 例如：(1) 京兆尹黎幹以承恩受寵，平常出行時的侍衛僕從有百餘人，於當日裁減大半，只留十餘騎。(2) 禦史中丞崔寬是劍南西川節度使崔寧之弟，家富於財，宅院豪華，別墅中水池樓臺，號稱第一，亦於當日急速雇請民工拆毀。

光無限的事情，莫過於「洞房花燭夜，金榜題名時」。能夠娶皇家公主為妻，是個人和家門莫大榮耀。但是在唐代卻並非完全如此。[483]

(1) 郭曖與昇平公主逸事 [484]

郭曖（西元 752 年至西元 800 年）是郭子儀第六子，昇平公主（西元 753 年至西元 810 年）是代宗第四女（生母崔貴妃 [485]）。永泰元年（西元 765 年）七月，郭曖（時年 14 歲）「尚主」—— 拜駙馬都尉（從五品下），試殿中監（從三品），封清源縣侯（從三品），家族榮耀，寵冠戚里。郭子儀上表謝恩曰：「……陛下以臣備位臺司，服勤王室，特收賤族，許以國姻；宗黨生光，室家同慶，門開魯館（貴族女子出嫁時外住之所），地列沁園（公主園林）；事出非常，榮加望外，恩深義重，何以克堪？糜軀粉骨，不知所報，無任感戴，受恩之至。」[486]

郭曖嘗與昇平公主琴瑟不調（夫妻關係不和諧），曖罵公主：「倚乃父為天子邪？我父嫌天子不作。」公主恚啼，奔車奏之。上（代宗）曰：「汝不知，他父實嫌天子不作。使不嫌，社稷豈汝家有也？」因泣下，但命公主還。尚父（郭子儀）拘曖，自詣朝堂待罪（等候發落）。上（代宗）召而慰之曰：「諺云：『不痴不聾，不作阿家阿翁（婆婆、公公）。』小兒女子閨幃之言，大臣安用聽？」錫賚（賞賜）以遣之。尚父杖曖數十而已。[487]

另一個版本也大同小異。郭曖嘗與昇平公主爭言（吵架），曖曰：「汝

[483] (1) 在古代社會，凡官宦、平民之家，女嫁皇室，男尚公主，可謂殊榮。(2) 但是在唐代，公卿之家對「尚主」卻敬而遠之。其中原因，一是害怕受權力鬥爭（如政治事變）的牽累，招致家禍。二是公主們大多驕奢淫逸，傲慢潑悍，不守禮法，令人望而卻步。對於個別嚴重「有失檢點」的公主，皇帝老子也感到頭疼，不得不加以限制和懲戒。當然，並非所有的皇家公主都有「惡行敗德」，其中不乏遵循禮法、恪守婦道者，備受丈夫和家人敬重愛戴、社會輿論誇獎讚美。

[484] 《舊唐書》卷 11〈代宗本紀〉，第 279 頁；《新唐書》卷 137〈郭子儀傳〉附郭曖傳，第 4,611 頁。

[485] 《新唐書》卷 83〈諸帝公主傳〉，第 3,662 頁。

[486] 《全唐文》卷 446 吳頌〈代郭令公謝男尚主表〉，上海古籍出版社，1990 年，第 2,015 頁。按：使用「魯館」、「沁園」典故，藉以表示蒙受崇高榮耀。

[487] 〔唐〕趙璘《因話錄》卷 1 //《唐五代筆記小說大觀》，上海古籍出版社，2000 年。

倚乃父為天子邪？我父薄（輕視）天子不為！」公主恚（發怒，怨恨），奔車奏之。上（代宗）曰：「此非汝所知。彼（郭子儀）誠如是，使彼欲為天子。天子豈汝家所有邪！」慰諭令歸。子儀聞之，囚曖，入待罪。上曰：「鄙諺（鄉村俗話）有之：『不痴不聾，不作家翁（家長）。』兒女子閨房之言，何足聽也！」子儀歸，杖曖數十。[488]

這是一對十五六歲的小夫妻鬧矛盾，嘴巴上爭論高低。昇平公主受了委屈，立即入宮向父母「告狀」。郭子儀誠惶誠恐，急忙入宮「待罪」。好在代宗皇帝並不糊塗，一番話說得輕描淡寫，消除了親家的擔憂。但是郭子儀還是心有餘悸，回到家中之後，將說話不知深淺的郭曖痛打了一頓——郭曖說了兩句「狠話」，也是實話，但是不能隨便說出來。對此，郭子儀是心知肚明的。

(2) 駙馬都尉的地位

唐代的駙馬都尉（從五品下），屬於「高官」行列。自唐玄宗開元（西元 713 年至西元 741 年）以來，駙馬都尉皆除（授）三品員外官，而不任以職事（實際職權）。[489] 所謂「員外官」，為正式定員編制之外增置的職位，無實際執掌，即僅為表示皇帝恩寵和本人榮耀的虛銜。

大唐駙馬都尉從五品，皆尚主者為之。開元三年（西元 715 年）八月，敕：駙馬都尉從五品階，宜依令式（制度規章），仍借紫金魚袋（三品官員服飾）。天寶（西元 742 年至西元 756 年）以前，悉以儀容美麗者充選。[490]

由此可見，郭曖「尚主」，一是符合皇家選婿標準（勛臣子弟），二是年齡與昇平公主相當、儀容美麗（郭家子弟皆美男子）。最重要的原因還是「子沾父光」——是代宗皇帝獎賞郭子儀的政治舉措。

[488] 《資治通鑑》卷 224 代宗大曆二年（西元 767 年）二月條，第 7,313 至 7,314 頁。

[489] 《資治通鑑》卷 214，第 6,932 頁。

[490] 《通典》卷 29〈職官十一．武官下．三都尉〉，第 812 頁。

3. 祖墳被盜何羞辱

大曆二年（西元 767 年）十二月，郭子儀坐鎮邠寧（今陝西彬縣），防備吐蕃侵犯。京城卻發生了一起針對他的惡性「大案」。

十二月，盜發子儀父墓（今西安市東南郊鳳棲原上[491]），捕盜未獲。人以魚朝恩素惡子儀，疑其使之。子儀心知其故，及自涇陽將入［朝］，議者慮其構變，公卿憂之。及子儀入見，帝（代宗）言之，子儀號泣奏曰：「臣久主兵，不能禁暴，軍士殘人之墓，固亦多矣。此臣不忠不孝，上獲天譴（上天的責罰），非人患也。」朝廷乃安。[492]

事發之後，地方官府派人追查盜賊，但是沒有線索，一時未能破案。朝野上下議論紛紛，有人懷疑是大宦官魚朝恩暗中指使人乾的。代宗也很擔憂郭子儀會因此「弄事」。郭子儀自涇陽入朝，代宗言及此事，溫言安慰。郭子儀傷心流涕，但以「天譴」深刻自責，不作無端猜疑。

自古及今，祖墳被盜，先人魂靈不安，乃奇恥大辱，不共戴天。對這種惡毒至極的羞辱，郭子儀自然恨之入骨，但是沒有抓獲盜賊和確切證據，又令人無處發洩 —— 這起案件的背後，或者有其不可告人的政治陰謀，自己如果沉不住氣，不依不饒，就正中其圈套。

郭子儀吞忍羞辱，息事寧人，朝廷上下的紛紛議論，郭氏家族的洶洶人情，得以平息。這起案件也不了了之（成為「無頭案」）。[493] 而郭子儀以「天譴」自責，在當時，既符合社會大眾普遍敬仰鬼神的思想意識形態，

[491] (1) 據近年來考古發掘，郭子儀家族墓地在長安縣鳳棲原（東接少陵原，西到動陰坡。為韋曲附近的高地）。即今長安區韋曲街道辦棗園村西南、東兆餘村北。參看王雪玲〈唐郭子儀侄郭晞墓誌及其相關問題〉，《考古與文物》2014 年第 4 期。(2) 又據〈郭榮碑〉，郭氏家族墓地，在長安城外（東郊）萬年同人（仁）鄉銅人里。即今灞橋之東洪慶村、惠家村一帶。

[492] 《舊唐書》卷 122〈郭子儀傳〉，第 3,463 頁。

[493] 按：郭子儀父親墳塚被盜，作案者有三種可能：(1) 魚朝恩暗中指使，欲激怒郭子儀，迫其「構變」而剷除之。(2) 仇家所為，以泄私怨。(3) 盜墓賊、游手無賴所為，只是盜取墓中的隨葬品。

也符合佛教大力宣揚而廣為傳播的「因果報應」思想信仰。

4. 奏請追尊吳太后

前文已述，在寶應元年（西元 762 年）四月，太上皇（玄宗）和肅宗相繼駕崩，皇太子（代宗）繼位。八月，郭子儀自河中府入朝，大宦官程元振嫉妒其位高任重，數次向代宗進讒言，離間構陷。

郭子儀心中惶惶不安，上表請求解除自己擔任的兵馬副元帥、節度使職務。代宗慰問安撫，在罷免郭子儀副元帥的同時，為他加授「食實封」700 戶，充任肅宗山陵使，遂留在京城。[494]

山陵使職務由當朝宰相充任，負責皇帝的墓葬事宜。十二月，群臣以肅宗山陵有期，準禮以先太后祔於陵廟（合葬、祭祀）。郭子儀率群臣上表曰：「……謹按謚法：『敬慎高明曰章，法度明大曰章，夙興夜寐曰敬，齊莊中正曰敬。』敢遵先典，仰圖懿德，謹上尊謚曰章敬皇后。」

寶應二年（西元 763 年，七月改元廣德）三月，安葬肅宗於建陵（在今禮泉縣北索山石馬嶺上），以章敬皇后祔葬（合葬）。[495]

唐代宗的生母 —— 肅宗章敬皇后吳氏的生平事蹟，史載很簡略，僅能知其大概。[496] 前文已述，肅宗生前正式冊立的張皇后，因死於宮廷政

---

[494] 《新唐書》卷 137〈郭子儀傳〉，第 4,603 頁。

[495] 《舊唐書》卷 52〈后妃傳下 · 肅宗章敬皇后吳氏〉，第 2,187 至 2,188 頁。又：(1) 據《唐會要》卷 3〈皇后〉：唐肅宗皇后吳氏。寶應元年（西元 762 年）五月十九日，追尊皇后，謚曰「章敬」。(2) 據《資治通鑑》卷 222（第 7,257 頁）：代宗廣德元年（西元 763 年）正月，追謚吳太后曰「章敬皇后」。

[496] 吳氏年幼時，「坐父事沒入掖庭（官員因罪被殺，其家小受株連，籍沒入宮）」，成為一名普通宮女（朝廷賤民）。開元十三年（西元 725 年），玄宗幸忠王（即肅宗）邸，見其服禦蕭然，傍無媵侍（侍女），命大宦官高力士選掖庭宮人以賜之，而吳氏女在籍中 —— 妙齡少女，容貌美麗，性情溫婉，舉止謙遜，成為忠王身邊侍女，幸運的是在次年十二月生子（即代宗）。忠王被立為「儲君」，吳氏也「升遷」為皇太子妃妾之一。然不幸的是，太子吳妃於開元二十八年（西元 740 年）就去世了，享年約 30 歲，安葬於春明門（長安外郭城東面中門）外。其親生兒子、嫡皇孫李俶（後改名豫）時年 15 歲

變，並被廢為「庶人」（平民）—— 剝奪了一切政治地位和榮譽。[497] 所以，代宗繼位稱帝之後，為其母追尊諡號，與先皇（肅宗）合葬，符合王朝國家的禮法制度 —— 吳氏「母以子貴」，備極哀榮。

而郭子儀充任山陵使，率群臣上表，正符合其職責。

大曆四年（西元 769 年）正月初七，郭子儀從奉天行營入朝，魚朝恩邀請他一同遊覽竣工不久的章敬寺 [498]。宰相元載派人告知軍容（魚朝恩）心懷叵測，應該有所防備；郭子儀部下 300 餘人請求內穿鐵甲隨從護衛。郭子儀坦然說道：「我是朝廷大臣，如果沒有皇上的詔令，誰敢加害於我？如果魚軍容使奉皇命而來，你們這樣做豈不是授人以柄嗎？」郭子儀只帶了十幾名家僮前往，並告訴其中原因，魚朝恩感慨流淚，拱手施禮道：「如果不是您這樣有德行的長者，怎能不懷疑我呀！」[499]

代宗曾賞賜郭子儀一匹九花虯馬（虯，鬃毛蜷曲）。此馬是范陽節度使李懷仙所進獻，毛拳如鱗，頭頸鬃鬣如龍，額高九寸，每一嘶叫，群馬聳耳，身被九花，故以為名。當時，郭子儀再三推讓，代宗曰：「此馬高大，與卿儀表氣質相稱（郭子儀身高六尺餘）。不必謙讓也。」[500]

客觀地講，唐代宗對郭子儀是有一定信任的，使他能夠充分發揮軍事統帥才幹，在維護朝廷安全方面屢建功勳。

---

[497] 《新唐書》卷 77〈后妃傳下．肅宗廢後庶人張氏〉，第 2,186 頁。

[498] 按：大曆二年（西元 767 年）七月，魚朝恩奏請：將以前受賜的京城東面通化門外的莊園，捐舍建為佛寺，為章敬皇太后（代宗生母）祈求冥福。代宗欣然允准。於是，魚朝恩大興土木，極盡宏偉壯麗，費用巨大。

[499] 《新唐書》卷 137〈郭子儀傳〉，第 4,608 至 4,609 頁。

[500] 〔宋〕王讜撰、周勳初校證《唐語林校證》卷 5〈補遺一〉，中華書局，2008 年，第 496 至 497 頁。

三、蓋棺論定諡忠武

大曆十四年（西元 779 年）五月，唐代宗疾病日重，於二十一日詔命太子（李適）監國（監督國事）。當夜，代宗駕崩，享年 52 歲，遺詔太子於靈柩前即位；以郭子儀攝塚宰（攝政大臣、百官之首），輔佐太子。

二十三日，皇太子（37 歲）於西內太極殿即位，史稱德宗。

唐德宗初登大位，勵精圖治，大力革除前朝弊政（如重任宦官、崇奉佛教等），用法嚴厲，文武百官皆謹慎小心行事。

1. 唐德宗拆分兵權

唐代宗晚年，曾想分割郭子儀的職權，但是由於牽涉面廣，難以著手，迄於駕崩，仍未能付諸實施。[501] 德宗即位，詔命郭子儀自邠寧鎮還朝，攝塚宰（百官之首），充任代宗山陵使。[502] 此時，郭子儀的權位之重、功名之大，無人可與比肩。然而，他已年逾八旬（83 歲），身體衰暮，精力不濟，而且素來性情寬宏，政令軍紀鬆懈不嚴。

德宗採納宰相崔祐甫的奏議：「郭子儀年事已高，久掌兵權，其部下將領都已經位崇顯貴，倘若子儀一旦謝世，恐怕難以相互統攝，請罷免他的兵權，任命李懷光等人分掌，統領朔方諸軍。」[503]

大曆十四年（西元 779 年）閏五月十五日，德宗頒布制書，郭子儀所領天下兵馬副元帥、諸使職皆被罷免；所掌兵權則被一分為三，分別由其部下將領接任：(1) 朔方軍都虞候李懷光為河中尹、邠、寧、慶、晉、絳、慈、隰等州節度觀察使；(2) 朔方軍右留後常謙光為靈州大都督、西

[501] 《資治通鑑》卷 225，第 7,377 頁。

[502] 《舊唐書》卷 120〈郭子儀傳〉，第 3,465 頁。

[503] 《唐會要》卷 51 識量上〉，上海古籍出版社，1991 年，第 1,045 頁。

受降城、定遠軍、天德軍、鹽、夏、豐諸州節度等使；(3) 朔方軍左留後、單于副都護渾瑊為單于大都護、振武軍、東、中二受降城、鎮北及綏、銀、麟、勝等軍州節度營田使。

……司徒兼中書令、河中尹、靈州大都督、單于鎮北大都護、充關內河東副元帥、朔方節度、關內支度、鹽池、六城水運大使、押諸蕃部落兼管內河陽道觀察等使、上柱國、汾陽郡王、山陵使、食實封一千九百戶子儀……可加號尚父，兼太尉、中書令、山陵使，勳封如故。仍加實封通前滿二千戶，每月給一千五百人糧料、並給二百匹馬草料。有司備禮，以時冊命。[504]

所謂「尚父」，意為可尊敬崇尚的父輩。在唐代，並非正式官職名稱，乃皇帝尊禮大臣的榮譽性稱號。[505]前文已述，肅宗至德二載（西元757年）四月，授郭子儀司空，十二月又加司徒；寶應元年（西元762年）二月，封爵汾陽王。代宗廣德二年（西元764年）九月，加太尉（三公之首），郭子儀三表懇讓，堅辭不受。至德宗制書「加號尚父，兼太尉」，位極人臣。[506]

2. 冊太尉子儀盛典

閏五月二十五日，在大明宮宣政殿（三大殿之一），隆重舉行「冊太尉子儀」的典禮儀式，德宗臨軒，宰相劉晏持節宣讀冊文。

---

[504]〔宋〕宋敏求《唐大詔令集》卷61〈郭子儀號尚父制〉，中華書局，2008年，第330頁；《舊唐書》卷12〈德宗本紀〉，第320頁。

[505]《唐六典》卷1〈三師三公尚書都省〉，第1至5頁。

[506] (1) 凡朝廷宰相、地方節度使帶三師（太師、太保、太傅）、三公（太尉、司徒、司空）職銜者，以太尉（上公）為最重。太尉本在三師之下，但因唐後期的戰爭和動亂局勢，朝野上下重武之風濃厚，遂使太尉（武官）超越了太傅、太保，一般功臣可加太傅、太保而不能隨便授太尉（死後追贈者另當別論），唯有太師地位略在其上。參看張國剛《唐代官制》，三秦出版社，1987年，第16至18頁。(2) 在郭子儀之前，大宦官李輔國曾以「兵部尚書、判元帥行軍、閑廄等使進號尚父」。

(1) 大明宮宣政殿

在唐長安城大明宮的中軸線上，以含元殿（主殿、正殿）[507]、宣政殿（正衙、前殿）和紫宸殿（便殿）為「三大殿」，是皇帝舉行外朝、中朝和內朝的場所，在唐朝的政治生活中具有顯著地位。

宣政殿位於含元殿的正北面[508]，是皇帝舉行中朝、常朝（常日聽政）之處，凡朔（初一）望（十五）朝會、讀時令（宣講曆法）、大冊拜、布大政，召見諸州朝集使、貢使，考試製舉人等等，則臨御此殿。史載：「宣政，前殿也，謂之衙，衙有仗。」皇帝在宣政殿坐朝時，殿庭有仗衛陳列（屬於「常儀」）。[509] 在紫宸殿，則無仗衛。

(2) 皇帝「臨軒冊命」典禮[510]

據唐朝朝廷禮儀制度（五禮）之「嘉禮」，凡三品以上官員拜授皆有「冊命」禮儀 —— 分為朝堂冊命（冊諸臣）、遣使冊命，二者的地點不同。而朝堂冊命，又分為皇帝臨軒、無皇帝臨軒之儀，二者的規格不同。「凡冊皇后、皇太子、皇太子妃、諸王、王妃、公主，並臨軒冊命，陳設（演奏「雅樂」的樂器、禁軍儀仗隊等）如冬（冬至）、正（正月初一）之儀；

[507] 在隋唐兩代，太極宮（西內）太極殿、大明宮（東內）含元殿，皆為正殿，是皇帝親臨、舉行盛大隆重的「外朝」活動之地 —— 主要為元正（正月初一）、冬至日大朝會；非此，一般不常使用（皇帝不禦）。

[508] 據考古實測，宣政殿遺址與含元殿相距 300 公尺，殿前 130 公尺處有宣政門（夯土基址）。宣政殿前空間很大，是舉行典禮之地。據中國科學院考古研究所《唐長安大明宮》∥《唐大明宮遺址考古發現與研究》，文物出版社，2007 年，第 38 至 39 頁。

[509] 〔宋〕歐陽脩《新五代史》卷 54〈李琪傳〉，中華書局，1974 年，第 618 頁；《唐會要》卷 24〈朔望朝參〉，上海古籍出版社，1991 年，第 541 頁。

[510] (1) 臨軒冊命，即皇帝離開殿內御座而親臨殿台之上或長廊之窗，與臣下共同舉行某種儀式。在殿前堂階之間、近簷處兩邊有長廊和檻楯（欄杆），如車之軒，故稱臨軒。參看陳戍國《中國禮制史 · 隋唐五代卷》，湖南教育出版社，1998 年，第 75 頁。(2) 唐太宗貞觀八年（西元 634 年）敕：拜三師、三公，在京者於朝堂受冊。但自玄宗開元（西元 713 年至西元 741 年）以降，冊禮久廢，惟天寶（西元 742 年至西元 756 年）末，冊楊國忠為司空。上述代宗即位後，李輔國進號尚父，未行此冊禮。至德宗冊拜郭子儀，複行此禮。據《舊唐書》卷 12〈德宗本紀上〉，第 321 頁、卷 153〈劉迺傳〉，第 4,085 頁；《唐會要》卷 26〈冊讓〉，上海古籍出版社，1991 年，第 569 至 570 頁。

訖，［受冊者］皆拜太廟。」[511] 其儀式最為隆重盛大。

舉行皇帝「臨軒冊命」典禮，唐前期在太極宮、興慶宮，唐後期在大明宮。①冊命之日，諸衛禁軍儀仗隊陳列於宮門、殿庭；群官皆穿朝服（禮服），在朝堂前各就其位。②諸受冊者穿朝服，各自從家出發時，皆備鹵簿（前呼後擁的儀仗隊伍。依本人官品配置）。至朝堂，由贊禮官導引就其位。③通事舍人引受冊者進，中書令稱：「有制。」諸受冊者再拜；中書令宣讀冊文，訖，受冊者又再拜、受冊，訖，典謁導引，退至其原位。④在典禮過程中，有兩次「奏樂」—— 皇帝出入時的「行步樂」，編鐘、編磬金聲玉振，舒緩莊重，節奏和諧，令人肅然起敬。

凡皇帝「臨軒冊命」大臣，以冊命正一品官員（三師、三公、親王）的現場設施和儀制規格最高，以顯示王朝國家的特別榮寵。

若冊三師、三公、親王，皇帝服袞冕之服（禮服禮帽），［太常寺］鼓吹令設十二案（殿庭鼓吹樂隊），［太僕寺］乘黃令陳車輅（天子所乘車輛），［殿中省］尚輦奉御陳輿輦（御用輦、輿、傘、扇等），諸衛［禁軍］設黃麾半仗（儀仗隊之一）。受冊者初入門，〈舒和之樂〉作（演奏雅樂）。冊畢引出，初行樂作，出門樂止。[512]

[511] 《唐六典》卷 4〈禮部〉，第 112、114 頁。

[512] 《通典》卷 125〈禮典八十五．開元禮纂類二十．嘉禮四〉，第 3,210 頁。

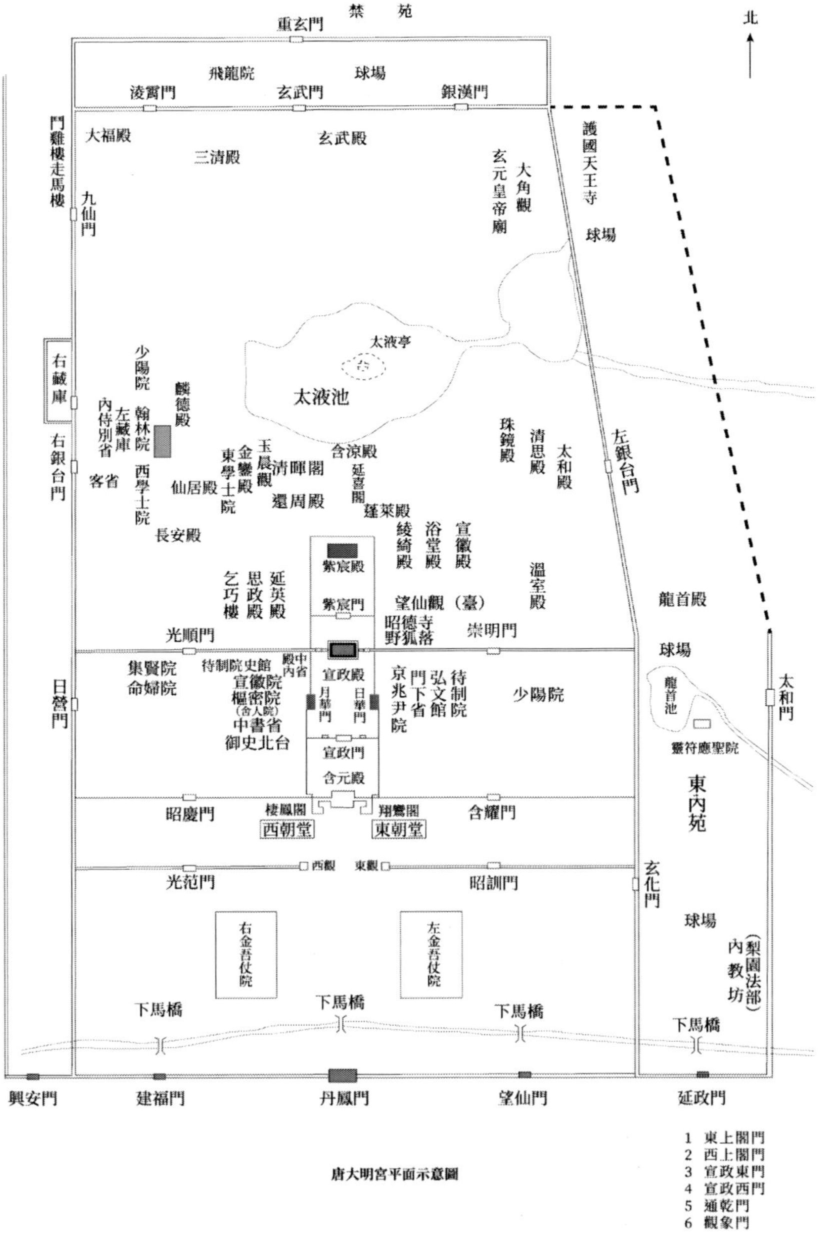

唐長安大明宮平面示意圖。

據杜文玉《大明宮研究》，中國社會科學出版社，2015 年。

其最高禮儀規格之體現，還有兩點。①殿庭擺設「鼓吹十二案」（熊羆十二案）[513]，置於宮懸（雅樂樂隊）四隅，在整個典禮過程中有兩次「振作」（演奏），皇帝將出，儀仗動；典禮畢，皇帝起身 —— 十二案乃「天子之樂」，體現皇帝的至尊地位和崇高權威。十二案共有樂工 108 名，一起「振作」（演奏）時，聲震內外，氣勢磅礴，熱烈喧囂，激動人心，鼓舞士氣。②陳列御用的車輅、輿輦、傘扇等。[514]

由此可曰，皇帝「臨軒冊命」典禮，是受冊者（臣子）享受的最高規格的政治榮耀。德宗皇帝在大明宮宣政殿，隆重地為郭子儀舉行「臨軒冊命太尉」典禮 ——「政治謝幕」儀式（明升暗降，免去實權），郭子儀被尊崇為「尚父」，給予優厚的物質待遇，頤養餘年；同時，其諸子弟、女婿遷官者十餘人。可謂給足了面子。

郭子儀「盡罷所領使職及元帥」之後，德宗給予隆禮待遇，每次入宮謁見，乘坐抬轎從光順門直接進入內殿。[515] 地位之崇貴，近古無比。

是年（西元 779 年）十月初，安葬代宗靈柩的日期將近，詔令京城內不許隨便屠宰牲畜。而郭子儀府上一名僕人在城外私自宰羊，帶進城內時，被城保全兵發覺，右金吾將軍裴諝立即上奏。有人勸裴諝：「郭公有

[513] 這是 12 座特製的雙層樓架，高丈餘，供樂工居高演奏。案架上施帷幔，皆以金彩裝飾；下承之以雕刻的熊羆，作騰躍倚立之勢，象徵百獸之舞。每案（架）樂器有羽葆鼓、大鼓、金錞各一，歌（人聲）、簫、笳各二，即有 9 名樂工。據《唐六典》卷 14〈太常寺．太樂署〉，第 403 頁；《新唐書》卷 24〈車服志〉，第 520 頁。參看穆渭生、張維慎《盛唐長安的樂伎和樂舞》，陝西人民出版社，2016 年，第 202 至 205 頁。

[514] (1) 凡乘輿五輅（玉、金、象、革、木輅，用於祭祀、巡狩等場合，皆有副車）；凡「大駕」出行，屬車十二乘（指南車、記里鼓車等）。(2) 凡輦（人力推挽之車）有七（大鳳輦、小輕輦等）。凡輿（肩輿）有三（腰輿等）。凡傘蓋（長柄圓頂，邊飾流蘇），大朝會用二；扇有一百五十六（雉尾扇、繡孔雀扇）。這些車輿和儀仗器具，皆選上等材料，製作精湛，裝飾豪華。其陳列於殿庭，備而不用，顯示皇帝之崇高地位和禮制威儀。據《唐六典》卷 11〈殿中省．尚輦局〉，第 331 至 332 頁、卷 17〈太僕寺．乘黃署〉，第 480 至 483 頁；《舊唐書》卷 45〈輿服志〉，第 1,932 至 1,933 頁。

[515] 《唐會要》卷 45〈功臣〉，上海古籍出版社，1991 年，第 945 頁。據《唐兩京城坊考》卷 1〈大明宮〉：入光順門，可至皇帝便殿延英殿、紫宸殿。凡百官上書、外命婦朝見皇后，皆於此門進入。紫宸殿之南有紫宸門，其東有崇明門，西有光順門。

安定社稷大功，你就不留點情面給他？」裴諝回答：「我這樣正是看在郭公的情面上。郭公勳高望重，朝野稱譽。但是皇帝剛剛即位，認為群臣中附和順從郭公的人很多。我藉故檢舉一點他的小過失，表明郭公的威權並不可畏。這對上是尊奉天子，對下可安定大臣，難道不好嗎？」[516]

建中元年（西元 780 年）五月二十二日，太常卿韋倫奉命出使吐蕃，奏請德宗親自擬定盟誓文書。而宰相楊炎認為：大唐天子比吐蕃贊普（國王）的地位尊崇，建議用汾陽郡王郭子儀的名義起草盟誓文書，再由皇帝御筆批示「可」。德宗採納了楊炎的意見。[517]

3. 汾陽王府無祕密

郭子儀的祖上，自隋入唐，世代為官，早就在京城置有宅第。郭子儀父親郭敬之一代，居於朱雀街東萬年縣常樂坊，西臨東市，北近春明門（外郭城東面中門）和興慶宮（唐玄宗開元時建造）。

郭子儀功蓋朝野，前後所得賞賜無數。在京城內外擁有多處宅第、園林、莊田、水碾等產業。朱雀街東平康坊有其私宅[518]，親仁坊有其汾陽王府，皆緊鄰東市；朱雀街西大通坊有其園林，位置偏南。

汾陽王府占地面積為親仁坊的四分之一（約 200 市畝）[519]，府內中通長巷，在各個院落之間往來，可以乘坐車馬。其屋宇建築，宏敞華麗，「堂高憑上望，宅廣乘車行」。[520] 府內的家人、男女僮僕與吏員多達 3,000

[516]《資治通鑑》卷 226，第 7,390 頁。

[517]《舊唐書》卷 12〈德宗本紀〉，第 326 頁；《資治通鑑》卷 226，第 7,398 至 7,399 頁。

[518] 唐代宗大曆十二年（西元 777 年）正月，郭子儀元配王氏（封霍國夫人）病故於平康坊私第。從平康坊向南是宣陽坊；再南親仁坊，入東門向北，就是郭子儀的汾陽王府。

[519] (1) 據〔宋〕宋敏求《長安志》記載：外郭城諸坊里面積不盡相同，在皇城正南的四列坊里之外，東西兩側各有六列坊里，皆為南北長 350 步（514.5 公尺），東西長 650 步（955.5 公尺）。(2) 據考古實測，親仁坊南北長 540 公尺，東西寬 1,022 公尺。約合今 828 市畝。則親仁坊的郭子儀汾陽王府占地面積超過 200 市畝。

[520]〔唐〕封演撰、趙貞信校注《封氏聞見記校注》卷 5〈第宅〉，中華書局，2005 年。

人，出入往來，許多人都互不相識。

從時間上來看，「汾陽王府」始於寶應元年（西元 762 年）肅宗駕崩之前兩個月 —— 郭子儀受任河東諸軍行營節度使、兵馬副元帥，前往河中府彈壓諸軍行營「兵亂」（剽掠不已），同時受封「汾陽王」。

〔郭子儀〕元勛既崇，殊賞斯至。〔妻子王氏〕內訓之功，其子或位列通侯，或室嬪貴主。姻連右戚，榮冠中朝；門通河漢之津，地成冠蓋之里。每令節嘉賞，長筵高會，青紫（官服配飾）照庭，佩環（婦女首飾）盈室，燻灼人代，莫之與京（無法相比）。[521]

每逢時令節日、加官受賞等喜慶之時，汾陽王府都要舉行盛大宴會，婚姻親戚，咸來相賀，男著品官服裝，女飾簪釵玉環，賓客盈門，熱鬧非凡。京城的顯貴高官，無人可與郭子儀家族相比。

郭氏家族枝葉繁盛，人丁興旺。郭子儀有八子八女，兒子和女婿們都立朝為官，地位顯耀。[522] 其孫輩多達數十人，每到請安時，不能一一辨認清楚，只是點點頭而已。

郭子儀晚年功高位崇，每年的俸祿約有 24 萬緡（貫）；汾陽王府內有肅、代、德宗賞賜的美人歌女、車馬服飾、珍玩器物等。可謂朝廷尊崇，天下豔羡。然而，代宗尊崇李輔國為「尚父」，不到半年即陰殺之，殷鑑不遠，郭子儀常懷功高不賞之懼。其元配夫人王氏篤信佛教，曾捐舍京城之西的別墅一所，奏置法雄寺；又曾於宣平坊西南隅的法雲尼寺抄寫經書、修建佛塔，立堂誦經，為丈夫和兒子、女婿們祈佛求福。在平康坊菩

[521] 《全唐文》卷 331 楊綰撰〈汾陽王妻霍國夫人王氏神道碑〉，上海古籍出版社，1991 年，第 1,485 頁。

[522] 據〈汾陽王妻霍國夫人王氏神道碑〉：王氏有子六人：曜、晞、晤、曖、曙、映；有女八人：長女適成都縣令盧讓金、次女適鄂州觀察使吳仲孺、三女適衛尉卿張滂、四女適殿中少監李洞清、五女適司門郎中鄭渾、六女適邠（汾）州別駕張邕、七女適和州刺史趙縱、八女適太常寺丞王宰。

薩寺，有郭子儀和夫人王氏夫婦供奉的玳瑁鞭、七寶帳。[523]

郭子儀被罷去兵權之後，平日裡下令府門大開，上自公卿簪纓之士，下至里巷負販之徒，出入來去，不予過問。而子弟們不解其中深意，一再勸阻，郭子儀一笑置之，不加理睬。於是，兒子們哭泣請求道：「大人功業蓋世，應當自重。如今不論貴賤，隨意出入，如遊街市。我們覺得即使像古代伊尹、霍光也不應該這樣呀！」

郭子儀笑道：「這本來不是你們能想到的。現在，我們郭家有朝廷供給草料的馬 200 匹、吃公糧的吏員僕從 1,000 多人，已是進無可往之處，退無可據之地。再說，這些人與我們並非都是同心同德。如果築起高牆，嚴防門戶，內外不通，一旦有人心懷嫌怨，捏造事實，牽合構陷；再有忌妒貪功之徒隨聲附和，問成不臣之罪。那麼，我們郭家上百口老小，將會粉身碎骨，悔之莫及啊！我這樣四門洞開，坦蕩自然，不存祕密，即使有人想讒害譭謗，也無從談起。」兒子們豁然開竅，齊聲嘆服。[524]

郭子儀的宦海生涯長達 60 餘年，深諳「明哲保身」之道。

唐代宗在位，以郭子儀功高勳重，兼聯姻帝室，常呼其大臣而不名。每有中使（宮中宦官）、內人（宮中嬪妃、女官等）往來郭子儀府上，總要詢問其門內休戚（喜樂和憂慮）。

郭子儀一貫喜好聲色（音樂歌舞，妓樂美女），家中除了元配夫人（正妻）王氏，還有愛姬（妾）南陽夫人、李夫人、張氏、孫氏等。[525] 而南陽夫人與李夫人曾一度相互競寵爭長，各表自己對公事、家務的佐助之功，

---

[523] 〔唐〕段成式《酉陽雜俎續集》卷 6〈寺塔記下〉//《唐五代筆記小說大觀》，上海古籍出版社，2000 年，第 758 頁。

[524] 〔宋〕王讜撰、周勳初校證《唐語林校證》卷 5，中華書局，2008 年，第 499 頁。

[525] 按：唐代的婚姻制度，可稱之為「一夫一妻多妾制」，妻與妾名分地位，唐朝法律有明文規定，不可逾越。妻，尊父母之命，媒妁之言，備「六禮」而「明媒正娶」。妾，正妻之外另娶（或買來）的女子，法律地位屬於「賤民」。

怨恨嫉妒而不相見面，郭子儀也無能禁止。代宗聞知後，下令賜予兩人金帛及簪鐶（首飾），命宮人載酒到其府上為之和解。在宴席上，令選樂妓歌唱為之勸酒。一姬怒氣仍未消解，歌未發（唱），遽引蒲置觴（置酒杯於蒲薦）於座席前曰：「酒盡不須唱歌。」[526]

由此故事可見，代宗皇帝對郭子儀的關心，可謂「無微不至」。就連這種「小老婆」爭風吃醋的閨門之事，也感興趣要過問。

大曆九年（西元 774 年）時，郭子儀 78 歲，曾自陳衰老（齒髮已衰，願避賢路），乞骸骨（請求退休）。但是代宗未予批准。此中有個小故事。

有一日，郭子儀將出門，院裡有修宅工匠正在忙碌，便隨口囑咐道：「好築此牆，勿令不牢。」工匠放下工具，回答道：「您老人家儘管放心。這幾十年來，京城中達官貴人家裡的牆，都是我們修築的。只見宅子的主人改換，而我們修過的牆都見在沒有壞。」郭子儀聽後，愴然動容，感慨不已，遂因此上奏「請老」（請求退休養老）。[527]

郭子儀家中錢財無數，卻有「陶侃之僻」[528]，動無廢物。

坼封刀子（裁紙刀）起於郭汾陽書吏（秉承主官意旨，辦理公事）也。舊但用刀子小者，而汾陽雖大度廓落然，而有晉陶侃之性（癖好），動無廢物。每收其書皮之右（無文字的空白處）所剺（裁割）下者，以為逐日須取文帖（公文），餘悉卷貯。每歲終，則散主守家吏，俾作一年之簿（帳冊），所剺（裁割）之處多不端直，文帖且又繁積，胥吏不暇剪正，隨曲斜聯糊（黏連成卷。唐代的文書、簿冊為卷軸）。一日，所用剺刀忽折，不餘寸許，吏乃銛（磨礪）以應急，覺愈於全時（比未折斷時更好用），漸出

[526]〔唐〕趙璘《因話錄》//《唐五代筆記小說大觀》，上海古籍出版社，2000 年。

[527]〔唐〕封演撰、趙貞信校注《封氏聞見記校注》卷 5〈第宅〉，中華書局，2005 年。

[528] 按：所謂「陶侃之僻」，為古代愛惜物力之典故。陶侃（西元 259 年至西元 334 年），字士行（或作士衡），東晉人，初為縣吏，逐漸升遷至荊、江二州刺史，都督八州諸軍事。其為官謹慎，四十年如一日，不喜飲酒、賭博，常勉勵人珍惜時間，造船所餘的竹頭、木屑都貯藏備用，為人所稱。《晉書》有傳。

新意。因削木如半環勢（樣式），加於折刃之上，使才露鋒（將折斷的刀子嵌入半環木柄中），榼（闔合）其書而劵之。汾陽嘉其用心（節儉和小發明），曰：「真郭子儀部吏也。」每話於外，後因傳之，益妙其制。[529]

此乃一件小事。卻反映了郭子儀善於從「小處著眼」的行事風格（從基層小軍官逐漸升遷至大將軍的豐富閱歷和工作風格）。

4. 壽終正寢陪建陵

唐德宗建中二年（西元 781 年）春天，郭子儀垂暮染病，朝中官員絡繹登門探望慰問。郭子儀會見賓客時，身邊有姬妾侍奉，不離左右。

有一天，御史中丞盧杞前來拜望。郭子儀聞報，立即吩咐身邊的侍妾全都退下，獨自一人憑几而坐，接待盧杞。過後，家人問其原因，郭子儀回答道：「盧杞不僅貌醜，心腸也很險惡。女人們見了他的尊容模樣，會忍不住而發笑的。他一旦感到難堪羞辱，就會記恨在心。如果日後盧杞得志的話，肯定會加倍報復，咱們郭家恐怕會被滅族的。」[530]

郭子儀歷事四帝，歷經宦海浮沉，城府深廣，善於察言觀色，識別真偽（透過現象看本質）。他對待盧杞的態度，雖然是為了身後家族子孫安危而計，卻也反映著識鑑人物品性的深邃眼力。

五月，郭子儀患病。德宗派舒王（李誼）持詔書前往汾陽王府慰問。

---

[529]〔唐〕李匡文《資暇集》卷下〈琢封刀子〉//《蘇氏演義（外三種）》，中華書局（吳企明點校），2012 年，第 204 至 205 頁。

[530]《舊唐書》卷 135〈盧杞傳〉，第 3,713 至 3,714 頁。按：（1）盧杞（字子良）生來相貌醜陋，面色如藍，身材矮小，「人皆鬼視之」。但卻不恥惡衣粗食，尤為能言善辯，任禦史中丞（正五品上），論奏順旨，深受德宗賞識。建中元年（西元 780 年），擢升御史大夫（從三品），兼任京畿觀察使。很快又任門下侍郎、同中書門下平章事，位列宰相。（2）盧杞是盧奕之子、玄宗朝宰相盧懷慎之孫，以門蔭進入仕途。盧懷慎家風清正，盧奕以身殉國，朝野表彰讚揚。但是盧杞卻出乎人們意料，心胸狹窄，品性惡劣，「嫉能妒賢，迎吠陰害（犬迎人而吠，使之不得進。比喻奸邪之人），小不附［己］者，必致之於死，將起勢立威，以久其權」。如宰相楊炎，以盧杞「陋貌無識，同處台司，心甚不悅」，為盧杞所誣陷，被貶逐於崖州（今海南海口市瓊山區東南），旋賜死。

舒王出行，排列親王儀仗，飛龍禁軍 300 騎為護從，但因代宗駕崩未過三年，鼓吹音樂「備而不用」。[531] 郭氏子弟集於大門外，迎拜舒王。

此時，郭子儀病情危重，躺臥在床，已經不能起身應答，對舒王的躬身慰問，只是以手叩頭，表示謝恩而已。

六月十四日（辛丑），郭子儀壽終正寢，享年 85 歲。[532]

德宗聞報噩耗，輟朝五日[533]，深切哀悼。詔曰：「……故太尉兼中書令、上柱國、汾陽郡王、尚父子儀，天降人傑，生知王佐，訓師如子，料敵如神。昔天寶多難，胡羯作禍（指安史叛亂），咸秦失險，河洛為戎。公能翼扶肅宗，再造區夏。國有患勞其勘定，邊有寇藉其驅除。……絳郡綏四散之眾，涇陽降十萬之虜。勳高古今，名讐夷狄，而勞乎征鎮，二紀於茲。……柱石四朝（玄、肅、代、德宗），藩翰萬里，忠貞懸於日月，寵遇過於人臣。……更議追崇，名位斯極。尊為尚父，官協太師……可贈太師，陪葬［肅宗］建陵。……」[534]

詔贈郭子儀為太師，殮以袞冕之服，靈柩陪葬肅宗建陵（今陝西禮泉縣武將山），贈絹 3,000 匹，布 3,000 端，米麥 3,000 石，一切喪葬所需，由國庫供給。同時下令朝中大臣，按次序前往郭家靈堂弔唁。

原來的陵墓制度規定，一品官員的墳高一丈八尺，德宗特下詔命，郭子儀的墳再增高一丈，以表彰他的蓋世功績。[535] 依照朝廷諡法，賜予郭

[531] 按：舒王是代宗次子（昭靖太子李邈）的兒子，德宗養為己子。舒王排行居諸王之長，凡軍國大事，德宗多讓其親歷實踐，增長才幹。

[532]《舊唐書》卷 120〈郭子儀傳〉，第 3,465 頁。

[533] 凡朝廷親貴大臣去世，皇帝依照慣例（禮制規定）「輟朝」（不上朝視事）一至三日，多者五、七日，以示哀悼。如唐太宗時魏徵五日、唐高宗時李勣七日、唐玄宗時張說五日。而「輟朝」與「詔葬」，皆為皇帝給予親貴大臣的最高禮遇形式（哀榮）。參看吳麗娛《終極之典 —— 中古喪葬制度研究》，中華書局，2013 年，第 643 頁。

[534]〔宋〕宋敏求《唐大詔令集》卷 63〈大臣．陪陵．贈郭子儀太師陪葬建陵制〉，中華書局，2008 年，第 347 頁。

[535] 據《唐六典》卷 4〈禮部〉：「碑碣之制，五品以上立碑，螭（傳說的無角之龍）首龜趺（石座），趺上高不過九尺。七品以上立碣，圭（玉制禮器，長條形，上尖或圓，下方）首方趺，趺上高

子儀「忠武」謚號，[536] 靈位附祭於代宗廟廷，享受朝廷祭祀。

郭子儀出葬之日，德宗在文武官員陪同下，登臨皇城西面的安福門，哭送其靈柩西出安遠門（外郭城西牆北門）。可謂備極哀榮。

唐朝及後代史官評論郭子儀生平事蹟，謂其權傾天下，功蓋一代，朝廷以其身為安危者殆三十年。君上忌憚，佞倖譖毀，始終勤謹惕厲，朝聞命而夕就道。位極人臣，侈窮人慾，富貴壽考，家族繁衍，哀榮終始，人道之盛，無有缺憾。評價其統帥才幹，謂自平叛戰爭伊始，與李光弼聲名相齊，世稱「李郭」。雖然威肅謀略不及光弼，而寬厚得眾卻有過之。在平叛戰爭中，朔方軍將士轉戰於黃河南北，關內、河東等地，聲威遠播。郭子儀任兵馬副元帥，指揮若定，朝野敬仰佩服。[537]

郭子儀善於收羅使用人才，其麾下將領、幕府僚佐中有數十人，或以軍功封王封侯，或以才能升遷將相高位。[538] 對這些已經貴為王公的舊部下如李懷光、渾瑊等輩，郭子儀頤指氣使，如同家兵；就連他的妻妾也是如此。每當郭子儀在京城期間，時常有部將受命出鎮，清早前來郭府拜辭，而郭子儀的妻子王夫人、愛姬南陽夫人與李夫人等正在對鏡梳妝，便指派這些朝廷命官打洗臉水、拿佩巾，就像使喚僕人一樣。

不過四尺。……」

[536] (1) 依據唐代謚法制度：「忠武」為複字謚、美謚。「忠」字的涵義包括：危身奉上、危身惠上、讓賢盡誠、危身贈國、慮國忘家、盛衰純固、臨患不反、安危不念、廉方公正。「武」字的涵義包括：克定禍亂、威強睿德、開土拓疆、帥眾以順、折衝禦侮。(2) 唐代受賜「忠武」謚號者，在郭子儀之前有贈司徒、鄂國公尉遲敬德；其後有贈太尉、西平郡王李晟。據《唐會要》卷 79〈謚法上〉，上海古籍出版社，1991 年，第 1,721、1,727、1,754 頁。

[537] (1) 代宗廣德元年（西元 763 年）平定河北後，以安史降將為諸鎮節度使，形成藩鎮割據局勢。田承嗣為魏博節帥，坐鎮魏州（今河北大名縣），專橫跋扈，抗禮朝廷。郭子儀曾派使者前往魏州，田承嗣向西下拜道：「我這膝蓋不向別人下跪已有好多年了，今天專為郭令公跪拜。」(2) 大曆十一年（西元 776 年）五月至十月間，汴州（今河南開封市）軍將、都虞候李靈曜據州反叛，凡公私財賦經過汴州的，全部劫取。唯有郭子儀的封幣（封戶所繳賦稅）經過時，未敢扣留，並且派兵護送出境。

[538] 宋代歐陽脩《集古錄跋尾》卷 8 載陳翃於唐德宗貞元十二年（西元 796 年）所撰〈忠武王將佐略碑〉，記郭子儀部下官至宰相者七人，為節度使者二十八人，尚書丞郎京尹者十人，為觀察使者五人，實六十人。而顯名於世者，蓋五十人。

金無足赤，人無完美。郭子儀仕宦生涯60餘年，自然難免失誤之事。史載其曾聽信讒言，誣殺部下張譚（曇），招致物議。朔方節度判官張譚，性情直率，而郭子儀認為其輕傲，心中頗為不悅。張譚時常單獨求見郭子儀，奏告同僚之間的是非曲直，而郭子儀寬厚恕下不喜歡「打小報告」。郭子儀出鎮行營、入京居家，常以聲色自娛，與寵愛的姬妾飲酒奏樂時，下令守門者謝絕賓客、部下有事也免見。而張譚偏偏不避忌諱，強迫守門者通報求見，弄得郭子儀大掃興致。

後來，張譚又因事請求罷去郭子儀任命的官員，郭子儀勃然發怒，將其關押入獄。而備受郭子儀信任的孔目官吳曜，落井下石，構陷張譚。郭子儀遂以煽動軍心、圖謀不軌上奏朝廷，將張譚處斬。掌書記高郢曾極力勸阻，但是郭子儀不予理睬，並上奏將高郢貶為猗氏（今山西臨猗縣南）縣丞。事發之後，郭子儀幕府官佐中有不少人心生畏懼，或託病或藉故辭謝離去。至此，郭子儀方才省悟，愧悔道：「吳曜誤我。」將其逐出幕府。又將那些辭謝離去的僚佐，全部舉薦給朝廷。[539]

四、顯赫的軍功豪族

郭子儀生前功高權重，無疑是其家族的核心人物。其生前的經濟收入之一是累加「食邑」（食實封）至2,000戶。其擁有的財產，包括京城內外的多處房產、別業（莊園、別墅）、水力碾磑（碾米、磨面）、良田、牧場，還有大量的皇帝賞賜（錢帛、珍玩、車馬、美人等）。[540]

[539]　《舊唐書》卷120〈郭子儀傳〉，第3467頁；〔唐〕趙璘《因話錄》卷6〈羽部〉//《唐五代筆記小說大觀》，上海古籍出版社，2000年。

[540]　肅宗時，賞賜郭子儀「禦馬、銀器、雜彩」；代宗時，「賜美人盧氏等六人、從者八人，並車服、帷帳、床褥、珍玩之具」；德宗時，「增實封通計二千戶，給一千五百人糧，二百匹馬料；……歲入官俸二十四萬貫，私利不在焉。……」凡三朝皇帝「前後賜良田美器，名園甲館，聲色珍玩，堆積羨溢，不可勝記」。據《舊唐書》卷120〈郭子儀傳〉，第3,454、3,461、3,465、

唐代京城王公貴族、朝廷顯官，生活奢華，聲色犬馬。郭子儀也不例外，其「侈窮人慾而君子不之罪」[541]，乃官場「明規則」。

有關郭子儀家族擁有田產的具體數量，史載不明。其中確切可指者有一處牧場，位於通往山南西道梁州（今漢中市）的褒斜道途中（今太白縣向南的褒水谷地）。據晚唐人孫樵所撰〈興元新路記〉：

自郿（今眉縣）南平〔路〕行二十五里，至臨溪驛……南登黃蜂嶺……自黃蜂嶺洎河池關（今太白縣城西南兩河口之南關山街），中間百餘里，皆故汾陽王（郭子儀）私田，嘗用息（養）馬，多至萬蹄（2,500 匹）。今（唐宣宗時）為飛龍〔廄〕租入地耳。[542]

自盛唐以降，邊疆諸道節度使（軍鎮）的編制戰馬，皆數千或上萬匹。王侯、將相、外戚等，大多有私家牧場養殖馬牛駝羊，並以封邑號名為「馬印」，自別於他人；將校（軍官）亦備有私馬。[543]

郭子儀牧養馬匹之多，除了私用，主要是供給軍用，以補充官馬之不足。[544] 其「私馬」牧場，可謂其軍功與權位的最佳「注腳」。

3,467 頁。

[541] 《舊唐書》卷 120〈郭子儀傳〉，第 3,454、3,461、3,465、3,467 頁。

[542] 《全唐文》卷 794，上海古籍出版社，1990 年，第 3,691 頁。

[543] 據《新唐書》卷 50〈兵志〉，第 1,338 頁。(1) 在隋唐時期，王公顯官、富豪等經營土地和山林的方式之一，就是牧養牲畜。而養馬用馬，在朝廷層面屬於「馬政」（軍事戰略物資，皇帝御用、裝備騎兵、驛站騎乘和邊境運輸等）。在官民私家社會生活領域，則是身份地位和經濟實力的外在表現。(2) 唐代的「私馬」為法律概念，私人養馬受唐朝法律保護，但是同時也對「私馬」加以限制（馬禁），如禁止「民乘大馬（良馬，充御用、軍用）」。在唐朝初年，「馬禁」比較嚴格；自高宗儀鳳三年（西元 678 年）以後有所放寬，玄宗時鼓勵民間養馬；唐後期文宗時，又複強化限制。據《新唐書》卷 50〈兵志〉，第 1,337 至 1,340 頁。

[544] 參看本章第一節第四小節唐朝後期與回紇汗國之「絹馬互市」。

1. 郭子儀兄弟

前文已述，〈郭氏家廟碑〉鐫立於唐代宗廣德二年（西元 764 年）。據其碑陰子孫題名，郭敬之（西元 667 年至 744 年）有九個兒子，當時的官爵如下表。[545]

排行	時任（及追贈）官職
長子子琇	昭武校尉（武散官正六品上）守絳州萬泉府折衝都尉（正四品上）上柱國（勳官視正二品）。
次子子儀	時年 68 歲，所歷官職前文已述，此處不贅。
三子子雲	游擊將軍（武散官從五品下）左武衛將軍（從三品）上柱國（勳官視正二品）。
四子子瑛	朝議郎（文散官正六品上）行延州都督府法曹參軍（從七品上）。
五子子珪	朝議郎（正六品上）行衢州盈川縣尉（從九品下）。
六子幼賢	銀青光祿大夫（文散官從三品）衛尉卿（從三品）單于副都護（正四品上）振武軍使朔方左廂兵馬使上柱國（勳官視正二品）贈太了少保（從一品）。
七子幼儒	正議大夫（文散官正四品上）光祿少卿（從四品上）兼漢州別駕（從四品下）賜紫金魚袋上柱國（視正二品）。
八子幼明	銀青光祿大夫（文散官從三品）太府卿（從三品）上柱國（視正二品）太原郡開國公（爵位正二品）。
九子幼沖	銀青光祿大夫（文散官從三品）試鴻臚卿（從三品）上柱國（視正二品）。

2. 郭子儀身後變故

郭子儀去世（西元 781 年）之後，其家族的政治地位開始下滑。

[545] 按：兩《唐書．郭子儀傳》只附載有老八郭幼明一人。以下依據史載和晚近出土的郭子儀家族人物墓誌等，有者敘之，無者暫闕。

郭子儀去世前後，宰相楊炎、盧杞先後秉政。這兩人皆心胸狹窄，特別計較個人恩怨，忌妒功臣勳族，而盧杞尤甚。於是，便有奸諂貪利之徒，借勢滋生事端，甚至利誘私家奴婢告訐主人，謀奪他人家財和僮僕。如長安縣令李濟、萬年縣令霍鷃，都遭奴婢誣告而問罪貶官。[546]

德宗建中三年（西元 782 年）正月，郭子儀的四女婿少府少監（從四品下）李洞清、八女婿光祿卿（從三品）王宰，被家奴告訐而貶官。接著，七女婿太僕卿（從三品）趙縱也被奴僕當千以家中隱祕之事告發，下獄問罪，貶為循州（今廣東惠州市東）司馬；而當千則被收入內侍省供役。

還有無賴之徒，妄造罪名，凌逼郭氏兄弟，企圖強買或強奪他們的田宅奴婢。郭氏兄弟子姪極為恐慌，也不敢上奏申訴。

幸虧宰相之一的張鎰，上疏德宗，引用太宗皇帝貞觀時「奴告主皆不受，盡令斬決」的詔旨，請求對功臣子弟予以寬宥。而德宗亦感懷功臣，詔曰：「尚父子儀，有大勳力，保乂皇家，嘗誓以山河，琢之金石，十世之宥，其可忘也！其家前時與人為市（買賣），以子儀身歿，或被誣構，欲論奪之，有司不得為理（受理）。」詔下方已。[547]

德宗下詔禁止誣構郭氏子弟，將趙氏家奴當千杖殺。張鎰遂讓郭曜集合府中奴僕數百人，陳示當千屍體，以懲效尤。

張鎰曾為郭子儀的「幕僚」（關內副元帥軍府判官），其父張齊丘生前曾任朔方節度使，是郭子儀的老上司。但是張鎰居官清正，公私分明，節操高尚，不與盧杞之輩同流合汙，是故盡力保護郭氏子弟。[548]

建中四年（西元 783 年）三月，郭子儀長子郭曜去世，詔命追贈太子

[546] 《唐會要》卷 51〈識量上〉，上海古籍出版社，1991 年，第 1,046 至 1,047 頁；《舊唐書》卷 125〈張鎰傳〉，第 3,546 至 3,547 頁。

[547] 《舊唐書》卷 120〈郭子儀傳〉附郭曜傳，第 3,468 頁。

[548] 《舊唐書》卷 125〈張鎰傳〉，第 3,545 至 3,547 頁。

太傅（從一品）；由郭子儀第六子駙馬都尉郭曖承襲代國公爵位。郭曜承襲的食封 2,000 戶，準式（法令）減半（1,000 戶），分賜子儀第三子趙國公郭晞、第七子右金吾將軍祁國公郭曙、第八子太子左諭德（正四品下）郭映和郭曖，每人各 250 戶。不久，又詔令將郭晞兄弟四人所襲食封各減 50 戶，分賜給郭曜之子郭鋒、郭晤之子郭鐇，每人各 100 戶。[549]

3. 郭氏子弟的忠誠

郭子儀諸子的「忠君報國」思想，因緣德宗時的「京師變亂」得到實踐驗證，並使其家族的政治地位得以再次「振興」。

(1)「涇師之變」敘要

唐德宗即位（西元 779 年）後，勵精圖治，革除時弊。其重大施政舉措，一是在經濟上推行「兩稅法」（西元 780 年），增加朝廷財政，成效顯著。二是在軍事上，欲圖有一番大作為 —— 打擊藩鎮勢力、重振朝廷權威，但是卻因為求勝心切而操之過急，財力和兵力準備不足，其成效不佳。

建中二年（西元 781 年）五月，開始發動對淄青（今山東益都縣）、成德（今河北正定縣）、魏博（今河北大名縣東北）以及山南東道（今湖北襄陽市）四節度使的討伐戰爭。當年，淮西（今河南汝南縣）節度使李希烈平定山南東道梁崇義。三年（西元 782 年），成德節度使王武俊請降；但是不久，幽州（今北京市西南）、成德又聯同魏博、淄青拒命，淮西也與之交通而叛唐 —— 德宗將注意力轉移到南線戰場對付李希烈。

四年（西元 783 年）十月，涇原（今甘肅涇川縣）鎮兵奉命開赴南戰場增援，在東經長安時，因為未得朝廷賞賜，發生變亂，擁立朱泚（曾任

[549]《舊唐書》卷 120〈郭子儀傳〉附郭晞傳，第 3,469 頁。

鳳翔節度使）僭稱皇帝，是為「涇師之變」。[550]亂起輦轂之下，危急迫在眉睫，德宗倉皇出奔奉天（今乾縣），急詔在北戰場的李懷光、李晟回師救援。

興元元年（西元 784 年），赦免淮西、魏博、成德、淄青、幽州諸鎮，集中兵力專討朱泚；而朔方節度使李懷光又叛歸河中（今山西永濟市蒲州鎮），德宗再奔山南梁州（今漢中市）。至貞元元年（西元 785 年）七月，平定李懷光。二年（西元 786 年）四月，李希烈被殺，淮西歸順，戰事結束。

(2) 郭氏兄弟從駕立功

當「涇師兵變」發生時，郭子儀第七子郭曙正帶著數十名家兵，在禁苑北部打獵，驚聞皇駕出宮，立刻在路旁拜見德宗，加入護駕行列。

因事變倉促，郭子儀第三子郭晞匆忙出城，欲避往南山，但是被叛兵攔截，強行抬回城裡。第六子郭曖及昇平公主不知皇駕出奔，陷於城中。

郭氏諸兄弟面對朱泚一夥的引誘逼迫，沒有妥協。郭晞佯裝瘖啞，面對叛兵持刀威脅，始終沉默不言，叛兵掃興而去。郭曖以「父喪未除」、身患疾病為由，拒絕出任偽職。隨後，郭晞、郭曖夫婦潛出長安，投奔奉天。德宗對郭氏兄弟的「忠貞不二」，大加讚賞。

興元元年（西元 784 年）二月，德宗從奉天南幸梁州（今漢中市）以避亂，車駕取道駱穀道（今陝西周至縣西南）翻越秦嶺，郭晞、郭曖和郭曙三兄弟亦隨駕扈從。山路崎嶇，途中又遭遇霖雨，道路泥濘，朝臣狼狽從行，護駕禁兵牢騷怨苦。郭曙與李昇、韋清、令狐建、李彥輔等功臣子弟，人人身披鎧甲，求見德宗，曰：「南行路險，且慮奸變，臣等世蒙恩，

[550] 十月八日，朱泚入居大明宮，在宣政殿即皇帝位，建國號為大秦，年號為應天，署置百官。次年（西元 784 年）正月一日，朱泚又改國號為漢，自稱漢元皇帝，改元天皇。據《資治通鑑》卷 228，第 7,471 至 7,473 頁。

今相誓，願更挾帝馬。」德宗許之。[551] 郭曙等人充當德宗的貼身衛士，輪流牽挾御馬而行——危難之際護駕有功。

是年五月，大將李晟、渾瑊等聯兵，收復京城；朱泚倉皇西逃，被部下殺死。七月，德宗返回長安，封賞「奉天定難功臣」，郭氏兄弟在其中：郭曙擢升為左金吾大將軍（正三品），郭曖遷官太常卿（正三品），郭晞改任太子賓客（正三品）——皆官居三品，紅得發紫（官服顏色）。

貞元六年（西元 790 年），有人誣告郭子儀生前寵姬（妾）張氏家中藏有寶玉，張氏的兄弟又與郭氏子孫相互告狀，詔命侍御史盧群審斷官司。

盧群上奏曰：「張氏的財物，是尚父（子儀）在世時分給的，應屬張氏所有。尚父的子孫不應與其爭奪。再說，張氏與尚父子孫的糾紛，都是他們的家事。郭子儀有大功於朝廷，臣請求陛下予以特別赦免而不過問，讓他們反省思過，自己撤訴。」德宗採納了這一建議。[552]

史稱盧群少好讀書，博涉經史，明曉為政大體，居官清正。由此事也可見，郭子儀的功勳，既得到君上肯定感念，也得到良臣敬仰。

4. 孫女郭太后

郭氏家門的再一次榮耀崇貴，是出了一位皇太后。

據〈郭曖墓誌〉：德宗時，郭曖與昇平公主之女，被選為皇孫廣陵郡王（李純）之妃；第三子郭鏦尚德陽郡主（順宗女漢陽公主）。自天寶以來，國婚之盛，無與公（郭曖）比。〈昇平公主墓誌〉云：「接武天庭，連姻帝戚，耀映千古，寵光四朝，可謂極矣！」

憲宗（李純，順宗長子）為廣陵王時，納［郭］后為妃，以母（昇平公主）貴，父、祖有大勳於王室，順宗深寵異之。［德宗］貞元十一年（西元

[551]《新唐書》卷 137〈郭子儀傳〉附郭曙傳，第 4,613 頁。

[552]《舊唐書》卷 140〈盧群傳〉，第 3,833 頁。

795年），生穆宗皇帝（李恆，憲宗第三子）。

［憲宗］元和元年（西元806年）八月，冊為貴妃（正一品，僅次於皇后）。八年（西元813年）十二月，百僚拜表請立貴妃為皇后，凡三上章，上（憲宗）以歲暮，來年有子午之忌（禁忌）[553]，且止。帝（憲宗）後庭多私愛，以［郭］后門族華盛，慮正位（冊為皇后）之後，不容嬖倖（寵愛的姬妾），是以冊拜后時。

元和十五年（西元820年）正月，穆宗嗣位……冊為皇太后……是日，百僚稱慶，外命婦奉賀光順門（大明宮西側，進出內廷的偏門）。詔皇太后曾祖（郭通）贈太保（正一品），追封［祖］岐國公敬之贈太傅（正一品），太后父駙馬都尉［郭］曖贈太尉（正一品），母虢國大長公主贈齊國大長公主（從一品），後兄司農卿［郭］釗為刑部尚書（正三品）、［郭］鏦為金吾大將軍（正三品）。[554]

在憲宗病危之際，諸中貴人秉權者（宦官首領）欲議廢立（即改易太子），紛紛未定。穆宗在東宮（太子），心中甚為擔憂，遂遣人問計於舅父郭釗，答曰：「殿下身為皇太子，但旦夕視膳（侍奉憲宗飲食），謹守以俟（等待），又何慮乎！」議者皆稱郭釗得元舅之大體。[555]

在隋唐時代，佛教流行廣泛，深入人心。受其思想影響，太皇太后命於宣陽坊家宅內修建奉慈寺，為其母齊國大長公主「追福」。[556]

---

[553] 據《資治通鑑》卷239（第7,824頁）：「群臣累表請立德妃郭氏為皇后，上（憲宗）以妃門宗強盛，恐正位（皇后）之後，後宮莫得進，托以歲時禁忌，竟不許。」

[554] 《舊唐書》卷16〈穆宗本紀〉，第475至477頁、卷52〈后妃傳下．憲宗懿安皇后郭氏〉，第2,196至2,197頁。

[555] 《舊唐書》卷120〈郭子儀傳〉附郭釗傳，第3,471至3,472頁。

[556] (1) 追福，佛教名詞。為死者「冥間」幸福而舉行的修繕活動、法會等，如讀經、寫經、施齋、施財、修造寺院、祭祀等。(2) 據〔唐〕段成式《酉陽雜俎續集》卷6〈寺塔記下〉：「宣陽坊奉慈寺，開元中，虢國夫人宅。安祿山偽署百官，以田乾真為京兆尹，取此宅為府。後為郭曖駙馬宅。今上（敬宗）即位之初，太皇太后為昇平公主追福，奏置奉慈寺，賜錢二十萬，繡幀三車，抽左街十寺僧四十人居之。」

郭太后在興慶宮（南內）起居，穆宗居大明宮（北內）聽政，每月朔望（初一、十五日），穆宗駕至南內看望太后。三朝（正月初一）慶賀，穆宗親率百官詣門上壽。或遇良辰美景，六宮命婦，戚里親屬，咸來拜望太后，車騎連綿，堵塞興慶宮門，車馬鑾鈴鏗鏘，命婦環珮搖響，如同音樂齊奏。穆宗皇帝意頗奢縱，朝夕供給太后物品，尤為華侈。

郭太后嘗駕幸臨潼驪山，登石甕寺，穆宗命景王率領禁軍侍從，自己於昭應（今臨潼區）奉迎太后，遊豫行樂，數日方還。[557]

長慶四年（西元 824 年）正月，穆宗駕崩，時年 30 歲。及大漸（病危），命太子（即敬宗李湛，穆宗長子，妃王氏所生）監國。宦官欲請郭太后臨朝稱制（行使皇權），郭太后曰：「昔武后（武則天）稱制。幾危（害）社稷。我家世守忠義，非武氏之比也。太子雖少（16 歲），但得賢宰相輔之（輔佐），卿輩勿預（干預）朝政，何患朝政不安！自古豈有女子為天下主而能致唐（堯）、虞（舜）之理乎！」立取所擬製書手裂之（撕碎）。

太后兄郭釗聞有是謀，密上箋（書信）曰：「苟果徇其請，臣請先帥諸子納官爵歸田里（即辭官）。」太后泣曰：「祖考之慶（福、善），鍾（集）於吾兄。」[558] 敬宗即位，尊郭太后為太皇太后。

寶曆二年（西元 826 年）十二月初八日，敬宗「夜獵還宮，與中官劉克明、田務成、許文端打毬，軍將蘇佐明、王嘉憲、石定寬等飲酒。帝（敬宗）方酣，入室更衣，殿上燭忽滅，劉克明等同謀害帝，即時殂（死）於室內，時年十八。群臣上諡曰睿武昭愍孝皇帝，廟號敬宗。[559]

在敬宗遇害後，劉克明、蘇佐明等人假託聖旨，擁立絳王（李悟，憲

[557] 《舊唐書》卷 52〈后妃傳下．憲宗懿安皇后郭氏〉，第 2,197 頁。

[558] 《資治通鑑》卷 243，第 7,952 至 7,953 頁；《新唐書》卷 77〈后妃傳下．憲宗懿安皇后郭氏〉，第 3,504 頁。

[559] 《舊唐書》卷 17 上〈敬宗、文宗本紀上〉，第 522 頁。

宗第四子）勾當（主管）軍國事；進而又欲「易置內侍（宦官）之執權者」。於是，樞密使王守澄、神策中尉梁守謙等商議決定，率領禁軍迎接江王（即文宗李昂，穆宗第二子，妃蕭氏所生）、從其所居之十六王宅（宮外）進入大明宮；調動左右神策軍、飛龍禁軍討伐賊黨，盡斬之。劉克明投井，撈出斬之。在一片混亂之中，絳王也被兵士所害。

因事起倉促，王守澄等與翰林學士韋處厚商議：「江王當如何踐祚（登基）？」韋處厚博通古今，曰：「詰朝（明早），當以［江］王教（諭）布告中外以已平內難。然後群臣三表勸進，以太皇太后（郭氏）冊命即皇帝位。」當時，皆從其議，不暇復問有司（職掌禮制的官員）。[560]

寶曆（西元 825 年至西元 826 年）季年，凶徒竊發，昭愍（敬宗）暴殞。宦官迎絳王監國，尋又加害。太皇太后下令：「大行皇帝（敬宗）睿哲多能，對越天命，宜荷九廟之重，永享億年之祚。豈謂奸妖竊發，矯專神器，蠱惑中外，煽誘群情，駭動神人，釁深梟獍[561]。諮爾江王，聰哲精粹，清明在躬，智算機閒，玄謀雷發，躬率義勇，大清醜類，允膺當璧之符，爰攄枕戈之憤，既殲巨逆，當享豐福。是命爾陟（登）於元後（天子），宜令司空、晉國公［裴］度奉冊即皇帝位。」[562]

文宗即位於大明宮宣政殿。尊其生母蕭氏為皇太后，居於大內（大明宮）；尊敬宗生母王氏（穆宗妃子）為寶歷太后，居於義安殿（興慶宮便殿之一）；太皇太后居興慶宮，當時號「三宮太后」。

文宗皇帝恭謹循禮，敬奉三宮太后，造次不失。凡五日參拜，四節獻賀，皆由複道幸南內（興慶宮），朝臣命婦每至宮門探望起居。有司嘗進獻新摘的苽（茭白）、櫻桃，文宗命獻祭陵寢宗廟之後，中使分送三宮、

[560]《資治通鑑》卷 243，第 7,974 頁；《舊唐書》卷 159〈韋處厚傳〉，第。

[561] 釁深梟獍：釁，缺點，過失，罪責。梟獍，梟，傳說中食母的惡鳥；獍，傳說中食父的惡獸。因以「梟獍」比喻大逆不道的人。

[562]《舊唐書》卷 52〈后妃傳下．憲宗懿安皇后郭氏〉，第 2,197 頁。

十王宅。初，有司送三宮物品，一例稱賜。文宗曰：「物上三宮，安得名賜？」立即取筆塗改「賜」為「奉」。開成（西元 836 年至西元 840 年）中正月望（十五日）夜，於咸泰殿陳燈燭，奏〈仙韶樂〉，三宮太后俱集，文宗奉觴獻壽，如同家人之禮，諸親王、公主、駙馬、戚屬皆侍宴。[563]

武宗（李炎，穆宗韋妃所生）即位（西元 840 年），以太皇太后（郭氏）祖母之尊，門地（家族門第）素貴，奉之益隆。

既而宣宗（李忱，憲宗鄭妃所生）繼統（西元 846 年），於太皇太后（郭氏）為諸子（庶子）也，奉養之禮稍薄於前朝 —— 宣宗的生母鄭氏，在入宮之初，為懿安太后（郭氏）身邊的侍女之一，因故結有宿怨[564]，故宣宗奉事郭太后之禮節，遜於武、文、敬、穆宗。

大中二年（西元 848 年）六月一日夜，郭太后崩於興慶宮。

有司上尊謚曰「懿安皇太后」，安葬於憲宗景陵（今蒲城縣西北）外園。[565]即宣宗以其生母鄭氏（太后）之故，加之又懷疑憲宗「暴崩」（遇害）之事[566]，郭太后預其謀，不欲郭太后與憲宗合葬。

太常禮官王皞奏請：郭太后與憲宗合葬，以神主（牌位）祔憲宗廟室（宗廟內安置神主之石室），「太皇太后，汾陽王（郭子儀）之孫，憲宗在東宮（太子）為正妃，逮（及）事順宗為婦（兒媳），憲宗厭代（駕崩）之夕，事出曖昧（不明）；太皇太后母天下，歷五朝（穆、敬、文、武、宣宗），

---

[563]《舊唐書》卷 52〈后妃傳下 · 穆宗恭僖皇后王氏、貞獻皇后蕭氏〉，第 2,199 至 2,200、2,200 至 2,203 頁。

[564] 據《新唐書》卷 77〈后妃傳下 · 憲宗孝明皇后鄭氏〉：鄭氏入宮，為懿安太后侍女。「憲宗幸之，生宣宗。宣宗為光王，後（鄭氏）為王太妃。及［宣宗］即位，尊為皇太后。太后不肯別居，故帝（宣宗）奉養大明宮，朝夕躬省候焉。」。

[565]《唐會要》卷 3〈皇后〉，上海古籍出版社，1991 年，第 33 頁。

[566] 據《資治通鑑》卷 241（第 7,898 至 7,899 頁）：憲宗「服金丹，多躁怒，左右宦官往往獲罪，有死者，人人自危；……暴崩於中和殿。時人皆言內常侍陳弘志弒逆，其黨類諱之，不敢討賊，但云藥發，外人莫能明也。」

豈得以曖昧之事遽廢正嫡之禮乎！」[567]

太皇太后郭氏歷位七朝（順、憲、穆、敬、文、武、宣宗），五居太后之尊，人君行子孫之禮，福壽隆貴長達40餘年。[568]

[567]《資治通鑑》卷248，第8,156至8,157頁；《新唐書》卷77〈后妃傳下．憲宗懿安皇后郭氏〉，第3,505頁。又據《資治通鑑》卷250（第8,233頁）：唐懿宗咸通六年（西元865年）正月條：「始以懿安皇后（郭氏）配饗憲宗［廟］室。時王皞複為［太常寺］禮院檢討官，更申前議（大中二年上奏），朝廷竟從之。」

[568]《舊唐書》卷52〈后妃傳下．憲宗懿安皇后郭氏〉，第2,197頁。

附錄

一、郭子儀家族世系

虢叔……序……亭——？——？——廣意——孟儒……？——？—

- —文智
  - 徽
    - 榮——敬善
    - 弘道
      - 廣敬
      - 履球——昶——通—
  - 進

- —敬之
  - 子琇—曄
  - 子儀
    - 曜
      - 銳
      - 錡
      - 鉾
      - 鏈
    - 旰
    - 晞
      - 鋼
      - 鈞—承嘏
    - 昢
    - 晤—鐇
    - 曖
      - 鑄
      - 釗
        - 仲文
        - 仲恭
        - 仲辭
      - 鏦
      - 銛
    - 曙
    - 映—銚
  - 子雲—昕
  - 子瑛—晛
  - 子珪
  - 幼賢
    - 昉
    - 曉
  - 幼儒
    - 昈
    - 暄
      - 鉉
      - 鉢
    - 晊
    - 暭
    - 晠—鏐
    - 時
  - 幼明
    - 昫
    - 晅
    - 暭
    - 晧
    - 晫
  - 幼沖
    - 晦
    - 晊
    - 映
    - 睇（?）
    - 暕
    - 暘

注：(1) 據《新唐書．宰相世系表四》，郭敬之有子十一人。據〈郭氏家廟碑〉碑陰子孫題名，郭敬之有九子，以此為準。(2) 據兩《唐書．郭子儀傳》，郭子儀有八子、七婿。據〈汾陽王妻霍國夫人王氏神道碑〉，王氏有子六人（曜、晞、晤、曖、曙、映）、有女八人。郭子儀第八子名字，《新唐書．宰相世系表四》作「暎」；而〈郭氏家廟碑〉、郭子儀妻王氏神道碑、《元和姓纂》和兩《唐書．郭子儀傳》，皆作「映」。(3) 郭昕，《元和姓纂》記為子雲之子。兩《唐書．郭子儀傳》和《新唐書．宰相世系表四》皆記為幼明之子；但是表中又稱「譜云：子雲子。」(4) 郭幼儒、郭幼明、郭幼沖（與夫人蘇氏）、郭暄墓誌，參看劉琴麗《墓志所見唐代的郭子儀家族》//杜文玉主編《唐史論叢》第十六輯，陝西師範大學出版總社，2013 年。

二、郭子儀生平年表

武則天神功元年（西元 697 年），1 歲。中秋節，郭子儀出生於華州鄭縣（今陝西華縣）。其父郭敬之，時任中下級官員。其母郭向氏，出身於官宦之家，但是地位並不顯赫。

長安二年（西元 702 年），6 歲。正月，朝廷初設武舉考試，選拔軍事人才。考試科目有長堆、步射、騎射、馬槍、負重、言語、才貌等。

唐中宗景龍二年（西元 708 年），12 歲。三月，朔方大總管張仁願於黃河北岸（今內蒙古河套地區）修築東、中、西受降城，並向北拓地數百里，防禦後突厥南下侵擾。

唐睿宗（李旦）延和元年／唐玄宗先天元年（西元 712 年），16 歲。七月，睿宗詔傳位於太子李隆基（三郎）。八月，太子（玄宗）即位，改元先天；尊睿宗為太上皇。

開元四年（西元 716 年），20 歲。參加武舉考試，成績優等，補授左衛長上（從九品下），在京城南衙禁軍系統（宿衛皇宮、京城）服役。

開元七年（西元 719 年），23 歲。改河南府（今洛陽市）城皋府（府兵軍府）別將（從七品下）。與王氏女成婚，王氏出身官宦之家。

開元十一年（西元 723 年），27 歲。改同州（今陝西大荔縣）興德府右果毅（正六品上）左金吾衛知隊仗長上（職事官）—— 在京城南衙禁軍服役。

開元十五年（西元 727 年），31 歲。改汝州（今河南汝州市）魯陽府折衝（正五品下）知左羽林軍長上（職事官）—— 在京城北衙禁軍服役。

開元十九年（西元 731 年），35 歲。遷嶺南道桂州（今廣西桂林市）都督府長史（正五品上，本官）充當管經略副使（職事官）。

開元二十三年（西元 735 年），39 歲。改隴右道北庭副都護（從四品上，本官）充安西四鎮經略副使（職事官）、又除左威衛中郎將（正四品下）轉右司御率（正四品上）兼安西副都護（正四品上。職事官）。

天寶元年（西元 742 年），46 歲。改右威衛將軍（從三品）同朔方節度副使、改定遠城使本軍營田使。朔方節度使治所靈州（今寧夏吳忠市）。

天寶三載（西元 744 年），48 歲。正月，父郭敬之病逝，享年 78 歲。遵照傳統「喪禮」制度，離官歸家，服喪守孝三年（丁憂）。

天寶五載（西元 746 年），50 歲。服喪畢。加單于副大都護（從三品）東受降城使左廂兵馬使；拜右金吾衛將軍（從三品）兼判單于副都護。

天寶八載（西元 749 年），53 歲。三月，朔方節帥張齊丘築橫塞軍城。拜左武衛大將軍（正三品）兼安北副都護橫塞軍使本軍營田使。

天寶十一載（西元 752 年），56 歲。三月，朔方節度副使阿布思（突厥降將）反叛。四月，河西節度使安思順調任朔方節度使，奏調河西節度副使李光弼充任單于府副大都護（從三品）。

天寶十二載（西元 753 年），57 歲。安思順奏請移橫塞軍於大同川安置，詔改名天安軍（後再改天德軍），仍以郭子儀任天德軍使。

天寶十三載（西元 754 年），58 歲。兼任豐州都督（從三品）、西受降城使、朔方右廂兵馬使。四月，母向氏老婦人去世，離官歸家守孝。

天寶十四載（西元 755 年），59 歲。十一月初，安祿山起兵反叛。郭子儀被「奪情起復」，擢升朔方節度使併兼單于、安北副大都護，率本軍東進討賊。擊敗高秀岩、收復靜邊軍、包圍雲中、攻克馬邑。十二月，加御史大夫（正三品）。

天寶十五載／唐肅宗至德元載（西元 756 年），60 歲。正月，安祿山在洛陽即位稱帝。舉薦李光弼為河東節度使，分兵東出井陘關，進入河北道。二月，李光弼敗叛將史思明於常山。四月，郭子儀率軍出井陘關，與李光弼會合，敗叛軍於九門，拔趙郡。五月，嘉山大捷，殲敵 4 萬人。六月，哥舒翰兵敗靈寶西原，潼關失守。玄宗倉皇離京西走，「馬嵬事變」，楊國忠、楊貴妃被殺。皇太子（肅宗）北赴靈武（今寧夏吳忠市）。七月，皇太子於靈武即位，改元至德。八月，子儀為兵部尚書、光弼為戶部尚書，並拜相。九月，子儀擊退同羅兵進犯。十月，宰相房琯兵敗咸陽陳濤斜。十二月，子儀與回紇援軍大破同羅等叛胡於榆林河北，平定河曲。引兵南下洛交（今陝西富縣）。

至德二載（西元 757 年），61 歲。正月，安慶緒殺其父安祿山自立。李光弼堅守太原城，重創叛軍。二月，平河東郡。三月，擊退叛軍來攻。四月，任天下兵馬副元帥。五月，唐軍兵敗清渠。九月，香積寺大會戰，唐軍收復長安。十月，又收復洛陽。肅宗返回長安。十一月，收復河南、河東諸郡。元帥廣平王（代宗）與郭子儀凱旋，肅宗勞之曰：「吾之家國，由卿再造。」十二月，加子儀司徒，封代國公，實封 1,000 戶。玄宗（太上皇）返回長安，居興慶宮。史思明奉表以范陽等 13 郡、8 萬兵眾歸降。

乾元元年（西元 758 年），62 歲。二月，肅宗嘉獎郭子儀，為其祖父、父母追贈官爵名號。六月，史思明降而復叛。七月，任中書令。九月，唐軍九節度使共 20 餘萬兵力，進討安慶緒。十月，子儀北渡黃河，攻拔衛州。唐軍四面包圍相州。

乾元二年（西元 759 年），63 歲。正月，史思明自稱大燕王。三月，唐九節度使兵潰相州；郭子儀退守河陽。詔命子儀為東畿、山南東道河南諸道元帥，權知東都留守。四月，史思明殺安慶緒。六月，子儀受召還京師。七月，詔命以李光弼代替郭子儀為朔方節度使、兵馬副元帥。九月，東都洛陽失陷。十月，李光弼堅守河陽，重創叛軍。

上元元年（西元 760 年），64 歲。正月，党項等羌族部落侵擾關內道，將逼京師；以郭子儀遙領邠寧、鄜坊節度使。九月，出鎮邠州。制命子儀統諸道及蕃、漢兵七萬人，自朔方直取范陽，平定河北。但為監軍宦官魚朝恩阻撓，事竟不行。

上元二年（西元 761 年），65 歲。二月，李光弼兵敗洛陽邙山。三月，史朝義殺其父史思明。五月，李光弼出鎮臨淮（泗州）。郭子儀「被閒置」，居京城。

寶應元年（西元 762 年），66 歲。二月，河東太原、絳州與朔方、鎮西北庭行營相繼發生「軍亂」。郭子儀受封汾陽郡王，知朔方、河中、北庭、潞、儀、澤、沁節度行營兼興平、定國等軍副元帥，前往鎮撫。四月，太上皇（玄宗）、肅宗相繼駕崩；代宗即位。八月，子儀自河東入朝，表請解職，遂留京師，充任肅宗山陵使。十月，以雍王李適（即德宗）為天下兵馬元帥，會諸道節度使及回紇兵進討史朝義。十一月，史朝義屢戰屢敗，奔逃河北。十二月，子儀率宰臣上表，奏請追尊代宗生母吳氏（肅宗妃子）「章敬皇后」。

唐代宗廣德元年（西元 763 年），67 歲。正月，史朝義敗亡，安史叛亂平息。四月，子儀上言：不可輕視吐蕃、党項侵擾。七月，吐蕃盡取唐河西、隴右之地。十月，吐蕃入寇關中，詔子儀為關內副元帥，出鎮咸陽禦敵。代宗倉皇東走陝州；吐蕃軍入長安，縱兵大掠。子儀至商州收集散兵，會合諸路勤王之師，收復京師。十二月，代宗返回長安，子儀率諸軍及百官迎駕於滻水東。代宗曰：「用卿不早，故及於此。」

廣德二年（西元 764 年），68 歲。正月，僕固懷恩父子在河東反叛。詔命子儀為關內河東副元帥，河中節度使、朔方節度大使。二月，至河中，懷恩部眾數萬盡歸之。三月，党項進擾同州，子儀遣李國臣於澄城大破之。六月，代宗納子儀表請，敕罷河中節度使及耀德軍。七月，大將李光弼病逝，享年 57 歲。八月，僕固懷恩誘引回紇、吐蕃等 10 萬眾入寇關中。詔子儀出鎮奉天禦敵。十月，敗敵於乾陵。十一月，子儀之子郭晞部下在邠州暴行擾民，段秀實依法處治。子儀為亡父建家廟，顏真卿撰碑文並書寫〈郭氏家廟碑〉。十二月，加子儀尚書令，子儀以太宗（李世民）曾任此職，固辭不受。

永泰元年（西元 765 年），69 歲。三月，吐蕃遣使請和，代宗使宰相元載等與盟興唐寺。子儀奉命遣河東鎮兵戍守奉天並巡涇原，以覘敵情。七月，代宗以昇平公主賜婚子儀第六子郭曖。九月，僕固懷恩復引回紇、吐蕃、党項等入寇關中；詔子儀駐屯涇陽。僕固懷恩中途暴卒。十月，吐蕃與回紇合兵圍攻涇陽。子儀單騎說降回紇，共擊吐蕃。閏十月，自涇陽入朝，加實封 200 戶，還鎮河中。

大曆元年（西元766年），70歲。子儀坐鎮河中，以軍糧常乏，乃親耕百畝，為將校士卒表率。河中野無曠土，軍有餘糧。

大曆二年（西元767年），71歲。正月，同華節度使周智光驕縱不法，密謀作亂。代宗密詔子儀進兵討之；周智光旋即為部將所殺。二月，入朝。郭曖與昇平公主相爭，出言不遜。公主怒而入宮奏之，代宗慰諭令歸。子儀囚曖請罪，代宗曰：兒女閨房之言不足聽。九月，吐蕃軍數萬圍靈州，詔子儀移鎮奉天。十二月，盜賊掘子儀父墳塚，官府捕之不獲。人皆以魚朝恩素嫉子儀，疑其使人為之。朝廷憂子儀因此為變。子儀自奉天入朝，以己將兵不能禁暴，故有此「天譴」對代宗。朝廷乃安。

大曆三年（西元768年），72歲。二月，南陽夫人（子儀姬妾）乳母之子犯禁（在軍營中無故走馬），被都虞候杖殺。八月，吐蕃軍10萬寇擾靈武，2萬擾邠州。子儀統兵5萬駐屯奉天以備之。十一月，宰相元載奏請徙邠寧節度使馬璘為涇原節度使，以子儀所統朔方軍移鎮邠寧。十二月，以邠、寧、慶三州隸朔方軍。

大曆四年（西元769年），73歲。正月，子儀入朝。魚朝恩邀子儀遊章敬寺。六月，子儀率朔方精兵自河中移於邠州。九月，吐蕃擾靈州；十月，又擾鳴沙。子儀遣兵馬使渾瑊率兵前往救援，自將兵進至慶州，吐蕃兵被擊退後，乃還。

大曆五年（西元770年），74歲。三月，代宗誅魚朝恩。十一月，自邠州入朝。

大曆六年（西元771年），75歲。二月，返回邠州。四月，吐蕃請和；唐亦遣使於吐蕃。九月，吐蕃軍下青石嶺，軍於那城。子儀使人勸諭，吐蕃軍次日退走。

大曆七年（西元772年），76歲。三月，入朝。四月，吐蕃軍5,000

騎至靈州，旋退走。

大曆八年（西元 773 年），77 歲。八月，吐蕃軍 6 萬擾靈武，踐踏秋稼。十月，吐蕃 10 萬眾寇擾涇、邠，渾瑊兵敗宜祿。子儀調整部署，擊退吐蕃，奪還所掠居民。回紇歲求市馬，動至數萬匹，唐朝苦之。子儀請捐一歲俸助朝廷市回紇馬匹，代宗不允。

大曆九年（西元 774 年），78 歲。二月，入朝，上疏建議加強西北邊防。四月，辭還邠州，復向代宗奏言邊事。九月，代宗命子儀、李抱玉、馬璘、朱泚分統諸道防秋兵。

大曆十年（西元 775 年），79 歲。正月，入朝。八月，還邠州。九月，吐蕃擾臨涇、隴州、涇州，搶掠人畜。十二月，回紇千騎擾夏州，子儀遣兵救援，回紇兵退走。

大曆十一年（西元 776 年），80 歲。二月，增朔方塞下五城戍兵，以備回紇。

大曆十二年（西元 777 年），81 歲。四月，楊綰拜相。綰性清儉，拜相之日，朝野慶賀。子儀方宴賓客，聞之，減撤聲樂五分之四。九月，吐蕃軍攻破方渠，擾坊州。子儀遣都虞候李懷光擊退之。十月，吐蕃又擾鹽州、夏州、長武，子儀遣將擊退之。

大曆十三年（西元 778 年），82 歲。正月，代宗敕毀白渠支流碾磑 80 餘所，以澆灌農田。昇平公主有二磑，亦毀之。三月，吐蕃軍擾靈州，奪填漢等三渠水口以破壞屯田。四月，復來侵擾，朔方留後常謙光擊破之。七月，子儀奏請以邠州刺史渾瑊將兵前往太原，防備回紇南下侵擾，代宗從之。吐蕃將領馬重英寇擾鹽、慶二州，子儀遣李懷光擊卻之。八月，吐蕃寇銀、麟二州，子儀遣李懷光擊破之。九月，吐蕃萬騎逼涇州，詔子儀等共卻之。十二月，子儀入朝，以杜黃裳主留務。李懷光矯為詔書，陰謀取代子儀。杜黃裳識破其詐，懷光流汗服罪。

大曆十四年（西元 779 年），83 歲。五月，代宗駕崩，遺詔以子儀攝冢宰。德宗即位，尊子儀為尚父，加太尉兼中書令，增實封滿 2,000 戶，所領副元帥及諸使職盡罷之。以李懷光、常謙光、渾瑊等分領其任。八月，唐遣使於吐蕃，悉歸其俘 500 人。

唐德宗建中元年（西元 780 年），84 歲。三月，吐蕃遣使入貢。五月，唐朝派遣韋倫出使吐蕃。韋倫奏請德宗親撰盟書，與吐蕃結盟。宰相楊炎以為非敵，請由郭子儀等人撰寫盟書，德宗從之。

建中二年（西元 781 年），85 歲。二月，患病。六月，病危，德宗遣舒王李誼至第傳詔省問。是月，病逝，詔贈太師，陪葬肅宗建陵，賜諡「忠武」，配饗代宗廟廷。

三、〈郭氏家廟碑〉

此碑刻立於唐代宗廣德二年（西元 764 年）十一月。皇帝御題碑額：大唐贈太保祁國貞懿公廟碑。金紫光祿大夫、檢校刑部尚書、上柱國、魯郡開國公顏真卿（西元 709 年至西元 784 年）撰並書。〈有唐故中大夫使持節壽州諸軍事壽州刺史上柱國贈太保郭公廟碑銘（並序）〉：

昔申伯翰周，降神於維嶽；仲父匡晉，演慶於箎淮。而猶見美詩人，騰芳史冊。豈比夫神明積高之壤，百二懸隔之都，三峰發地而削成，九派浮天而噴激。炳靈毓粹，奕葉生賢，括宇宙而稟和，總河山而蘊秀。莫與京者，其唯郭宗乎！其先蓋出周之虢叔，虢或為郭，因而氏焉，代為太原著姓。漢有光祿大夫廣意，生孟儒，為馮翊太守，子孫始自太原家焉。後轉徙於華山之下，故一族今為華州鄭縣人。夫其築臺見師，瘞子致養，家承金穴之貴，政有露冕之高。或哲或謀，或肅或乂，皆海有珠而鳥有鳳也！

閥閱之盛，其流益光。隋有金州司倉諱履球府君，懋其德輝，不屑下位，克己復禮，州邦化焉。篤生唐涼州司法諱昶府君，能世其業，以伸其道，遠近宗之，不隕厥問。生美原縣主簿、贈兵部尚書諱通府君，清識澈照，博綜群言，始登王畿，郁有佳稱。道悠運促，靡及貴仕，垂於後昆，歿而見尊。是生我諱敬之府君。府君幼而好仁，長有全德，身長八尺二寸，行中絜矩，聲如洪鐘，河目電照，虯鬚蝟磔，進退閒雅，望之若神。以仲由之政事，兼翁歸之文武，始自涪州錄事參軍，轉瓜州司倉、雍北府右果毅，加游擊將軍、申王府典軍，金谷府折衝兼左衛長上，原州別駕，遷扶州刺史，未上，除左威衛左郎將兼監牧南使，渭、吉二州刺史。侍中牛仙客韙君清節，奏授綏州，遷壽州。累加中大夫，策勛上柱國。以天寶三載春正月十日遘疾，終於京師常樂坊之私第，春秋七十有八。

乾元元年春二月，以公之寶胤開府儀同三司、司徒兼中書令、上柱國、汾陽郡王曰子儀有大勳於王室，乃下詔曰：「故中大夫、壽州刺史郭敬之，果君子之行，毓達人之德，才光文武，政美中和。生此大賢，為我良弼。頃以孽胡稱亂，黔首罹殃，朕於是鬱興神武之師，克掃欃槍之氣。而子儀帥彼勁卒，赫然先驅，取京洛如拾遺，翦凶殘猶振槁。功存社稷，澤潤生人，是用寵洽哀榮，義申存歿，可贈太保。」於戲！府君體含弘之素履，秉沖邈之高烈，言必主於忠信，行不違於直方，清白為吏者之師，死生敦交友之分。端一之操，不以夷險概其懷；堅明之姿，不以雪霜易其令。用情不間於疏遠，泛愛莫遺於賤貧，拳拳服膺，終始靡二。故所居則化，所去見思，人到於今稱之，斯不朽矣！《傳》曰：「德盛必百代祀」，其有後也宜哉！

恭唯令公，先皇之佐命臣也。少而美秀，長而瑰偉，姿性質直，天然孝悌，寬仁無比，騎射絕倫。所蒞以清白見稱，居常以經濟自命。弱冠以邦鄉之賦，騤膺將帥之舉。四擢高第，有聲前朝。三為將軍，再守大郡，累典兵要，必聞休績。天寶末，安祿山反於范陽，令公以節度使擁朔方之眾，圍高秀岩於雲中，破史思明於嘉山。先帝（肅宗）之幸朔方，赴行在於靈武，擊同羅於河曲，走崔乾祐於蒲阪。今上（代宗）之為元帥也，首副旄鉞，會回紇於扶風，摧凶寇於浚水，追餘孽於陝服，長驅河洛，弼成睿圖，再造生靈，克清天步。乂函夏之未乂，安天下之不安，一年之間，區宇大定，丕休哉！

徒觀其元和降精，間氣生德，感星辰而作輔，應期運以濟時，忠於國而孝於家，威可畏而儀可像。盛德繄物，寬身厚下，用人由己，從善如流。沈謀祕於鬼神，精義貫於天地，推赤誠而許國，冒白刃以率先，霆擊於雲雷之初，鷹揚乎廟堂之上。大凡二歷鼎司，兩升都座，四作元帥，九年中書。歷事三聖，而厥德維懋，易相二十，而受遇益深。蓋克復上都者再，戡定東京者一，其餘麾城撕邑，得雋摧鋒，亦非遽數之所周也。信可謂王國虓虎，生人蔭庥者歟！非太保之邁種不孤，則何以鍾美若是？況乎友於著睦，轡龍虎者十人；貽厥有光，紆青紫者八士。勳庸舉集，今古莫儔。昔奮號尊榮，紅粟才沾於萬石；惲家全盛，朱輪不出於十人。繇我觀之，事不侔矣。

於乎！清廟之興，所以仁祖考；鴻伐之刻，亦以垂子孫。爰創製於舊居，將永圖而觀德。中唐有侐，丕構克崇，感霜露而怵惕以增，敘昭穆而敬恭斯在。庶乎觀盥顒若，既無斁於永懷；入室僾然，必有覿乎其位。哀榮既極，情禮用申，仁人之所及遠哉，孝子之事親終矣。豈唯溫溫孔父，薳稱傴鼎之銘；穆穆魯侯，獨美龍旂之祀。其詞曰：

郭之皇祖，肇允虢土。逮於後昆，實守左輔。徙華陰兮。其一。

源長流光，施於司倉。涼州兵部，克熾而昌。載德深兮。其二。

篤生太保，允懋厥道。神之聽之，永錫難老。式如金兮。其三。

於穆令公，汾陽啟封。文經武緯，訓徒陟空。簡帝心兮。其四。

含一不二，格於天地。愷悌君子，邦之攸塈。貊德音兮。其五。

芝馥蘭芳，羽儀公堂。子子孫孫，為龍為光。鏘璆琳兮。其六。

乃立新廟，肅雍允劭。神保是聽，孝思孔照。亶居歆兮。其七。

乃立高碑，盛美奚敍。日月有既，徽猷永垂。映來今兮。其八。

廣德二年歲次甲辰十一月甲午朔二十一日甲寅建。

碑陰子孫題名

男昭武校尉守絳州萬泉府折衝都尉上柱國子琇。

子儀，武舉及第授左衛長上，改河南府城皋府別將，又改同州興德府右果毅左金吾衛知隊仗長上，又改汝州魯陽府折衝知右羽林軍長上，又遷桂州都督府長史充當管經略副使，又改北庭副都護充四鎮經略副使，又除左威衛中郎將，轉右司御率兼安西副都護，改右威衛將軍同朔方節度副使，改定遠城使本軍營田使，又加單于副大都護東受降城使左廂兵馬使，又拜右金吾衛將軍兼判單于副都護，又拜左武衛大將軍兼安北副都護橫塞軍使本軍營田使，又兼充天德軍使安北副都護，又兼豐州都督西受降城使右廂兵馬使，改衛尉卿兼單于安北副大都護靈州刺史攝御史中丞權充朔方節度關內支度營田鹽池押諸蕃部落副大使知節度事六城水運等使，又拜御史大夫，餘並如故；又拜兵部尚書同中書門下平章事兼單于安北副大都護靈州大都督府長史節度等使，餘如故；又特加銀青光祿大夫，又拜司空，餘如故；又充副元帥，餘如故；又拜尚書左僕射同平章事兼武部尚書，餘如故；又加朔方管內採訪處置使，又加司徒封代國公食實封一千戶，餘如故；又兼中書令、司徒兼靈州大都督府長史單于鎮北副大都護朔方節度等諸使，餘並如故；又充東京畿及山南東道並河南等道諸節度防禦兵馬元帥仍權知東京留守判留司尚書省事，餘如故；又兼邠寧鄜坊等兩道節度使，又封汾陽郡王知朔方河中北庭潞儀澤沁等節度行營兼興平定國等軍兵馬副元帥，仍充本管觀察處置使，餘並如故；加實封五百戶，又加實封二百戶，又充關內副元帥，餘如故；又兼上都留守，餘如故；又兼河東副元帥河中節度本道觀察處置等使兼河中尹，餘如故；又兼靈州大都督單于鎮北大都護充朔方節度大使及關內支度營田鹽池押諸蕃部落等使六城水運使管內觀察處置使，餘如故；又拜太尉兼河西副元帥通和吐蕃等使，餘如故；又拜尚書令兼中書令，餘如故。

游擊將軍左武衛將軍上柱國子雲。

朝議郎行延州都督府法曹參軍子瑛。

朝議郎行衢州盈川縣尉子珪。

銀青光祿大夫衛尉卿單于副都護振武軍使朔方左廂兵馬使上柱國幼賢贈太子少保。

正議大夫光祿少卿兼漢州別駕賜紫金魚袋上柱國幼儒。

銀青光祿大夫太府卿上柱國太原郡開國公幼明。

銀青光祿大夫試鴻臚卿上柱國幼沖。

孫銀青光祿大夫試太常卿上柱國太原縣開國公曜。

朝議郎守通州別駕騎都尉賜緋魚袋曄。

特進兼鴻臚卿贈開府荊州大都督上柱國旰。

雲麾將軍守左武衛大將軍同正上柱國昕。

特進試鴻臚卿兼御史大夫左散騎常侍上柱國太原縣開國公晞。

正議大夫試光祿卿贈開府太常卿清源縣開國男昢。

銀青光祿大夫行少府少監樂平縣開國男晤。

宣德郎試太子中舍人賜緋魚袋昉。

銀青光祿大夫試殿中監駙馬都尉廣陽縣開國男曖，尚昇平公主。

奉義郎試太常寺協律郎晉陽縣開國男晛。

宣德郎試左衛率府兵曹參軍曉。

銀青光祿大夫試祕書監太原縣開國男曙。

宣德郎行京兆府參軍太原縣開國男昫。

朝議大夫試祕書著作郎壽陽縣開國男映。

朝請郎試太常寺協律郎晒。

曾孫通直郎行將作丞銳。

朝請郎守太府少卿銑。

朝請郎守國子監主簿鋒。

李白何處識子儀

—— 兼正《新唐書》和《資治通鑑》地名一誤 [569]

「李白太原識子儀」與「子儀疏救李太白」是流傳千年的友情佳話。然而，此事卻是出於晚唐人的偽託，又經宋代以來史家文士附會渲染，遂如「孟姜女哭長城」一樣流傳浸廣。雖然，早已有學者辨明此事，但是還有一些歷史讀物一仍其偽。[570] 本文所敘，乃拾取前賢牙惠，並對論據稍事引申，兼正《新唐書》和《資治通鑑》中地名一誤。

一

李、郭友情故事，首見於晚唐人裴敬所撰〈翰林學士李公墓碑〉，其文曰：「[李白] 又嘗有知鑑，客并州（太原），識郭汾陽（子儀）於行伍間，為免脫其刑責而獎重之。後汾陽以功成官爵，請贖翰林（李白），上（肅宗）許之，因免誅，其報也。」按此碑文撰於唐武宗會昌三年（西元 843 年），上距李白病卒之肅宗寶應元年（西元 762 年），已有 80 餘載。

至宋代樂史 [571] 作〈李翰林別集序〉則云：

〔李〕白嘗有知鑑，客并州（今山西太原市），識汾陽王郭子儀於行伍間，為脫其刑責而獎重之。及翰林坐永王（李璘）之事，汾陽功成，請以

[569] 穆渭生、侯養民〈李白何處識子儀〉，《文博》2001 年第 3 期。按：今移錄此文，對其中明顯失誤之處，加以改正。特此說明。

[570] 如中華書局出版的「歷史人物傳記譯注」《郭子儀》（選自《新唐書》）所附〈郭子儀年表〉，1985 年，第 63 頁。

[571] 樂史（西元 930 年至西元 1007 年），宋代文學家、地理學家，撰有《太平寰宇記》。

官爵贖翰林，上（肅宗）許之，因而免誅（被長流夜郎）。翰林之知人如此，汾陽之報德如彼。

又《新唐書》卷202〈文藝傳中．李白〉載曰：

安祿山反，〔李白〕轉側宿松、匡廬間，永王〔李〕璘闢為〔幕〕府僚佐，璘起兵，逃往彭澤。璘敗，當誅。初，白遊并州，見郭子儀奇之，子儀嘗犯法，白為救免。至是，子儀請解官以贖，有詔長流夜郎。[572]

以上諸書雖文字略有異同，其承襲所本清晰瞭然。至於《學圃萱蘇》之附會，蘇軾等名流詩文中所稱引，以及後世小說之渲染，無庸贅述。[573]

二

李白與譙郡元參軍結為莫逆之交而相偕遊太原，時在開元二十三年（西元735年）至次年夏。[574] 則所謂「李白識子儀」之事，當是在此期間。然而，郭子儀非但此時未在太原行伍間，且直到天寶十四載（西元755年）冬安祿山起兵稱亂，也未曾至太原任職。

郭子儀天寶八載（西元749年）以前所歷官職，兩《唐書》本傳所載極為簡略，顏真卿所撰〈郭氏家廟碑〉文中亦語焉不詳。[575] 所幸者此碑之陰刻有郭敬之子孫題名，其中具列代宗廣德二年（西元764年）之前子儀所歷官爵，為究明此段故事留下了珍貴材料。現錄其至天寶十五載（西元

[572] 按：《新唐書》成於宋仁宗嘉祐五年（西元1060年），列傳為宋祁（西元998年至西元1061年）修撰。參看黃永年、賈憲保《唐史史料學》，陝西師範大學出版社，1989年。

[573] 〔唐〕李白著〔清〕王琦注《李太白全集》卷33，中華書局，1977年；詹瑛《李白詩文系年》，人民文學出版社，1984年。

[574] 《李太白全集》卷35〈年譜〉，〈李白詩文系年〉。

[575] 〈郭氏家廟碑〉立於唐代宗廣德二年（西元764年）十一月二十一日。今存西安市碑林博物館。按：其時郭子儀建中興大勳，功蓋朝野。顏真卿亦以領導敵後抗戰而英名遠揚，其為人忠耿，且書法冠世，故此碑所記，歷代重之。

756年）所任官爵如下：

子儀，〔開元四年（西元716年）〕武舉及第授左衛長上，改河南府城皋府別將，又改同州興德府右果毅左金吾衛知隊仗長上，又改汝州魯陽府折衝知右羽林軍長上，又遷桂州都督府長史充當管經略副使，又改北庭副都護充四鎮經略副使，又除左威衛中郎將，轉右司御率兼安西副都護，改右威衛將軍同朔方節度副使，改定遠城使本軍營田使，又加單于副大都護東受降城使左廂兵馬使，又拜右金吾衛將軍兼判單于副都護，又拜左武衛大將軍兼安北副都護橫塞軍使本軍營田使，又兼充天德軍使安北副都護，又兼豐州都督西受降城使右廂兵馬使，改衛尉卿兼單于安北副大都護靈州刺史攝御史中丞權充朔方節度關內支度營田鹽池押諸蕃部落副大使知節度事六城水運等使，又拜御史大夫，餘並如故；又拜兵部尚書同中書門下平章事兼單于安北副大都護靈州大都督府長史節度等使，餘如故；又特加銀青光祿大夫，……[576]

據此碑及兩《唐書》子儀本傳，可知其自弱冠武舉及第躋身仕途至安史亂起，先後任職之地為：京師長安（今西安市）、河南府（今洛陽市）城皋府（其地在汜水縣，本漢成皋縣地，唐高祖武德元年析置成皋縣，唐太宗貞觀元年省，東南有成皋故關）、同州（今陝西大荔縣）興德府（在馮翊縣，縣南三十二里有興德宮，在志武里）、汝州（今河南臨汝市）魯陽府（在魯山縣，縣本漢魯陽縣地）[577]、桂州（今廣西桂林市）、北庭（今新疆吉木薩爾縣東北）、安西（今新疆庫車縣東）及朔方節度使（治靈州，今寧夏吳忠市）轄區內。如此，則「李白太原識子儀」故事純屬偽託無疑矣。

至於「子儀疏救李太白」一事，不僅史無明文可資確證，而且，細究當時朝政形勢及郭子儀平生處世行事，則其事亦斷非可能。

---

[576]〔清〕王昶《金石萃編》（二編）卷92，北京圖書館出版社，2003年。

[577] 谷霽光〈唐折衝府考校補折衝府略〉，載《二十五史補編》第六冊，中華書局，1955年。按：開元後府兵輪流番上之制已弛廢，但是軍府編制官額仍存。

郭子儀統率朔方軍投入平叛戰爭後，建樹了「再造王室，勳高一代」之大功，但是肅、代、德三帝在骨子裡對他和朔方軍的信任程度，卻始終是打有折扣的。子儀所獲高官厚祿、良田美器、名園甲館、御馬和美人等，乃是玄宗以來籠絡節度使的慣常手法。而另一方面卻是屢遭權閹李輔國、程元振、魚朝恩等輩「譖毀」、「媒孽」，幾度浮沉。

唐人謂子儀「有功高不賞之懼」，甚至其亡父墳塚遭遇盜掘，也是忍辱吞聲，於入奏對揚之際，但以「天譴」號泣自罪而已。[578] 與同出於朔方軍系統的大將李光弼、僕固懷恩、李懷光等人的結局相比，郭子儀之所以能享有生前身後之令名，與其出身詩書禮教相傳的世代仕宦之家，深得宦海浮沉之修身自全的玄奧密切相關。史稱其「握兵處外，然詔至，即日就道，無纖介顧望，故讒間不行。」[579] 又安能逆鱗觸犯肅宗皇帝之痛惡（永王璘割據金陵欲效「東晉故事」），自招罪己殃家之禍哉！[580]

三

據《舊唐書》卷 120〈郭子儀傳〉:「始以武舉高第補左衛長史，累歷諸軍使。」《新唐書》卷 137〈郭子儀傳〉:「以武舉異等補左衛長史，累遷單于副都護、振遠軍使。」

據〈郭氏家廟碑〉碑陰子孫題名，新、舊傳所謂「左衛長史」(從六品上階) 乃是「左衛長上」(從九品下階) 之誤。

新傳所謂「單于副都護、振遠軍使」，乃是「單于副大都護東受降城使」之誤。稽諸唐代文獻，朔方節度使及東鄰之河東節度使轄區內，皆無

[578] 兩《唐書 · 郭子儀傳》;《太平廣記》卷 176 引〈譚賓錄〉。

[579] 《新唐書》卷 137〈郭子儀傳〉，第 4,608 頁。

[580] 參看黃永年《文史探微 ·「涇師之變」發微》，中華書局，2000 年。

此「振遠軍」；但有「振武軍」，此軍原為唐中宗時，朔方大總管張仁愿於東受降城置，玄宗天寶四載（西元 745 年），節度使王忠嗣移置於單于都護府城內。[581]

成書晚於《新唐書》的《資治通鑑》載云：天寶八載（西元 749 年），三月，朔方節度等使張齊丘於中受降城西北五百餘里木剌山築橫塞軍，以振遠軍使鄭〔縣〕人郭子儀為橫塞軍使。[582]

已故唐長孺先生在其《唐書兵志箋正》一書中指出，《通典》與《元和郡縣圖志》等唐代史籍中的奪文舛錯現象，或是所據之本有誤，或是傳寫刊版所致，而今已是難以確考了。[583]

[581]〔唐〕李吉甫《元和郡縣圖志》卷 4，中華書局，1983 年，第 108 頁；〔唐〕杜佑《通典》卷 172〈州郡二〉，中華書局，1988 年，第 4,480 頁。

[582]《資治通鑑》卷 216 唐玄宗天寶八載（西元 749 年）三月，第 7,012 至 7,013 頁。

[583] 唐長孺《唐書兵志箋正》，科學出版社，1957 年。

參考文獻

[1] 〔西漢〕司馬遷《史記》，中華書局，2013 年。

[2] 〔唐〕魏徵等《隋書》，中華書局，1973 年。

[3] 〔後晉〕劉昫等《舊唐書》，中華書局，1975 年。

[4] 〔宋〕歐陽脩等《新唐書》，中華書局，1975 年。

[5] 〔宋〕司馬光等《資治通鑑》，中華書局，2011 年第 2 版。

[6] 〔唐〕長孫無忌等，岳純之點校《唐律疏議》，上海古籍出版社，2013 年。

[7] 〔唐〕李林甫等，陳仲夫點校《唐六典》，中華書局，1992 年。

[8] 〔唐〕杜佑，王文錦等點校《通典》，中華書局，1988 年。

[9] 〔唐〕李吉甫，賀次君點校《元和郡縣圖志》，中華書局，1983 年。

[10] 〔宋〕王溥《唐會要》，上海古籍出版社，1991 年。

[11] 〔宋〕宋敏求《唐大詔令集》，中華書局，2008 年。

[12] 〔唐〕溫大雅《大唐創業起居注》，上海古籍出版社，1983 年。

[13] 〔唐〕慧立、彥悰《大慈恩寺三藏法師傳》，中華書局，2018 年。

[14] 〔唐〕姚汝能，曾貽芬點校《安祿山事蹟》，中華書局，2006 年。

[15] 〔唐〕封演撰，趙貞信校注《封氏聞見記校注》，中華書局，2005 年。

[16] 〔唐〕李筌《神機制敵太白陰經》，軍事科學出版社（朱世達注釋），2007 年。

[17] 〔唐〕白居易《白氏六帖事類集》，文物出版社，1978 年。

[18]〔唐〕郭湜《高力士外傳》//《開元天寶遺事十種》，上海古籍出版社，1985年。

[19]〔唐〕李德裕《次柳氏舊聞》//《開元天寶遺事十種》，上海古籍出版社，1985年。

[20]〔唐〕趙璘《因話錄》//《唐五代筆記小說大觀》，上海古籍出版社，2000年。

[21]〔唐〕孫棨《北里志》//《唐五代筆記小說大觀》，上海古籍出版社，2000年。

[22]〔唐〕段成式《酉陽雜俎》//《唐五代筆記小說大觀》，上海古籍出版社，2000年。

[23]〔唐〕李匡文《資暇集》//《蘇氏演義（外三種）》，中華書局（吳企明點校），2012年。

[24]〔唐〕林寶《元和姓纂（附四校記）》，中華書局（岑仲勉校記，郁賢皓、陶敏整理，孫望審訂），1994年。

[25] 趙超《新唐書宰相世系表集校》，中華書局，1998年。

[26] 唐長孺《唐書兵志箋正》，中華書局，2011年第1版。

[27] 天一閣博物館、中國社會科學院歷史研究所天聖令整理課題組《天一閣藏明鈔本天聖令校證（附唐令復原研究）》下冊，中華書局，2006年。

[28] 周紹良、趙超《唐代墓誌彙編》上冊，上海古籍出版社，1992年。

[29] 吳鋼主編《全唐文補遺》第一輯，三秦出版社，1994年。

[30] 周勳初主編《唐人軼事彙編》，上海古籍出版社，2006年。

[31]〔宋〕王欽若等編，周勳初等校訂本《冊府元龜》，鳳凰出版社，2006年。

[32] 〔宋〕李昉等編《太平御覽》，中華書局，1960 年。

[33] 〔宋〕李昉等編《太平廣記》，中華書局，1961 年。

[34] 〔宋〕樂史，王文楚等點校《太平寰宇記》，中華書局，2007 年。

[35] 〔宋〕宋敏求，辛德勇、郎潔點校《長安志》，三秦出版社，2013 年。

[36] 〔宋〕郭茂倩《樂府詩集》，中華書局，1979 年。

[37] 〔宋〕王讜撰，周勳初校證《唐語林校證》，中華書局，2008 年。

[38] 〔宋〕樂史《楊太真外傳》//《開元天寶遺事十種》，上海古籍出版社，1985 年。

[39] 〔清〕曹寅、彭定求《全唐詩》，中華書局，1999 年。

[40] 〔清〕董誥、徐松等編《全唐文》，上海古籍出版社，1990 年。

[41] 〔清〕顧祖禹，賀次君、施和金點校《讀史方輿紀要》，中華書局，2005 年。

[42] 〔清〕王昶《金石萃編》(二編)，北京圖書館出版社，2003 年。

[43] 〔清〕徐松撰，李建超增訂《最新增訂唐兩京城坊考》，三秦出版社，2019 年。

[44] 〔德〕恩格斯《騎兵》//《馬恩全集》第 14 卷，人民出版社，1964 年。

[45] 〔德〕馬克思《資本論》第三卷，人民出版社，1975 年。

[46] 陳寅恪《元白詩箋證稿》，上海古籍出版社，1978 年。

[47] 岑仲勉《唐史余沈》，上海古籍出版社，1979 年。

[48] 陳寅恪《金明館叢稿初編》，上海古籍出版社，1980 年。

[49] 吳廷燮《唐方鎮年表》，中華書局，1980 年。

[50] 張弓《唐朝倉廩制度初探》，中華書局，1986 年。

[51] 張澤咸《唐五代賦役史草》，中華書局，1986 年。

[52] 張國剛《唐代官制》，三秦出版社，1987 年。

[53] 程志、韓濱娜《唐代的州和道》，三秦出版社，1987 年。

[54] 〔日〕江上波夫《騎馬民族國家》，光明日報出版社，1988 年。

[55] 《中國軍事史》編寫組編《中國軍事史·兵法卷》(第四卷)，解放軍出版社，1988 年。

[56] 唐長孺主編《敦煌吐魯番文書初探》二編，武漢大學出版社，1990年。

[57] 史念海《河山集·四》，陝西師範大學出版社，1991 年。

[58] 費孝通主編《中華民族研究新探索》，中國社會科學出版社，1991 年。

[59] 王小甫《唐、吐蕃、大食政治關係史》，北京大學出版社，1992 年。

[60] 薛宗正《突厥史》，中國社會科學出版社，1992 年。

[61] 許道勳、趙克堯《唐玄宗傳》，人民出版社，1993 年。

[62] 魯人勇、吳忠禮、徐莊《寧夏歷史地理考》，寧夏人民出版社，1993年。

[63] 唐長孺《魏晉南北朝隋唐史三論》，武漢大學出版社，1993 年。

[64] 徐子宏等編《中國兵書十種》，湖南出版社，1993 年。

[65] 大荔縣誌編纂委員會《大荔縣誌》，陝西人民出版社，1994 年。

[66] 華縣郭子儀研究會編《郭子儀與陝西華縣》，西北大學出版社，1994 年。

[67] 西安碑林博物館編《陝西碑石墓誌數據彙編》，西北大學出版社，1995 年。

[68] 馬俊民、王世平《唐代馬政》，西北大學出版社，1995 年。

[69] 辛德勇《古代交通與地理文獻研究》，中華書局，1996 年。

[70] 馬馳《李光弼》，陝西師範大學出版社，1996 年。

[71] 上官鴻南、朱士光主編《史念海先生八十壽辰學術文集》，陝西師範大學出版社，1996 年。

[72] 費省《唐代人口地理》，西北大學出版社，1996 年。

[73] 陳寅恪《唐代政治史述論稿》，上海古籍出版社，1997 年。

[74] 徐友根《武舉制度史略》，蘇州大學出版社，1997 年。

[75] 史念海《唐代歷史地理研究》，中國社會科學出版社，1998 年。

[76] 陳戍國《中國禮制史 · 隋唐五代卷》，湖南教育出版社，1998 年。

[77] 劉統《唐代羈縻府州研究》，西北大學出版社，1998 年。

[78] 陳橋驛《水經注校釋》，杭州大學出版社，1999 年。

[79] 程喜霖《唐代過所研究》，中華書局，2000 年。

[80] 孫繼民《敦煌吐魯番所出唐代軍事文書初探》，中國社會科學出版社，2000 年。

[81] 李鴻賓《唐朔方軍研究 —— 兼論唐廷與西北諸族的關係及其演變》，吉林人民出版社，2000 年。

[82] 黃永年《文史探微》，中華書局，2000 年。

[83] 牛致功《安祿山與史思明評傳》，三秦出版社，2000 年。

[84] 翁獨健主編《中國民族關係史綱要》，中國社會科學出版社，2001 年。

[85] 王宗維《漢代絲綢之路的咽喉 —— 河西路》，崑崙出版社，2001 年。

[86] 黃永年《唐史史料學》，上海書店出版社，2002 年。

[87] 張沛《唐折衝府匯考》，三秦出版社，2003 年。

[88] 王永興《唐代前期軍事史略論稿》，崑崙出版社，2003 年。

[89] 石雲濤《唐代幕府制度研究》，中國社會科學出版社，2003 年。

[90] 黃永年《六至九世紀中國政治史》，上海書店出版社，2004 年。
[91] 寧志新《隋唐使職制度研究（農牧工商編）》，中華書局，2005 年。
[92] 周偉洲、丁景泰主編《絲綢之路大辭典》，陝西人民出版社，2006年。
[93] 余華青《中國宦官制度史》，上海人民出版社，2006 年。
[94] 林冠群《唐代吐蕃史論集》，中國藏學出版社，2006 年。
[95] 李錦繡《唐代財政史稿》(第三冊)，社會科學文獻出版社，2007 年。
[96] 嚴耕望《唐代交通圖考 · 一》，上海古籍出版社，2007 年。
[97] 中國科學院考古研究所《唐大明宮遺址考古發現與研究》，文物出版社，2007 年。
[98] 寧可主編《中國經濟通史 · 隋唐五代》，經濟日報出版社，2007 年。
[99] 才讓《吐蕃史稿》，甘肅人民出版社，2007 年。
[100] 穆渭生《唐代關內道軍事地理研究》，陝西人民出版社，2008 年。
[101] 薛宗正《絲綢之路北庭研究》，新疆人民出版社，2008 年。
[102] 張平《龜茲文明 —— 龜茲史地考古研究》，中國人民大學出版社，2010 年。
[103] 張國剛《唐代藩鎮研究》(增訂版)，中國人民大學出版社，2010 年。
[104] 張永祿《唐都長安》(增訂本)，三秦出版社，2010 年。
[105]〔英〕哈爾福德 · 麥金德《歷史的地理樞紐》，商務印書館（林爾蔚、陳江譯)，2011 年。
[106] 馬馳《唐代蕃將》，三秦出版社，2011 年。
[107] 高世瑜《唐代婦女》，三秦出版社，2011 年。
[108] 谷霽光《府兵制度考釋》，中華書局，2011 年。

[109] 劉玉峰《唐代工商業形態研究》，山東大學出版社，2012 年。

[110] 郭聲波《中國行政區劃通史．唐代卷》，復旦大學出版社，2012 年。

[111] 臺灣三軍大學編著《中國歷代戰爭史．唐》，中信出版社，2013 年。

[112] 郭青萍《太原郭氏金石注集》，福建省郭氏文化研究會，2014 年。

[113] 李宗俊《唐前期西北軍事地理問題研究》，中國社會科學出版社，2015 年。

[114] 杜文玉《大明宮研究》，中國社會科學出版社，2015 年

[115] 榮新江《中古中國與粟特文明》，生活．讀書．新知三聯書店，2015年。

[116] 穆渭生、張維慎《盛唐長安的國家樂伎與樂舞》，陝西人民出版社，2016 年。

[117] 胡戟《珍稀墓誌百品》，陝西師範大學出版社，2016 年。

[118] 王世平《王世平學術論集》，三秦出版社，2019 年。

[119] 賈二強《唐宋民間信仰》，科學出版社，2020 年。

[120] 孫金鑄主編《中國地理》，高等教育出版社，1988 年。

[121] 譚其驤主編《中國歷史地圖集》(第五冊)，中國地圖出版社，1982 年。

[122] 史念海主編《西安歷史地圖集》，西安地圖出版社，1996 年。

[123] 陝西省地方志辦公室《陝西地情網》

[124]《中華郭氏網》http：// www.guohome.org

參考文獻

初版自序

我在少年時代，曾多次聆聽大人們講說郭子儀的故事，印象深刻。近十年來，海外郭氏後裔的尋根熱，頗為引人注目。秦、晉等省亦出現了官方或民間的郭子儀研究會，從事相關的學術和招商活動。郭子儀是陝西歷史名人，但是出版他的個人傳記還屬鮮見。於是，我便不揣淺陋，於幾年前開始收集史料，欲嘗試為之。幸運的是，不久便得到三秦出版社的支持和鼓勵，使我的心願付諸實施，得以有機會將這本拙作奉獻給廣大讀者。

郭子儀作為唐朝中期重要的軍事政治人物，以其功德圓滿，後世評論甚少爭議。因而，為其作傳，便難脫敘功擺好之窠臼。然而舊史載筆，於真人實事之中，不無出入。今人讀史，時世環境與發論立場不同，自然還有可再深入剖析之情節。

自古知人論世，無不為「捨生取義，殺身成仁」者擊節讚嘆。《舊唐書》魏徵傳中一段議論，卻頗堪玩味：「（魏）徵再拜曰：『願陛下使臣為良臣，勿使臣為忠臣。』帝（太宗）曰：『忠、良有異乎？』徵曰：『良臣，稷、契、咎陶是也。忠臣，龍逄、比干是也。良臣使身獲美名，君受顯號，子孫傳世，福祿無疆。忠臣身受誅夷，君陷大惡，家國並喪，空有其名。以此而言，相去遠矣。』帝深納其言，賜絹五百匹。」魏徵乃千古名臣，其諫諍多為後世垂範。今持其說以論郭子儀，庶幾可免拔高貶抑而失其真切。

郭子儀歷事玄、肅、代、德四帝，其功績稱著於平定「安史之亂」和抗禦吐蕃侵擾的戰爭時期。安祿山反叛之前，郭子儀長期戍守邊疆，已是年近花甲之人，官至正三品級，地位顯達而功譽不聞。河朔亂起，舉國震驚。郭子儀被擢升為朔方節度使，奉詔率軍東進，投入平叛戰爭。在河東道北部，朔方軍旗開得勝，收復靜邊軍、雲中和馬邑。隨後，郭子儀增援李光弼而東下井陘，進軍河北，連戰皆捷。尤其是嘉山之戰大破史思明，威震叛軍。次年六月，哥舒翰兵敗靈寶，失守潼關。玄宗倉皇西幸，避亂入蜀。七月，肅宗即位於靈武，郭、李二人奉詔率5萬大軍奔赴行在，於八月同登宰輔之位。正所謂「受任於敗軍之際，奉命於危難之間」。在其後的二十餘年間，郭子儀歷經坎坷，幾度浮沉，始終「晏然效忠，有死無二」、「天下以其身為安危者殆二十年」。雖有「再造王室」之高勳，卻能「位重懇辭，失寵無怨。不幸危而邀君父，不挾憾以抱仇讎」。誠乃「大雅君子，社稷純臣。自秦、漢以還，勳力之盛，無與倫比」。

上述乃唐史記載，後世無可損益。但是唐代史臣裴洎謂其「權傾天下而朝不忌，功蓋一代而主不疑，侈窮人慾而君子不之罪，富貴壽考，繁衍安泰，哀榮終始，人道之盛，此無缺焉」。就有言過其實而與真情不甚契合之隙。

郭子儀在有生之年，享有朝廷授予的太尉、中書令、汾陽郡王等崇高官爵，以功圖形淩煙閣，並受賜「尚父」之號；髮妻王氏受封「霍國夫人」；八子八婿以及兄弟姪兒皆位列朝廷，第六子郭曖尚代宗第四女昇平公主；早已亡故的祖父及父母亦被追贈官爵封號。達到了封建社會中人臣權勢和榮耀的頂峰。至於其身後之備極哀榮，貽福家族子孫，更無需細加臚列。這一切，著實令當時及後世人們豔羨不已，稱美有加。

而裴洎所謂之「朝不忌」和「主不疑」，卻顯係巧飾文辭之筆。郭子儀在玄宗朝為戍邊宿將，長期供職於朔方軍，並以「寬厚得眾」而升任節帥。朔方鎮兵在平叛戰爭和抗禦吐蕃侵擾中，一直充任主力軍。這是郭子儀立身建功之本。但是，肅、代二帝對郭子儀和朔方軍的信任程度，卻始終是打有折扣的。

安祿山受唐玄宗崇官厚祿之優養，最終卻起兵反叛，致使肅宗以下諸帝對手握重兵的諸鎮節帥心存戒備，不敢再完全信任。但是要剿平叛亂，又不得不重用他們。「馬嵬事變」之後，皇太子（即肅宗）與玄宗分兵另圖去就。但是去往何處，當時胸中並無成算。心懷顧慮之下到達靈武並搶班即位後，立即召回郭、李所率之朔方大軍。但是在是年十月進取長安時，卻任用房琯指揮倉促拼湊起來的雜合軍，並不使用建制完整的正規邊兵朔方軍。及至只會紙上談兵的房琯慘敗於陳濤斜，肅宗痛心疾首，欲嚴究其敗軍之罪。幸虧李泌從中說項，才予以從輕處分。肅宗處心積慮，企圖組建「親兵」的努力既成泡影，這才只得回過頭來使用郭子儀所統之朔方軍。

再從朔方軍數易節帥，郭子儀和李光弼等大將屢遭李輔國、程元振、魚朝恩等輩閹宦首領「譖毀」的史實中，更不難看出朝廷的猜防戒備之深。否則，此輩無拳無勇的「奴才」不假主子「龍威」，又焉得專橫跋扈於能征善戰的諸鎮節帥之上！舊史上每每詬病之所謂「閹寺弄權」，實乃「君上負臣」的遮羞布。這種注重人事措置而輕視制度建設的因循情狀，正是中國封建時代集權政治的一大特徵。

與郭子儀的位極人臣，封妻蔭子，聯姻皇室，光宗耀祖，子孫瓜瓞綿延，福澤後代相比，李光弼和僕固懷恩的結局下場，實堪令人扼腕嘆息。李光弼（契丹族）與郭子儀齊名，「世稱李郭」，而且「威略」和戰功更在郭子儀之上。他在難抗朝廷「瞎指揮」而兵敗邙山後，即被罷去朔方節帥職務，移鎮臨淮。廣德元年（西元 763 年），吐蕃大軍入寇京師，代宗詔徵諸道節帥「勤王」。而李光弼因畏禍「遷延不至」，由之田神功等人皆不稟命，遂愧恥成疾，於次年七月薨於徐州。落了個晚節有虧，令名不全的結局，以致史臣有「不釋位之誅」的譏評。

僕固懷恩（鐵勒族）為朔方宿將，勇冠全軍，戰功累累，家族中捐軀疆場者多達 46 人。但是其性情雄毅寡言，剛決犯上，雖有最終平定河北之大功，卻在回軍途中，遭辛雲京、李抱玉、駱奉先、魚朝恩等人上下「媒孽」，進退維谷，被逼得走上了叛變之路。這四人中駱、魚皆為閹臣，辛、李二人則是非朔方軍系統的鎮將。

從以上的比較中，便不難看出郭子儀當時在誠惶誠恐之下，得以全其令名，確屬苦心經營。史稱其「朝聞命，夕引道，無纖介自嫌」。寥寥數語，於讚揚之中，包掩了多少戰戰兢兢和勤勤懇懇。若非出身詩書禮教相傳的世代仕宦之家，深得宦海浮沉之際修身自全的玄奧，恐亦難免禍延己身，殃及家族的悲劇。從為「身家性命」著想的世俗觀念出發，「明哲保身」便是郭子儀有別於李光弼和僕固懷恩等「蕃將」的個性品德。也是今人讀史不必苛求古人之處。

以上妄說，唐突公論。懇祈唐史學界耆宿和同儕以及廣大讀者，不吝賜教！

穆渭生

再造大唐，郭子儀與安史之亂後的帝國重生：

以百戰換安寧，以忠勇築大唐，從安史之亂到嘉山之戰，郭子儀如何扭轉乾坤，拯救帝國命運

作　　者：穆渭生
發 行 人：黃振庭
出 版 者：崧燁文化事業有限公司
發 行 者：崧燁文化事業有限公司
E-mail：sonbookservice@gmail.com
粉 絲 頁：https://www.facebook.com/sonbookss/
網　　址：https://sonbook.net/
地　　址：台北市中正區重慶南路一段61號8樓
8F., No.61, Sec. 1, Chongqing S. Rd., Zhongzheng Dist., Taipei City 100, Taiwan

電　　話：(02)2370-3310
傳　　真：(02)2388-1990
印　　刷：京峯數位服務有限公司
律師顧問：廣華律師事務所 張珮琦律師

定　　價：420 元
發行日期：2025 年 01 月第一版
◎本書以 POD 印製

國家圖書館出版品預行編目資料

再造大唐，郭子儀與安史之亂後的帝國重生：以百戰換安寧，以忠勇築大唐，從安史之亂到嘉山之戰，郭子儀如何扭轉乾坤，拯救帝國命運 / 穆渭生 著 . -- 第一版 . -- 臺北市 : 崧燁文化事業有限公司 , 2025.01
面；　公分
POD 版
ISBN 978-626-416-263-0(平裝)
1.CST: (唐) 郭子儀 2.CST: 傳記
782.8416　　114000128

電子書購買

爽讀 APP

臉書